美国卸任总统的政治和社会角色研究

仵胜奇·著

北京外国语大学学术著作系列

时事出版社

目录
CONTENTS

绪　论

一、研究意义

美国卸任总统以私人身份参与政治和社会生活的事例比较常见。他们或参与政治活动，甚至在政府中任职，继续影响公共政策；或投身社会公益，关注教育，从事慈善事业；或参与国际事务，开展人道主义援助，监督转型国家选举活动，开展冲突斡旋；或著书立传，巡回演讲，评论时事，思考美国的过去、现在和将来。

本书通过具体典型案例分析，从淡出政坛、关注大选、二次参政、评论时政、政策咨询、社会公益、国际角色、著书立传、总统图书馆等9个方面，研究美国卸任总统在国家政治和社会生活中扮演的角色，发挥的作用，以期为中国学术界美国总统研究提供新的视角。

笔者在研究过程中，厚今薄古，既注重挖掘美国总统“从政为公、卸职为民、服务社会”的历史传统，又详细分析现代卸任总统以私人身份开展国内国际政治和社会活动的典型案例，并特别突出了同中国关系密切的几位总统（如理查德·尼克松、吉米·卡特、乔治·布什）卸任后在促进中美关系发展中做出的积极贡献。

本书的结论是，从时代发展的角度来看，美国卸任总统对国内政治的关注在不断淡化，对社会民生和国际事务的关注在不断上升。当然，卸任总统扮演不同的政治和社会角色，都同个人抱负、时代特点、个人兴趣、美国开放的社会环境和发达的公民社会等因素有关。

本研究具有一定的学术价值。第一，了解卸任总统怎样参政议政、从事什么社会服务、扮演什么国际角色、如何处理同现任总统之间的关系，是深入研究美国历史和社会文化不可或缺的一环。第二，了解卸任总统通过著书立传等方式再现和评估其在任期间的重大决策，是我们深入研究美国内政外交不可或缺的珍贵资料。第三，目前中国学术界尚没有对美国卸任总统做系统研究的学术专著。对这个问题的系统研究，在国际上也是刚刚起步。研究美国卸任总统的政治角色和社会角色，不仅有利于填补中国在这一研究领域的空白，也有助于搭建中外学术界美国总统研究新的学术平台，更好地促进双方在这一领域的学术交流。

本研究也有重要的现实意义。第一，美国是一个“小政府、大社会”的国家，研究其卸任总统，特别是现健在的卸任总统在美国社会中扮演的政治和社会角色，有助于我们深入了解美国政治生态和社会环境。第二，作为中国人民的老朋友，一些卸任总统在中美关系的发展、特别是中美关系出现困难的情况下，以私人身份访华，对双方政府间的沟通会起到举足轻重的作用。在一些重要场合（如纪念中美关系中的重要事件），邀请卸任总统访华，叙旧话新，加深友谊，开展富有成效的公共外交。第三，充分发挥卸任总统建立的智库（如卡特中心）和基金会（如克林顿基金会）的平台作用，探索如何最大限度地借助卸任总统的人脉关系和社会影响力，搭建沟通平台，促进中美民间交流，培养人民之间的好感，增信释疑。

二、华盛顿开创总统到期卸任退休的先例

1797 年 3 月 4 日，美国首任总统乔治·华盛顿在两届任期结束后选择卸任退休，回归普通人的生活，开创了美国总统到期卸任的先例，成为后世总统效仿的榜样。在退休后的近三年时间里，华盛顿在弗农山庄管理自己的庄园，过着悠闲的生活。时任陆军部长詹姆斯·麦克亨利（James McHenry）等官员时常到弗农山庄向华盛顿简单通报国家政事。在美法关系紧张、陷入“准战争”之际，时任总统约翰·亚当斯于 1798 年 6 月 26 日写信请华盛顿出山御敌。①

1798 年 7 月 4 日，国会授予华盛顿中将军衔，担任陆军总司令。华盛顿接受了任命，但条件是：只有国家遭到入侵时才会上战场；有权决定总

① Ralph K. Andrist（ed.）, *The Founding Fathers*: *George Washington*, *A Biography in His Own Words*, New York: Newsweek, 1972, p. 391.

参谋部人事任命。华盛顿任命昔日核心军事幕僚、前财政部长亚历山大·汉密尔顿为副手，总体负责军事准备。值得庆幸的是，美法“准战争”仅限于零星的海上冲突，华盛顿也就未真正在迟暮之年再上战场。1799 年 12 月 14 日，华盛顿因染风寒去世。[1]

华盛顿卸任退休后，选择淡出政坛，但在国家需要的时候又挺身而出，这体现了他时刻服务公共事务的家国情怀，堪称后世典范。直至 1940 年，美国历任总统基本上都坚持了两届任期结束后不再寻求连任的惯例。1951 年 2 月 27 日，美国《宪法第二十二条修正案》获得各州批准正式生效，以法律形式规定了总统任期不得超过两届的原则。

自华盛顿以来，美国已经有 43 人先后担任总统。第 44 任总统巴拉克·奥巴马就任以来就面临着如何应对金融危机、提振美国经济、创造就业岗位、处理大国关系、改善国际治理、结束反恐战争、打击极端势力、应对气候变化等诸多国内国际挑战。到 2017 年 1 月 20 日第二任期结束时，奥巴马不到 56 周岁，仍然年富力强。他如何书写自己的“第二次政治生命”，值得期待。

三、健在卸任总统生活中的异同

在目前健在的卸任总统中，第 39 任总统吉米·卡特、第 41 任总统乔治·布什（老布什）已经年过九旬，卡特在 1981 年 1 月 20 日卸任后一直非常活跃，写自传，建智库，做慈善，任特使。他以“卡特中心”为依托，频繁出访世界各地，促进争端解决，观察监督选举，在一些非洲国家开展疾病防治。为表彰他在国际争端解决和人道主义事业上的突出成就，瑞典诺贝尔奖评选委员会于 2002 年授予卡特“诺贝尔和平奖”。

老布什在卸任后选择了相对比较平静的生活——从事写作，先后撰写了《变化了的世界》和《布什家书》。前者记述老布什总统任期发生的重大事件，后者收录了其 1941 年至 2011 年 70 年间的重要书信。尽管老布什在卸任后也多次出访，但象征意义浓厚。

同是 1946 年出生的第 42 任总统比尔·克林顿和第 43 任总统乔治·沃

---

① ［美］威廉·A. 德格雷戈里奥著，周凯等译：《美国总统全书》，社会科学文献出版社，2007 年，第 15—16 页。

克·布什（小布什）却选择了截然不同的退休生活。克林顿卸任时不到55周岁，精力充沛，思想活跃。他著书立传，巡回演讲，设立基金会，关注健康医疗、经济发展、气候变化、地区和平、全球事务等议题。如今70岁的克林顿仍然精神矍铄，魅力依旧。在前总统卡特因年事已高逐渐淡出公众视线后，克林顿仍然活跃在公共视野中，续写更加精彩的退休生活。

相较于非常活跃的克林顿，2009年1月20日卸任的小布什行事要低调得多。也许是因为两个人性格迥异，克林顿性格开朗外向，小布什性格温和拘谨；也许是因为在执政期间的内政外交政策备受争议，小布什离开白宫后将大部分时间花在了著书和建设总统图书馆上。他在2010年11月出版了回忆录《抉择时刻》，讲述了在任期间一些重大决策的出台。2014年11月，他出版了《第41任总统：我的父亲的画像》，讲述了自己的父亲，也就是第41任总统乔治·赫伯特·沃克·布什的故事。

在以上谈到的卸任总统中，卡特、克林顿、布什父子无疑具有鲜明的特点。前两位在离开白宫后仍然非常活跃，后两位却过着相对平淡的生活。前两位表现活跃，原因却不同。卡特竞选连任失利时年仅57岁，他的人生理想仍未完全实现。在任期间发生的"伊朗人质危机"淹没了他在内政外交领域取得的其他重要成就，特别是在促进中东和平、力促埃以和解、实现中美建交等方面做出的突出贡献。在多数美国人眼中，卡特政府是软弱政府的代名词。卸任后，卡特要为自己正名，挽回自己因应对"伊朗人质危机""中东石油危机"等重大事件不力而受损的声誉，他成功了。克林顿在卸任后仍然活跃，除了年富力强的因素外，续写在任期间的辉煌恐怕也是其中一个因素。

布什父子选择平淡的退休生活，原因也不尽相同。老布什离开白宫时69岁，相较于55岁的克林顿和57岁的卡特，年龄上并不占优势。出身政商世家、有丰富从政经验的老布什恐怕不会像仅有8年从政经历（4年参议员、4年州长）的卡特那样，需要向世人证明自己的能力。卸任后，老布什更关注家庭生活和总统图书馆的建设，安享天伦之乐，同昔日好友、部下"坐而论道"。

小布什在任期间发动伊拉克战争，造成美国社会严重分裂，备受世人诟病。他选择平淡的生活大概是刻意避免再次成为争议的焦点。于是，思考任内重大事件，撰写回忆录，建设总统图书馆，成为小布什退休生活的主要内容。即使是著书立传，布什父子也惊人的相似。同《变化了的世界》一样，《抉择时刻》也是讲述在任期间的重大事件；同《布什家书》一样，《第 41 任总统：我的父亲的画像》也是充满家庭情趣的传记作品。

四、历史上卸任总统的退休生活

乔治·华盛顿、吉米·卡特、比尔·克林顿、布什父子的退休生活只是美国卸任总统退休生活的缩影。卸任总统的生活有一定的相似之处，同时也各具鲜明的特性。他们选择不同的退休生活，既有社会环境的因素，也有个人性格使然。有些完全退出政坛，安享晚年家庭生活；有些仍关心政治，不时发挥顾问角色；有些因在任期间争议较大，退休后决心为自己正名；有些壮心不已，投身社会公益事业，办教育，做慈善，关注民生；有些参与国际事务，做特使，监督转型民主国家的选举活动，提供人道主义援助，搭建民间交流的平台；有些著书立传，巡回演讲，评论时事，思考美国的过去、现在和将来。

例如，第 6 任总统约翰·昆西·亚当斯卸任后连续担任 9 届国会众议院议员，对包括要求废除奴隶制等议题产生了重要的影响。第 21 任总统西奥多·罗斯福卸任后曾一度远离政坛，但由于对时任总统威廉·塔夫脱政府政策不满，1912 年投入总统选举，以微弱的劣势败给民主党候选人伍德罗·威尔逊。第 31 任总统赫伯特·胡佛在哈里·杜鲁门政府和德怀特·艾森豪威尔政府时期，曾任国会"行政部门改组委员会"主席，为行政部门机构精简和改革做出了重要贡献。

在美国 44 任总统中，真正具有研究意义的卸任总统有 32 位。有 8 位总统在任期间因病去世或遭到不测，有 1 位总统任期结束后不久就离世，1 位总统虽然在世，但长期患病，很少在公众场合露面。例如，第 9 任总统威廉·亨利·哈里森、第 12 任总统扎卡里·泰勒、第 29 任总统沃伦·哈丁、第 32 任总统富兰克林·罗斯福都是在任期间病逝。第 16 任总统亚伯拉罕·林肯、第 20 任总统詹姆斯·加菲尔德、第 25 任总统威廉·麦金利、第 35 任总统约翰·肯尼迪皆因遇刺身亡。第 11 任总统詹姆斯·波尔克在退休 3 个月后因"肠胃病"严重发作去世。第 28 任总统伍德罗·威尔逊在卸任后近 3 年中，因健康问题，仅参加过 3 次重要的公开活动（参加沃伦·哈丁总统葬礼、发表《远离革命》一文、在"一战停战日"发表电视演讲）。[1] 第22任总统和第24任总统是同一个人——格罗弗·克利夫兰。

在其余32位卸任总统中，有些总统完全退出政坛，安享晚年生活，如第2任总统约翰·亚当斯、第14任总统富兰克林·皮尔斯、第30任总统卡尔文·柯立芝等；有些总统著书立传，以传后世，如第18任总统尤利西斯·格兰特、第31任总统赫伯特·胡佛、第33任总统哈里·杜鲁门、第36任总统理查德·尼克松、第39任总统比尔·克林顿等；有些总统仍然活跃在政坛，英雄暮年，壮心不已，如第6任总统约翰·昆西·亚当斯在众议院任职17年，第17任总统安德鲁·约翰逊卸任后曾两度参加联邦参议员选举，并在第二次获得成功，第27任总统威廉·霍华德·塔夫特卸任后沉寂了8年后，在1921年成为最高法院首席大法官，直到1930年因健康原因辞职。第8任总统马丁·范布伦、第13任总统米勒德·菲尔莫尔、第22任和第24任总统格罗弗·克利夫兰、第26任总统西奥多·罗斯福都曾争取总统提名或争取连任，但只有克利夫兰一人成功。有些总统扮演着虽未直接参与政治，但经常发挥顾问角色，例如第3任总统托马斯·杰斐逊、第31任总统赫伯特·胡佛、第34任总统德怀特·艾森豪威尔、第37任总统理查德·尼克松等。

卸任总统们关注的议题也不尽相同。有些总统特别关注社会议题，特别是民权民生问题。例如，第6任总统约翰·昆西·亚当斯在卸任之后担任国会众议员的17年间，在废奴议题上进行了不懈的斗争；事实上，美国内战之前，奴隶制问题是每一位卸任总统都很难避开的议题；从内战结束到20世纪60年代发生的民权运动，多位卸任总统在帮助非洲裔美国人争取民权方面也做出了不懈的努力。第36任总统林登·约翰逊卸任后在多个场合呼吁继续推动非洲裔美国人的民权问题。第39任总统吉米·卡特卸任后关注社区环境改善、弱势群体住房问题、非洲疾病防治、妇女权益问题等。第42任总统比尔·克林卸任后关注儿童健康问题、全球艾滋病防治、气候变化等议题。

有些卸任总统关注战争与和平的议题。无论是哪个历史阶段，无论是涉及美国对外战争，还是美国内战，这些卸任总统从不掩饰自己对战争的厌恶和对和平的企盼。第1任总统乔治·华盛顿在美法两国可能发生全面战争的背景下，应时任总统约翰·亚当斯之邀，担任陆军总司令。美国内

---

① Max J. Skidmore, *After the White House*: *Former Presidents as Private Citizens*, New York: Palgrave Macmillan, 2004, p. 109.

战期间，第 8 任总统马丁·范布伦、第 10 任总统约翰·泰勒、第 13 任总统米勒德·菲尔莫尔、第 14 任总统富兰克林·皮尔斯、第 15 任总统詹姆斯·布坎南无一例外地卷入关于内战的辩论。第 26 任总统西奥多·罗斯福毫不掩饰其迫切希望威尔逊政府尽快介入第一次世界大战的看法；第 34 任总统德怀特·艾森豪威尔在 20 世纪 60 年代中期（也就是他晚年）在越战问题上态度越来越强硬，大力支持林登·约翰逊政府扩大越南战争；第 39 任总统吉米·卡特毫不掩饰对小布什政府发动伊拉克战争的批评。

有些卸任总统尤其关注教育事业。例如，第 1 任总统乔治·华盛顿虽未亲自创办大学，但他在遗嘱中明确表示希望能够在首都哥伦比亚特区创办一所国立大学，培养美国未来领导人。在华盛顿昔日好友的努力下，1821 年，国会通过法案，创办“哥伦比亚学院”。这所学院 1904 年更名为“乔治·华盛顿大学”。

当然，第一位真正创办大学的卸任总统是第 3 任总统托马斯·杰斐逊。杰斐逊在 1819 年正式创办弗吉尼亚大学，并担任首任校长。1826 年 7 月 4 日杰斐逊去世后，第 4 任总统詹姆斯·麦迪逊担任第二任校长，直至 1836 年 6 月 28 日去世。第 5 任总统詹姆斯·门罗在担任总统期间和卸任后，都一直担任该校董事会董事。

卸任后致力于教育事业的总统还包括第 19 任总统拉瑟福德·海斯、第 27 任总统威廉·塔夫特、第 36 任总统林登·约翰逊、第 41 任总统乔治·布什等。拉瑟福德·海斯卸任后担任西储大学、俄亥俄州立大学、俄亥俄威斯理大学执行董事，并担任“乔治·皮博迪教育基金会”和“约翰·施雷特基金会”董事，积极推动非洲裔美国人教育。威廉·塔夫脱卸任后接受耶鲁大学邀请，于 1913 年至 1921 担任国际法教授，教授政治管理学和国际法。林登·约翰逊卸任后在得克萨斯大学奥斯丁分校创办“林登·约翰逊公共事务学院”，老布什在得克萨斯农工大学创办“乔治·布什政府与公共事务学院”，比尔·克林顿在小石城总统图书馆设立“公共服务学院”，小布什在南方卫理公会大学总统图书馆设立“政策研究所”等。

建设总统图书馆也是卸任总统们关注的议题之一。目前，美国共有 13 座公立总统图书馆。第一座总统图书馆是富兰克林·罗斯福总统图书博物馆，位于纽约州私人宅地“海德庄园”，于 1941 年对外开放。1957 年，哈里·杜鲁门图书馆在密苏里州独立市建成。1962 年，赫伯特·胡佛图书馆和德怀特·艾森豪威尔图书馆同年开馆。1971 年，林登·约翰逊图书馆在得克萨斯大学奥斯丁分校建成。1976 年，杰拉尔德·福特图书馆在密歇根州安阿伯市开馆。约翰·肯尼迪图书馆毗邻马萨诸塞大学波士顿分校海滨公园，于 1979 年对外开放。理查德·尼克松图书馆在 1991 年建立，但直到 2007 年才成为国家档案馆的一部分。吉米·卡特图书馆于 1986 年建成。罗纳德·里根图书馆于 1988 年动工，1991 年落成。乔治·布什图书馆位于得克萨斯农工大学校内，于 1997 年 11 月建成。比尔·克林顿图书馆位于阿肯色州首府小石城，于 2004 年落成开放。乔治·沃克·布什图书馆位于得克萨斯南卫理工大学，于 2013 年 4 月 25 日落成开放。

卸任总统的私人生活无疑是许多读者关注的话题。由于在 1958 年《前总统法》通过之前，卸任总统既没有退休金，也没有津贴，所以，早期总统卸任后首先面临的问题是如何解决生活问题。历史上由于有些总统在任职期间公务繁忙，无法亲自打理自己的农庄，或者对农庄管理不善，结果卸任后生活陷入拮据。第 5 任总统詹姆斯·门罗以及第 7 任总统安德鲁·杰克逊就是典型的例子。也有些总统因任职期间私人资本投资管理不善，结果卸任后不得不想方设法地挣钱，第 18 任总统尤利西斯·格兰特就是典型的例子。

也有些总统生活殷实，不需要在卸任后再去找工作挣钱，如第 31 任总统赫伯特·胡佛。有些当代卸任总统虽然生活殷实，也有丰厚的退休金，但这不妨碍他们利用卸任总统的身份到处演讲、担任企业董事等，以这些方式赚钱，如第 38 任总统杰拉尔德·福特和第 40 任总统罗纳德·里根。第 42 任总统比尔·克林顿的情况比较特殊。在卸任时，由于其在任期间卷入一系列司法案件，为了打官司，不仅“一贫如洗”，而且欠下巨额债务。卸任之后，通过到处演讲、写书等方式挣钱。当然，他在三四年内，不仅还清了债务，还成为名副其实的富翁。当然，培养各种爱好、陪伴家人、出国旅游，甚至挑战自己的极限（如老布什在 90 岁时还跳伞）等都是卸任总统充实退休生活的方式。

五、目前国内外研究现状

迄今为止，在国内学术界，尚没有一本系统研究美国卸任总统政治和社会角色的专著。在国际学术界，对于卸任总统的系统研究在近年来刚刚开始。国内研究多数属于在总统传记的结尾部分通过单个章节简要介绍总统卸任后的生活，也有一些介绍性的短文。国际上关于美国卸任总统的系统研究始于20世纪70年代，在最近10年开始活跃起来，主要是历史研究，但专题研究较少。

（一）国内研究现状

国内对卸任总统研究的主要文章简要介绍了一些退休总统的生活情况，重点集中在理查德·尼克松、杰拉尔德·福特、吉米·卡特、罗纳德·里根、乔治·布什和比尔·克林顿等人身上。这些小短文主要围绕三大主题展开，卸任总统如何赚钱、如何确定不再干政的传统、如何安排他们的退休生活。例如，1993年《领导文萃》（月刊）第4期转载了台湾《商业周刊》的一篇题为《美国卸任总统的赚钱术》一文。文章说，福特卸任后积极向企业界靠拢，创办投资公司，出任大公司董事或顾问。里根卸任后仍然活跃在政商两界，经常赴企业演讲，同时也利用闲暇时间写书。卡特和尼克松离开白宫后主要靠写书来赚钱。①

1994年《领导文萃》第9期转载了《美国新闻的报道》中的一篇题为《这些卸任总统建立了不再干政的惯例：历届美国总统卸任后对政治的干预程度》的文章。文章说，卸任总统同现任总统在一些政策上有分歧，但从不公开批评现任政府的政策。例如，尼克松没有公开批评老布什政府在中国于1989年春夏之交发生政治风波之后对中国采取的制裁措施，他仍主张美国同中国和解，甚至几次自费访问中国。卡特卸任后亲自参与为贫民造屋的义工工作，建立图书馆等，对国内国际问题发表自己的看法，但在批评现任政府政策方面保持克制。②

2004年《领导科学》第15期刊载了时任暨南大学东南亚研究所副所长庄礼伟撰写的一篇题为《美国卸任总统的人生选择》一文。文中谈到，克林顿出版自传，设立“克林顿基金会”，为艾滋病防治奔波。卡特设立“卡特中心”，在中东、海地、苏丹等地调停，在墨西哥、秘鲁、尼加拉瓜、委内瑞拉等国监督选举，访问朝鲜、古巴，深入中国农村考察村民委员会选举、著书立传等。作者还介绍了前总统理查德·尼克松出版专著，推动里根政府、乔治·布什政府和比尔·克林顿政府加强和改善对华关

① “美国卸任总统的赚钱术”，载于《领导文萃》，1993年第4期，第39—42页。

② 吴乃欣：“这些卸任总统建立了不再干政的惯例：历届美国总统卸任后对政治的干预程度”，载于《领导文萃》，1994年第9期，第82—84页。

系等。①

何慧的专著《尼克松与中国》（2005 年 8 月）、武晔岚的专著《尼克松·传》、褚大军编著的《卡特·传》（2008 年 11 月）、陈永祥主编的《布什与中国》（2002 年 1 月）、王堃编著的《布什与中国》（2007 年 9 月）、张俊杰编著的《经历历史：克林顿权力与生活》（2004 年 7 月）等人物传记中也用了一定的篇幅探讨了尼克松、卡特、老布什、克林顿等卸任总统的退休生活。在这些著作中，何慧的专著《尼克松与中国》和陈永祥主编的《布什与中国》对尼克松和布什离开白宫之后的政治角色，特别是对中美关系发展所做的贡献研究得较为深入。

何慧在《尼克松与中国》一书中用两章的篇幅讲述了尼克松离开白宫之后为中美关系健康发展所做的努力。在这两章中，作者探讨了尼克松对福特、卡特、里根、老布什和克林顿五届政府对外政策，特别是对苏（俄）、对华政策的影响，详述了尼克松离开白宫后的五次访华背景、经过和影响。例如，卡特在 1978 年 12 月 15 日向尼克松等几位政界重要任务通报即将与中国建交的消息，并同尼克松简短地讨论了中美建交对世界格局产生的影响。1982 年尼克松访华回到美国后，向里根政府递交了一份长达 25 页的备忘录，报告了他在中国与中国领导人会谈的情况，也谈了自己对一些问题的看法，并对未来美国对华政策提出了建议。

在 1989 年中美关系非常困难的背景下，尼克松于当年 10 月底到 11 月初访华，同中国领导人进行了深入会谈。回国后，他给老布什撰写了题为《中美关系的危机》的政策报告。在报告中，尼克松建议布什政府以长远的眼光看待中美关系，并表示会给布什政府全力支持。在 1994 年克林顿政府对于是否要继续将对华“最惠国贸易地位”同人权问题挂钩这个问题上举棋不定的背景下，尼克松于当年 4 月 8 日访问中国。回国后，他于 4 月 21 日在尼克松图书馆召开的一次会议上发表演说，希望克林顿政府能够效仿当年老布什否决国会拒绝给与中国最惠国待遇的做法。他还在公开场合向克林顿政府施压，要求无条件地给与中国最惠国待遇。②

武晔岚在《尼克松·传》第 7 章“不屈的晚景”中重点讲述了尼克松离开白宫初期所经历的“痛苦的沉寂”和“著书挣钱付账单”，1976 年 2

---

① 庄礼伟：“美国卸任总统的人生选择”，载于《领导科学》，2004 年第 15 期，第 52—53 页。

② 何慧：《尼克松与中国》，郑州：河南人民出版社，2005 年 8 月第 1 版，第 195—268 页。

月的访华行程，以及尼克松图书馆落成等事宜。作者特别介绍了尼克松的第9本书《只争朝夕：美国在只有一个超级大国的世界上面临的挑战》。尼克松在书中表示，“中国成为全球性重量级国家是不可避免的”，中国“不但已经成为一个关键的政治角色，而且可能在今后几十年里成为重要的全球性经济强国”。他建议美国政府不应该“孤立中国”，而应该“同中国重新建立一种工作关系，以便在所有共同利益的领域里向前迈进”。① 尼克松关于中美关系的很多论述反映出的基本精神事实上已经融入到克林顿、小布什、奥巴马等历届美国政府的对华政策中，成为巩固中美关系不断向前发展的重要理念。

褚大军在《卡特·传》最后一章用大约三页的篇幅概括了卡特卸任之后从事的一些政治、慈善和斡旋工作。作者说，卡特成立“卡特中心”，发起治疗河盲症计划，为非洲、拉美等地区930万患者治愈了这种疾病。卡特穿梭于国际舞台，担任和平使者，在解决海地冲突中发挥了关键的作用。卡特关注中东和平进程，并在1985年和2007年分别出版了《亚伯拉罕的血》和《巴勒斯坦：要和平，不要种族隔离》等著作。他还参与“仁人家园”（或翻译为“爱心屋”）项目，实际参与义务建房的活动，并在美国（如在纽约、迈阿密、休斯顿等地）、墨西哥、匈牙利、菲律宾等国帮助弱势群体修建房屋。②

陈永祥主编的《布什与中国》第四章中用了大量的篇幅讲述老布什总统在卸任后同中国保持密切关系。作者说，从1994年至2002年，老布什总统访华就达14次之多，单1996年一年就三次访华，为推动中美关系的改善和发展，做出了不懈的努力。作者还介绍，1998年上半年，老布什与卡特、福特三位前总统、以及19位前国务卿、前国防部长、前财政部长和前总统国家安全事务助理一起致函国会，支持克林顿访问中国的计划，呼吁民主、共和两党一致努力，维护中美关系稳定。在1995—1997年美国对华政策辩论中，老布什不止一次地反驳了喧嚣一时的“中国威胁论”，并明确表示反对“遏制中国”的政策选择。1999年10月，老布什访问香港时再次批驳了所谓“中国威胁论”。同月24日，老布什在接受美国福克斯电视台采访时十分肯定地说，中国不会对美国构成威胁。老布什为中国所做的理直气壮的辩护，在美国政治家和学者中，可以说是绝无仅有的。

---

① 武晔岚：《尼克松·传》，北京：中国华侨出版社，2007年7月第1版，第260—277页。
② 褚大军：《卡特传》，北京：当代世界出版社，2008年11月第1版，第271—274页。

（二）国外研究现状

国际学者对于美国退休总统的研究主要集中反映在三个方面：一是包含在总统本人的回忆录或自传中；二是包含在学者撰写的总统传记中；三是针对卸任总统退休生活和政治角色的专门研究。在这三者中，总统回忆录、自传和传记内容较丰富，这些研究成果为研究卸任总统退休生活提供了基本的原始素材。但是，学术界针对卸任总统政治和社会角色的专门性系统研究开展较晚，相关专著也是最近10多年间才陆续问世。随着时间的推移，学术界乃至公众会更加关注退休总统的社会生活和政治角色。卡特、克林顿在卸任后在社会生活中的出色“政绩”，会促使更多的普通民众对奥巴马如何安排自己的卸任生活充满了期待。

在美国，关于卸任总统扮演角色的研究最早的著作是1925年温斯洛浦·杜德利·谢尔顿撰写的长达33页的研究小册《美国的前总统：每一位扮演什么角色》。[①] 此后相当长一段时间，学界对于卸任总统的研究事实上处于停滞状态。20世纪七八十年代末，对于卸任总统的研究开始引起一些学者的注意。1976年，美国总统研究学者玛丽·赫克特出版了学术专著《白宫之后：权力的残渣》，从制止战争、争取和平、再次参选、党派政治、决策咨询、赚钱养家、海外旅行、著书立传等9个方面阐述了卸任总统的退休生活。[②] 1989年，美国学者荷马·克宁汉姆出版了《总统最后的岁月：从乔治·华盛顿到林登·约翰逊》，记录在任去世和卸任退休总统生命最后的时光。[③]

1990年，美国学者理查德·诺顿·史密斯根据当年在赫伯特·胡佛总统图书馆举行的为期两天的有关卸任总统应该扮演什么角色的讨论，编撰了《告别白宫：前总统在美国公共生活中的角色》一书，分别探讨了西奥多·罗斯福、哈里·杜鲁门、德怀特·艾森豪威尔、林登·约翰逊、理查德·尼克松、杰拉尔德·福特、吉米·卡特在退休后的政治和社会生活。

---

① Winthrop Dudley Sheldon, *The Ex – Presidents of the United States*: *How Each Played the Role*, Philadelphia, 1925.

② Marie B. Hecht, *Beyond the Presidency*: *The Residues of Power*, New York: Macmillan Publishing Co., INC., 1976.

③ Homer F. Cunningham, *Presidents' Last Years*: *George Washington to Lyndon Johnson*, Jefferson, North Carolina: McFarland & Company, Inc., Publishers, 1989.

前总统福特全程参加会议，并回顾了自己作为卸任总统的体会。①

在20世纪90年代，随着卡特在非洲疾病防治、转型国家民主推广和国际冲突斡旋方面的成就越来越大，学界对于卡特卸任后在美国国内和国际上开展的公益活动、选举监督和冲突斡旋方面的研究也热络起来。在1996年，罗德·特罗伊斯特出版了《和平的缔造者吉米·卡特》一书，阐述了卡特在上述三个方面取得的成就。② 1997年，彼得·博恩出版了卡特传记《吉米·卡特：从家乡普林斯到卸任之后》，讲述了卡特从参军到从政，再到总统卸任的生活。书中用相当的篇幅讲述卡特卸任后从事的各项活动。③

1998年，道格拉斯·布林克利出版了《未竟的事业：吉米·卡特白宫之后的人生旅程》，详细阐述了卡特卸任后建立"卡特中心"、促进疾病防治、开展扶贫帮困、参与选举监督、推动地区和平等方面做出的贡献，是全面介绍卡特从20世纪80年代初卸任到90年代末近20年间参与政治和社会生活的学术著作。④

2004年7月，麦克斯·斯克德摩尔出版了《白宫之后：作为普通公民的前总统们》一书，以历史发展为主线，简要介绍了从华盛顿、亚当斯、杰斐逊，直至里根和克林顿等41位总统卸任之后的个人生活和政治活动，重新激发了学术界对于卸任总统研究的兴趣。⑤ 此后，关于美国卸任总统研究的多本著作陆续出版。2006年10月，马克·厄普德葛罗夫出版了专著《第二生命：卸任总统的生活和遗产》，重点探讨了二战后几位卸任总统（如尼克松、福特、卡特、里根和老布什）等人的个人生活和参加的政治活动。⑥ 2007年3月，麦默特·泰莱尔撰写了《克林顿离开白宫后的生活》，讲述了克林顿离开白宫之后的情感生活，非正式出访等事宜。⑦

---

① Richard Norton Smith and Timothy Walch（eds.）, *Farewell to the Chief*: *Former Presidents in American Public Life*, Worland, Wyoming: High Plains Publishing Co., 1990.

② Rod Troester, *Jimmy Carter as Peacemaker*: *A Post – Presidential Biography*, Westport: Praeger, 1996.

③ Peter G. Bourne, *Jimmy Carter*: *A Comprehensive Biography from Plains to Postpresidency*, New York: Scribner, 1997.

④ Douglas Brinkley, *The Unfinished Presidency*: *Jimmy Carter's Journey Beyond the White House*, New York: Viking, 1998.

⑤ Max J. Skidmore, *After the White House*: *Former Presidents as Private Citizens*, New York: Palgrave Macmillan, 2004.

⑥ Mark K. Updegrove, *Second Acts*: *Presidential Lives and Legacies After the White House*, Guiford, Connecticut: Lyons Press, 2006.

⑦ R. Emmett Tyrrell Jr., *The Clinton Crack – Up*: *The Boy President's Life After the White House*, Nashville, Tennessee: Thomas Nelson, 2007.

2007 年，卡特本人出版了《白宫之后：缔造和平、战胜疾病、孕育希望》一书，从开展国际冲突斡旋、参与选举监督、从事疾病防治、关注妇女权益、扶贫帮困等方面介绍了自己的卸任生活。这本书虽然是通俗读物，但是，它从卡特本人的视角，讲述了他在促进和平、推广民主、关爱弱势群体等方面的具体事例，是研究卡特卸任生涯不可多得的珍贵资料。①

2009 年 6 月，传记作家卡罗尔·菲尔森塔尔通过采访 150 多位克林顿的好友、以前的同事等，撰写了《克林顿：白宫外的总统》，讲述了克林顿卸任后的私生活、同小布什之间的关系、对希拉里参加民主党党内初选的支持等事宜。② 2009 年 2 月，开放社会基金会副主任伦纳德·博纳多和詹妮弗·维斯合著的《第一公民：美国总统的第二次生命》，介绍了卸任总统的财政状况，讲述了他们著书立传、重返政坛、参与公共服务、开展人道主义援助等活动。③

2012 年 5 月，英国利兹大学政治学教授克文·谢克斯登和荷兰莱顿大学公共管理学教授卢克·德·弗莱斯主编出版了《现代民主国家的前领导人：政治夕阳红》一书，探讨了美国、英国、加拿大、德国、法国、爱尔兰、荷兰、比利时等过领导人卸任之后扮演的政治角色。在这本书中，伊万·摩根撰写了《白宫之后：现代美国总统卸任后的政治生活》一文，从追求历史地位（著书立传和建设总统图书馆）、参与政治活动、提供决策咨询、从事商业活动（担任企业董事、演讲著书赚钱）、开展社会服务、代表现任总统参加一些象征性的出访活动等方面简要介绍了美国卸任总统的政治角色和私人生活。④

2012 年 11 月，俄亥俄州迈阿密大学历史学教授博尔顿·高夫曼出版了《卸任总统：从华盛顿到克林顿》，从历史学的视角评述了美国历史上大约 30 位离任时仍健在的卸任总统的退休生活。作者认为，历史上卸任总统“退而不休”的事例大有人在。例如，约翰·昆西·亚当斯和威廉·塔

---

① Jimmy Carter, *Beyond the White House: Waging Peace, Fighting Disease, Building Hope*, New York: Somon & Schuster, 2007.

② Carol Felsenthal, *Clinton in Exile: A President Out of the White House*, New York & London: Harper, 2009.

③ Leonard Benardo and Jennifer Weiss, *Citizen – in – Chief: The Second Lives of the American Presidents*, New York & London: Harper Collins, 2009.

④ Iwan Morgen, “After the White House: The Modern US Post-Presidency”, in Kevin Theakston & Jouke De Vries (eds.), *Former Leaders in Modern Democracies: Political Sunsets*, London & New York: Palgrave Macmillan, 2012.

夫脱卸任后仍然涉足政治，格罗弗·克利夫兰和西奥多·罗斯福卸任后再次竞选总统，赫伯特·胡佛、吉米·卡特、比尔·克林顿卸任后积极从事公共服务和国际人道主义活动。如此等等，不一而足。①

2013 年 2 月，《时代》杂志主编南希·吉布斯与澳大利亚新闻记者迈克尔·达菲共同出版的《总统俱乐部：探秘世界上最私密的兄弟会》，从“总统俱乐部”的创建谈起，讲述了二战后几位卸任总统的生活。作者讲述了胡佛和杜鲁门两人的深厚友谊，杜鲁门与艾森豪威尔、尼克松与里根、小布什与克林顿等人卸任后的关系。胡佛卸任后不仅参与国会“行政部门改组委员会”工作，为中情局、国家安全委员会、经济顾问委员会和统一的国防部等机构的设立奠定了基础，对行政部门权力的扩大发挥了重要作用。他还接受杜鲁门的委托，前往欧洲调查难民问题，开展人道主义援助活动，并对杜鲁门政府的国内政策提出了中肯的建议。这些建议受到杜鲁门政府重视。作者还详细讲述了艾森豪威尔、尼克松、里根、老布什、克林顿和小布什的退休生活和在美国政治和社会活动发挥的作用。②

此外，近年来，美国学界卸任总统研究领域也有一些学术论文，既有针对具体某一位总统退休后政治角色的研究（如胡佛、卡特），也有针对部分总统卸任后表现进行的“满意度”评估，还有涉及总统自传和传记的书评文章。在这些论文中，科迪·詹姆斯·福斯特2013 年3 月在《历史学会季刊》上发表的《被遗忘的英雄：赫伯特·胡佛与现代卸任总统制的形成》是一项比较深入的研究成果。在文中，作者指出，胡佛卸任后仍然积极活跃在政治舞台上，著书立传，评论时事，宣传个人政治理念，参与、甚至主持美国对欧洲的人道主义救援活动，成为现代卸任总统效仿的榜样。作者认为，当今人们对卡特和克林顿卸任后在国际人道主义领域做出的杰出成就津津乐道，称他们是真正的“世界公民”。然而，追根溯源，现代卸任总统政治角色的形成可以追溯到 20 世纪 30 年代大萧条时期至二战后期欧洲重建过程中胡佛在政治舞台上的出色表现。作者认为，作为卸任总统，胡佛至少从三个方面对后来的卸任总统有所启示。

第一，虽然不完全认同现任总统的主张，但为了国家利益，仍然鼓励自己的支持者和美国民众支持现任总统的政策。这集中体现在支持富兰克

① Burton I. Kaufman, *The Post-Presidency: From Washington to Clinton*, Lawrence, Kansas: The University Press of Kansas, 2012.

② Nancy Gibbs and Michael Duffy, *The Presidents Club: Inside the World's Most Exclusive Fraternity*, New York: Simon & Schuster, 2013.

林·罗斯福执政初期通过关闭银行来稳定国内金融秩序等措施。当然，后来随着罗斯福“新政”的进一步推进，胡佛认为这些政策越来越“激进”，他就不再支持这些主张，取而代之的是强烈批评罗斯福“新政”。事实上，胡佛对于罗斯福“新政”的批评，根本原因在于两人几乎截然相反的政治主张和治国理念，当然也不能排除个人偏见的因素。

第二，通过著书立传，宣传自己的政策主张和治国理念。现在人们比较熟悉的是尼克松、卡特、克林顿等卸任之后著书立说，评论时政。如卡特的《我们濒临危机的价值观：美国的道德危机》、克林顿的《重返工作》。胡佛卸任后出版的第一本书《自由面临的挑战》（1934 年 9 月）认为，美国的“古典自由主义”经济体制正在受到具有“社会主义”因素的“新政”的挑战。同时，胡佛也在 1951 年出版了三卷回忆录。

第三，参与国际人道主义活动，做“公民外交官”。第二次世界大战后，胡佛以“粮食大使”的身份在欧洲开展了一系列有关欧洲难民救济问题的广泛调查，撰写了大量的调查报告，受到杜鲁门政府的高度重视。胡佛卸任后以官方或非官方身份开展的一系列国际人道主义援助活动，开启了卸任总统从事国际人道主义援助的先河。卡特、克林顿在这方面的卓越建树则有意无意地继承了这种精神。①

美国卸任总统研究的最新成果是波士顿大学政治系教授格雷戈里·温格（Gregory H. Winger）和安舒尔·詹恩（Anshul Jain）2016 年 2 月在《国会与总统制》第 43 卷第 1 期发表的论文《世界先生：美国卸任总统与国际事务》。文章概括了 19 位美国卸任总统在参与国际事务中扮演的八大角色：袖手旁观，担任资深顾问，开展私人外交，担任政府特使，公开支持现任总统，公开批评现任总统，开展人道主义救助活动，在政府任职。他们认为，“袖手旁观者”属于多数，原因也比较复杂，有些因健康问题无法参与，有些因兴趣在国内政治，也有些因有其他安排。担任资深顾问的代表是德怀特·艾森豪威尔，他在处理“猪湾事件”和“古巴导弹危机”中给时任总统约翰·肯尼迪提供了有益的决策咨询。开展私人外交的代表是吉米·卡特，担任政府特使的有理查德·尼克松、杰拉尔德·福特和吉米·卡特，支持政府政策的代表是杰拉尔德·福特，他在《巴拿马运河条约》谈判过程中给予时任总统吉米·卡特热情支持，批评政府政策的

---

① Cody James Foster, “A Forgotten Catalyst: Herbert Hoover and the Creation of the Modern American Post - Presidency,” *The Journal of the Historical Society*, XIII: 1, March 2013, pp. 69 - 94.

代表是吉米·卡特，他对时任总统小布什的伊拉克政策颇有微词，从事人道主义活动的代表是吉米·卡特，在政府中任职的有乔治·华盛顿、约翰·昆西·亚当斯、威廉·霍华德·塔夫脱和赫伯特·胡佛。两位作者的结论是，参与国际事务是帮助卸任总统更好地理解和运用手中权力的一个重要机制，他们对外交政策产生了或多或少的影响。①

六、本书的研究方法

本书旨在通过个案描述、文献综述、类比分析的方法，阐述美国卸任总统这个特殊群体在国家社会生活中发挥的作用和产生的影响，讲述这些领导人退休生活中鲜为人知的传奇故事，揭示他们不干政的制度因素、政党因素和历史传统。尽管并不是每一位卸任总统都取得了像卡特那样的成就，但他们都用特有的方式延续了“第一公民”对国家和社会的责任，丰富了美国的政治传统和价值理念，给后世留下了宝贵的精神财富。从这个角度来看，研究美国卸任总统的生活为我们深入了解美国政治和社会生活提供了一个重要的视角。

美国实行联邦共和制度，《美国宪法》规定总统一届任期四年，《宪法第二十二条修正案》又限定总统任期不超过两届，这就从制度和法律层面决定了，卸任总统是普通公民，不是国家公职人员。作为普通公民，卸任总统远离决策中心，对国家政治生活和外交事务的影响力当然不可能与在任时同日而语。

美国政坛两党竞争机制也基本关闭了卸任总统试图主动影响现任总统内政外交决策的大门。有些现任总统可能会就一些议题向德高望重的卸任总统请教，但多数情况下，这种请教的象征意义大于实质意义。即使同属一个党派，现任总统也力图摆脱属于同一政党的卸任总统对决策的影响，类似时任总统威廉·塔夫脱同前任总统西奥多·罗斯福意见相左的例子不在少数。

乔治·华盛顿卸任后返回农庄的先例也确立了卸任总统不干政的传统。即使在卸任总统同现任总统关系密切、后者对前者意见非常重视的案

① Gregory H. Winger & Anshul Jain, “Mr. Worldwide: International Affairs and the American Post-Presidency,” *Congress & the Presidency*, Volume 43, Issue 1, 2016, pp. 1 – 54.

例中，卸任总统也是尽可能避免留下干涉现任总统执政的嫌疑。例如，托马斯·杰斐逊深知詹姆斯·麦迪逊受他影响很大。所以，他明确表示，只有当麦迪逊征询他的意见时他才会发表看法。① 即使前任总统同现任总统在政策上存在分歧，卸任总统也会尽量避免在公众场合批评现任总统的政策。例如，1961 年 4 月，在“猪湾事件”失利之后，在公开场合，前任总统德怀特·艾森豪威尔表达了对时任总统约翰·肯尼迪的支持，但在私下会面时，艾森豪威尔批评肯尼迪在批准入侵古巴之前未做周密部署，在计划实施过程中未提供空中火力支援。②

当然，不同的退休总统做出不同的生活选择，也同他们的个人性格、成长经历、身体状况、个人兴趣、任内建树等因素相关。本书在分析退休总统生活方面会嵌入人物心理分析、宗教影响、政治信念、社会环境等因素，但这些视角不是本书的重点。本书的重点是历史分析和案例研究。

---

① Max J. Skidmore, *After the White House: Former Presidents as Private Citizens*, New York: Palgrave Macmillan, 2004, p. 25.

② Irina Belenky, “The Making of the Ex – Presidents, 1797 – 1993: Six Recurrent Models,” *Presidential Studies Quarterly*, Vol. 29, No. 1, Mar., 1999, p. 155.

第一章

淡出政坛

美国首任总统乔治·华盛顿在第2任期结束后选择退休，远离首都费城的政治纷扰，回到弗农山庄，过着自在的乡绅生活，给继任者树立了一个榜样。第2任总统约翰·亚当斯虽然因争取连任失利感到痛苦，但是，他还是平和地交出了国家权力，选择回到马萨诸塞州昆西县的农庄，开始真正的农庄生活。卸任后的亚当斯仅参加过几次象征性的政治活动。除此以外，他很少过问政事。第3任总统托马斯·杰斐逊、第4任总统詹姆斯·麦迪逊和第5任总统詹姆斯·门罗在卸任后，也基本上延续了前任的做法，回到农庄，鲜有参与政事。

美国前5任总统，不论是两届任满自愿选择退休，还是争取连任失利不情愿地离开权力中心，都恪守了从政为公、卸职为民的共和主义传统。自第6任总统约翰·昆西·亚当斯以来，多位卸任总统不再选择远离政坛，隐居田园，而是选择了一种更加活跃的生活方式。尽管如此，也有一些退休总统因为身体状况不佳、个人兴趣转移、政治环境不宜、任内争议颇多等因素，自愿或不自愿地选择了远离政治。他们或著书立传，或发展业余爱好，或为杂志写评论文章，或赚钱养家（特别是在1958年《前总统法》给予卸任总统退休金之前），参加一些地方性、礼节性的活动。

例如，第26任总统西奥多·罗斯福酷爱运动和旅游，在卸任后第一年前去非洲打猎，给华盛顿特区史密森协会博物馆寻找自然标本；第31任总统赫伯特·胡佛喜欢钓鱼；第34任总统德怀特·艾森豪威尔喜欢打高尔夫球；第41任总统乔治·布什喜欢户外运动，比如打高尔夫球，甚至跳伞；第30任总统卡尔文·柯立芝在卸任后给杂志写文章，挣稿费；第24任总统格罗弗·克利夫兰在第二任期结束卸任后在普林斯顿大学任教，业余也给杂志写文章；第23任总统本杰明·哈里森卸任后在斯坦福大学法学院任教，业余时间做律师，他参与的比较著名的案子是在委内瑞拉和英属圭亚那边界纠纷中替委内瑞拉辩护。从事写作是几乎每一位卸任总统生活中必不可少的元素。在现代社会，特别是自杜鲁门以来，每位卸任总统都花了很大的精力建设自己的总统图书馆。

第一节 开创退休先例

1797 年 3 月 4 日，乔治·华盛顿在两届任期结束后告别政坛，回到弗吉尼亚州弗农山庄，成为美国历史上第一位卸任总统。华盛顿放弃寻求蝉联第三届总统，解甲归田，开创了总统任期一般不超过两届的先例，也成为后任美国总统遵循的惯例（富兰克林·罗斯福是个例外，除了个人因素以外，大萧条期间美国国内特殊的社会环境和二战期间特殊的历史环境是主因）。事实上，1787 年制定的《美国宪法》第二条第一款仅说明总统任期一届四年，但对于能否连任、乃至可以连任几届并未做明确说明。1947 年 3 月 21 日，在共和党人的推动下，国会批准了《宪法第二十二条修正案》，对总统任期做出了明确限制，从法律和制度层面规范了总统任期不得超过两届的基本原则，该修正案于 1951 年 2 月 27 日正式生效。

一、崇尚共和精神，率先垂范后世

华盛顿为何选择辞去公职，回归普通公民，美国学界的主流看法是，华盛顿个人品德高尚，笃信共和精神，坚持为国服务，不贪恋权力，更不像当时英国乃至欧洲王室那样，做终身总统。这里的共和精神，基本内核就是反对王权，主张民权。对于开国元勋们而言，反对君主制，建立共和制，是他们孜孜追求的目标。作为美利坚合众国的缔造者之一，华盛顿率先垂范，在功成名就之后，隐居田园，用实际行动实践了开国元勋们所崇尚的共和主义思想原则，体现了他维护新生共和制度的责任感。简言之，就是从政为公，卸职为民。

在阐释共和精神的内涵时，美国学者常常引述古罗马政治思想家西塞罗（Marcus Tulius Cicero）、维吉尔（Pulius Vergiliu Maro，英文常用 Virgil）、萨卢斯特（Gaius Sallustius Crispus，英文常用 Sallust）、塔西佗（Publius Cornelius Tacitus，英文常用 Tacitus）等人宣扬的“公民美德”（civic virtue）思想，将共和精神提高到道德层面。具体来讲，就是，道德高尚的普通公民，在国家需要时会暂时放下个人的事业，投入到为公众服务的事业中。但他也明白，不能贪恋公共权力，公职结束后需要重返普通个人生活。[①] 虽然在任何社会神话领袖都不足为奇，但华盛顿在任期结束后自觉选择退休，却是不争的事实。美国学者称赞华盛顿践行了“公民美德”思想，体现了高尚的道德情操，此言应该不虚。[②]

二、远离政坛纷扰，回归宁静田园

虽然很少有美国学者明确把华盛顿告别政坛同他对初见端倪的党派之争越来越厌倦直接联系起来，但是，以亚历山大·汉密尔顿（Alexander Hamilton）为代表的联邦党同以托马斯·杰斐逊（Thomas Jefferson）为代表的共和党之间的斗争日趋激烈，特别是两党围绕《杰伊条约》发生激烈争论，以及华盛顿本人在条约批准议题上的立场也遭到一些共和党人的诟病，这一切令他身心疲惫。[③] 于是，在第二任期结束之际，华盛顿坚定了隐退的决心。

《杰伊条约》是美国联邦最高法院大法官约翰·杰伊（John Jay）在1795年同英国政府签订的，主要目的是同英国达成妥协，避免美英开战。但是，由于杰伊在条约谈判中对英国做出了较大让步，特别是美方放弃了对海上通行自由的要求，承认英国海军有权在任何中立国船只上扣留法国财产等，结果引起共和党人强烈反弹。联邦党人认为条约对维护美英和平相处有利；共和党人则谴责条约旨在“联英制法”，是对“法国朋友”的背叛。[④]

乔治·华盛顿本人对条约中一些内容是“不满意”“不赞成”的，但他认为，如果条约能够得以执行，会有助于美国在英法战争中保持中立，有助于避免英美之间发生“灾难性的战争”。[⑤] 由于担心围绕条约批准的激

---

① The virtuous citizen, in their minds, was the private citizen who put aside his personal career to serve a large purpose, fully expecting that public service would be momentary and a return to private life imminent. Quoted from: Burton I. Kaufman, *The Post-Presidency from Washington to Clinton*, Lawrence, Kansas: the University of Kansas Press, 2012, p. 2.

② Burton I. Kaufman, *The Post-Presidency from Washington to Clinton*, Lawrence, Kansas: the University of Kansas Press, 2012, pp. 4 – 5.

③ Burton I. Kaufman, *The Post-Presidency from Washington to Clinton*, Lawrence, Kansas: the University of Kansas Press, 2012, p. 6.

④ ［美］卡罗尔·帕金著，葛腾飞、张金兰译：《美国史（上册）》，北京：中国出版集团，2013年，第366页。

⑤ James Thomas Flexner, *Washington: The Indispensable Man*, Boston: Little, Brown and Company, 1974, p. 326.

烈辩论可能会激起公众的不满情绪，华盛顿和参议院在一开始对条约具体内容保密。但是，一位来自弗吉尼亚州的联邦参议员却将条约内容泄露给了一家具有共和党背景的报社，结果引发民众的激烈讨论，甚至抗议。[①]一些共和党人对杰伊的肖像处以“绞刑”，并焚烧肖像以泄愤；在纽约市，亚历山大·汉密尔顿在为条约辩解时也遭到石块攻击。[②]

由于担心推迟表态可能会导致民众不满情绪失控，1795 年 8 月 12 日，华盛顿宣布，他希望参议院能够批准《杰伊条约》。同时，为了安抚南方各州的不满情绪，华盛顿按照参议院事前建议，发表声明，公开反对条约中有关西印度群岛贸易条款。由于联邦党人在参议院占多数，华盛顿对于条约的批准抱有信心。[③]

在众议院，共和党众议员从一开始就强烈反对《杰伊条约》，主要有两个原因：一是对参议院在外交事务上的主导权耿耿于怀；二是认为总统和参议院绕开众议院谈论《杰伊条约》，特别是其中的贸易条款，剥夺了众议院的权力（由于众议院议员是选民直接选举，此举也被解读为剥夺了“人民”的权力）。[④] 对此，华盛顿认为，依据《宪法》规定，条约的批准权在参议院。众议院反对条约，是对参议院和总统权力的侵犯，本质上是借机“扩大（众议院）自身权力”。[⑤]

事实上，当时赋闲在家的托马斯·杰斐逊（1790 年接受乔治·华盛顿任命，担任美国第一任国务卿，因同第一任财政部长亚历山大·汉密尔顿冲突严重，于 1795 年辞去国务卿）在写给时任驻法公使詹姆斯·门罗（1794—1797 年任驻法公使；1817—1825 年任美国总统）的私人信函中证实了华盛顿的判断。杰斐逊说，《杰伊条约》为未来修改宪法、扩大众议院权力提供了一个千载难逢的机会。杰斐逊承认这样做会让政府难堪，但

① James Thomas Flexner, *Washington: The Indispensable Man*, Boston: Little, Brown and Company, 1974, pp. 328 – 329.

② Ralph K. Andrist (ed.), *The Founding Fathers: George Washington, A Biography in His Own Words*, New York: Newsweek, 1972, p. 363.

③ James Thomas Flexner, *Washington: The Indispensable Man*, Boston: Little, Brown and Company, 1974, p. 342.

④ James Thomas Flexner, *Washington: The Indispensable Man*, Boston: Little, Brown and Company, 1974, p. 343.

⑤ James Thomas Flexner, *Washington: The Indispensable Man*, Boston: Little, Brown and Company, 1974, p. 345.

仍认为值得冒这个风险。[1] 由于约翰·杰伊是著名的联邦党人，作为共和党领袖，托马斯·杰斐逊借“条约事件”攻击联邦党的意图不言而喻。

《杰伊条约》争议不仅引发了众参两院在外交事务主导权上的争夺，也引发了共和党人对华盛顿的强烈批评，甚至一些无理谩骂和恶意的人格攻击。[2] 这令华盛顿感到非常恼火。他在1796年7月给杰斐逊的一封回信中这样写道：“我在尽我所能确保我们国家的自由和独立，避免战争给我们的国家造成可怕的破坏，但有些人却以最恶毒、最阴险的方式曲解政府的行为，并指责我是国家的敌人。”[3] 没有证据显示华盛顿决定退休同《杰伊条约》事件有什么直接关联，但条约引发的争议，特别是共和党人对华盛顿的人格攻击显然让他难以释怀。

同年5月，当汉密尔顿得知华盛顿决定退休的消息后，立刻给华盛顿写了一封信，不无担心地说，“在党派纷争日益加剧之际，您怎么能选择隐退呢？”华盛顿在回信中坚定地说，“我将在（1797年）3月4日那一天结束我的公职生涯，哪怕是天塌下来，我也不会离开弗农山庄。”[4] 从字里行间可以看出，华盛顿去意已决，对政党纷争已经感到厌倦，希望离开首都费城这个纷争之地，回乡安享退休生活。1796年9月19日，华盛顿在《美国广告日报》上发表《告别演说》，明确宣布谢绝将他列为总统候选人。他强调自己年事已高，对国事越来越力不从心，越来越觉得应该退休；经过深思熟虑之后，决定退出政坛。[5] 1797年3月4日，华盛顿参加了第2位总统约翰·亚当斯的就职典礼，在15日乘坐马车，再次踏上归途，开始真正意义上的退休生活。

三、屡次危难中受命，每每功成后隐退

事实上，在《告别演说》中的退休宣示，是华盛顿一生中第四次考虑

---

① James Thomas Flexner, *Washington: The Indispensable Man*, Boston: Little, Brown and Company, 1974, p. 344.

② James Thomas Flexner, *Washington: The Indispensable Man*, Boston: Little, Brown and Company, 1974, p. 345.

③ James Thomas Flexner, *Washington: The Indispensable Man*, Boston: Little, Brown and Company, 1974, p. 346.

④ James Thomas Flexner, *Washington: The Indispensable Man*, Boston: Little, Brown and Company, 1974, p. 347.

⑤ George Washington, "Farewell Address", *American Daily Advertiser*, September 19, 1796, available at: http://www.heritage.org/initiatives/first-principles/primary-sources/washingtons-farewell-address, accessed on Jan. 25, 2016.

退休。从独立战争时期担任大陆军总司令，到美国独立后主持制宪会议，担任首位总统，华盛顿一生中多次“受命于危难之中”，但在阶段性使命完成之后基本上选择了淡出。

第一次是在 1783 年 12 月。时值美国独立战争结束，英国承认美国独立。华盛顿 12 月 23 日在国会发表演说，辞去大陆军总司令之职，回到弗农山庄。在演说中，华盛顿指出：第一，独立战争胜利结束，谨此向国会表示祝贺；第二，感谢国会信任，委任他担任大陆军总司令；第三，使命已经完成，谨向国会表达退役愿望，结束公职生涯。随后，华盛顿从口袋里取出 1775 年国会交给他的委任状，恭敬地递给国会议长。下午他便告别国会，踏上返乡之旅。①

第二次发生在 1787 年 9 月制宪会议结束后。当年 5 月 9 日，退休在家的华盛顿应大陆会议邀请，到费城参加制宪会议，担任会议主席，讨论修改《邦联条例》，制定新宪法。会议于 9 月 17 日结束。第二天，华盛顿便返回弗农山庄。

会议期间，华盛顿很少参与讨论，但是他的影响力对宪法的诞生起到了关键作用。回到农庄之后，作为一介平民的华盛顿仍不断给他的朋友们写信，希望加快各州批准宪法的步伐。② 华盛顿还亲自参加弗吉尼亚州议会关于宪法批准的讨论，并发挥了关键作用。随着弗州议会以 85 票赞成、79 票反对的结果批准宪法，批准宪法的州的总数达到 9 个，宪法正式生效。③

1789 年 2 月 4 日，各州参众两院议员选举结束，选举人团着手总统选举，华盛顿成为众望所归的唯一候选人。3 月 4 日，选举结果揭晓，华盛顿全票当选。4 月 14 日，国会秘书查尔斯·汤姆森（Charles Thomson）来到弗农山庄，代表国会通知华盛顿前往临时首都纽约赴任。4 月 16 日，华盛顿告别退休生活，离开农庄，前往纽约，开始了他为期 8 年的总统生涯。④

---

① Ralph K. Andrist（ed.），*The Founding Fathers*：*George Washington*，*A Biography in His Own Words*，New York：Newsweek，1972，p. 237.

② Ralph K. Andrist（ed.），*The Founding Fathers*：*George Washington*，*A Biography in His Own Words*，New York：Newsweek，1972，p. 286.

③ ［美］卡罗尔·帕金、克里斯托弗·米勒等著，葛腾飞、张金兰译：《美国史（上册）》，北京：中国出版集团，2013 年 6 月第 1 版，第 351 页。

④ Ralph K. Andrist（ed.），*The Founding Fathers*：*George Washington*，*A Biography in His Own Words*，New York：Newsweek，1972，pp. 292 – 295.

华盛顿第三次考虑退休是在1792年5月，也就是第二届总统大选前几个月。他在5月20日写给詹姆斯·麦迪逊（James Madison）（当时在国会众议院担任议员）的信中，请麦迪逊帮助他起草告别演说。在信中，华盛顿说：

在你回乡的路上我可能碰不到你，或者即使能在半路碰上你，在半道上跟你谈我们上次交谈中所讲的话题，也不太合适。在此，我冒昧给你写信，谈谈我的想法和请求。我不是没有考虑上次我们交谈中你表达的看法；相反，我反复考虑你谈到的问题，心里确实有些担心。但是，思来想去，我还是决定不再继续留任我目前有幸担任的职务。我热切地盼望能在今后所剩不多的日子里轻松、平静地生活。请允许我重申上次我们会面时我向你提出的请求，也就是，在适当的时间，以恰当的方式表达我退休的愿望；希望你能帮我准备一下。

在思考这个问题的时候，我的判断总是有些令人尴尬。如果现在我宣布退休，别人会觉得我虚荣、自负，也可能被解读为希望别人邀请我留任。但是，如果不宣布退休，就意味着默认我同意将自己列为下一届总统候选人；如果大家提名我为总统候选人，我再谢绝，会给人留下不诚实的印象。在此，我不得不请你考虑，帮助我草拟一份告别演说，用平实、质朴的语言向公众说明，担任总统一职，我一直感到非常荣幸，我也已经尽我所能为政府的组织和管理做出了我应有的贡献；但是，到了我这个年纪，就必须退休了；回到乡间私人生活，将会令我非常愉快。

（这样一来，）民选产生、在政府中担任公职的人员也能实现正常的新老交替（render a rotation），从而体现了（民选）政府（倡导的共和主义）精神。我冒昧请求离开公职，就像我在革命成功后辞去大陆军总司令一职一样，希望祈求上帝继续眷顾我们的国家，眷顾所有支持国家的人们，从而促进和谐、秩序与良治。①

华盛顿写给麦迪逊的这封信透露了两条重要信息。第一，在写信之前，华盛顿跟麦迪逊谈过自己考虑退休一事；此次写信只是以书面形式再

---

① Ralph K. Andrist（ed.），*The Founding Fathers*：*George Washington*，*A Biography in His Own Words*，New York：Newsweek，1972，pp. 324 - 325.

次确认，以显示退休的决心。当然，麦迪逊对华盛顿退休一事持保留态度，并表示了某种担忧。从接下来发生的事情来看，麦迪逊的担心主要来自于财政部长汉密尔顿同国务卿杰斐逊之间的纷争，两人已经从政治理念的分歧上升到彼此个人之间的厌恶；他们的激烈纷争也导致华盛顿内阁出现严重分裂。麦迪逊认为，在此情形下，华盛顿宣布退休只能加剧党派纷争，令国家陷入群龙无首的局面。

第二，华盛顿考虑退休的主要原因是希望能够给所有民选的政府官员做出表率，促进官员任职的制度化，正常流转，能上能下，从政为公，卸职为民。这也生动地体现了华盛顿高尚的人格品质。信中没有提到的是，共和党中有些人指控华盛顿过于重形式、讲排场，甚至有当国王的野心。[①]华盛顿考虑退休恐怕也是为了表明自己心胸坦荡、绝无私心的态度。

在华盛顿给麦迪逊写信后的几个月里，汉密尔顿和杰斐逊之间的争端日益激化。对此，华盛顿在三天之内分别致信杰斐逊和汉密尔顿，动之以情、晓之以理，希望他们能够超越政治分歧，停止相互攻击，以免被英、法利用，给美国利益造成损害。杰斐逊和汉密尔顿给华盛顿回信，都在捍卫自己的立场，都声称自己是“受害的一方”，都承诺愿意同对方妥协，但他们陈述的理由都缺乏说服力。尽管他们之间存在严重分歧，但是，有一点他们的看法是一致的：只有华盛顿才能将这个麻烦不断的新生共和国团结起来。他们同华盛顿的其他朋友一道，力劝华盛顿再任一届。于是，华盛顿再次成为唯一总统候选人，全票当选为第二届总统。[②]

华盛顿自愿选择退休，缓解了托马斯·杰斐逊对行政部门权力扩张的担忧，也改变了他本人早期主张的总统只应该任一届的想法。从党派政治的角度来看，华盛顿退休后，美国政坛党派斗争日趋尖锐。共和党和联邦党之间的纷争日趋白热化，联邦党内派系斗争也加剧。一方面是总统约翰·亚当斯（联邦党人）和副总统托马斯·杰斐逊（共和党人）之间的纷争，另一方面是亚历山大·汉密尔顿（联邦党领袖）和总统约翰·亚当斯（联邦党人）之间的矛盾冲突。华盛顿在任期间，利用自己的政治威望，基本能够协调联邦党和共和党（特别是汉密尔顿和杰斐逊）之间的纷争，也能调解联邦党内部矛盾。华盛顿退休后，党派纷争和联邦党党内矛盾变得越来

---

① Ralph K. Andrist (ed.), *The Founding Fathers: George Washington, A Biography in His Own Words*, New York: Newsweek, 1972, pp. 323 – 324.

② Ralph K. Andrist (ed.), *The Founding Fathers: George Washington, A Biography in His Own Words*, New York: Newsweek, 1972, p. 326.

越难以调和，这种纷争和矛盾集中体现在了1796年总统大选上。①

四、华盛顿开创退休先例，亚当斯父子推动政权和平交接

华盛顿在第二任期结束后自愿选择退休，主要原因是他希望能够规范公职人员的任期预期，促进政府官员任职机制化，体现了他个人高尚的品德和坦荡的胸怀。当然，美国独立之后，维护共和制度、限制公共权力的观念已经深入人心，即使有联邦党人希望华盛顿永远连任，甚至做终身总统，恐怕也已经不合时宜。

华盛顿第二任期内发生的《杰伊条约》事件，在一定程度上损害了华盛顿政府的声望，联邦党同共和党之间的党派纷争也令华盛顿感到疲惫不堪，甚至厌倦，但这些不太可能是他在第二任期结束后选择退休的根本原因，甚至都不是主要原因。华盛顿热爱他的国家，在国家需要的时候挺身而出，在国家事业走上正轨时选择隐退。即使在退休期间，当大革命后的法国政府可能会同美国发生战争的时候，时任总统约翰·亚当斯请求华盛顿出面，担任美国陆军总司令，准备应对法国可能的进攻，华盛顿也欣然接受，并做了大量的军事准备工作。

华盛顿在美国历史上的重要性不言而喻。他带领同事们创建了世界上第一个共和制国家，开创了历史的先河。作为美国首位总统，在任8年期间，华盛顿凭借自己崇高的威望和正直的品格，尽全力化解日益激烈、带有明显南北地域色彩的党派纷争，减少了这些纷争对政府的负面冲击，最大限度地维护了联邦的统一。华盛顿在第二任期结束后，自觉放弃国家权力，选择退休，在制度法规对总统任期未做出明确规定的年代，为后任总统到期卸任、保障国家政权“和平、有序的交接”树立了良好的榜样，从而维护了国家制度的权威，可谓前无古人，垂范后世。

华盛顿开创了总统退休的先例，值得敬仰。但第2任总统约翰·亚当斯同样令人钦佩，是他在政党竞争激烈的政治环境中开创了国家权力和平交接的先例。在19世纪初世界各国，政治权力交替常常伴随着暴力，甚至革命，往往难免血腥与杀戮。当时的法国大革命就是前车之鉴。即便是世袭的王权制，也难以摆脱宫廷阴谋与算计。在党派政治斗争异常激烈的新生共和国，在12年内两次实现政权的和平交接，这不能不说是一个创举。

---

① Sidney M. Milkis and Michael Nelson, *The American Presidency: Origins and Development*, 1776–1998, Washington D. C: CQ Press, 1999, pp. 85–86.

在这个过程中，约翰·亚当斯的贡献不容忽视。

作为开国元勋之一，约翰·亚当斯用自己的实际行动维护了自己帮助确立起来的国家制度和政治规则。既然自己在竞争中失利了，无论内心有多么痛苦，他还是接受了依照规则做出的裁判。约翰·亚当斯的儿子、第6任总统约翰·昆西·亚当斯在争取连任时也失利，他遵循父亲的先例，也优雅地接受了选举结果。可以这样说，亚当斯父子用自己的行动维护国家制度和政治规则的权威，为后人树立了榜样。在之后的多次选举中，尽管存在这样那样的争议，但是，总统参选人都严格遵循了制度的设计，有效维护了民主体制的良性运行。

在1800年和1828年大选中，亚当斯父子分别在争取连任时失利。两人都未参加继任者的就职典礼，就离开华盛顿，踏上回乡的旅途。美国学者普遍认为亚当斯父子二人有失大度，但同时也承认，身为联邦党人的约翰·亚当斯和身为民主共和党人的约翰·昆西·亚当斯分别将国家权力和平移交给在大选中获胜的政治对手共和党人托马斯·杰斐逊和民主共和党人安德鲁·杰克逊，这不仅是在美国，即使是在世界范围内也开创了正面先例，对后世产生了积极影响。即使在竞争异常激烈的2000年总统大选，阿尔·戈尔阵营的普选票也超过乔治·沃克·布什阵营，但是，最高法院判决乔治·沃克·布什胜选，阿尔·戈尔优雅地选择了退出。

事实上，后来美国历史上也多次出现不同政党之间的激烈竞争，特别是在1876年、1888年、2000年三次大选中，胜选方虽然选举人票多于败选方，但普选票却少于对手。[①] 在这些案例中，败选方都能尊重选举规则，接受选举结果，保证了国家权力的和平交接以及政治和社会稳定，体现了对民主制度的尊重。所有这些，同亚当斯父子开创的先例不无关系。

第二节 申辩与反思

一些总统执政期间出现争议，受到巨大挫折。为了维护自己的历史地位，证明自己的历史清白，他们在卸任后特别强调为自己辩护。第2任总统约翰·亚当斯在争取连任时失利，他将主要责任归咎于当时联邦党领袖

---

① Max J. Skidmore, *After the White House: Former Presidents as Private Citizens*, New York: Palgrave Macmillan, 2004, p. 19.

亚历山大·汉密尔顿，认为汉密尔顿不但毁了他连任的机会，也毁了联邦党。言语之间，愤懑之情跃然纸上。他同时为自己执政期间推行的政策，特别是关于《外侨与煽动叛乱诸法》引发的争议进行辩解。第15任总统詹姆斯·布坎南是一位向南方奴隶制度不断妥协的总统。南方民主党人认为布坎南太过迁就北方的反奴派，但北方的民主党人和废奴人士认为布坎南过于偏袒南方奴隶制。在布坎南执政的最后几个月，南方7个州宣布独立，脱离联邦。但是，布坎南未能及时制止。因此，多数人将内战的责任归咎于布坎南的失职。对此，布坎南在退休后撰写回忆录时，为自己辩护。布坎南的辩护不一定能够说服多数人，但是，他却为我们了解内战前布坎南政府决策提供了一个重要的观察视角。

一、约翰·亚当斯："汉密尔顿毁了我，也毁了联邦党！"

赋闲在家的约翰·亚当斯本打算重操旧业，进入律师行业，最终因牙齿脱落、口齿不清作罢。从1802年到1807年，亚当斯偶尔会撰写自传，主要是反击他的政敌、联邦党领导人亚历山大·汉密尔顿，同时为自己任内的政策进行辩护。对于1800年联邦党败选，亚当斯认为，主要责任应该由汉密尔顿承当。他指责汉密尔顿，不仅导致自己大选失利，也毁了联邦党。

亚当斯认为，1800年大选中自己之所以会失败：一是因为共和党创办的报纸《黎明》不断攻击他执政期间的各项政策；二是因为（或者主要原因）是作为联邦党领袖亚历山大·汉密尔顿试图在一开始就试图将他排除出总统候选人之列，特别是在大选投票前，汉密尔顿寄给200多位知名联邦党人士一份长达54页的小册子，名为《来自亚历山大·汉密尔顿的一封信：关于美国总统约翰·亚当斯的公共行为和个人性格》，对他进行人身攻击，说他"存在严重性格缺陷、自以为是、令人生厌、行为古怪、敌视自己的内阁成员"等。[①]

事实上，同为联邦党人的汉密尔顿和亚当斯之间关系并不和睦。亚当斯嫉妒汉密尔顿同华盛顿关系密切，称他野心太大，私生活不检点；汉密尔顿看不起亚当斯，认为他情绪不稳定，不适合担任总统。在1796年大选中，联邦党中有两个"强棒"，一个是时任副总统约翰·亚当斯，一个是

---

① Max J. Skidmore, *After the White House: Former Presidents as Private Citizens*, New York: Palgrave Macmillan, 2004, p. 17.

前南卡罗来纳州州长、联邦党人查尔斯·平克尼（Charles Pinckney）。作为联邦党领袖的汉密尔顿并不支持来自北方新英格兰地区马萨诸塞州的约翰·亚当斯，他希望托马斯·平克尼能当选总统。共和党中也有两个“强棒”，一个是来自弗吉尼亚州的托马斯·杰斐逊，一个是来自纽约州的阿龙·伯尔（Aaron Burr）。[①]

由于当时的选举规则是每个选举人投两票，不区分哪一票给总统候选人，哪一票给副总统候选人，得票最多的即为总统，得票数位列第二的即为副总统。亚历山大·汉密尔顿的策略是，确保新英格兰地区忠诚的联邦党选举人会投票给约翰·亚当斯和查尔斯·平克尼；同时，他同南卡罗来纳州州长爱德华·拉特利奈（Edward Rutledge）合作，促使南卡州选举人把票投给杰斐逊和平克尼。如果这个策略凑效的话，平克尼的得票就会高于亚当斯。鉴于联邦党当时在选举人团中占绝对优势，汉密尔顿认为平克尼可以当选总统，亚当斯还是当他的副总统。这样一来，就可以实现阻止亚当斯当选总统的目标。[②]

但是，当新英格兰地区的联邦党人了解到这个计划后，故意减少了对平克尼的投票，从而确保了亚当斯的得票优势。[③] 由于联邦党分裂，亚当斯以 71 票险胜杰斐逊（68 票），平尼克以 59 票位列第三。[④] 根据投票结果，亚当斯是总统，杰斐逊是副总统。这样一来，约翰·亚当斯政府就由来自不同党派、两位意见相左的政治人物来领导，这当然也削弱了政府的执政能力。加上联邦党领袖亚历山大·汉密尔顿的掣肘，政府多数内阁成员对汉密尔顿更忠诚，所以，约翰·亚当斯政府执行力较弱，执政纷争不断，也就不足为奇了。

在 1800 年总统大选中，亚历山大·汉密尔顿再次干预大选。他的目标是既不让对手托马斯·杰斐逊成功，也不让政敌约翰·亚当斯当选。他要再次努力，争取让托马斯·平克尼能当选总统。在这次大选中，联邦党参选人仍然是亚当斯和平克尼，共和党的参选人仍是杰斐逊和伯尔。由于联

---

① The Presidential Electon of 1796, http://en. wikipedia. org/wiki/United_States_presidential - election,_1796, allessed on Jan 29, 2016.

② Alexander Hamilton, http://en. wikipedia. org/wiki/Alexander_Hamilton#1796_presidential_election, accessed on Jan 29, 2016.

③ ［美］威廉·德格雷戈里奥著，周凯等译：《美国总统全书》，北京：社会科学文献出版社，2007 年，第 55 页。

④ Sidney M. Milkis and Michael Nelson, *The American Presidency: Origins and Development*, 1776 - 1998, Washington D. C: CQ Press, 1999, p. 89.

邦党人在纽约州失去了绝对优势，此次选战对联邦党人来讲更加艰难。汉密尔顿知道，新英格兰地区各州一定会坚定地支持亚当斯，因为他来自马萨诸塞州，是北方的代表。于是，他写信告诉中部各州的联邦党人，如果他们不支持平克尼，那也不要支持亚当斯。他期待南方各州（如南卡罗来纳州）的联邦党人能够把票投给平尼克和杰斐逊。这样一来，他希望既能争取平克尼当选，又能阻止亚当斯当选。由于联邦党再次分裂，约翰·亚当斯和查尔斯·平克尼分获 65 票和 64 票，亚当斯在第一轮投票中就出局。杰斐逊和伯尔均获 73 张选举人票，并列第一。①

在后来的国会选举中，面对杰斐逊和伯尔，汉密尔顿选择了支持杰斐逊，有两个主要原因：一是汉密尔顿认为杰斐逊不敌视行政权力，二是杰斐逊承诺不会解散海军，也不会立刻解除行政部门中联邦党人的职务。在随后马拉松式的众议院投票中，有了汉密尔顿和联邦党人的支持，杰弗逊终于战胜了伯尔，成为第 3 任总统，伯尔则成为副总统。② 1800 年大选标志着美国政坛新的政党联盟的开始，联邦党渐渐衰落，共和党赢得了辉煌的发展时期。在 1828 年安德鲁·杰克逊组建新的民主党之前，共和党一直是美国政坛的主导力量。③

为自己执政时期政策辩护也是亚当斯退休生活的一部分。亚当斯在执政期间，利用“XYZ 事件”后国内反对共和党的强烈情绪，在 1798 年签署了《归化法》《外侨法》《外敌法》《煽动叛乱法》等四项法律，统称《外侨和煽动叛乱诸法》，主要是针对支持共和党的外来移民，特别是法国移民，目的是压制政治对手，结果引起了很大争议。特别是《煽动叛乱法》中有关限制、甚至打击出版自由的条款，引起了一贯主张言论自由、新闻出版自由的共和党的强烈反弹。④

在 1809 年到 1812 年间，亚当斯在《波士顿爱国者报》上发表了 130 封信，共计 1000 多页，为自己当政期间的一系列政策进行辩护，特别是《外侨法》《煽动叛乱法》等。亚当斯表示，通过这些法律的目的是为了防

---

① The Presidential Electon of 1800, http://en.wikipedia.org/wiki/United_ States_ presidential -election, _ 1800.

② Sidney M. Milkis and Michael Nelson, *The American Presidency: Origins and Development*, 1776 -1998, Washington D. C: CQ Press, 1999, p. 94.

③ Sidney M. Milkis and Michael Nelson, *The American Presidency: Origins and Development*, 1776 -1998, Washington D. C: CQ Press, 1999, p. 95.

④ ［美］卡罗尔·帕金、克里斯托弗·米勒等著，葛腾飞、张金兰译：《美国史（上册）》，上海：中国出版集团，2013 年 6 月第 1 版，第 384 页。

止法国对美国政治的干预、甚至破坏。1812 年后，亚当斯采取了一种不同的方式为自己的辩护，也就是私人信函的方式。在好友本杰明·拉什（Benjamin Rush）的调解下，约翰·亚当斯同政敌托马斯·杰斐逊冰释前嫌，重归于好。在接下来的 14 年间，两人之间撰写了大量书信，探讨的议题非常广泛，从现实政治到哲学理论，无所不谈。这些信件也成为研究早期美国政治的珍贵资料。①

由于对联邦党彻底失望了，退休后的亚当斯在政治上逐渐脱离了联邦党，转向支持共和党。1817 年，新任总统、共和党人詹姆斯·门罗在访问新英格兰时，拜访了赋闲在家的约翰·亚当斯夫妇。詹姆斯·门罗任命亚当斯的儿子约翰·昆西·亚当斯为国务卿，这令约翰·亚当斯倍感欣慰。1820 年，马萨诸塞州议会推举约翰·亚当斯作为总统选举人团成员，代表该州前往华盛顿投票，支持詹姆斯·门罗争取连任。同年，已经 85 岁高龄的约翰·亚当斯，参加了在波士顿举行的马萨诸塞州宪法修订大会。事实上，在 40 年前，也就是 1780 年，约翰·亚当斯就曾参与了这部宪法的制定。1825 年 3 月 4 日，接近 90 岁高龄的约翰·亚当斯目睹了儿子约翰·昆西·亚当斯的就职典礼。次年 7 月 4 日，约翰·亚当斯去世，享年 91 岁。②

二、詹姆斯·布坎南："联邦分裂，责任不在我！"

约翰·亚当斯并不是唯一一位卸任后进行申辩反思的总统，第 15 任总统詹姆斯·布坎南也不例外。在美国历史上，布坎南是一位非常有争议的总统。在联邦处于支持奴隶制和反对奴隶制两大力量针锋相对的政治漩涡中时，作为总统，他毫不掩饰自己对南方奴隶制的支持。在堪萨斯问题上，布坎南支持最高法院的判决，认为实行奴隶制有宪法根据。所以，堪萨斯州可以作为一个蓄奴州加入联邦。③ 布坎南卸任之前，南卡来罗纳、密西西比、佛罗里达、亚拉巴马、佐治亚、路易斯安那和得克萨斯等 7 个

---

① Burton I. Kaufman, *The Post-Presidency from Washington to Clinton*, Lawrence, Kansas: University Press of Kansas, 2012, pp. 19 – 21.

② Max J. Skidmore, *After the White House: Former Presidents as Private Citizens*, New York: Palgrave Macmillan, 2004, p. 21.

③ Alan Brinkley, *American History: A Survey*, New York: McGraw – Hill, Inc., 1995, p. 375.

州先后宣布脱离联邦，建立了美国南部邦联，并推选杰斐逊·戴维斯任总统。①

在南方各州宣布脱离联邦后，布坎南曾警告南方，脱离联邦是非法的。但是，他并未采取强有力的措施捍卫联邦的统一。不仅如此，他还说，联邦政府未得到宪法授权，不能强迫任何州留在联邦。他把南部各州脱离联邦的责任推给北方的废奴主义运动。他说，正是北方的废奴主义力量将联邦推到手足相残的境地。他认为，只有向南方奴隶制度做出妥协，才能维护联邦的统一。在联邦面临解体的时候，他只是表示，只要采取必要行动保护联邦财产即可。他害怕发生内战，试图安抚南方，希望它们能留在联邦，但是，他的软弱并未换取南方的积极回应。

在南方宣布独立后，布坎南在 1861 年 1 月派“西部之星”商船去增援被南方势力围困在南卡罗来纳州查尔斯敦港萨姆特堡的联邦军队。但是，当商船到靠近港口时，南部邦联海岸武装向商船开火，结果商船掉头就走。由于布坎南政府未采取进一步措施，要塞在4 月 12 日（布坎南离开白宫一个月后）落入南部邦联手中。要塞的陷落标志着美国内战的开始。

布坎南对南方奴隶制的妥协政策也表现在他对“德雷德·斯科特诉桑福德”一案的态度上。斯科特是个奴隶，在弗吉尼亚州（蓄奴州）长大，先后在亚拉巴马州（蓄奴州）和密苏里州（蓄奴州）干活。在密苏里州圣路易斯市，军医约翰·艾默生（John Emerson）买下了斯科特。1833 年，由于艾默生工作调动，他把斯科特带到伊利诺伊州（自由州）。几年后，斯科特到威斯康辛地区（当时还不是联邦的一个州），并在那儿生活了两年。之后，艾默生又把斯科特（这时已结婚）及其家人带到了密苏里州圣路易斯市。斯科特在圣路易斯市提出上诉，认为自己在自由州已经呆过几年，所以，有权改变自己的奴隶身份，成为自由人。1850 年，圣路易斯市当地法院支持了斯科特的立场。但是，两年后，密苏里州高等法院推翻了圣路易斯市地方法院的判决。斯科特上诉到联邦最高法院。1857 年 3 月 6 日，也就是布坎南刚刚就任总统两天后，联邦最高法院做出判决，斯科特仍然是奴隶。法院认为，虽然斯科特在自由州居住过几年，但这并不能改变他的奴隶身份。②

---

① Confederate States of America，http：//en. wikipedia. org/wiki/Confederate_ States_ of_ America，accessed on Feb. 20，2016.

② Matthew T. Downey，et al，*United States History*：*In the Course of Human Events*，New York：West Publishing Company，1997，p. 351.

布坎南在3月4日的就职演说中曾就这个案子做出过表态。他说，奴隶制问题的根本解决需要依赖联邦司法体系的力量。他相信，提出上诉、希望获得自由的奴隶德雷德·斯科特一定会“和所有良好的公民一样，……愉快地接受最高法院的裁决”。总统研究学者西德尼·弥尔吉斯和迈克尔·纳尔逊认为，布坎南的讲话实际上是将本应属于行政部门的责任推到了最高法院的身上。[①] 但问题可能不这么简单。历史学家马修·唐尼指出，当时最高法院中多数大法官是南方民主党人。他们是奴隶制的代表和维护者，怎么会轻易让一个奴隶获得自由呢？在发表就职演说前，布坎南对此恐怕是了如指掌。[②]

不仅如此，为了向南方奴隶制势力妥协，布坎南还在私下里敦促在判决中起关键作用的“摇摆”大法官詹姆斯·格雷尔（James Grier）支持最高法院里的保守力量，否决国会和各州立法机构拥有禁止奴隶制的权利。他说，在“德雷德·斯科特诉桑德福”案中，最高法院判决，不论区内民众意见如何，整个西部都有权实行奴隶制。弥尔吉斯和纳尔逊深刻地指出，这个判决不仅损害了最高法院的声誉，同时也击碎了布坎南试图通过向南方奴隶制妥协，来换取南方留在联邦这个不切实际的想法。[③]

布坎南迁就南方蓄奴力量，无力解决南北争端，失去了北方民主党人的支持，放弃寻求连任。1861年3月4日，布坎南参加完继任者亚伯拉罕·林肯的就职典礼，返回家乡宾夕法尼亚州韦特兰德（Wheatland），参加了当地民众为他举办的盛大欢迎仪式。[④] 布坎南离开白宫不久，原来支持他的南方民主党人指责他未能及时向南方做出更大的妥协，是对南方的背叛；北方的民主党指责他在暗地里支持南方分裂势力，是对联邦的背叛；有人对他发出死亡威胁；国会废除了前总统享受免费邮寄信件的待遇，目的是阻止布坎南同外部的信件联络。

布坎南卸任后一直在反击针对他的各种指控，为自己执政期间的政策进行辩护。同时，他也在密切关注时局的发展。1861年4月13日，当南

---

① Sidney M. Milkis and Michael Nelson, *The American Presidency*: *Origins and Development*, 1776－1998, Washington D. C: CQ Press, 1999, p. 139.

② Matthew T. Downey, et al, *United States History*: *In the Course of Human Events*, New York: West Publishing Company, 1997, p. 351.

③ Sidney M. Milkis and Michael Nelson, *The American Presidency*: *Origins and Development*, 1776－1998, Washington D. C: CQ Press, 1999, p. 139.

④ ［美］威廉·德格雷戈里奥著，周凯等译：《美国总统全书》，北京：社会科学文献出版社，2007年版，第236页。

方军队攻占位于南卡罗来纳州查尔斯顿港附近的萨姆特堡时，布坎南感到震惊。他在写给侄子的信中这样说道："南方邦联已经故意发动了内战，天知道内战怎么结束呢?"此后，他在内战中公开支持林肯的政策和维护联邦的统一。他说，林肯政府别无选择，只能采取军事行动，维护联邦的统一。他也支持联邦征兵计划，并筹款捐助支持联邦政府采取的军事行动。①

布坎南在1866年出版了自己的回忆录《南北战争前夕布坎南先生的政府》。在书中，布坎南说，人们将内战的爆发归咎于他。对此，他无法接受。他仍然坚称，废奴主义者才是导致南北战争爆发的根源。他说，南北战争的起源可以追溯到19世纪30年代。反对奴隶制的力量及其支持废奴运动的英国，都是美国内战爆发的罪魁祸首。布坎南写道，"自从1832年新英格兰地区成立波士顿反奴协会以来，煽动反对南方奴隶制的力量就快速发展，这些活动也得到英国间谍的暗中支持。这些活动带来最直接、危险的影响是，破坏了在国家合法权威框架下解放（奴隶）的自然进程。"也就是说，国家可以通过法律途径，促进奴隶制的自然解体，从而帮助奴隶获得自由。这也是布坎南阐释内政爆发根源的出发点。

布坎南说，北方的废奴运动直接导致了内战爆发，英国在支持废奴运动中发挥了关键作用。在废除奴隶制问题上，北方是始作俑者，南方是南北冲突的受害者。奴隶制带来的所有后果，包括扩大到后来新加入联邦的一些州里，都已超过了联邦政府力所能及的范围。布坎南承认，1854年国会通过《堪萨斯—内布拉斯加法案》，是导致南北紧张关系升温的导火索。他也认为，在"堪萨斯流血事件"中，南方蓄奴势力确实有责任。但是，这个事件的主要责任在北方的反奴力量。② 也就是说，如果反奴力量不挑战南方奴隶制的利益，那这个流血事件是可以避免的。

事件的经过是这样的。《堪萨斯—内布拉斯加法案》中提出所谓"人民主权"原则，即就是说，两地民众可以通过公民投票的方式，自行决定包括是否实行奴隶制度等一系列议题。在这种环境下，南北双方都加强了移民堪萨斯和内布拉斯加的竞赛。一些奴隶制支持者跨过州边界线，从密苏里州（蓄奴州）赶往堪萨斯，非法投票。由于他们的参加，堪萨斯议会

① Max J. Skidmore, *After the White House: Former Presidents as Private Citizens*, New York: Palgrave Macmillan, 2004, p. 70.

② Burton I. Kaufman, *The Post-Presidency from Washington to Clinton*, Lawrence, Kansas: University of Kansas, 2012, p. 129.

成为支持奴隶制势力的天下。支持堪萨斯成为自由区的力量也不甘示弱，宣布在托皮卡城（Topeka）建立堪萨斯自由区自治政府（1861 年堪萨斯加入联邦后，托皮卡城成为该州首府）。1856 年春，蓄奴与反奴两大力量已经发展到水火不容的地步，终于爆发了大规模流血冲突。这也就是“堪萨斯流血事件”。①

事件发生后，许多北方人认为，南方奴隶主及其在民主党内的盟友就是要强行在堪萨斯区实行奴隶制。于是，北方反奴力量加大了移民堪萨斯的动员力度，结果，反对奴隶制的居民人数达到了支持奴隶制居民人数的两倍。但是，支持奴隶制的区议员仍然控制着堪萨斯区议会。他们 1857 年在堪萨斯小镇莱康普顿召开会议，讨论制定堪萨斯区宪法，也就是《莱康普顿宪法》。由于议会中多数代表是支持奴隶制的，所以，《莱康普顿宪法》主张在堪萨斯境内保护奴隶制。

《莱康普顿宪法》在全民公决中获得通过，主要原因是反对奴隶制的力量怀疑支持奴隶制的势力在操纵投票，所以，他们对全民公决进行了抵制。在不久举行的新一届堪萨斯地区选举中，反对奴隶制的一派力量取得了决定性胜利，控制了堪萨斯区议会。新一届议会第二次将《莱康普顿宪法》交由全民公决。鉴于反奴力量处于绝对优势地位，《莱康普顿宪法》遭到否决。尽管如此，时任总统布坎南在南方民主党人的压力下，还是将《莱康普顿宪法》提交国会，请国会批准。

一石激起千层浪。《莱康普顿宪法》在国会、乃至全国都引起了极大争议。来自伊利诺伊州的民主党联邦参议员史蒂芬·道格拉斯（Stephen A. Douglas）认为，布坎南的做法是“蔑视人民主权”的行为。布坎南则威胁说，在这个法案上的态度是检验一个参议员是否忠诚于民主党的试金石。他强调，“此刻，堪萨斯区同佐治亚州、南卡罗来纳州一样，就是一个蓄奴州。”

北方各州议会通过决议，反对国会通过该宪法；南方各州威胁说，如果国会拒绝接受该宪法，南方各州就要脱离联邦。来自南卡罗来纳州的一位议员甚至说，“如果堪萨斯不能按照《莱康普顿宪法》规定的条件加入联邦，那就让联邦在血与火中灭亡吧！”经过激烈辩论，参议院于 1858 年批准了《莱康普顿宪法》，但是，众议院否决了该宪法，原因是众议院里

---

① Matthew T. Downey, et al, *United States History: In the Course of Human Events*, New York: West Publishing Company, 1997, p. 349.

反对奴隶制的力量要强大一些。1861 年，堪萨斯终于以自由州的名义加入联邦，这是后话。①

布坎南在回忆录《南北战争前夕布坎南先生的政府》中捍卫自己在《莱康普顿宪法》这个议题上的立场。他甚至指控说，1854 年，反对奴隶制的力量在托皮卡城建立自治政府是一种叛国行为。布坎南大篇幅引用自己在国会的演说指出，“托皮卡政府顽固坚持自己的叛国行为，直接反对国会建立并承认的政府。”② 从表面来看，布坎南反对自由土地党（Free Soil Party）在托皮卡建立自治政府，是出于维护联邦的权威。毕竟，托皮卡自治政府的建立，既未获国会授权，也未获国会承认。但从本质上看，布坎南维护的是南方奴隶制集团的利益。

在回忆录中，布坎南特别为南方攻击萨姆特堡前四个月，联邦政府采取的一系列措施辩护。他用了大量的篇幅解释他领导的政府如何努力同宣布独立的各州达成某种妥协，特别是怎么就查尔斯敦港口事宜同南卡罗来纳州州政府谈判等。布坎南着重阐述了以下四点来为自己辩护。

第一，他在尽全力避免战争。他希望能够维护联邦的统一，但他也承认，这需要北方在奴隶制议题上做出重大让步，包括允许奴隶制扩大到新加入联邦的地区。第二，国会共和党人反对任何对南方做出妥协的努力，包括《克里坦登妥协案》。这个方案是肯塔基州联邦参议员约翰·克里坦登在1860 年12 月18 日提出的妥协方案，建议将《密苏里妥协案》规定的蓄奴州一线（即北纬 36°30′）延长至太平洋沿岸。方案受到南方奴隶主的欢迎，但因共和党人强烈反对，于 12 月 31 日被搁置。第三，尽管他也倾向于使用军事手段阻止南方各州脱离联邦，但是，由于缺少宪法授权，他最终未采取行动。第四，他辩称，在任何情况下，国会都不愿意授权他采取军事手段来应对南方各州独立的问题。布坎南写道，“我们已经看到，国会拒绝采取任何妥协措施来阻止内战爆发。国会未能采取必要行动。如果要维护联邦的统一，就迫切需要国会给总统或者他的继任者‘使用武力化解武力’的权力。但是，像一味谴责所有妥协方案一样，国会议员固执己见，拒绝履行他们的责任。”

尽管布坎南以高超的辩论技巧为自己辩护，而且他所讲的大部分理由

---

① Matthew T. Downey, et al, *United States History: In the Course of Human Events*, New York: West Publishing Company, 1997, p. 352.

② Burton I. Kaufman, *The Post-Presidency from Washington to Clinton*, Lawrence, Kansas: University of Kansas, 2012, p. 129.

都属于事实。但是他在回忆录中所讲的一切基本上是一面之词。他将南北分裂的根源完全归咎于北方。他拒绝准确地评估自己一些做法带来的政治后果，特别是在《莱康普顿宪法》问题上的立场。更重要的是，他拒绝接受任何有关联邦分裂的指责。相反，他把这个责任归咎于国会。①

布坎南在内战中对联邦的支持并没有赢得人们的原谅，也不可能改变人们对他执政期间政策的看法。但是，他的回忆录却为人们了解内战前美国国内政治提供了宝贵的资料；布坎南也是第一位系统、详细纪录、解释自己总统任期各项政策的总统。布坎南的前任马丁·范布伦也曾试图撰写回忆录，但是没有完成。另外，布坎南卸任后支持时任总统亚伯拉罕·林肯采取的旨在维护联邦统一的政策，这也与另外两位亲南方的、来自北方总统米勒·菲尔莫尔和富兰克林·皮尔斯完全不同。

三、赫伯特·胡佛："罗斯福新政就是大规模的社会主义行为！"

第 31 任总统赫伯特·胡佛是共和党内极端保守势力的代表。在入主白宫之前，他就在国际援助和政府管理方面成就斐然。在一战期间，胡佛有效地组织了向欧洲国家分发食品和生活用品的工作，获得了广泛的赞誉。1914 年战争开始时，胡佛率领美国救济委员会，向在欧洲受困的大约 12 万美国人提供人道主义援助。1914—1919 年，胡佛担任比利时救济委员会主席；1919—1920 年，他担任美国救济署署长，分发了价值大约 53 亿美元的约 3400 万吨美国食品、衣物和生活用品，他还分发了其他国家提供的生活用品。

胡佛在 1917—1918 年担任联邦粮食管理局局长。他勉励国民遵守"无面粉日""无肉日"的规定，节约补给品用于战时所需。在此期间，胡佛兼任战时贸易委员会委员（1917—1920 年）、食糖分配管理处处长（1918—1919 年）、欧洲煤炭委员会主席（1919 年）和最高经济理事会经济理事（1918—1919 年），并在巴黎和会上担任时任总统伍德罗·威尔逊的经济顾问。

1921—1928 年，胡佛担任商务部长。在担任商务部长的 8 年间，胡佛取得了出色的成就。一是扩大标准局的规模，增加了人口调查局资料收集的力度，目的是向商界提供更有用的信息。他还授权渔业局繁育、提高本

---

① Burton I. Kaufman, *The Post-Presidency from Washington to Clinton*, Lawrence, Kansas: University of Kansas, 2012, pp. 128 - 131.

国鱼类产量，开拓国内外市场。二是调整无线电业，建立航空业，召开失业大会，帮助失业者，鼓励贸易协会发展，提倡改善工作条件，说服钢铁行业放弃了12小时工作制。三是敦促建立博尔地水坝，也就是后来的胡佛大坝。四是在外交上支持《道威斯计划》，推迟德国战争赔款，努力稳定千疮百孔的德国经济。因为在胡佛看来，一个强大的德国是“防止布尔什维克主义扩张的最好屏障”。1928年，胡佛代表共和党参加总统大选，获得了成功。①

胡佛于1929年3月4日就任第31届总统。执政期间，美国发生了有史以来最严重的经济危机。在胡佛刚担任总统7个月时间，10月24日，纽约股市急剧下跌，引发了旷日持久的经济大萧条。经济危机导致大量工人失业。1930年春，美国失业人口达到400万，到1933年胡佛卸任时，失业人口已经达到1200万，占全国就任总人口四分之一。在1929—1932年间，全美有25%的银行倒闭，农业也遭受沉重打击。

面对出现的严重经济危机，胡佛政府一开始对危机的严重性估计不足，认为危机会在60天内结束。两个月后，他还相信危机会很快结束。胡佛政府限制政府对企业的援助，认为这种援助最终会对人民不利。他拒绝批准一项由联邦政府直接帮助失业者的强大计划。由于胡佛未能有效遏制经济危机的蔓延，所以，也在1932年大选中落败。

1933年3月4日，胡佛参加了富兰克林·罗斯福的就职典礼，回到加利福尼亚州帕罗阿尔托的家里。晚年大部分时间里，胡佛住在纽约市沃尔多夫。胡佛用激烈的言辞反对罗斯福“新政”，指责“新政”许多政策是“法西斯”的，批评罗斯福“放弃金本位制、承认苏联和将自己人安插到最高法院”。从1933年3月卸任到1946年2月受杜鲁门邀请负责战后欧洲粮食援助的13年间，胡佛受到冷落，也是他为自己申辩最激烈的13年。②在此期间，胡佛先后撰写了《对自由的挑战》（1934年）、《美国第一次圣战》（1943年）、《持久和平问题》（与休·吉布森合著，1943年）等著作，主要是批评罗斯福“新政”，为自己执政时期推行的政策进行辩护。

胡佛的白宫岁月无疑是他人生的败笔。人们普遍认为，股市崩盘、经济大萧条是胡佛的责任。胡佛因为一战期间的救助活动赢得了“伟大的人

① ［美］威廉·德格雷戈里奥著，周凯等译：《美国总统全书》，北京：社会科学文献出版社，2007年版，第493—501页。

② ［美］威廉·德格雷戈里奥著，周凯等译：《美国总统全书》，北京：社会科学文献出版社，2007年版，第493—501页。

道主义者”的美誉，但是在任期间，特别是1932年动用军队驱逐在国会广场安营扎寨的示威人群，给民众留下来了“冷漠”“无情”“坚持过时的意识形态”的印象。事实上，将股票崩盘和经济大萧条的发生归咎于胡佛并不完全公平。但是，因坚持僵化的意识形态而未能有效应对经济危机，作为总统，胡佛却难辞其咎。胡佛认为，政府直接救助失业者的做法不仅“违反宪法”，而且会“削弱人的品格”。①

胡佛刚卸任时说，他会克制一年；在一年中，他不会在公开场合发表任何看法。罗斯福执政后，在最初的100天里推出一系列强有力的改革措施。这些对于胡佛来说是很难接受的，他认为罗斯福“新政”就是要在美国强制推行“国家主义”和“社会主义”。为了阻止经济危机进一步恶化，罗斯福在执政的最初100天时间里，命令所有银行暂时停业重组，接受审查，只有审查合格的银行才能重开营业。胡佛认为，关闭银行没有必要。他说，“我们的斗争就是要阻止在美国推行这么大规模的社会主义行为。”

胡佛的朋友们劝他不要顽固地坚持自己僵化的观点，但他拒绝听取这些善意的建议。他在1934年出版了《对自由的挑战》一书，强烈批评“新政”破坏了个人自由。胡佛的好友、美国最高法院法官哈兰·菲斯克·斯通（Harlan Fiske Stone）委婉地劝胡佛不要太固执己见。斯通是最高法院大法官，时任总统富兰克林·罗斯福在1941年提名他担任首席大法官。胡佛思想保守，反对改革。斯通认同胡佛对富兰克林·罗斯福政府的一些批评，但他还是希望胡佛能够意识到是人民在管理国家，人民想改革，政府就需要顺应民众的愿望。斯通说，美国已经是一个工业社会，社会结构已经变得非常复杂，僵化地坚持美国建国之初托马斯·杰斐逊时代主张的“小国寡民”的思想已经不合时宜；所以，美国不能用杰斐逊时代的方法来应对现代社会存在的问题。换言之，“18世纪崇尚个人自由的抽象理念同20世纪美国的社会现实并不能完全吻合”。然而，不论是当时，还是后来，胡佛都没有改变自己的观点。

胡佛在卸任后，著作颇丰，包括1951—1952年撰写的三卷本回忆录，但是胡佛作品中有时也存在一些问题，主要原因是胡佛的选择性记忆。特别有趣的是，胡佛研究罗斯福政府“新政”，撰写了《背叛自由》一书。他认为，“苏联崛起，共产主义扩张，罗斯福难辞其咎。”但该书最终并未

① Max J. Skidmore, *After the White House*: *Former Presidents as Private Citizens*, New York: Palgrave Macmillan, 2004, p. 112.

出版。在20世纪30年代，胡佛代表着共和党党内强烈主张孤立主义的声音。他反对美国承认苏联，反对美国参加二战，认为战争扩大的可能性不大。二战爆发后，他主张美国应该置身事外，仅为盟友提供物资供应即可。在日本发动珍珠港事件后，胡佛的思想发生彻底改变，他开始支持美国参加二战。①

胡佛的退休生活也并不全是负面的，也有值得肯定的方面。在20世纪30年代，随着战争不断蔓延，对欧洲造成了毁灭性的破坏，他开始募集资金，为芬兰、比利时和波兰提供粮食救助。1945年，富兰克林·罗斯福去世，哈里·杜鲁门继任。胡佛对罗斯福的愤怒也转向了杜鲁门。但是，杜鲁门认为，罗斯福不应该冷落前总统胡佛。于是，杜鲁门在就任总统后邀请胡佛到白宫做客。这也是胡佛自1933年3月4日卸任退休后第一次重返白宫。杜鲁门就任后，恢复了胡佛作为总统非正式顾问的角色，胡佛也因此重返政界。在1964年去世之前，胡佛积极参与政府活动，做出了应有的贡献。

第三节 从事律师行业

在1958年国会通过《前总统法》之前，美国卸任总统没有退休金，也没有办公费用和其他福利（如特勤人员等）。所以，对于一些家庭不是非常殷实的总统来说，卸任就意味着失业，需要重新找一份工作。从建国之初到美国内战，多数总统选择回到自己的庄园或者农场，做起了乡绅，第1任总统乔治·华盛顿、第2任总统约翰·亚当斯、第3任总统托马斯·杰斐逊、第4任总统詹姆斯·麦迪逊、第5任总统詹姆斯·门罗就都典型的代表。有些总统靠写书赚钱，第18任总统尤利西斯·格兰特就是代表；也有一些总统因为曾经做过律师，所以，有些总统卸任后重操旧业，如第23任总统本杰明·哈里森和第24任总统格罗夫·克利夫兰。第2任总统约翰·亚当斯也曾考虑过做律师，但因牙齿脱落而作罢。第28任总统伍德罗·威尔逊也曾同朋友开办律师事务所，但是，由于身体一直欠佳，所以，最后不得不放弃。在从事律师行业的卸任总统中，本杰明·哈里森

---

① Leonard Benardo and Jennifer Weiss, *Citizen - in - Chief: The Second Lives of the American Presidents*, New York: Harper Collins, 2009, pp. 139 - 140.

是最成功的一个。

作为国际法专家，本杰明·哈里森曾担任委内瑞拉政府顾问和首席辩护律师，帮助委内瑞拉解决与英属圭亚那的边界纠纷。委内瑞拉政府请美国卸任总统代表其参与国际仲裁，这本身就表明，美国在世界舞台上的地位日渐突出，也显示了美国作为全球大国的影响力。在同意为委内瑞拉辩护后，哈里森坚持要求先付 2 万美元定金，然后每个季度支付 1 万美元，直到巴黎国际特别法庭最后做出判决为止。到 1899 年国际特别法庭宣布裁决时，本杰明·哈里森的总收入已达 8 万美元。哈里森执政时期的海军部长，本杰明·特雷西（Benjamin Tracy）以及当时未公开姓名两位合伙人詹姆斯·索雷（James B. Soley）、斯夫罗·马赖·普雷福斯特（Severo Mallet - Prevost）协助哈里森准备这个案子。本杰明·特雷西挣了 5 万美元，詹姆斯·索雷和斯夫罗·马赖·普雷福斯特挣了多少没有公开。索雷是当时广受尊敬的处理边境纠纷的权威。哈里森在这个案子上投入了很大的精力。在长达 15 个月的诉讼中，哈里森全身心投入，撰写发言稿。为了避免干扰，哈里森把办公室设在自己家里，研究这个案子涉及的复杂的历史问题和存在的法律争议。1899 年初，哈里森写完了法律陈述。他的陈述有两卷，共 800 多页，还有许多附录和地图。

接下来是英方的回应及反诉。1899 年 2 月，哈里森的书面陈述最后刊印。陈述达 23 卷。3 个月后，口头答辩开始。英国法律团队口头发言长达 42 小时。在 3 个月休会期结束后，哈里森开始口头辩护。他在 5 天内讲了 25 个小时。尽管他认为自己对委内瑞拉的陈述很有说服力，但是他担心 5 位仲裁法官可能不会按照是非曲直来断案，而是会采取妥协方案。

后来的事实恰恰印证了哈里森的担心。1899 年 10 月 8 日，国际特别仲裁法庭做出判决。国际特别仲裁法庭由 5 人组成，两位是美国法官，两位是英国法官，法庭庭长是俄罗斯法学家、国际法教授弗雷德里克·德·马尔顿斯男爵（Baron Frederick D. de Martens）。根据法庭裁决，英国获得争议领土中 90% 的土地，委内瑞拉仅获得 10% 的面积。这个案子看似英国取得了绝对胜利。但是，委内瑞拉获得争议领土中有一大块金矿；委内瑞拉还控制了奥里诺科河（the Orinoco River），这条河是南美洲北部三分之一地区的商业通道。

哈里森对于国际特别仲裁法庭的一致裁决感到愤怒，他起初想让特别仲裁庭的两位美国法官对此提出异议。马尔顿斯男爵后来说服哈里森放弃这种想法。他说，两位美国法官之所以同意投票支持仲裁庭这一裁决，主要是希望确保“委内瑞拉至少能够得到奥里诺科河河口；假如他们提出异议的话，委内瑞拉可能什么也拿不到”。哈里森后来说，“假如公众知道我们本来能够给委内瑞拉争取到奥里诺科河河口，但却未争取到时，别人永远也不会原谅我们。”

参与委内瑞拉—英属圭亚那边界之争的辩护是哈里森律师职业生涯的里程碑。此后，他在印第安纳州法院和联邦最高法院也曾为其他重要的案子进行辩护。由于委内瑞拉—英属圭亚那边界之争的案子让他精疲力竭，所以，在日后的案件辩护中，哈里森不像以前那样完全投入。1899 年 9 月，哈里森回到美国。一年后，时任总统威廉·麦金利任命他担任新成立的永久仲裁院法官，但是在诉讼时他并没有表现出很高的积极性。1901 年 3 月 13 日，哈里森因肺炎在印第安纳州安纳波利斯去世。哈里森在卸任后对竞选公职不再感兴趣，只是想增加自己的收入。他认为自己作为公众人物同赚钱并不矛盾。在国会仍未给退休总统发放退休金的年代，退休总统要做的首要事情是再找一份工作，养活自己和家人。在这方面，哈里森无疑是一个时代的开创者。①

① Burton I. Kaufman, *The Post-Presidency from Washington to Clinton*, Lawrence, Kansas: University Press of Kansas, 2012, p. 191.

第二章

关注大选

享受退休生活、申辩反思、从事律师行业和培养个人兴趣不是卸任总统宁静生活的全部。他们也会关注选举。特别是在总统大选前，有意参加总统大选角逐的候选人也会经常拜访卸任总统，寻求他们的支持。卸任后，这些昔日政治领袖虽然不再拥有国家权力，但是作为公众人物，他们中多数人在自己政党内部和社会上仍具有一定的影响力。有些卸任总统会鼓励自己看好的候选人参加公职选举，特别是总统大选。在支持自己中意的候选人时，有些卸任总统喜欢躲在幕后，也有些会走上前台。特别是在现代社会，卸任总统参加党内全国代表大会，发表主旨演讲，帮助候选人拉票，已经非常普遍。

但是，在建国之初，特别是前 6 任总统在任期间，卸任总统一般不会轻易发表对特定总统候选人的看法，甚至故意避嫌。他们一般认为，公开举行竞选拉票活动是不光彩的事情。他们厌恶党派政治，即使在现实生活中无法避免党派政治，他们也会谨慎处理。但是，到了 19 世纪 30 年代，这种状况有所改变。1836 年第 7 任总统安德鲁・杰克逊卸任前，不仅毫不掩饰对总统参选人的态度，甚至积极参与挑选继任者，帮助其参选。至此，卸任总统表达政见，支持特定候选人已经习以为常。

研究卸任总统关注总统大选，可以发现这样一个规律：在美国建国之初，卸任领导人对于参选人的支持，主要是在私下进行的，表现在直接给他们中意的人选写信，鼓励他们参选公职。但是在 19 世纪 30 年代中期以后，个别总统卸任后强势干预党内候选人初选，典型的例子从第 7 任总统安德鲁・杰克逊、第 26 任总统西奥多・罗斯福和第 33 任总统哈里・杜鲁门。在这期间，绝大多数卸任总统即使关心政治，关注党内初选，也未介入党内初选。即使是杜鲁门，在 1960 年大选后，也不再介入党内初选。他在 20 世纪 60 年代以后，卸任总统也多是支持自己中意的候选人参加党内初选和总统大选，鲜有直接介入的案例。可以这么说，在美国历史上，绝大部分卸任总统都遵循了华盛顿确立的不干预政治的传统。

在强势介入党内初选的三位卸任中，第 7 任总统安德鲁·杰克逊卸任前一年就授意安排自己中意的人选、副总统马丁·范布伦参加 1836 年大选。他在 1840 年大选中也支持范布伦。但是，在 1844 年大选中，由于范布伦同安德鲁·杰克逊在处理得克萨斯兼并问题上存在分歧，杰克逊抛弃了范布伦，转而支持“黑马”詹姆斯·波尔克。第 26 任总统西奥多·罗斯福在 1912 年强势干涉共和党候选人题名，在试图阻止时任总统威廉·塔夫脱成为共和党总统候选人失败后，脱离共和党，组建进步党，参加大选。第 33 任总统哈里·杜鲁门在 1956 年和 1960 年大选中，都试图强势干预民主党初选。但是，他支持的人选均未在初选中胜出。

第一节　提供幕后支持

美国建国之初的 5 位总统，乔治·华盛顿、约翰·亚当斯、托马斯·杰斐逊、詹姆斯·麦迪逊和詹姆斯·门罗都谨守卸任总统不干预政治的传统。他们认为，卸任总统就是普通公民，不适合再参与政治。他们即使发表政见，甚至有意支持自己中意的候选人，也基本不会选择公开场合，而是选择私下里劝进。第 6 任总统约翰·昆西·亚当斯在任期间没有明确的政党倾向，在卸任后以国民共和党的身份当选为联邦众议员。在 1832 大选中支持国民共和党总统参选人亨利·克莱（克莱曾在约翰·昆西·亚当斯政府中担任国务卿）。1834 年，国民共和党联合其他反对时任总统安德鲁·杰克逊的团体和个人，成立了辉格党。约翰·昆西·亚当斯后来加入辉格党，并在历次大选中支持辉格党总统候选人。

一、华盛顿私下鼓励约翰·马歇尔和帕特里克·亨利参与公共事务

华盛顿卸任后三年就去世了，没有机会看到 1800 年大选，也就谈不上在大选中支持哪位候选人的问题。但是，他确实也曾鼓励自己中意的人选参与政治。比较典型的例子是鼓励约翰·马歇尔（John Marshall）和帕特里克·亨利（Patrick Henry）参与公共事务。华盛顿鼓励两人参政，是看中两人的才能，是出于公心，决不可与干政同日而语。

华盛顿卸任时，美国政坛的党派斗争已经愈演愈烈。联邦党人和共和党人之间的冲突已经不可调和。由于联邦党人在政坛占有优势地位，在1796年大选中，身为联邦当人的约翰·亚当斯战胜共和党人托马斯·杰斐逊，成为美国第2任总统。在卸任后的日子里，华盛顿本人越来越倾向于支持联邦党。他曾一度鼓动约翰·马歇尔考虑参选国会众议员，并称如果能够听到他参选成功的消息，自己将“感到无比高兴”。马歇尔在1799年成功当选。

华盛顿甚至还劝诱已经赋闲在家的帕特里克·亨利再次参与弗吉尼亚地方政治。尽管帕特里克·亨利说，自己“年事已高，身体太弱，根本无法再次参与公共事务”，但是，面对华盛顿的一再请求，他只好接受了华盛顿“真诚的愿望”。[①]

帕特里克·亨利是《独立宣言》的起草人之一，在美国独立战争期间曾担任弗吉尼亚陆军总司令，后任弗吉尼亚州州长、州议会代表等职。在政治立场上，帕特里克·亨利支持托马斯·杰斐逊主张的“州权至上”和“个人自由”，反对《美国宪法》。1795年，华盛顿曾邀请他出任国务卿，他谢绝了，理由是反对华盛顿政府推行的具有联邦党人特点的政策。但是，在看到法国大革命（1789年爆发）后出现激进、血腥和社会动荡，他开始担心美国可能会因政治分裂而重蹈法国大革命的覆辙。

于是，为了“国家的团结”，1798年，他公开支持联邦党人。同年，时任总统约翰·亚当斯提名他担任总统特使，出使法国。帕特里克·亨利因健康问题谢绝了。他强烈推荐约翰·马歇尔前往。在华盛顿的一再请求下，帕特里克·亨利以联邦党人的身份参加弗吉尼亚州议会代表选举，并成功当选。1799年6月6日，在赴任前三个月，帕特里克·亨利因胃癌去世，享年63岁。[②]

二、约翰·亚当斯在沉寂多年后开始支持共和党

约翰·亚当斯本来是联邦党人。但是，卸任后长时间以来，他对首都华盛顿发生的一切并不感兴趣。一是因为在他卸任后的20年间，一直是共和党执政，联邦党力量在不断削弱，他自己根本没有机会发挥作用；二是

---

① Leonard Benardo and Jennifer Weiss, *Citizen - in - Chief*: *The Second Lives of the American Presidents*, New York: Harper Collins, 2009, p. 176.

② Patrick Henry, http: //en. wikipedia. org/wiki/Patrick_ Henry#cite_ note - 24, accessed on Feb, 21, 2016.

在1796年和1800年两次大选中，联邦党领袖亚历山大·汉密尔顿始终在排挤他，约翰·亚当斯本人对联邦党、对政治已经心灰意冷。但是，在第5任总统、共和党人詹姆斯·门罗任命自己的儿子约翰·昆西·亚当斯为国务卿后，约翰·亚当斯开始转向支持詹姆斯·门罗。一个原因是约翰·亚当斯希望詹姆斯·门罗能够提携自己的儿子；二是因为这一时期，联邦党也已经分裂，走向解体。

约翰·亚当斯转而支持共和党，首先同詹姆斯·门罗开始提拔自己的儿子有关。事实上，从1800年大选失利，到1809年3月政敌托马斯·杰斐逊卸任，约翰·亚当斯对于共和党的怨气一直未消。1820年，约翰·亚当斯同昔日政敌托马斯·杰斐逊冰释前嫌，是在亚当斯总统卸任20年之后。他们在共同好友本杰明·拉什的撮合下开始放下旧怨，恢复独立战争期间结下的深厚友谊。要知道，当年《独立宣言》的起草，是托马斯·杰斐逊在约翰·亚当斯和本杰明·富兰克林的协助下完成的。他们也一起见证了制宪会议等建国初期一系列重大历史事件。

1809年，时任国务卿詹姆斯·门罗任命第2任总统约翰·亚当斯的儿子约翰·昆西·亚当斯担任美国驻俄公使，约翰·亚当斯同詹姆斯·门罗的关系才开始有所缓和。1817年8月，时任总统詹姆斯·门罗任命约翰·昆西·亚当斯担任国务卿。看到儿子在共和党政府中担任要职，约翰·亚当斯长期以来同共和党，包括同詹姆斯·门罗之间的紧张关系逐步缓解。

约翰·亚当斯同詹姆斯·门罗关系曾一度紧张，主要有三个原因：一是约翰·亚当斯对詹姆斯·门罗的亲法倾向强烈不满；二是詹姆斯·门罗同自己的政敌托马斯·潘恩关系密切；三是在约翰·亚当斯执政时期，美国政府强化了对《杰伊条约》的执行。但是，作为共和党人的詹姆斯·门罗当时激烈攻击《杰伊条约》，认为这是一项出卖美国利益、姑息英国的卖国条约，这当然引起了约翰·亚当斯的不满。事实上，因为《杰伊条约》的缘故，詹姆斯·门罗甚至考虑过要和总统约翰·亚当斯决斗。①

约翰·亚当斯转而支持共和党，也同他对联邦党的失望以及联邦党逐步瓦解有关。虽然约翰·亚当斯是联邦党人，1796年也是以联邦党人身份当选总统。但是，由于约翰·亚当斯和联邦党的实际领袖亚历山大·汉密尔顿关系不睦，特别是1800年总统大选前夕，汉密尔顿在给各位代表散发攻击约

---

① Leonard Benardo and Jennifer Weiss, *Citizen－in－Chief*: *The Second Lives of the American Presidents*, New York: Harper Collins, 2009, p. 177.

翰·亚当斯的一封长信，导致联邦党分裂，共和党人托马斯·杰斐逊当选，约翰·亚当落败。汉密尔顿对亚当斯的伤害让他一直难以释怀。

1820 年，在詹姆斯·门罗争取总统连任之际，约翰·亚当斯作为马萨诸塞州选举人团中的一员，投票支持詹姆斯·门罗。1824 年，约翰·昆西·亚当斯当选为第 6 任美国总统。1825 年 3 月在詹姆斯·门罗卸任之际，约翰·亚当斯在给詹姆斯·门罗的信中这样写道："我特别想借此机会祝贺您幸福、快乐的执政生涯，在我看来，您执政 8 年真得非常完美。"从约翰·亚当斯的信中可以看出，两家之间的关系已经改变了这位联邦党人的态度。这位前总统在儿子就职 16 个月后溘然辞世，享年 90 岁。[①]

三、杰斐逊、麦迪逊、门罗对总统候选人的态度

托马斯·杰斐逊、詹姆斯·麦迪逊和詹姆斯·门罗在卸任后都私下表示，支持自己中意的总统候选人。作为共和党领袖，杰斐逊在 1808 年、1812 年、1816 年和 1820 年四次选举中，都旗帜鲜明地支持自己的好友詹姆斯·麦迪逊和詹姆斯·门罗参选。在 1824 年大选中，他支持的人选是门罗政府的财政部长威廉·克劳福德，而不是国务卿约翰·昆西·亚当斯。杰斐逊在写给好友拉法耶伯爵的信中谈到了他不支持约翰·昆西·亚当斯的原因。他说，约翰·昆西·亚当斯的参选可能会导致选举地域严重分化，北方人支持来自马萨诸塞州的约翰·昆西·亚当斯，南方人支持来自佐治亚州的威廉·克劳福德。托马斯·杰斐逊认为，威廉·克劳福德代表了共和党的执政理念，认同自己提倡的"州权优先"的主张，是代表南方利益的最佳人选。1824 年是他唯一一次在总统大选中支持的总统候选人落败。[②]

在 1816 年和 1820 年大选中，詹姆斯·麦迪逊都支持自己的国务卿詹姆斯·门罗。但是在 1824 年大选前，他就表示，自己不会支持任何特定的总统候选人。他并不愿意卷入国内选举政治，只愿意在诸如奴隶制问题、各州是否有权宣布在其境内不执行联邦法律等重大议题上表明自己的立场。在 1828 年大选临近之际，安德鲁·杰克逊一直强调自己在四年前（即 1824 年）的大选中受到不公正待遇。詹姆斯·麦迪逊的好友恳求他能

---

① Leonard Benardo and Jennifer Weiss, *Citizen - in - Chief*: *The Second Lives of the American Presidents*, New York: Harper Collins, 2009, p. 178.

② Leonard Benardo and Jennifer Weiss, *Citizen - in - Chief*: *The Second Lives of the American Presidents*, New York: Harper Collins, 2009, p. 179.

够出面驳斥安德鲁·杰克逊煽动性的言论。他们说，如果不加以澄清的话，詹姆斯·麦迪逊呕心沥血主持起草的《美国宪法》可能会面临危险。这里需要解释两个问题：第一，詹姆斯·麦迪逊被誉为“宪法之父”，在《美国宪法》制定过程中发挥了举足轻重的作用；第二，1824 年选举，实际上有四人参与竞选，约翰·昆西·亚当斯、安德鲁·杰克逊、亨利·克雷和威廉·克劳福德。

《美国宪法》规定，在总统大选中，如果没有任何一个或一组候选人过半数，那么，将由国会众议院选举总统。在这种情况下，每州按照一票计，得票多数的人当选。在大选中，安德鲁·杰克逊的普通选民票和选举人团票都位列第一，但是选举人票未过半，因此无效。但在国会投票中，在亨利·克雷的支持下，约翰·昆西·亚当斯胜出，成为第 6 任总统。因此，从安德鲁·杰克逊的角度来看，约翰·昆西·亚当斯“窃取”了总统的职位。在接下来的四年中，安德鲁·杰克逊抓住任何一个可能的机会攻击约翰·昆西·亚当斯。詹姆斯·麦迪逊的好友认为，如果不对安德鲁·杰克逊煽动性的言论加以回应的话，可能会损及宪法的权威。即使在这种情况下，詹姆斯·麦迪逊仍然有礼貌地婉拒了好友们的恳求，坚持自己“同这一阶段的政治纷争保持距离”的承诺。

在 1828 年大选中，詹姆斯·门罗也希望远离这场纷争，但是他也险些被卷入。在大选期间，约翰·昆西·亚当斯的海军部长塞缪尔·索瑟德不断对外界讲，在第二次美英战争期间，美国军队在新奥尔良战役中打败英军，这个功劳不应该归功于安德鲁·杰克逊，而应该归功于詹姆斯·门罗。因为当时詹姆斯·门罗是海军部长，安德鲁·杰克逊只是一个将军。安德鲁·杰克逊听别人讲到这个消息后，开始怀疑，这话可能是从詹姆斯·门罗口里说出来的，于是，心中充满了忿恨。但是，门罗本人对此并不感兴趣。因为，同麦迪逊一样，他认为，卸任总统不应该卷入政治——除非在国家面临危机或者现任总统召唤他为国家服务时。当然，詹姆斯·门罗不愿卷入 1828 年总统大选，还有现实的原因。他当时正在同国会交涉，要求国会补偿他担任美国驻法公使时个人支出的费用。因此，他严守政治中立，觉得任何政治介入只能给自己要求国会偿还个人费用方面带来更多的麻烦。①

---

① Leonard Benardo and Jennifer Weiss, *Citizen－in－Chief*：*The Second Lives of the American Presidents*, New York：Harper Collins, 2009, p. 180.

第二节　低调介入甚至干预总统候选人提名

美国卸任总统利用自己的影响力，介入、甚至干预总统候选人提名的案例并不多见。第 7 任总统安德鲁·杰克逊、第 26 任总统西奥多·罗斯福和第 33 任总统哈里·杜鲁门只是特例。由于西奥多·罗斯福干预 1912 年共和党总统大选提名，主要目的是自己争取共和党提名，这个部分会在卸任总统二次参政那部分详细阐述，所以，在此着墨的重点是杰克逊和杜鲁门。

一、杰克逊低调介入民主党总统提名

作为卸任总统，安德鲁·杰克逊对于民主党总统提名人的介入、甚至干预都是低调进行的。杰克逊在任 8 年是美国历史发展中非常重要的时期。在任期间，杰克逊在南部各州试图在州内宣布联邦法律无效时，采取坚决果断措施，挫败了南方的企图。他宣布解散美国银行、推行更加严厉对印第安人政策等。更重要的是，在国务卿马丁·范布伦（安德鲁·杰克逊第一任期）的协助下，安德鲁·杰克逊建立了一套成熟的政党框架，为美国两党制的发展奠定了基础。为了达到一定的政治目的，杰克逊在任期间 12 次行使否决权，超过了前 6 任总统之和。学界所称的“杰克逊主义”是建立在传统共和主义基础之上，其要义在于坚持有限政府，强调州权，倡导政治平等，给予白人成年男性选举权，特别是主张大众政治，这一点与前 6 任总统强调的精英政治截然不同。

杰克逊在第二任期末，就开始考虑自己的继任者，他心目中的理想人选是自己的副总统马丁·范布伦（安德鲁·杰克逊第二任期）。在 1835 年 5 月巴尔的摩民主党全国代表大会上，在杰克逊的授意下，大会在第一轮投票中一致推选马丁·范布伦为民主党总统候选人，推选理查德·约翰逊为副总统候选人，代表民主党参加 1836 年总统大选。在 1836 年 11 月举行的总统大选中，马丁·范布伦击败刚刚成立的辉格党总统候选人威廉·亨利·哈里森，成为第 8 任总统。

1837 年 3 月 4 日，古稀之年的杰克逊参加完自己精心挑选的继任者、马丁·范布伦的就职典礼，返回坐落于田纳西州的种植园。卸任后的杰克逊仍然关注时政，写信为民主党领导人出谋划策。1840 年，辉格党候选人

威廉·亨利·哈里森击败范布伦，成为美国第9任总统，这令杰克逊感到惊讶不已。哈里森在任不到一个月就因病去世，副总统约翰·泰勒在一片质疑和唏嘘中就任第10任总统。泰勒执政时期，美国考虑兼并得克萨斯，卸任总统范布伦表示坚决反对，以“扩张主义”著称的杰克逊对范布伦非常失望。① 可以看得出，杰克逊对于范布伦态度的改变从这儿就开始了。

（一）范布伦同杰克逊的政敌亨利·克莱会晤，引起杰克逊不满

在1844年大选中，范布伦在争取民主党总统提名前所做的第一件事就是拜访安德鲁·杰克逊。尽管年迈多病，杰克逊在民主党内仍然享有极高的声望。争取杰克逊的支持，对于范布伦在民主党总统候选人竞争中胜出，非常重要。杰克逊在范布伦到达之前，就听说范布伦接到了辉格党总统参选人亨利·克莱（Henry Clay）的信，邀请范布伦前往肯塔基州阿什兰会面。杰克逊对克雷一直耿耿于怀，原因是克雷在1824年大选中支持约翰·昆西·亚当斯，这也是导致杰克逊败选的关键因素。杰克逊告诉范布伦，克莱这个“老浣熊”，“真得死了、剥了皮、埋了，我会很高兴”。范布伦在拜访完杰克逊后径直前往肯塔基州同克雷会面，这令杰克逊非常不悦。②

虽然没有具体证据显示，克莱对范布伦的盛情邀请和范布伦接受克莱邀请时两人达成了什么交易，但后来的迹象表明，两人同意，在1844年总统大选中回避合并得克萨斯这个争议话题。作为辉格党人，克雷一直反对允许得克萨斯加入联邦；作为民主党人，范布伦在担任总统期间（1837年3月4日—1841年3月4日）因为担心加深南北分裂，所以，也反对得克萨斯并入联邦。时任总统、辉格党人约翰·泰勒执政期间，于1844年4月签署合并得克萨斯的条约，但参议院拒绝批准这一条约。在1844年11月举行的总统大选中，到底是支持还是反对合并得克萨斯就是一个非常有争议的议题。

---

① Max J. Skidmore, *After the White House: Former Presidents as Private Citizens*, New York: Palgrave Macmillan, 2004, p. 51.

② Marie B. Hecht, *Beyond the White House: The Residues of Power*, New York: Macmillan Publishing Co., Inc, 1976, p. 70.

（二）范布伦在兼并得克萨斯问题上同杰克逊意见相左，引起杰克逊不快

从1843年11月到1844年5月的半年时间里，马丁·范布伦走遍全美各地，争取党内支持。从纽约坎德胡克到田纳西州，再到东海岸、西部和南部，他从不漏掉一个重要城市，也不漏掉任何一个重要的政治人物。在民主党内亲范布伦力量的支持下，到1844年初，形势变得对范布伦非常有利，似乎他一定会成为民主党总统候选人。在辉格党总统参选人亨利·克雷的配合下，范布伦似乎可以巧妙地避开得克萨斯合并这个争议话题。但是，要求合并得克萨斯的政治力量决定借助安德鲁·杰克逊来挑起这个争议话题，实现他们的目标。时任得克萨斯共和国总统萨姆·休斯顿（Sam Houston）请他的好友，前总统安德鲁·杰克逊帮助他在1844年大选中挑起合并得克萨斯的议题。休斯顿知道杰克逊本人就强烈主张兼并得克萨斯，于是他派自己的重要幕僚米勒（W. D. Miller）同杰克逊联系。

米勒在华盛顿给杰克逊写信说，辉格党总统参选人亨利·克莱在参议院的支持者希望无限期地推迟批准合并得克萨斯的条约，但是，马丁·范布伦的朋友们"大多公开、热情支持兼并得克萨斯"。但是，米勒不了解马丁·范布伦在这个问题上的态度。他想，作为民主党总统参选人的有力竞争者，如果马丁·范布伦支持兼并得克萨斯，那他无疑会获得南方民主党人的支持，但是，这有可能伤害到北方的支持者。因此，他得出了一个准确的结论：亨利·克莱和马丁·范布伦都不愿触及这个议题；相反，他们是希望尽量将这个议题拖延到总统大选结束之后。

由于米勒的目的是争取参议院能够尽快批准合并得克萨斯的国际条约，所以，他想尽办法来说服安德鲁·杰克逊，争取他的支持。米勒深知，杰克逊憎恨英国。于是，他在写给杰克逊的信中这样说道，"如果她（得克萨斯）被母亲（指美国）拒之门外，她会得到祖母（指英国）更好的接待。"米勒警告说，"如果美国不能接受得克萨斯，得克萨斯同英国结盟是不可避免的。对此，请您不要有任何怀疑。"得克萨斯同英国结盟，这正是杰克逊最担心的事情。因此，他毫不犹豫选择坚决地支持合并得克萨斯的一方。①

---

① Marie B. Hecht, *Beyond the White House: The Residues of Power*, New York: Macmillan Publishing Co., Inc, 1976, p. 71.

（三）范布伦撰文公开反对兼并得克萨斯让杰克逊感到难堪

在1844年初，马丁·范布伦和亨利·克莱不约而同地分别在《国民通讯员报》和《环球报》上发表文章，强调，合并得克萨斯将会导致美墨战争，也许还可能会导致某个欧洲国家介入。范布伦的这封信令他在南部和西部的支持者感到错愕。在1844年5月民主党巴尔的摩总统提名大会召开之前，先前支持范布伦的一些民主党人开始倒戈。例如，知名媒体人、《里士满问询者报》主编托马斯·里奇（Thomas Ritchie）给范布伦写信说："我们无法帮你赢得弗吉尼亚州，（在这里）我们输了。"

事实上，由于范布伦在合并得克萨斯问题上态度一直不明朗，来自南部和西部的一些民主党人放弃了对他的支持，他们甚至设法阻止范布伦参加5月份即将在巴尔的摩召开的民主党全国代表大会。范布伦的儿子从华盛顿给他写信，说范布伦的朋友们中间正在酝酿一场阴谋，请他务必要当心。来自印第安纳州的一位联邦众议员阿摩司·肯德尔（Amos Kendall）给范布伦写信，告诉他自己无法说服印第安纳州民主党人支持范布伦，他警告说："在普通选民中你有足够的支持，你需要当心那些政客。"

范布伦在《国民通讯员报》上发表的文章让杰克逊感到难堪。杰克逊说，虽然自己"体弱多病"，但是，他还是"非常愿意讨论（得克萨斯）问题"。他说："无论出现什么样的后果，我都愿意支持合并得克萨斯。"杰克逊在给朋友的信中谈他和范布伦的友谊，谈他如何尊重范布伦，坚持说，"范布伦并没有抛弃"他。但是，他的信中开始提詹姆斯·波尔克（James K. Polk），并声称，范布伦必败无疑。①

（四）杰克逊与范布伦决裂，转而支持詹姆斯·波尔克

在杰克逊看来，范布伦在《国民通讯员报》上发表的文章是公开挑战对自己的忠诚。于是，他给纳什维尔《联邦报》编辑写了一封信，公开澄清自己的立场。在信中，杰克逊暗示说，当范布伦准备发表那封信的时候，他并不知道，即使美国不合并得克萨斯，有一个欧洲国家也可能会干涉（得克萨斯）。杰克逊在写给一位朋友的信中说道："我真希望，在（我的朋友）写完这封信（准备寄往《环球报》时），我能够在他身边（给他

---

① Marie B. Hecht, *Beyond the White House: The Residues of Power*, New York: Macmillan Publishing Co., Inc, 1976, p. 72.

提个醒)。”他补充说，现在唯一的希望，就是支持詹姆斯·波尔克成为副总统候选人。从这句话可以看出，杰克逊对范布伦已经不抱任何希望了。

在1844年巴尔的摩民主党全国代表大会一开始，大会就通过了一项规定，任何参选人必须得到与会三分之二代表支持，才能获得民主党总统提名人资格。规则一出，范布伦就意识到，自己的失败是不可避免的。在第一次无记名投票中，范布伦得票数稳居第一，但是缺少32票才能达到规定要求的三分之二代表支持。在第五轮投票中，刘易斯·卡斯（Lewis Cass）超过了范布伦。在最后一轮投票中，获得杰克逊青睐的“黑马”詹姆斯·波尔克一致被推选为民主党总统候选人。波尔克成为民主党总统候选人后立即宣布，支持得克萨斯并入联邦。在11月的大选中，詹姆斯·波尔克宣布，只要当选，他只任一届，不会寻求连任。大选结果是，波尔克击败辉格党候选人亨利·克莱，当选为第11任总统。在波尔克的支持下，得克萨斯于1845年12月正式加入联邦。[①]

在1844年民主党总统候选人提名过程中，范布伦在民主党党内竞争中失利的主要原因是他一直试图绕开，但无法绕开的争议话题：是不是要支持合并得克萨斯的问题。当时南部和西部的民主党人支持合并得克萨斯，目的就是要扩大蓄奴州的范围。时任得克萨斯共和国总统萨姆·休斯顿早年追随安德鲁·杰克逊，是杰克逊忠实的追随者。休斯顿曾在1827年到1829年当选为田纳西州州长。1832年，休斯顿来到得克萨斯，并在1836年当选为得克萨斯共和国总统。休斯顿希望得克萨斯并入美国，就是要扩大奴隶制的范围。范布伦在担任总统期间，就曾反对得克萨斯并入联邦。由于支持合并得克萨斯力量的阻挠，范布伦在民主党内总统提名竞争中失利。失去了前总统安德鲁·杰克逊的支持，甚至遭到杰克逊抛弃，范布伦得到民主党总统候选人提名的几率当然就大幅降低了。

二、杜鲁门从强势介入民主党初选到默默表达支持

在20世纪中后期，哈里·杜鲁门是第一位真正关注民主党总统参选人的卸任总统。他卸任后曾经历四次总统大选。卸任后的杜鲁门希望能够积极参与未来总统大选，帮助民主党参选人站台助选。在1952年大选中，伊利诺伊州州长阿德莱·史蒂文森（Adlai Stevenson）向杜鲁门保证，如果当选，

---

① Marie B. Hecht, *Beyond the White House: The Residues of Power*, New York: Macmillan Publishing Co., Inc, 1976, p. 73.

他会继续执行杜鲁门时期的内政外交政策。但是，阿德莱·史蒂文森影响力太小，根本无法战胜如日中天的二战名将德怀特·艾森豪威尔。因此，杜鲁门认为，必须找另外一个实力更强的候选人来同艾森豪威尔对决。另外，史蒂文森和杜鲁门性格上也格格不入。史蒂文森出身于富贵之家，他睿智聪明、世故圆滑，身上有一股贵族气派，这是平民出身的杜鲁门所不喜欢的。由于实力悬殊，史蒂文森在1952年大选中败给了艾森豪威尔。

（一）在1956年民主党初选中支持阿弗拉尔·哈里曼

在1965年大选民主党初选中，杜鲁门担任自己昔日知己幕僚、纽约州州长阿弗拉尔·哈里曼（Averell Harriman）的竞选顾问。哈里曼在杜鲁门政府中曾经担任财政部长和美国驻苏联大使。杜鲁门在称赞哈里曼的同时，不忘批评史蒂文森提出的“温和路线”。杜鲁门说：“如果你说喝酒，度数不高是好事。但是，在政治竞选活动中，我一直坚持这样的理念：最好全力以赴地鞭挞你的对手。”由于史蒂文森不能认同杜鲁门的理念，所以，两人的关系也渐行渐远。

当媒体不断追问杜鲁门在初选中到底支持哈里曼还是史蒂文森时，杜鲁门嘴上虽说“两位都不错”，但在公共场合中，他还是不断称赞哈里曼，说他觉得没有人比哈里曼“更好”。在民主党全国代表大会召开前夕，杜鲁门在接受记者采取时表示，他支持哈里曼成为民主党总统候选人。按照《先驱论坛报》记者沃尔特·特洛汗（Walter Trohan）的话说，杜鲁门的做法就像“引爆了一颗氢弹”。带着权力掮客的神态，杜鲁门宣读了自己事先准备好的讲稿，在讲稿的结尾说出了哈里曼的名字，然后又向在场的记者们再次全文宣读了自己的声明。

通过支持哈里曼，杜鲁门希望确保拉动两位民主党总统参选人史蒂文森和哈里曼之间的竞争。富兰克林·罗斯福的遗孀埃莉诺·罗斯福是史蒂文森的坚定支持者，她对杜鲁门的做法非常恼火。在一次私下的交谈中，她提醒杜鲁门说，他们两人都已经72岁了，应该把权力交给年轻一代民主党政治人物。这实际上是在提醒杜鲁门不要干涉党内初选，但他并没有接受埃莉诺·罗斯福的劝告。①

尽管有杜鲁门的支持，但哈里曼在民主党初选竞争中仍处于劣势。在

---

① Leonard Benardo and Jennifer Weiss, *Citizen - in - Chief: The Second Lives of the American Presidents*, New York: Harper Collins, 2009, p. 204.

民主党全国代表大会上，杜鲁门决意最后一搏，希望能为哈里曼赢得更多的代表支持。他说，史蒂文森是一个“失败主义者”；如果他代表民主党参选，那么，1956 年大选他赢得的州不会比 1952 年多多少。看到哈里曼已经不可能赢得 1956 年民主党总统参选人，杜鲁门将他全部的愤怒发泄了出来。他批评史蒂文森成为像“保守派和反动派那样的人”（这些都是“麦卡锡主义”时代使用的语言）。在演讲结束的时候，杜鲁门稍微冷静了一些，他说，看到自由派的民主党人要放弃罗斯福的“新政”和他本人推行的“公平施政”政策，他感到非常震惊。①

（二）在 1960 年民主党初选在支持斯图亚特·赛明顿

杜鲁门在 1956 年民主党党内初选中因坚持支持阿弗拉尔·哈里曼而导致民主党分裂。但是，在 1960 年民主党初选中，杜鲁门又表现出了政治上的草率。他对马萨诸塞州联邦参议员约翰·肯尼迪表现出来热情洋溢的理想主义感到不满。这一次，不等民主党全国代表大会召开，杜鲁门就宣布了自己推荐的候选人：杜鲁门政府空军事务部长、时任密苏里州联邦参议员斯图亚特·赛明顿（Stuart Symington）。杜鲁门认为，约翰·肯尼迪总统参选人身份实际早已确定，这样对其他候选人不公平。所以，他辞去了民主党全国代表大会代表资格，拒绝参加将要在洛杉矶举行的民主党全国代表大会。

在民主党全国代表大会前在“杜鲁门图书馆”召开的一次电视会议上，杜鲁门在发言时宣布，他不会参加即将举行的民主党全国代表大会。不仅如此，他还公开质问肯尼迪：“参议员先生，你能确定你已经准备好了领导这个国家吗？亦或是这个国家已经准备好了在 1961 年 1 月接受你成为总统？”②

在民主党全国代表大会上，斯图亚特·赛明顿希望真正赢得与会代表的认可。但是，同肯尼迪竞争，赛明顿根本就不可能获胜。当然，约翰·肯尼迪轻易就获得了代表民主党参加 1960 年大选的资格。会后，杜鲁门的知己好友、赛明顿的法律顾问克拉克·克利福德（Clark Clifford）安排肯尼迪和杜鲁门见面，希望二人能够冰释前嫌。在大选结束后，杜鲁门和肯

---

① Leonard Benardo and Jennifer Weiss, *Citizen – in – Chief*: *The Second Lives of the American Presidents*, New York: Harper Collins, 2009, p. 205.

② David McCulloush, *Truman*, New York: Simon & Schuster, 1992, p. 973.

尼迪就相互谅解了，他们之间的不愉快也就结束了。在民主党总统参选人确定后，杜鲁门也开始全力支持肯尼迪—约翰逊团队。杜鲁门也在全美各地为肯尼迪助选。

在谈到杜鲁门在1956年和1960年民主党初选时坚定支持哈里曼和赛明顿的原因时，美国学者列纳德·本纳多（Leonard Benardo）和詹妮弗·维斯（Jenniffer Weiss）认为，杜鲁门的选择倾向明显带有“私心”，因为哈里曼曾经在杜鲁门政府中担任财政部长，赛明顿在杜鲁门政府中担任空军事务部部长。著名媒体记者詹姆斯·赖思顿（James Reston）指出，杜鲁门这种破坏性的行为有可能会给民主党带来分裂的危险。①

（三）在1964年和1968年大选中默默支持民主党参选人

在1964年大选期间，杜鲁门基本上处于边缘化的位置。在民主党党内初选中，杜鲁门的角色是无足轻重的；同时，他选定表达支持自己认定的候选人的时间也不合适。杜鲁门坚信，现任总统林登·约翰逊一定会赢得民主党总统提名。杜鲁门说：“别人怎么做都不重要，我们支持的人就是现在白宫的主人。他就是我们要选的人，我们也应该选他。”但是，不幸的是，杜鲁门讲这番话后仅过了11天，也就是3月31日，因越战问题而身心疲惫的约翰逊就宣布退出1968年大选。约翰逊退选后，杜鲁门开始支持副总统休伯特·汉弗里（Hubert Humphrey）参选。杜鲁门担任了汉弗里选举委员会荣誉主席。为此，汉弗里还专程前往杜鲁门家乡密苏里州独立市，拜访杜鲁门。

1972年总统大选，前总统德怀特·艾森豪威尔和赫伯特·胡佛已经去世，只剩下哈里·杜鲁门和林登·约翰逊。杜鲁门年事已高，身体虚弱，无法亲自参加民主党全国代表大会；约翰逊身心疲惫，心力交瘁，也无法参加。民主党最终提名人选乔治·麦戈文（George McGovern）也没有认真去咨询这两位前总统。杜鲁门和约翰逊的政策理念同麦戈文的进步主义主张有很大的差别。事实上，杜鲁门全程缺席民主党党内初选，因为选举时间刚好同杜鲁门88岁生日庆祝时间重合。尽管如此，杜鲁门还是发表了自己的看法。1972年4月，阿弗拉尔·哈里曼（Averell Harriman）对杜鲁门进行私人拜访后对媒体说：杜鲁门认为，目前最重要的事情就是要阻止尼

---

① Leonard Benardo and Jennifer Weiss, *Citizen - in - Chief: The Second Lives of the American Presidents*, New York: Harper Collins, 2009, pp. 206 - 209.

克松连任。杜鲁门在该年 12 月去世。①

第三节 保持中立或刻意回避

并不是所有的卸任总统都会像安德鲁·杰克逊和杜鲁门那样在初选阶段主动介入、甚至干预党内总统候选人提名。有一些卸任总统对于参选人未作表态，有一些保持中立，也有一些刻意回避。当然，不同卸任总统对总统参选人态度的差异是由多方面因素造成的。

一、未做表态

一些卸任总统在党内初选或者总统大选时对于总统参选人未做表态，主要有以下原因：一是一些人身体欠佳，已经不再参加政治活动；二是一些人是对政治已经失去兴趣或者对自己所在政党已经心灰意冷，不愿表态；三是一些人是自己本身争取连任时失利、失意，或者任内遭遇重大挫折，在党内影响力下降，或已经成为党内负资产；四是有一些人不喜欢总统参选人等。

例如，第 28 任总统伍德罗·威尔逊在 1919 年经历了灾难性的中风，卸任后身体一直欠佳，几乎不参加任何政治活动，对总统大选也不再关注，这是健康因素所致。② 第 8 任总统马丁·范布伦在 1848 年第三次争取民主党提名失利后对政治已经心灰意冷，于是退出了政坛。第 17 任总统安德鲁·约翰逊在任期间遭到共和党人弹劾，对共和党已经心灰意冷。

第 22 任总统本杰明·哈里森卸任后从事律师工作，第 19 任总统拉瑟福德·海斯在 1881 年 3 月卸任后一直从事教育和社会改革工作，第 24 任总统格罗弗·克利夫兰在 1897 年 3 月卸任后在普林斯顿大学任教，也都不再关心政治。

第 37 任总统理查德·尼克松在 1974 年 8 月 9 日因“水门事件”辞职后，主动回避，不参加共和党全国代表大会，也不对总统参选人或候选人做任何表态，主要原因是担心自己会给总统参选人带来负面影响。

---

① Leonard Benardo and Jennifer Weiss, *Citizen - in - Chief*: *The Second Lives of the American Presidents*, New York: Harper Collins, 2009, pp. 211 - 212.

② John Milton Cooper, Jr. , *Woodrow Wilson*: *A Biography*, New York: Alfred A. Knopf, 2009, pp. 579 - 599.

第38任总统吉米·卡特在1984年和1988年总统大选中也未对民主党参选人公开表达态度，也是担心自己成为这些参选人的包袱。但随着卡特在国内国际慈善、国际冲突调停等方面影响力越来越大，1992年大选民主党参选人比尔·克林顿主动邀请卡特为自己站台，对此，卡特当然也乐此不疲，那是后话。

第10任总统约翰·泰勒曾是民主党人，后支持辉格党，在1845年3月4日卸任后离开辉格党，回归民主党。他在1861年2月曾代表南方同当选总统亚伯拉罕·林肯谈判，谈判未果后加入南部邦联临时国会。第15任总统詹姆斯·布坎南在1861年卸任后关注的重点是如何为自己执政时期推行的政策进行辩护，对总统大选已不关心。布坎南昔日幕僚都抛弃了他。他们一些人加入了南方邦联，一些人加入了林肯政府，为联邦效力，布坎南成了失意的孤家寡人。

二、表示中立

对大选表示中立的退休总统也比较少见，有代表性的例子是第34任总统德怀特·艾森豪威尔在1964年大选中的态度。1964年大选是艾森豪威尔卸任后经历的第一次总统大选。艾森豪威尔曾是军人。美国军人有着对政治保持中立的传统。在整个初选提名过程中，他始终保持类似军人的中立。但是，作为政治人物，他不太认同共和党参选人巴里·莫里斯·戈德华特（Barry Morris Goldwater）的保守立场，而是更倾向于支持像宾夕法尼亚州州长威廉·斯克兰顿（William Scranton）这样的温和派共和党人。但是，当共和党代表大会选择戈德华特代表共和党参选时，艾森豪威尔也没有多少选择，只能支持本党参选人。在大选期间，戈德华特的保守路线让艾森豪威尔深感不安。戈德华特在大选中大幅落败，艾森豪威尔对此也深感后悔。他后悔自己在初选时为什么没有支持威廉·斯克兰顿，因为没有艾森豪威尔的支持，斯克兰特赢得共和党初选提名的机会微乎其微。

戈德华特助理、一向以尖酸刻薄闻名的保守派作家小威廉·巴克利（William F. Buckley, Jr.）曾敦促威廉·斯克兰顿用激烈的言辞质问像艾森豪威尔一样“胆小”的温和派：“当（苏联的）坦克驶入布达佩斯（捷克斯洛伐克首都）的时候，戈德华特会袖手旁观吗？他会在没有达到联合国目标的情况下，（同中国和朝鲜）缔结一份有关朝鲜问题的停战协议吗？当好战的机会主义者（埃及总统迦马尔·纳赛尔）占领苏伊士运河战略通道、在近东推动泛阿拉伯主义时，戈德华特会置之不理吗？”戈德华特本人言辞也同样犀利，但在批评艾森豪威尔方面表现得比较克制。在他最终得到了艾森豪威尔有限支持后，他也充分利用艾森豪威尔的影响，极力争取共和党内温和派的支持。他甚至承诺，一旦自己当选，他会委托艾森豪威尔前往南越，帮助调解越南南北冲突。

在1968年大选中，卸任总统德怀特·艾森豪威尔实际上已经是个旁观者了。当时，越战正酣。民主党方面，现任总统林登·约翰逊已经决定退出；共和党方面，理查德·尼克松跃跃欲试，希望卷土重来。当时由于两次心脏病发作，艾森豪威尔身体虚弱，在沃尔特·里德陆军医院住院已经好几个月了。艾森豪威尔本来打算在共和党全国代表大会召开期间宣布他的支持人选。后来，在尼克松的一再要求下，艾森豪威尔在大会召开前三周在医院宣布了支持尼克松的决定。在声明中，艾森豪威尔强调了尼克松的个人品质。他说："（尼克松）博览群书，睿智博通、办事果断。"尼克松坚信，艾森豪威尔的声明能够帮助他赢得一些"仍未决定"的代表的投票意向。

对于艾森豪威尔而言，支持尼克松在一定程度上是一个策略性的步骤，让他和另一位总统参选人纳尔逊·洛克菲勒（Nelson Rockfeller）保持了一定的距离。艾森豪威尔不喜欢洛克菲勒。他也许对于1960年自己没有大力支持尼克松感到有些后悔。在1960年大选时，当一位媒体记者问艾森豪威尔尼克松在他执政8年间有什么突出贡献时，艾森豪威尔想了会说："如果你给我一个礼拜时间想，也许我能想出一条。"1968年，艾森豪威尔和尼克松两家之家也有一些姻缘关系。尼克松的女儿朱莉（Julie）和艾森豪威尔的孙子戴维·艾森豪威尔（David Eisenhower）已经订婚，结婚日期就定在11月大选结束之后。也许正是这层亲戚关系，促成了艾森豪威尔在住院期间接受电视采访，给予了尼克松宝贵的支持。

艾森豪威尔确实在共和党迈阿密全国代表大会上发表了演讲。只不过，他并没有亲临现场，而是通过视频连线的方式，在沃尔特·里德陆军医院的病房里。第二天，艾森豪威尔再次突发心脏病。1968年年底的两个月里，他一直卧病在床。在他演讲的最后一分钟，他恳请与会代表不要理会林登·约翰逊和休伯特·汉姆弗里所谓的会停止轰炸越南的承诺。艾森豪威尔对尼克松的支持确实发挥了重要作用。最后，尼克松以非常微弱的优势击败民主党总统候选人休伯特·汉弗里和独立候选人乔治·华莱士，当选为第 37 任美国总统。①

三、刻意回避

到 1976 年，前总统、共和党人赫伯特·胡佛和德怀特·艾森豪威尔都已经去世，理查德·尼克松是唯一健在的卸任总统。但是，由于“水门事件”的影响，辞职后的尼克松仍处在艰难的自我调整中。在大选过程中，时任总统杰拉尔德·福特在争取共和党提名。但是，作为现任总统，福特争取总统提名人资格的努力也受到尼克松“水门事件”的影响。在“水门事件”后，福特以“维护国家利益为由”赦免了尼克松。在当时很多人认为这是不可接受的。共和党内政治明星罗纳德·里根对福特提出了挑战。在共和党初选中，福特始终无法摆脱赦免尼克松带来的负面影响。在这种情况下，福特刻意同尼克松保持距离。尼克松本人对此也心知肚明，也在刻意回避。

尼克松没有参加当年在堪萨斯城举行的共和党全国代表大会，主要原因是尼克松的夫人帕特·尼克松（Pat Nixon）在 7 月份中风，尼克松需要在家里照顾她。共和党纲领曾在初稿中称赞尼克松的对华政策，但很快就被删除了。“共和党正在试图忘掉尼克松，而不是要记住他。”这位四年前带领共和党赢得了有史以来最大胜利的人，在四年之后销声匿迹了。

在整个秋季的竞选过程中，共和党内是禁止提尼克松的名字的，与之相反的是，民主党总统候选人吉米·卡特则不断地向人们提起尼克松的名字。当然，卡特的用意是利用尼克松的负面形象打压共和党。一般情况下，福特谈到尼克松时，会称他是“我的前任”，或者更糟糕的是，“约翰逊的继任者”。在大选投票前几周，福特在一次付费电视采访中，在回应“福特政府与尼克松政府之间的不同”这个问题时，福特说：“在自己执政时，没有任何帝王般的白宫，没有炫耀，没有仪式，也没有专制的权威。”福特明白，如果他想争取大选获胜，那就不能回避尼克松问题。但是，“水门事件”过去时间并不长，人们对“水门事件”记忆犹新，所以，福特的策略并未凑效。

1980 年春，尼克松出版了外交专著《真正的战争》，批评吉米·卡特政府在阿富汗和伊朗等问题上的外交政策。尼克松也预计，到 1985 年，苏

---

① Leonard Benardo and Jennifer Weiss, *Citizen - in - Chief: The Second Lives of the American Presidents*, New York: Harper Collins, 2009, pp. 209 - 212.

联“会取得核优势：陆基核导弹将大幅超过美国，海基核导弹数量至少和美国一样多”。实践证明，尼克松的判断是有根据的。在1980年大选中，共和党总统参选人罗纳德·里根非常喜欢尼克松在书中阐述的以强硬的姿态对苏联推行“缓和”政策。尽管尼克松和里根很少见面，但是，在竞选过程中，他对里根还是有很大的影响，这是因为尼克松政府许多人士也在为里根团队出谋划策，例如理查德·艾伦（Richard Allan）、林恩·诺夫吉格（Lyn Nofziger）、威廉·凯西（William Casey）、约翰·西尔斯（John Sears）等人。尼克松越来越自信，开始从维护共和党利益的角度介入选举。例如，当独立候选人约翰·安德森（John Anderson）批评里根缺少外交经验时，尼克松立刻站出来为里根辩护；当《纽约时报》质疑里根的海外经历时，尼克松给《纽约时报》的编辑写信纠正这种观点。

尽管尼克松从政策视角帮助共和党总统候选人里根，但尼克松并没有出席7月份举行的共和党全国代表大会。正如一位媒体记者观察的那样：“没有人提尼克松的名字；墙上也没有关于他的海报；没有人回顾他的业绩；竞选中他的声誉不会为共和党加分。”即使尼克松昔日的演讲稿起草人，帕特·布坎南（Pat Buchanan），也不得不承认：“现在共和党正在朝前看。”人们普遍认为，1976年大选共和党失利，尼克松难辞其咎。1980年，尼克松的声誉也没有多大的改善。

到1984年，尼克松的声誉开始恢复。这位71岁的老人，用了10年时间洗刷自己的耻辱。此时，尼克松已经是一个经济上富有、在外交思想上颇有名望的人物。但是，“水门事件”的阴影仍未散去。对此，尼克松心知肚明。于是，他选择低调为共和党政治人物提供政策咨询。尼克松有意回避了当年在达拉斯市举行的共和党全国代表大会，也就避免了有关共和党是否应该邀请他参加的争论。①

第四节 公开表态支持

第7任总统安德鲁·杰克逊以降，公开对总统参选人表示支持的卸任总统占多数。例如，第13任总统米乐德·莫尔菲尔在1856年大选中失利，

① Leonard Benardo and Jennifer Weiss, *Citizen – in – Chief*: *The Second Lives of the American Presidents*, New York: Harper Collins, 2009, pp. 214 – 217.

退出政坛后于1860年和1864年大选中都投票支持民主党总统候选人。第18任总统尤利西斯·格兰特在1880年受到支持者拥戴，争取共和党总统候选人提名，在失利后立刻表态支持共和党总统候选人詹姆斯·加菲尔德。

在20世纪，卸任总统表达对参选人支持的主要方式是在政党（民主党和共和党）全国代表大会上发表讲话。政党全国代表大会就是总统候选人提名大会，同时是凝聚全党的力量，为本党候选人参选成功提供支持的重要场所。在共和党方面，卸任总统威廉·塔夫脱、卡尔文·柯立芝、赫伯特·胡佛、杰拉尔德·福特、乔治·布什都曾在关键时候为共和党总统参选人和候选人站台拉票。在民主党方面，卸任总统哈里·杜鲁门、吉米·卡特、比尔·克林顿也曾为本党参选人和候选人站台。

一、共和党卸任总统对参选人的支持

第一，进步主义时代和“兴旺的20年代”代共和党卸任总统对参选人的支持。

在20世纪的前30年，共和党内卸任总统有三位，西奥多·罗斯福、威廉·塔夫脱和卡尔文·柯立芝。在1912年，卸任后的第26任总统西奥多·罗斯福脱离了共和党，以进步党候选人身份参加大选，结果败给了民主党候选人、改革派领袖伍德罗·威尔逊。1916年，进步党请罗斯福再次代表该党参加总统大选，罗斯福谢绝了。他转而支持共和党总统候选人查理·埃文斯·休斯。[①] 第27任总统威廉·塔夫脱在1912年大选中，以绝对劣势竞选失败。1916年总统大选期间，他同罗斯福一样，支持共和党候选人查尔斯·埃文斯·休斯。塔夫脱到处奔波，为休斯争取选民支持。遗憾的是，休斯以微弱劣势落败。

在1920年，威廉·塔夫脱支持沃伦·哈丁竞选总统。塔夫脱和哈丁可以说是一对政治盟友，两人在关键的时候相互支持。哈丁曾是共和党领袖，在1912年，在时任总统塔夫脱和卸任总统罗斯福都争取共和党总统候选人提名时，哈丁选择了塔夫脱，致使罗斯福及其支持者愤然离开共和党全国代表大会现场。1920年，哈丁作为共和党内一匹“黑马”，成为共和党总统候选人。此时，罗斯福已经去世。作为共和党内唯一的卸任总统，

---

① Leonard Benardo and Jennifer Weiss, *Citizen - in - Chief: The Second Lives of the American Presidents*, New York: Harper Collins, 2009, p. 195.

塔夫脱全力支持哈丁参选。哈丁以绝对优势战胜民主党候选人詹姆斯·考克斯（James M. Cox），成为第29任总统。[①]

哈丁于1923年8月2日病逝，副总统卡尔文·柯立芝继任第30任总统。柯立芝在1928年放弃争取连任的机会，推举时任商务部长赫伯特·胡佛参加总统大选。尽管卸任后柯立芝几乎很少参与政治活动，但在1932年大选中，他还是发表了三篇文章支持胡佛争取连任，其中最重要的一篇是发表在《星期六晚报》上的文章，为胡佛在经济萧条中的政策失误进行辩解。[②] 柯立芝没有参加1932年6月在芝加哥举行的共和党全国代表大会。在秋季总统大选期间，柯立芝在麦迪逊广场花园发表演说，批评富兰克林·罗斯福的竞选政策，并且乐观地估计："经济恢复已经开始。"这样的预测更说明他无视当时的社会现实：美国确实在发生变化，但柯立芝却未能适应时代的变化。在胡佛争取连任失利两个月后，柯立芝去世了。[③]

第二，卸任总统赫伯特·胡佛30年辅选之路。

赫伯特·胡佛是继卡尔文·柯立芝后另外一位共和党卸任总统。从1933年3月4日卸任，到1964年10月20日去世，胡佛经历了数次总统大选。在每次大选中，他都站在前台，宣扬保守理念，为自己欣赏的候选人提供支持。事实上，从1933年3月4日富兰克林·罗斯福就任总统，到1953年1月20日杜鲁门卸任退休，这20年间，胡佛是唯一一位卸任总统。在20纪三四十年代，胡佛继续不断地宣扬自己的理念，并希望这些理念能够对共和党党纲有一定的影响。看到共和党在1934年国会中期选举中严重挫败后，胡佛担心共和党可能会放弃自己的原则。他要恢复共和党的传统价值观念，突出共和党人和民主党"新政"精英们之间的差异。在意识形态分歧巨大的时代，胡佛渴望引领共和党回到保守主义的道路。在胡佛看来，罗斯福就是要将美国引向危险的"法西斯—纳粹国家"，胡佛承诺要逆转罗斯福"新政"的"五驾马车：浪费、宣传、分肥、政治和权力"。在1936年大选中，胡佛渴望把自己的理念变成共和党党纲的指导原则。当共和党最终确定由来自堪萨斯州的阿尔夫·兰登（Alf Landon）代

---

① Max J. Skidmore, *After the White House: Former Presidents as Private Citizens*, New York: Palgrave Macmillan, 2004, pp. 107 - 109.

② Leonard Benardo and Jennifer Weiss, *Citizen - in - Chief: The Second Lives of the American Presidents*, New York: Harper Collins, 2009, pp. 196.

③ Leonard Benardo and Jennifer Weiss, *Citizen - in - Chief: The Second Lives of the American Presidents*, New York: Harper Collins, 2009, pp. 197.

表共和党参选时，胡佛心里感到不快。他认为，兰登在如下方面存在不足：第一，兰登为罗斯福“新政”说好话，这是胡佛不能容忍的；第二，兰登得到了“自由联盟”的支持，胡佛厌恶这个组织；第三，兰登得到胡佛的冤家、报业大亨威廉·伦道夫·赫斯特（William Randolph Hearst）的支持，因为在胡佛执政时期，赫斯特曾称胡佛“自私、愚蠢”。可以看出，胡佛对于兰登的不满主要源于个人恩怨，并无公正可言。

在1936年共和党全国代表大会上，胡佛发表演说，称罗斯福“新政”就是“要用暴政来取代美国的制度”。他说：“（‘新政’）是虚假的自由主义和无知的莽撞，就像给（莎士比亚悲剧人物）麦克白带来可悲的灾难一样，‘新政’也会毒害美国的生活方式。”胡佛半个小时的演讲赢得了热烈的掌声。在大选中，兰登也有意同胡佛保持一定的距离。他认为胡佛是一个傲慢的失败者，不会对共和党大选起到任何正面作用。

在1940年大选中，阿尔夫·兰登、托马斯·杜威、德怀特·艾森豪威尔、温德尔·刘易斯·威尔基等参选人纷纷抛弃了胡佛极端保守的意识形态。共和党最终确定威尔基代表共和党出战。作为一个忠诚的共和党人，胡佛全力为威尔基辅选，在全国各地发表演讲。但是，他保守的意识形态显然是威尔基无法认同的。

在1944年大选中，胡佛支持共和党参选人托马斯·杜威。同兰登和威尔基一样，在公开场合，杜威也同胡佛保持着一定的距离。杜威谨慎地征询胡佛的意见。在胡佛的帮助下，约翰·布里克（John Bricker）同意作为副手，同杜威一起参加1944年大选。由于杜威阵营担心劳工领袖会因为杜威同胡佛有联系而攻击杜威，所以，杜威竞选团队负责人赫伯特·布朗奈尔（Herbert Brownell）在整个竞选活动中将胡佛边缘化了。

在1948年大选中，在杜威仍有望成为共和党总统候选人的情况下，胡佛却敦促共和党全国代表大会选择立场保守的俄亥俄州联邦参议员罗伯特·塔夫脱（Robert Taft）为总统候选人。在大会上，胡佛发表演讲，猛烈攻击苏联的威胁，称苏联“会毁掉西方文明”。尽管杜鲁门同胡佛在援助欧洲、促进行政机构改革等事宜上有合作关系，但是，杜鲁门经常会提起胡佛在经济危机爆发时处置不力的往事。他在一次演讲中16次提及胡佛的名字，每次提到，都具有负面色彩。在这种情况下，杜威并没有站出来捍卫胡佛。

在1952年大选中，胡佛仍然支持罗伯特·塔夫脱。但是，在共和党确立德怀特·艾森豪威尔为总统候选人后，胡佛在大选投票前几周发表电视讲话，对艾森豪威尔表示支持。在1956年总统大选期间，已经82岁高龄的赫伯特·胡佛继续他在共和党总统参选人提名大会上发表演讲的传统。这给了他一个清楚阐明自己理念的平台：大政府会危害美国民主，共产主义是“邪恶”的，美国需要做好军事准备，美国需要实现就业最大化等。艾森豪威尔竞选团队邀请胡佛参加在费城举行的共和党全国代表大会，目的是希望能得到共和党内保守力量的支持。

在1960年总统大选中，理查德·尼克松代表共和党参加总统大选。尼克松是知名的保守派。因此，有些人认为，共和党可能会在尼克松带领下，坚持保守的路线。这似乎给胡佛提供了发挥作用的舞台。事实上，胡佛在一开始就支持尼克松。但是，在1960年秋总统竞选活动中，尼克松却冷落了这位前总统。胡佛面对媒体记者，感慨地说：“你觉得我会怎么想？我可是最早说服他参选国会议员的老前辈。”在芝加哥共和党提名人大会上，胡佛呼吁重建美国社会的道德原则。他说：美国正面临严重的“道德滑坡”，只有呼吁那些“代表美国灵魂”的力量能够帮助美国应对各种社会问题。

1964年大选，亚利桑那州联邦参议员、保守派政治人物巴里·戈德华特（Barry Goldwater）代表共和党参选。戈德华特的理念同胡佛的理念非常接近。他的畅销书《一位保守人士的良心》和他在共和党总统提名大会上的讲话一定会令这位前总统感到满意。他说：“用极端的方式捍卫自由不是邪恶，用温和的方式追求公正也不是什么美德。”但是，时年胡佛已经90岁高龄，在共和党全国代表大会召开三周前就已经去世了，当然无法亲临大会现场，聆听自己理念的追随者激动人心的演说。[①]

第三，卸任总统杰拉尔德·福特曾考虑同里根搭档参加1980年大选。

在1980年大选期间，卸任总统杰拉尔德·福特不仅支持共和党候选人罗纳德·里根，他还曾一度有意作为里根的副手参加大选。但是，由于福特要求当选后同里根分享总统权力，里根团队最终选择了共和党内温和派代表乔治·布什作为副手参选人。事情的经过是这样的。1980年7月，共和党在酝酿总统候选人时，曾一度考虑让福特作为副总统候选人，同共和党总统候选人罗纳德·里根搭档，参加大选。福特和里根讨论了两人的权力分享机制问题，探讨给予副总统候选人的福特更大的权力，相当于共同

---

① Leonard Benardo and Jennifer Weiss, *Citizen - in - Chief: The Second Lives of the American Presidents*, New York: Harper Collins, 2009, pp. 206 - 207.

总统的地位。福特提出了一系列在里根看来傲慢的要求，如要求任命基辛格担任国务卿，任命格林斯潘担任商务部长等。里根曾经考虑过福特的要求，但是当他把福特的条件告诉未来的国家安全事务助理理查德·艾伦（Richard Allen）时，艾伦大为震惊，说："这是我听到的最疯狂的事情。"尽管如此，共和党代表仍然认为里根—福特组合是共和党的"理想组合"。当晚，福特在基辛格的任命问题上有些松动。

但是，福特团队仍然坚持要求福特拥有否决权，这个条件超出了美国宪法对副总统权力的规定范围。当福特在接受哥伦比亚广播公司《晚间新闻》节目主持人沃尔特·克朗凯特（Walter Cronkite）采访时透露，他在同里根团队私下讨论搭档参选事宜。里根闻讯非常生气，当即放弃了同福特搭档的计划，邀请共和党初选参选人之一乔治·布什加入里根团队。就这样，1980 年 7 月在底特律召开的共和党全国代表大会上，里根—布什组合成为代表共和党参选的最终人选。至此，福特的政治生涯也就真正画上了句号。[①]

事实上，共和党内提出福特和里根搭档参选，本无可厚非。毕竟，格兰特退休后曾经考虑过参加共和党总统大选提名；范布伦、菲尔莫尔、克利夫兰、西奥多·罗斯福退休后也都参加过总统大选。但是，作为卸任总统，福特提出同里根分享总统权力，既反映了他对里根在治国理政方面的不信任，也会损害总统的权威，因为任何总统都不可能考虑同副总统分享总统权力。不过，这件事也说明，福特卸任后，在共和党内还有一定的影响力。

1984 年总统选举中，福特也有意保持低调，主要竞选活动就是帮助马萨诸塞州伊利亚特·理查森（Elliot Richardson）竞选联邦参议员。在此后的历次大选中，福特都热情支持共和党参选人。特别是在 2000 年大选中，福特同共和党资深参议员罗伯特·多尔（1996 年共和党总统候选人）联袂支持乔治·沃克·布什选择迪克·切尼作为副总统候选人，参加 2000 年总统大选。切尼在福特政府中担任白宫办公厅主任，深得福特信任。福特和多尔称，切尼能力很强，值得信赖。随着布什政府步入正轨，福特称赞布什在处理国家事务方面的能力。但是，他同时警告，布什政府不应该完全

① Mark K. Updegrove, *Second Acts: Presidential Lives and Legacies After the White House*, Guilford, Connecticut: The Lyons Press, 2006, pp. 128 – 129.

依赖共和党内“强硬保守势力”。[①]

第四，卸任总统乔治·布什对儿子乔治·沃克·布什的坚定支持。

罗纳德·里根在1994年对外宣布自己身患老年痴呆症。从此深居简出，基本不参加公开活动。1992年大选中，时任共和党总统乔治·布什（简称“老布什”）在争取连任中失利。卸任后的老布什曾一度陷入痛苦的挣扎中。他把主要精力放在同昔日下属、好友布伦特·斯考克罗夫特撰写外交政策专著《改变了的世界》上。在业余时间，老布什还编撰了《布什家书》。书中收集了老布什从20世纪40年代以来的许多书信。该书于1998年出版，2006年修订再版。乔治·布什的大儿子乔治·沃克·布什（简称“小布什”）于1994年当选得克萨斯州州长，1998年连任，2000年当选总统；二儿子杰布·布什1998年当选佛罗里达州州长，2002年连任。事实上，小布什在2004年成功连任，才最终弥合了父亲老布什1992年大选失败的伤痛。在2000年和2004年大选中，老布什都给予了儿子最大限度的支持。从小布什2014年出版的《第41任总统：我的父亲的画像》一书中披露的情况来看，他认为父亲给他的支持主要是情感方面的。

老布什在儿子小布什第一次参加总统竞选时也扮演了一定的角色。在大选期间，老布什在面对媒体时比较谨慎，但有时也会表现出厌烦。在2000年初，有媒体报道，布什家族是希望打造类似肯尼迪家族一样的王朝。老布什非常恼火，说：“这真令我感到气愤，我们和肯尼迪家族不同，我们不是什么事情都找媒体，当然，我们也不认为自己是一个王朝，我们不觉得自己有资格做什么事。”老布什更愿意把自己的儿子同约翰·昆西·亚当斯相比。“昆西是一个什么样的人？”他问道，“他是一个贵族吗？他和乔治一样好吗？”

总体而言，在2000年大选时，老布什对于儿子的支持是显而易见的。但是，在公共场合中，他基本上表现得比较谦虚。例如，在2000年共和党全国代表大会在费城召开前几周，老布什在接受采访时指出，他的儿子对外交事务的熟悉程度并不亚于克林顿。接着，他谢绝了对小布什团队的规划做任何评论。

在2000年秋，老布什对小布什初次参选总统至少做出了两大贡献：第一，支持小布什选择迪克·切尼做竞选搭档；第二，调整竞选团队开展辩

① Max J. Skidmore, *After the White House: Former Presidents as Private Citizens*, New York: Palgrave Macmillan, 2004, pp. 143 - 144.

论的基本框架。同上述贡献相比，最重要的是，老布什请自己得力助手詹姆斯·贝克担任小布什团队的法律顾问和公共事务发言人。在竞选进入胶着状态，特别是在佛罗里达州选票计算出现分歧时，贝克建议，由最高法院介入，重新开展计票工作。这个建议对于小布什最后获胜起到了关键作用。

“9·11”事件后，小布什政府外交偏离了相对实用的现实主义政策，大力推行新保守主义议程。在这种情况下，前总统老布什对儿子的影响力在下降。2004 年在纽约举行的共和党总统提名大会上，老布什谢绝在大会上讲话；更愿意让他的两个孙女来发言。他只是出场为儿子再次成为共和党总统候选人加油喝彩。

在对待伊拉克问题上，老布什同儿子之间的分歧是显而易见的。在接受美国公共广播公司《新闻一小时》节目主持人吉姆·莱勒（Jim Lehrer）采访时，主持人问老布什：如果萨达姆还在执政，这会不会对伊拉克人更好呢？老布什有点恼火地回答：你真觉得我们应该那么做吗？如果你说，我们不应该让萨达姆回来（统治伊拉克），如果那样提这个问题的话，那是对总统莫大的支持；但是，伊拉克形势发展成现在这个样子，你是不感到很担心呢？那是另外一种提问的方式。当然，这中间是有差别的。从老布什的回答中可以看出，父子之间对于伊拉克问题还是存在不同看法的。[①]

事实上，小布什在 1998 年得克萨斯州州长连任之后，就考虑参加总统大选。小布什说，他从来没觉得有必要直接询问父亲他是不是应该参选，但是，他知道，父亲会支持他的。经过一段时间的思考，小布什于 1999 年 6 月 12 日宣布参加总统大选。小布什说，他知道，人们会将他和父亲进行比较，有些是正面的，有些是负面的。但是，老布什在 1998 年给两个儿子写信说，他们可以尽管批评自己，不用担心会冒犯自己。在信中，老布什说：“在有些时候，你们可能想说：‘哦，在这一点上我不同意父亲的看法’，或者‘坦率地说，我认为父亲在这个问题上是错的。’如果是这样的话，尽管做好了。走自己的路。不管是在一些议题上，还是在捍卫自己方面，坚持自己的想法。没有人会质疑你们对家人的爱——你们对父母的爱。”[②]

---

① Leonard Benardo and Jennifer Weiss, *Citizen - in - Chief*: *The Second Lives of the American Presidents*, New York: Harper Collins, 2009, pp. 224 - 225.

② George W. Bush, *41*: *A Portrait of My Father*, New York: Crown Publishers, 2014, pp. 249 - 276.

小布什说，当记者问他，自己的父亲对自己参加总统大选有什么影响时，小布什开玩笑地说："我继承了他一半的朋友和所有的敌人。但实际上，他没有多少敌人，相反地，我结交了他的许多朋友。我从不怀疑，父亲的朋友们会支持我。"

在大选当天晚上，老布什夫妇和家人来到得克萨斯州奥斯丁市。在民主党候选人阿尔·戈尔给小布什打电话，承认竞选失败后，小布什团队开始庆祝。但是，过了一会儿，戈尔又打电话表示，收回刚才的话。小布什在关键的州，佛罗里达州领先戈尔不到1000张选。小布什委托卡尔·罗夫（Karl Rove）和詹姆斯·贝克（James Baker）准备司法诉讼。小布什夫妇则呆在克劳福德（Crawford）牧场等待消息。老布什不断给罗夫和贝克打电话，询问司法程序进展情况。他也经常给小布什打电话。小布什说，他可以从父亲的声音中感觉到，他有些担心。小布什安慰父亲说："老爸，我现在很平静。您不要再看电视了。"

最后，司法诉讼一直到美国最高法院。2000年12月12日，在选举结束35天后，最高法院以7票赞成，2票反对的结果做出判决：佛罗里达州无序的重新计票工作违反了《宪法》平等保护的原则。最高法院又以5票赞成，4票反对的结果判决如下：佛罗里达州无法在选举人团规定的最后期限之前公平地完成计票工作。因此，选举人团最初的计票结果有效；小布什赢得了总统大选。小布什说，在得知这一消息后，他第一时间给父母打电话。当然，老布什夫妇也非常兴奋。

第二天，民主党候选人、副总统戈尔优雅、大度地发表演说，承认败选。小布什也在得克斯州议会发表胜选演说。在阿尔·戈尔演讲结束后，他意外地接到一个电话。这个电话是老布什打来的。老布什祝贺戈尔，开展了一场出色的竞选活动，发表了这么有勇气的演说。老布什说："我自己也曾几次失败，所以我能体会你现在的感受。"① 可以看得出，老布什是一个和蔼、心细的老人。

二、民主党卸任总统对参选人的支持

在20世纪中期至今，民主党前总统有四位，哈里·杜鲁门、林登·约翰逊、吉米·卡特和比尔·克林顿。杜鲁门的辅选之路在前面已经分析，

① George W. Bush, *41*: *A Portrait of My Father*, New York: Crown Publishers, 2014, pp. 257 - 263.

此处不再赘述。

第一，约翰逊低调支持民主党参选人乔治·麦戈文。

在离开白宫后，林登·约翰逊基本上没有参加什么公共活动。他回到自己的牧场，过着几乎与世隔绝的生活。除了几位关系密切的朋友以外，约翰逊基本上很少和外人来往。越南战争仍在继续，民主党的政治精英们有意同约翰逊保持距离。1972 年民主党在迈阿密举行全国代表大会，约翰逊未受邀参加；在悬挂的民主党前任总统的画像中，也看不到约翰逊。约翰逊是一位“有瑕疵的巨人”。[①] 他在任期间国内政策上成绩斐然，民权法案、医疗改革、扶贫减贫等项目，都是约翰逊值得骄傲的业绩。但是，扩大越南战争，让约翰逊名声扫地，他也因此在 1968 年 3 月 31 日主动宣布不争取连任。在 1972 年民主党初选中，民主党总统候选人乔治·麦戈文似乎也在有意回避约翰逊。

在约翰逊似乎已经淡出民主党时，乔治·麦戈文突然来访。约翰逊接受麦戈文来访本身用意就非常明显了。也许麦戈文认为他已经完全取得了反对约翰逊的那些人的支持；或许他认为，只要他的策略得当，那些因对民主党失望而支持尼克松的人也许会重新支持民主党。不论到底是什么原因，经过几个月攻击前总统约翰逊后，麦戈文开始拜访约翰逊，同他一起进餐，并称，这次访问是“我一生中最宝贵的时刻之一”。

很难想象，谁会相信麦戈文的话。但是，对约翰逊来说，在麦戈文如此激烈的批评过他几个月后，最终决定来拜访他，并给予他“应有的爱戴和尊敬”，这本身也让约翰逊倍感欣慰。在会面中，约翰逊也给麦戈文提出了一些中肯的建议，建议不要削减国防开支，不要搁置任何提高税收的计划等。[②]

第二，卡特卸任后的辅选之路。

在 20 世纪最后 20 年，第 39 任总统吉米·卡特是隶属于民主党的唯一一位卸任总统。卡特在 1980 年争取连任时失利，在任期间又受到“石油危机”“伊朗人质危机”等因素影响。所以，在退休之初，外界对他的普遍评价是“失败”“无能”。当然，客观地说，卡特实在是“生不逢时”。但面对前所未有的挑战，卡特的处理也确实有欠缺的地方，这是题外话。

---

① Robert D. Dallek, *Flawed Giant: Lyndon Johnson and His Times, 1961 - 1973*, New York: Oxford University Press, 1999.

② Leonard Benardo and Jennifer Weiss, *Citizen - in - Chief: The Second Lives of the American Presidents*, New York: Harper Collins, 2009, pp. 212 - 213.

正因为这样，卡特在行事风格上表现得非常低调。

在 1984 年 7 月民主党在旧金山召开的全国代表大会上，卡特只是扮演了一个次要的角色。起初，大会组织者计划安排卡特在会前发表一个简短的演说，但这对于卡特来说是非常难堪的事情。后来，他们把卡特的发言安排在了黄金时间段。卡特也有意在大会上表现得比较低调。他只做了几分钟发言，主题是讲人权问题。在此后的竞选活动中，卡特有意同民主党候选人保持距离，专心从事“卡特中心”最新开启的项目——帮助“仁人家园”在纽约市曼哈顿东区和其他地方建造房屋。

到 80 年代末，卡特的声望越来越高。1988 年大选中，几乎所有的民主党参选人（俗称“7 个小矮人”）都希望得到卡特的支持。在民主党全国代表大会召开之前，卡特甚至受邀调解民主党参选人迈克尔·杜卡基斯（Michael Dukakis）和杰西·杰克逊（Jesse Jackson）之间的矛盾。卡特出色的协调能力对于确保民主党的团结起了至关重要的作用。卡特承认，要得到民主党和选民的认可，他仍需要努力。但是，有一点是确定无疑的，在输给里根 8 年之后，民主党终于再次接纳了卡特。①

1988 年民主党全国代表大会在佐治亚州亚特兰大市召开，也是给予卡特象征性的肯定，让他有机会在自己家乡的支持者面前发表简短的演讲。卡特借此机会为民主党候选人拉票，同时也不忘批评罗纳德·里根政府的外交政策。在美国卷起“戈尔巴乔夫热”的日子里，卡特不忘嘲弄一下昔日的政敌——现任总统里根。他说，“当今世界，一位苏联领导人比美国总统在世界上的形象还要好，这肯定是一件糟糕的事情。”即使民调显示，在民主党初选中，选民对卡特的印象非常好，卡特也不太愿意积极为民主党总统参选人迈克尔·杜卡基斯站台拉票。他说，最好我们要面向未来，他的介入可能会让人们联想起“8 年、甚至 10 年前发生的议题”。从这些话中可以推测，此时的卡特仍未走出 1980 年大选失败的阴影。

事实上，1988 年大选中，共和党人也利用各种机会攻击卡特，戏谑民主党总统候选人迈克尔·杜卡基斯。共和党内红极一时的政治顾问李·艾特沃特（Lee Atwater）称杜卡斯基是“北方的小人物吉米·卡特”。对此，卡特在民主党全国代表大会上发言时以同样戏谑的口吻调侃共和党总统候选人乔治·布什。卡特说：“我的名字叫吉米·卡特，布什，我竞选总统。

---

① Leonard Benardo and Jennifer Weiss, *Citizen - in - Chief*: *The Second Lives of the American Presidents*, New York: Harper Collins, 2009, p. 217.

你听见了吗，乔治?”①

在共和党人恶言攻击卡特的时候，另外一个共和党的前总统杰拉福德·福特却表现出了高风亮节。1988 年总统大选期间，福特和卡特在亚特兰大成立了一个名为“美国议程”的论坛，旨在呼吁新一届政府（不管是共和党政府还是民主党政府）就一些亟待解决的问题开展政策对话。在诸多议题中，福特呼吁美国人把解决关乎美国长远利益的复杂问题置于短期政党竞选活动之上。卡特对此评价说：“在这个国家历史上，我们第一次看到，我们将有一个跨党派努力，帮助弥合竞选过程中的政治分歧。”尽管福特和卡特的努力对于接下来的乔治·布什政府没有太大的影响，但是，他们的合作本身体现了这两位前任总统超越党派身份的勇气。②

在 1992 年大选民主党总统提名人过程中，在当年 3 月，卡特曾短暂地支持过鲍尔·特松加斯（Paul Tsongas），但在 4 月份后，就一直支持比尔·克林顿。在当年夏天举行的民主党全国代表大会上，卡特发表演讲，聚焦国内问题，特别是贫困、无家可归、暴力犯罪、失业等问题。他以自己所在佐治亚州为例，突出强调贫富差距的问题。卡特说：“这是美国的一个伟大城市。这不是孟加拉，也不是乌干达。贫富差距的问题必须改变。”③ 克林顿竞选团队在 1992 年聚焦经济议题，提出了“笨蛋，重要的是经济!”这样的口号，击败了带有第一次海湾战争胜利光环的时任总统乔治·布什，这本身就说明，当时美国社会关注的议题已经发生改变，也表明卡特在民主党大会上聚焦经济议题是明智之举。

在 1996 年大选中，克林顿争取连任。在克林顿第一任期，卡特曾因为在斡旋朝核危机和海地危机时表现过于高调而引起克林顿不满。鉴于此，在 1996 年大选期间，卡特未出席提名克林顿争取连任的民主党全国代表大会。在解释自己为何缺席时，卡特淡淡地说：“我参加了过去三次没有现任总统寻求连任的民主党总统候选人提名大会，我会遵循过去 40 年其他民主党退休总统（包括哈里·杜鲁门）只参加第一次提名大会的传统。”许多人知道退休总统卡特和现任总统克林顿之间关系不睦，主要原因在于卡

① Leonard Benardo and Jennifer Weiss, *Citizen - in - Chief*: *The Second Lives of the American Presidents*, New York: Harper Collins, 2009, p. 218.

② Leonard Benardo and Jennifer Weiss, *Citizen - in - Chief*: *The Second Lives of the American Presidents*, New York: Harper Collins, 2009, p. 219.

③ Leonard Benardo and Jennifer Weiss, *Citizen - in - Chief*: *The Second Lives of the American Presidents*, New York: Harper Collins, 2009, p. 222.

特在私人外交方面的“冒险主义”和“高调的道德主义”。[①] 这些人实际上指的是1994年卡特访问朝鲜，斡旋朝核危机时同克林顿政府在处理这场危机中的分歧。克林顿政府希望卡特能够向朝鲜施压，警告朝鲜如果不放弃核武器，就将面临严厉制裁；但是，由于卡特本人反对制裁，所以，在同朝鲜领导人金日成会谈过程中，卡特并未提制裁事宜，这令克林顿政府非常不满。

在2000年大选中，卡特一如既往的支持民主党总统参选人阿尔·戈尔。在2004年总统大选中，卡特为民主党总统候选人约翰·克里（John Kerry）站台。在这个过程中，他强烈批评时任总统乔治·沃克·布什的外交政策。他认为伊拉克战争是一个严重的错误。他说：“我从不认为萨达姆会对美国、英国、中国、日本或者奥地利的安全构成威胁。在世界上没有实行民主制的国家，你可以列出至少50个；当然，如果它们能成为民主国家更好。但是，几乎采取单边行动攻击一个国家，浪费掉我们在‘9·11’事件后赢得的几乎全球支持、友谊和联盟。（这样做值吗?）”在2004年秋进行的竞选活动中，卡特鼓励克里充分利用伊拉克战争的失败来攻击小布什政府。卡特说：“在我看来，约翰·克里应该抓住这个议题，因为布什总统没有诚实面对美国人民。”[②]

第三，克林顿卸任后的辅选之路。

第42任总统比尔·克林顿于2001年1月20日卸任。在2000年大选中，克林顿支持副总统阿尔·戈尔，结果戈尔落败。2004年，克林顿一如既往地支持民主党总统候选人。在2004年民主党全国代表大会上，克林顿赞扬民主党总统候选人约翰·克里在军事方面的经验，旨在回应共和党人质疑克里捍卫国家安全的能力。克林顿说：“在越战期间，许多人，像现任总统（小布什）、副总统（切尼），还有我，本来应该去越南参战，但是却没有去。克里家庭背景比较优越。他本来可以不用去（越南）。但是，他说，‘派我去吧。’”克林顿称赞克里的另一个原因是想表明：克里对国家有强烈责任感。在同一个场合，前总统卡特也盛赞克里对国家的责任感。卡特说：“面对国家的召唤，克里总是挺身而出。目前，面对盟友离心离德、世界不满美国、中东一片混乱的严峻现实，我们需要克里带领我

① Leonard Benardo and Jennifer Weiss, *Citizen - in - Chief*: *The Second Lives of the American Presidents*, New York: Harper Collins, 2009, pp. 223.

② Leonard Benardo and Jennifer Weiss, *Citizen - in - Chief*: *The Second Lives of the American Presidents*, New York: Harper Collins, 2009, pp. 226.

们恢复秩序，领导全球反恐战争。”卡特再次重复了极具特色的语言：“我的名字叫吉米·卡特，不是我竞选总统。但是，我在此竭尽全力，要让约翰·克里和身边的约翰·爱德华兹入主白宫。”[①]

2004 年 9 月，克林顿因心脏病住院，并做了心脏搭桥手术。到 10 月底，克林顿就开始出席竞选活动，为克里拉票。阿肯色州（克林顿曾做过阿肯色州州长）是小布什和克里争夺的焦点地区。2000 年大选中，民主党候选人阿尔·戈尔在阿肯色州落败。克林顿希望在 2004 年大选中，民主党能够赢回阿肯色州的支持。克林顿开始跟选民谈论南方质朴的田园生活方式，希望选民能够像当年支持他参选总统那样，支持民主党总统候选人克里。

在 2008 年大选民主党初选期间，克林顿全力为夫人希拉里·克林顿助选。但他在南卡罗来纳州发表的一番言论曾经引发争议。希拉里的主要竞争对手是伊利诺伊州联邦参议员巴拉克·奥巴马。2008 年 1 月底，奥巴马在南卡州民主党初选中取得了决定性的胜利。也许是难以掩饰失望的心情，克林顿将奥巴马在南卡州初选胜利同 1984 年和 1988 年民主党初选期间著名民权领袖杰西·杰克逊相比，暗示奥巴马之所以在南卡州获胜，是因为南卡州非洲裔美国选民比例非常高。

克林顿说：“杰西·杰克逊在 1984 和 1988 年两度在南卡州初选中获胜。当时他的竞选活动很成功。奥巴马在这儿也很成功。”[②] 任何具有一定社会和历史背景的人都知道，当年杰西·杰克逊决意参加总统大选，在一定程度上打的是非洲裔美国民众追求平等权利的旗号。杰西·杰克逊当年在民主党初选中取得了民主党内初选第二名的好成绩。了解这段历史的人都知道杰西·杰克逊在南卡州这个曾经饱受奴隶制和种族主义煎熬的地区打出了追求种族平等、反对种族主义的旗帜。克林顿的言论暗示，奥巴马可以赢得非洲裔美国选民的支持，却无法赢得总统大选。批评人士认为，从好处想，克林顿的言论可以说是缺乏种族敏感性；但如果从坏处想，那就是，克林顿在初选中注入了种族因素，特别是种族歧视。这一点正式奥巴马千方百计尽力避免的。

克林顿在第二天上午的谈话节目中试图为自己辩护，他说自己的讲话

① Leonard Benardo and Jennifer Weiss, *Citizen - in - Chief: The Second Lives of the American Presidents*, New York: Harper Collins, 2009, pp. 226.

② Leonard Benardo and Jennifer Weiss, *Citizen - in - Chief: The Second Lives of the American Presidents*, New York: Harper Collins, 2009, pp. 227.

被人曲解了。在回应这些批评时，克林顿说："他们从我的讲话中编造了种族议题。这也是对奥巴马参议员的不敬。我觉得（他们）对我的批评是不公正的。"无论如何，克林顿的言论还是给希拉里的初选活动以及他本人带来了一定的负面影响。许多非洲裔美国官员和选民都以此为理由，联合起来支持奥巴马。根据美国全国广播公司和《华尔街日报》2008 年 3 月联合所做的民调显示，45% 的受访民众对克林顿持负面看法，42% 的受访者对他持正面看法。但是，在 2007 年，这一数字分别是 35%（负面看法）和 48%（正面看法）。[①]

希拉里在初选中败给奥巴马后，克林顿曾一度情绪低落，对于初选中出现的一些不愉快，克林顿仍耿耿于怀。当年 8 月，就是民主党即将在丹佛举行全国代表大会正式提名奥巴马为民主党总统候选人之前，克林顿在一次接受采访时仍然拒绝借此机会表示，奥巴马有望成为美国总统。但是，在民主党全国代表大会正式确认奥巴马代表民主党参加大选后，克林顿的态度有所改变。他邀请奥巴马到自己在纽约市哈莱姆社区的办公室，正式表态帮奥巴马辅选。10 月，克林顿和奥巴马共同出现在佛罗里达州，帮助奥巴马拉票。佛罗里达州在 2008 年大选中也是一个关键的州，克林顿在佛州南部的犹太社区有很大影响力。[②]

11 月，奥巴马当选后，有意选择希拉里·克林顿担任国务卿。此时，克林顿同当选总统奥巴马之间还是保持着一定的距离。但是，他对奥巴马团队可谓是有求必应，全力确保夫人希拉里·克林顿成为国务卿候选人。为此，他承诺，作为公务员家人，会严格遵守相关法律，不接受海外付费演讲，也会同克林顿基金会海外筹款项目保持距离。尽管如此，前总统克林顿和现任总统奥巴马之间关系还有改善的空间。在 2010 年 11 月中期选举中，民主党在参众两院落败。中期选举结束后，奥巴马邀请克林顿前往白宫，讨论中期选举后美国国内政治。从此以后，奥巴马开始越来越多地在政策上征询克林顿的建议。2012 年总统大选中，克林顿全力为奥巴马辅选。在 9 月 23 日召开的民主党全国代表大会上，克林顿发表了近一个小时

---

① Julie Bosman, "Bill Clinton Says Critics Distorted Remarks about Obama," *New York Times*, 18 March 2008; Kate Phillips, "More Finger Wagging from a Miffed Bill Clinton," *New York Times*, 23, March 2008; Burton I. Kaufman, *The Post-Presidency from Washington to Clinton*, Lawrence, Kansas: University Press of Kansas, 2012, p. 521 – 522.

② Burton I. Kaufman, *The Post-Presidency from Washington to Clinton*, Lawrence, Kansas: University Press of Kansas, 2012, p. 521 – 522.

的助选演说，称赞奥巴马在第一个四年中取得的成绩，呼吁选民再给奥巴马四年。这位民主党内人气明星的出场，在一定程度上有利于抬高民主党的选情。在2016年总统大选中，比尔·克林顿再次全力支持自己的夫人希拉里·克林顿参加民主党党内初选。在2016年7月25日至28日，民主党在费城举行全国代表大会，提名希拉里·克林顿代表民主党角逐即将在11月举行的总统大选。在民主党全国代表大会上，前总统比尔·克林顿再次发表了热情洋溢的演说，为夫人参选争取选民支持。从台下听众的反应来看，比尔·克林顿魅力仍不减当年，对其夫人赢得党内乃至选民支持有正面意义。

第三章

二次参政

在美国历史上，仅有4位卸任总统二次从政。不过，他们不是重返行政部门，而是在立法和司法机构工作。例如，第6任总统约翰·昆西·亚当斯担任联邦众议员，第17任总统安德鲁·约翰逊担任联邦参议员，第27任总统威廉·塔夫脱在最高法院担任首席大法官，第31任总统赫伯特·胡佛担任国会跨党派机构行政部门改组委员会主席。安德鲁·约翰逊任职仅半年后就去世，任职期间几乎毫无建树。其他几位任职时间都比较长，在职期间也做出了突出的贡献。

除了直接从政以外，卸任总统中还有5位再次参加总统大选。他们是第8任总统马丁·范布伦、第13任总统米乐德·菲尔莫尔、第18任总统尤利西斯·格兰特、第22任总统格罗弗·克利夫兰和第26任总统西奥多·罗斯福。范布伦、菲尔莫尔和罗斯福是另组政党或者接受第三党提名参选，格兰特是两届任满后在支持者的簇拥下争取共和党提名，克利夫兰在争取连任中失利，4年后披袍再战，赢得大选，成为美国历史上唯一一位成功当选的卸任总统。

在这几位总统中，范布伦在1840年第一任期结束争取连任失利后，先后在1844年和1848年两度参选。他在1844年争取本党民主党总统候选人提名时就出局。1848年，范布伦宣布脱离民主党，在支持者的簇拥下成立自由土地党，以第三党总统候选人的身份参选，结果还是落败。事实上，在大选前，范布伦就心里清楚，作为第三党总统候选人，面对民主党和辉格党的强大压力，他自己赢得总统大选的可能性非常低。他执意参选，就是要分散民主党的票源，降低民主党总统候选人刘易斯·卡斯当选的几率。

脱离本党，另组新党或接受第三党提名来参加总统大选，范布伦不是唯一一位。米乐德·菲尔莫尔和西奥多·罗斯福也榜上有名。菲尔莫尔在扎卡里·泰勒政府中担任副总统。1850 年，泰勒病逝，菲尔莫尔继任。在 1852 年大选中，菲尔莫尔在争取辉格党总统候选人提名时失利。年仅 53 岁的菲尔莫尔显然不甘心就此退出政坛。在 1854 年 7 月，他加入新成立不久的“美国党”，并在 1856 年 5 月获得美国党总统大选提名。为了争取大选获胜，菲尔莫尔打破了 19 世纪 50 年代以前总统候选人通常不公开从事任何竞选活动的先例。从 6 月到 11 月，他先后做了 20 多场公开演讲，会见了无数代表团。在大选中，作为第三党总统候选人，菲尔莫尔获得了 22% 的选票，比名列第二的共和党候选人约翰·弗里蒙特仅少了 11%。这也是美国历史上当时为止第三党候选人取得的最好成绩。

西奥多·罗斯福是在时任总统威廉·麦金利遇刺身亡后继任总统，在 1904 年大选中成功当选。大选获胜之后，罗斯福宣布，自己将不参加 1908 年大选。罗斯福兑现承诺，并扶持陆军部长威廉·塔夫脱成功当选。由于强烈不满塔夫脱政府政策，罗斯福在争取共和党提名失利的情况下，脱离共和党，组建进步党，以第三党身份参选，结果落败。

同当年范布伦的经历相似，罗斯福在明知不可为的情况下却执意参选，就是要坚持自己的进步主义理念，赢回 1912 年共和党全国代表大会上本应属于自己的那份荣耀，并借此表达对以塔夫脱为代表的共和党内保守力量的不满。大选结果显示，民主党总统候选人伍德罗·威尔逊获得了 629 万张选票，罗斯福获得了 411 万张，塔夫脱获得了 348 万张。在选举人票方面，威尔逊赢得了 435 张，罗斯福拿到了 88 张，塔夫脱仅得到 2 张。这次大选也改变了当时美国两党格局的政治生态，进步党一跃成为美国政坛第二大力量。

格兰特的情况不同于上述三位。他在 1877 年 3 月 4 日两届任期届满后离开政坛。但是，在 1880 年 6 月的共和党总统提名大会上，格兰特拗不过支持者的热情，接受了参加总统提名竞争，但他拒绝现身总统提名大会巩固票源。格兰特曾一度遥遥领先，但在第 36 次匿名投票中，詹姆斯·加菲尔德逆袭而上，以绝对优势战胜了格兰特，代表共和党参加 1880 年总统大选。格兰特从此退出政坛。

从再次参选的角度来看，克利夫兰是这 5 位中最幸运的一位。他在 1888 年大选寻求连任时，败给了共和党总统候选人本杰明·哈里森。1892 年，他卷土重来，以民主党总统候选人身份击败 4 年前的对手本杰明·哈里森，二次入主白宫，成为美国历史上唯一一位时隔 4 年，获得本党支持，东山再起的卸任总统。1896 年大选，民主党分裂，主张银本位的威廉·詹宁斯·布赖恩成为民主党总统候选人。克利夫兰也未主动追求连任，第二次入主白宫已经证明了他的能力，共和党总统参选人、金本位支持者威廉·麦金利的当选也证明了克利夫兰推行的金本位的正确性。卸任后的克利夫兰虽然也关注政治，但已经失去了往日的热情，这可能同他在第二任期几乎毫无建树、争议颇大有关。[①]

第一节　当选联邦众议员：约翰·昆西·亚当斯

1829 年 3 月 4 日，61 岁的约翰·昆西·亚当斯在争取连任失败后，心不甘情不愿地离开华盛顿，于当年 6 月回到马萨诸塞州昆西县郊区的农庄，打算在务农的同时，进行文学创作。但是，由于约翰·昆西·亚当斯的长子乔治·华盛顿·亚当斯自杀身亡，家里经济状况也不佳，因此，约翰·昆西·亚当斯感到非常苦恼。他希望找到一份工作，这样一来，既能帮助自己减轻丧子的痛苦，也能改善家里的经济条件。需要指出的是，在 1958 年《前总统法》出台之前，美国卸任总统既没有政府发放的退休金，也没有津贴。所以，总统卸任后第一件事就是再找工作，养家糊口。对于约翰·昆西·亚当斯来说，亦是如此。1830 年，这个机会终于来了。在约翰·昆西·亚当斯所在选区，也就是马萨诸塞州普利茅斯选区，国民共和党联邦众议员理查德·约瑟夫·理查森（Richard Joseph Richardson）决定不再争取连任。国民共和党领袖邀请约翰·昆西·亚当斯代表该党参选。尽管约翰·昆西·亚当斯的夫人和小儿子查尔斯·弗朗西斯·亚当斯并不赞成，但这丝毫没有影响这位前总统的政治热情。

约翰·昆西·亚当斯 27 岁开始从政，先后担任美国驻荷兰、普鲁士公使，马萨诸塞州参议员，联邦参议员，驻俄公使，驻英公使，国务卿，总统。他喜欢政治，回家务农是不得已的选择。他的理想仍然在政界，回到首都华盛顿是他的梦想。卸任回家的约翰·昆西·亚当斯这样写道，“这是一个动荡的年代，也是一个变革的年代。”当时，欧洲（革命）风起云涌，南美（独立运动）飓风来袭，美国自身也危机四伏：《印第安人迁徙法令》引发的印第安人同联邦政府之间的激烈对抗，关税问题引发的各州

① Marie B. Hecht, *Beyond the Presidency: The Residues of Power*, New York: Macmillan Publishing Co., Inc., 1976, pp. 69 – 116.

政府同同联邦政府之间的权力之争，安德鲁·杰克逊总统否决《梅斯维尔道路法案》引发的争议，南卡罗来纳州否决联邦法律引发的争议，等等。约翰·昆西·亚当斯对这一切感到兴奋不已。他年轻时没有赶上美国革命（即美国独立战争），但这一次，他并不想错过这场社会变革。[①]

在1830年国会中期选举中，约翰·昆西·亚当斯以国民共和党的身份参选，在普利茅斯选区以70%的绝对优势（该选区总共有2565张选票，约翰·昆西·亚当斯赢得了1814票）击败民主党和联邦党候选人，成功当选联邦众议员。1831年12月5日，约翰·昆西·亚当斯参加第22届国会第一次会议，开始了自己长达17年的众议员生活。他曾在日记中写道：在未来的国会生涯中，他可能会经历“蔑视、难堪、侮辱、名声扫地，甚至会暴跳如雷”——他的性格显然无法经受国会议员生活的考验。[②]

在长达17年的国会生涯中，约翰·昆西·亚当不仅经受住了考验，而且做得很好。在国会，他属于少数派，但举足轻重。在多年来同南方蓄奴派的较量中，他逐渐获得了“雄辩老将”的美称。他在国会辩论和立法过程中，发挥了至关重要的作用。他支持延长美国银行的期限，反对合并得克萨斯，反对美墨战争（1846—1848年）。在多年的众议员生涯中，约翰·昆西·亚当斯最突出的成就有两项：一是经过8年的努力，在1844年成功敦促国会撤销了限制言论自由的封口令；二是在1841年在最高法院参与辩论，为西班牙“爱米斯塔特”（Amistad）号（或译作“阿密斯达德”号，这是西班牙语，英文意思是“友谊”）船上遭绑架的非洲人辩护，帮助他们获得了自由。[③]

一、敦促国会撤销《言论钳制令》

（一）国会通过《言论钳制令》的背景

在19世纪30年代，北方废奴主义运动开始萌芽。废奴人士要求他们选区的国会议员，在国会讨论奴隶制的存废问题。国会规定，凡是选民提

---

① Marie B. Hecht, *Beyond the Presidency*: *The Residues of Power*, New York: Macmillan Publishing Co. Inc., 1976, pp. 271.

② Marie B. Hecht, *Beyond the Presidency*: *The Residues of Power*, New York: Macmillan Publishing Co. Inc., 1976, pp. 272.

③ Robert A. Nowlan, *The American Presidents*, *Washington to Tyler*, Jefferson, North Carolina: McFarland & Company, 2012, pp. 239 – 241.

交给众议员的请愿书（或译作“陈情书”），都需要在国会宣读。于是，废奴人士多次向议员提交涉奴问题的请愿书，希望能够逐渐引起国会对废除奴隶制问题的关注。废奴人士的请愿书在国会引起了强烈反响，当然也遭到南方议员的反对。南方的奴隶主为了维护切身利益，反对在国会讨论奴隶制的存废问题。

为了阻止北方议员在国会讨论涉及奴隶制的议题，南卡罗来纳州联邦众议员亨利·平克尼（Henry L. Pinckney）提出议案，要求国会对于任何涉奴、废奴请愿书，不得印刷，不得提及，不得讨论，一律作自动搁置处理。这是南方蓄奴势力针对涉奴、废奴问题采取的一项反制措施。众议院于1836年5月26日对这项提案进行表决，结果是117票赞成，68票反对，提案予以通过。这就是所谓的《言论钳制令》（gag rule）。

法律规定：第一，宪法并未指出，国会有权干涉各州实行奴隶制度。言下之意是，实行奴隶制是各州自己的选择，国会不能干涉，也不能要求已经实行奴隶制的州废除奴隶制。第二，国会“不应该”干涉在首都华盛顿特区实行奴隶制。这一条是回应北方废奴主义人士的主张。他们认为，考虑到南方各州都实行了奴隶制这个现实，废除奴隶制可以从首都华盛顿特区开始。况且，在标榜民主自由的美国，首都都实行奴隶制，这未免让世界各国不齿。①

（二）约翰·昆西·亚当斯对这部法律的态度

约翰·昆西·亚当斯在国会期间，在敦促国会取消《言论钳制令》方面发挥了关键作用。同后来的多位总统一样，约翰·昆西·亚当斯强烈地希望维护联邦的统一。他憎恨奴隶制，但又担心，如果在奴隶制问题上完全站在北方废奴主义者一边，可能会导致联邦分裂。怎么把握两者之间的平衡，就显得尤为重要。同时，他也坚决不能容忍亨利·平克尼提出、国会通过的《言论钳制令》。可以这样说，约翰·昆西·亚当斯早期积极在国会宣读涉奴、废奴请愿书，虽然有同情废奴运动的因素，但主要目的是挑战限制任何涉奴、废奴讨论的《言论钳制令》。但是，随着约翰·昆西·亚当斯不断地挑战这部限制言论自由的法规，以及他不断在国会宣读涉奴、甚至废奴陈情书，北方的废奴人士开始拜访他。主张正义、追求自

① Marie B. Hecht, *Beyond the Presidency: The Residues of Power*, New York: Macmillan Publishing Co. Inc., 1976, pp. 272.

由的约翰·昆西·亚当斯也逐渐受到这些废奴人士的影响，开始同情、甚至支持他们的立场，并最终同意在最高法院为西班牙“爱米斯塔特”号船上的起义的非洲人辩护。

由于约翰·昆西·亚当斯经常会在国会宣读相关涉奴、废奴请愿书，南方议员就想方设法阻止他发言。起初，当他宣读类似请愿书时，南方议员只是冷淡处理，不予置评。一年后，也就是在1837年，南方议员就设计了一个圈套，故意让他难堪。南方议员以一位奴隶的名义给约翰·昆西·亚当斯写信。他知道这份请愿书是南方议员的阴谋，因为在南方，作为奴隶主的财产，奴隶是无权写陈情书的。尽管如此，他还是坚持自己向国会提交陈情书的权利。由于这份陈情书内容涉及奴隶，所以，按照国会《言论钳制令》的规定，约翰·昆西·亚当斯的行为是违法的。

以此为借口，南方议员提出两项提案，提请众议院表决。一项是对约翰·昆西·亚当斯提出不信任案，另一项是明确奴隶无权提出请愿书。第一项提案表决结果是21票赞成，105票反对，未获通过；第二项表决结果是163票赞成，18票反对，获得通过。对于第一项提案，约翰·昆西·亚当斯知道，即使国会对他提出不信任案，也关系不大，因为如果众议院对他的不信任获得通过，他就辞去众议员职位。但是，他所在的选区，马萨诸塞州昆西县普利茅茨选区，很快就进行补选，他还是可以顺利当选。

约翰·昆西·亚当斯并没有因为南方议员对自己的不信任案未获通过而感到高兴。相反，他对于“奴隶制问题可能会同美国发生的任何冲突搅在一起”感到担忧。令他感到欣慰的是，1837年夏，当他在返回马萨诸塞州昆西县郊农庄度假时，马萨诸塞州州议会众议院代表团来访，宣读了一份决议书，肯定他在华盛顿的表现。代表团还赠送给他一根拐杖，上面刻着“美国宪法”几个字，表彰他在捍卫宪法尊严方面做出的贡献。亚当斯知道，州议会肯定他在国会中的表现，并不意味着他所在的选区就支持废奴运动。亚当斯的家人和朋友竭力劝说他不要和废奴运动领袖塞缪尔·韦伯（Samuel C. Webb）、本杰明·兰迪（Benjamin Lundy）等人走得太近。这令亚当斯非常苦恼。他在回忆录中这样写道：“我的思想在（蓄奴与废奴之间）挣扎，我跨出的每一步，都似乎是在悬崖断臂间行走。”

来自全国各地的请愿书像雪片一样向约翰·昆西·亚当斯在华盛顿的办公室飞来。亚当斯花了很长时间将这些请愿书归类整理。在1838年2月14日，他向国会提交了350份请愿书，其中158份请愿书要求撤销《言论钳制令》；65 份要求废除奴隶制，禁止在华盛顿特区从事奴隶贸易；17 份要求禁止在美国国内开展奴隶贸易。约翰·昆西·亚当斯的行为激怒了南方议员，他们纷纷要求惩戒亚当斯。众议院议事大厅一片混乱，到处是喧闹的声音，众议院议长连连大喊："安静！安静！"看到南方议员歇斯底里地喧闹，约翰·昆西·亚当斯满意地笑了。①

（三）约翰·昆西·亚当斯对待奴隶制的态度

随着时间的推移，约翰·昆西·亚当斯在反对奴隶制问题上的立场更加坚定了。他开始公开表示，自己认为"在上帝面前，奴隶制是恶行"。在了解到约翰·昆西·亚当斯对奴隶制的态度后，废奴人士开始给他施加压力，要求他采取更加激进的方式来废除奴隶制。他们威胁说，如果亚当斯不在众议院中提出要求立刻在华盛顿特区和佛罗里达地区废除奴隶制的话，他们就会挑战亚当斯在普利茅茨选区的众议员席位。他们知道，由于约翰·昆西·亚当斯在普利茅茨选区没有真正的竞争对手，所以，他的很多支持者知道，即使他们不投票，亚当斯也一定会当选。于是，在 1838 年 11 月中期选举中，普利茅茨选区废奴人士同民主党人合作，在投票最后一刻，号召支持者忽略选票上正式登记的参选人，把票投给临时添加的一位主张废奴主义的非原定候选人。这种策略果然奏效，由于亚当斯的许多支持者未出来投票，所以，亚当斯险些落选。对此，亚当斯非常生气，他理解废奴人士的诉求，但是，他也知道，在当时的美国社会，支持废奴运动的力量仍然比较薄弱。采取取激进的方式，很难实现废除奴隶制这个最终目标。不仅如此，这样做还有可能会加速联邦的分裂。所以，在他看来，废奴人士采取的激进方式，结果可能事与愿违。

无论是废奴主义人士的不耐烦，还是南方奴隶主的死亡威胁，约翰·昆西·亚当斯都泰然处之。他主张从法律层面、通过渐进方式实现废除奴隶制的目标。在 1839 年 2 月，亚当斯在众议院提出三条修正案。但他没有指望这些修正案会获得众议院支持；他也知道，这些修正案中有关通过非暴力手段实现正义的主张，不仅奴隶主不接受，北方的废奴人士也会坚决反对。这三条修正案如下：

一是自 1842 年 7 月 4 日（含）始，在美国不允许推行"世代"奴隶

① Marie B. Hecht, *Beyond the Presidency: The Residues of Power*, New York: Macmillan Publishing Co. Inc., 1976, p. 273.

制；7 月 4 日（含）后，出生在美国及属地和美国司法控制地区的所有孩子，将获得自由。

二是除佛罗里达地区外，加入联邦的任何州立宪法都不得在其司法权范围内实行奴隶制。

三是自 1845 年 7 月 4 日（含）始，在美国政府所在地（也就是首都华盛顿），禁止实行奴隶制和进行奴隶贸易。

像所有的妥协方案一样，即使约翰·昆西·亚当斯提出最温和的方案，也会激怒南方的蓄奴主义者。同时，他也不支持立刻废除奴隶制，因为这将意味着暴力、战争，甚至联邦分裂。在回复全美废奴大会邀请的信中，约翰·昆西·亚当斯说，除了渐进式、非暴力的法律途径外，他看不出来，还有别的方式。①

（四）约翰·昆西·亚当斯开始向《言论钳制令》发出挑战

约翰·昆西·亚当斯每年都试图促使国会撤销《言论钳制令》，但起初并未成功。在 1839 年，他向国会提交了 510 份涉及奴隶制的陈情书。虽然这些陈情书由于违反《言论钳制令》而遭到搁置，不予讨论，但是，这个议题在众议院始终存在。在 1841 年国会夏天会期，亚当斯采取激将法，诱使南方议员辩论《言论钳制令》。他又提出了有关奴隶制的陈情书，称这是宪法给予他神圣的权力。这一次，他的策略几乎都凑效了。来自弗吉尼亚州（当时是蓄奴州）的联邦众议员亨利·怀斯（Henry Wise）带领支持《言论钳制令》的南方议员，同亚当斯展开了正面交锋。怀斯发表了言辞激烈的演说，批评亚当斯，结果怒火攻心，脸色苍白，昏倒在地。休息了一周后，怀斯回到众议院，发表了 6 个小时歇斯底里的演说，攻击约翰·昆西·亚当斯是“恶魔”，是所有废奴活动的始作俑者。来自新罕布什尔州和缅因州的联邦众议员也站在了怀斯一边。可以想象，看着怀斯愤怒地发表攻击自己的长篇演说，亚当斯却眯着眼睛笑了。长期以来，国会对他提出的涉奴请愿书的回应都是搁置一旁。但是，这一次，亚当斯终于拱起了他们心中的怒火，他们开始回应了。这样一来，关于废除《言论钳制令》的辩论也再次炒热了。

约翰·昆西·亚当斯坚持在国会提出包括废奴提案在内的各类陈情书

---

① Marie B. Hecht, *Beyond the Presidency: The Residues of Power*, New York: Macmillan Publishing Co. Inc., 1976, pp. 274.

的做法，也拉近了他同废奴人士之间的关系。废奴人士也对亚当斯给予了院外支持。亚当斯也在自己位于华盛顿的家里接待过“废奴之家”的成员，如西奥多·维尔德（Theodore Weld）、赛斯·盖茨（Seth M. Gates）、乔舒亚·吉丁思（Joshua Giddings）等人。他们一起商量如何能够废除《言论钳制令》，挽救在国会提出陈情书的权利。在一定意义上来说，亚当斯愿意同废奴人士的合作，并不是因为他认同废奴人士的意识形态，而是基于废除《言论钳制令》的考虑。[①]

在第27届国会（1841—1843年）中，南方支持奴隶制的议员数量有所减少。亚当斯利用这个机会再次掀起国会对废除《言论钳制令》的激烈辩论。亚当斯打算在国会提出一些请愿书，激怒南方蓄奴派。他邀请西奥多·维尔德和英国废奴人士莫珀斯（Morpeth）伯爵前往众议院看热闹。亚当斯向国会提出了一份来自佐治亚州哈伯尚姆县（Habersham County）的请愿书。这份请愿书要求国会撤销亚当斯众议院外交关系委员会主席的职务，原因是亚当斯对“南方特殊的制度”（也就是奴隶制）抱有偏见。由于这份请愿书涉及奴隶制度的问题，所以，南方议员千方百计试图搁置这份请愿书，主张对其不予讨论。但是，亚当斯坚持说，他有权利为自己辩护。[②]

根据众议院议事规则，众议院议长不得不允许亚当斯发言。这位“雄辩老将”慢慢站起身来，开始演讲。他声如洪钟，嬉笑怒骂，直到“蓄奴、奴隶贸易、残害奴隶（的丑恶行径）在他尖刀般犀利的演说中颤抖”。南方势力终于坐不住了。他们愤怒地叫嚷着，咆哮着，要求议长命令亚当斯“坐下！坐下！”最后，亚当斯停留一会儿，对议长说：“议长先生，我知道这个问题出在什么地方。”他接着指出，北方的民主党人和南方的蓄奴派已经联合起来，试图剥夺他众议院外交关系委员会主席的职位。结果，众议院以91票赞成、76票反对的表决结果，要求亚当斯不要再提这份陈情书了。亚当斯这样做有两个目的：一是捍卫向国会陈情的权利；二是提请众议院关注奴隶制问题；三是促使众议院最终废除《言论钳制令》。通过这个事件，约翰·昆西·亚当斯再一次实现了促使国会关注废除《言

① Marie B. Hecht, *Beyond the Presidency: The Residues of Power*, New York: Macmillan Publishing Co. Inc., 1976, p. 275.

② Paul C. Nagel, *John Quincy Adams: A Public Life, a Private Life*, Cambridge, Massachusetts: Harvard University Press, 1997, p. 355.

论钳制令》的目标。①

（五）约翰·昆西·亚当斯挑战《言论钳制令》的依据

为了捍卫陈情的权利，约翰·昆西·亚当斯不久又向众议院投下了一颗震撼弹。他向国会提交了一份来自马萨诸塞州黑弗希尔县（Haverhill）的请愿书，请求国会立刻以和平方式解散联邦，原因是联邦并未保证南北双方享有各自应得的好处。陈情书说，国会每年消耗了一方（北方）大量的资源来维护另一方（南方）的利益，却未对北方给予应有的补偿。这样一来，只能损害联邦的利益，最终导致联邦在灾难中解体。在读完这个请愿书后，国会议事厅一片哗然。南方蓄奴利益集团开始向亚当斯发难，这正中亚当斯下怀。他正希望借此再次引起人们对于《言论钳制令》的广泛关注。

约翰·昆西·亚当斯的主要观点是，向国会陈情是宪法赋予他神圣的权利，任何人都无权剥夺。他希望借此唤醒民众，激发民众向国会代表施加压力，支持废除《言论钳制令》。亚当斯知道，由于这个议题涉及到南方奴隶主的利益，他们肯定会激烈反对。这样一来，对限制言论自由这个问题的辩论就会引起整个社会的关注。再者，由于提出和制定《言论钳制令》的初衷是，南方蓄奴集团不希望在国会讨论任何有关涉奴议题，所以，任何来自南方的反对声音也会将南方为一己之私，限制言论自由的阴谋暴露无疑。所以，在亚当斯看来，他的方法越激烈，取得的效果就越好。

正如亚当斯所料，在他宣读了这个陈情书后，南方奴隶主集团发出了疯狂的反扑。他们希望借此机会，剥夺亚当斯众议员资格。例如，弗吉尼亚州联邦众议员托马斯·沃克（Thomas Walker）提出一项决议，要求对亚当斯进行不信任投票。他说，当约翰·昆西·亚当斯向国会提交关于解散联邦的陈情书时，他不仅“玷污了国会，也侮辱了美国”。如果不谴责、不惩罚亚当斯，世界都会笑话美国。他说，国会本来可以将亚当斯驱逐出众议院，但是，“为了展现国会议员的仁慈，他们只对亚当斯进行最严厉的不信任投票表决”。从法律程序上来讲，众议院是无权驱逐众议员的，投不信任票已经是最高的惩罚。因为如果不信任案获得众议院通过，亚当

---

① Marie B. Hecht, *Beyond the Presidency: The Residues of Power*, New York: Macmillan Publishing Co. Inc., 1976, p. 275.

斯就必须辞职。但是，他也清楚，他宣布辞职后，他所在的普利茅茨选区必须进行补选。由于他在这个选区基本没有竞争对手，所以，在补选中他一定会当选。南方议员对此也非常清楚，他们只是想借此羞辱亚当斯罢了。

约翰·昆西·亚当斯顷刻之间成为风暴的中心。众议院观众席上挤满了观看热闹的人群，一些参议员也离开参议院议事大厅，来到众议院，观看这位前总统如何为自己辩护。控方主要发言人托马斯·马歇尔（Thomas Marshall）指出，约翰·昆西·亚当斯在众议院宣读有关要求解散联邦的陈情书，实际上是要众议院议员犯叛国罪。对于马歇尔的指控，亚当斯表现得异常冷静。他要求众议院职员朗读《独立宣言》的第一段。亚当斯几乎以命令的口吻说道："读吧！读吧！看看这里面有关改革、改变、解散政府那一段是怎么说的！"

在约翰·昆西·亚当斯坚持下，职员开始朗读如下段落："然而，如果政府滥用职权，巧取豪夺，不断试图将人民置于它的暴政之下，那么，人民有权利，也有义务，推翻这样的政府，建立新政府，以保障他们未来的安全。"亚当斯说，我宣读那份陈情书的依据就是《独立宣言》。南方蓄奴派领导人亨利·怀斯冷笑着说："这回，这位先生的政治生命已经结束了。"①

（六）约翰·昆西·亚当斯取得了胜利

面对南方议员的轮番指责，亚当斯显得非常冷静。全美各大报纸竞相报道他在国会的演说，评论众议院在这个问题上的辩论。亚当斯知道，这正是他所期待的。托马斯·马歇尔和亨利·怀斯对他的指控，不仅没有压垮他，反而激发了他的斗志。控辩双方的争论曾一度似乎看不到终结。在争论的这一段时间里，亚当斯注意到，公众舆论已经开始倾向于接受他坚持的原则，即向众议院提交陈情书是宪法赋予他神圣的权利。看到自己的目标已经基本实现，亚当斯决定适可而止，终止这场争论。

2月7日，他走进众议院，坐在自己的位置上。等到轮到他发言时，他说，他可以继续为自己辩护，但是，他还是愿意停止这种争论。听到亚当斯愿意妥协，弗吉尼亚州辉格党众议员约翰·柏思（John Minor Botts）

---

① Marie B. Hecht, *Beyond the Presidency: The Residues of Power*, New York: Macmillan Publishing Co. Inc., 1976, p. 276.

立刻提议，终止对这个议题的讨论。柏思的提议立刻得到其他议员的响应。经过一段时间的喧闹，他们也已经感到厌倦了。他们知道，这样辩论下去也不会有什么结果。最后，大会以 106 票赞成、93 票反对的表决结果，终止了有关亚当斯宣读解散联邦请愿书一事的争论。过了一会儿，大会又以 166 票赞成、40 票反对的表决结果，否决了“黑弗希尔县提案”。

这次争论的胜利属于约翰·昆西·亚当斯这位智慧的老人。就连蓄奴派代表人物、南卡罗来纳州联邦众议员弗朗西斯·皮肯斯（Francis Pickens）也不得不承认，南方议员被彻底打败了。他说：“哎，那（指亚当斯）是上帝脚凳下才华最出众的人。”1844 年 12 月 3 日，亚当斯在争取废除《言论钳制令》的斗争中终于获胜。当天，亚当斯在众议院宣读他的提案：“请就如下提案进行表决：现在废除众议院议事第 23 条规定（也就是《言论钳制令》）。”尽管有些南方议员仍然试图搁置、甚至拖延这项提案，但是，表决最终还是得以进行。表决结果是，168 票赞成，80 票反对，通过了废除《言论钳制令》。经过 8 年的努力，约翰·昆西·亚当斯终于敦促国会废除了这项法案。在法案表决过程中，北方激进的民主党人，因不满在巴尔的摩召开的民主党全国代表大会未能提名自己支持的候选人马丁·范布伦，于是同北方的辉格党人联手，共同对抗南方蓄奴集团。《言论钳制令》的废除，也为进一步反对奴隶制，扫清了一些法律障碍。[①]

在亚当斯争取废除《言论钳制令》的过程中，他也参与了为解救“爱米斯塔特”号遭贩卖绑架的黑人辩护一案。

二、为“爱米斯塔特”号非洲人辩护

（一）“爱米斯塔特”号事件的背景

“爱米斯塔特”号是西班牙运送奴隶的船只，往返于殖民地古巴的各个港口之间。“爱米斯塔特”号上遭到绑架的非洲人在辛克（Cinque）的领导下，杀死了船长，扣押了船上的军官，要求“爱米斯塔特”号返回非洲。但是，这些军官将船只引向美国。船只停靠到康涅狄格州长岛河口（Long Island Sound），而不是美国南部蓄奴州的某个港口。美国官员逮捕了船上起义的非洲人，把他们带到纽黑文进行审判。著名的废奴主义代表

---

① Marie B. Hecht, *Beyond the Presidency: The Residues of Power*, New York: Macmillan Publishing Co. Inc., 1976, p. 277.

人物刘易斯·塔潘（Lewis Tappan）开始将此事公之于众。西班牙驻美公使向美国提出抗议，要求美国政府把这些“叛乱的非洲人交给西班牙政府处置”。[①]

时任总统马丁·范布伦政府倾向于同意西班牙的要求，将船和非洲人都交给西班牙政府。但是，美国的废奴人士和反对奴隶制团体坚决反对。他们在废奴代表人物刘易斯·塔潘带领下，立刻成立救助委员会，筹措资金，聘请律师，为这些的非洲人辩护。他们知道，如果要成功解救这些非洲人，就需要找一位在全国知名的人士帮助他们推动这个案子的解决。于是，他们想到了约翰·昆西·亚当斯，决定向他求助。他们说服了约翰·昆西·亚当斯的老朋友埃利斯·格雷·罗凌（Ellis Gray Loring）给亚当斯写信，询问他对这个案子的态度。在读完罗凌的信后，亚当斯回信说，即使“爱米斯塔特”号船上的非洲人从事海盗和谋杀活动，他们也有资格得到公正的审判。他也指出，这些不幸的受害者实际上是非洲奴隶贸易的受害者。[②]

这个案子在美国引起了人们的好奇，兴趣和同情。非洲人辩护律师罗杰·谢尔曼·鲍德温（Roger Sherman Baldwin）[③] 成功地说服了纽黑文地方法院法官，说这些非洲人也应该享有权利，说他们是遭受西班牙船主非法奴役的，他们必须回到自己在非洲的家乡。时任总统马丁·范布伦对于这个判决非常不满，因为时任美国国务卿约翰·福赛斯（John Forsyth）已经向西班牙驻美公使保证，将这些遭囚禁的非洲人送回西班牙殖民地古巴。结果，这个案子上诉到地区法院，地区法院维持了原判。最终，这个案子上诉到美国最高法院，并决定于 1841 年 1 月开庭审理。在此期间，这些非洲人被关在纽黑文的监狱里。来自美国各地的人都来看望他们，废奴人士也开始教他们学习英语，阅读《圣经》。

但是，随着人们对这些非洲人的兴趣逐渐减弱，救助（被绑架的非洲

---

① Robert A. Nowlan, *The American Presidents*, *Washington to Tyler*, Jefferson, North Carolina: McFarland & Company, 2012, pp. 247 – 249.

② Paul C. Nagel, *John Quincy Adams*: *A Public Life*, *a Private Life*, Cambridge, Massachusetts: Harvard University Press, 1997, pp. 379 – 381.

③ 罗杰·谢尔曼·鲍德温（Roger Sherman Baldwin, 1793 年 1 月 4 日 — 1863 年 2 月 19 日），美国知名律师，“爱米斯塔特”号案件非洲人辩护律师，1844 年至 1846 年任康涅狄格州第 32 任州长，1847 年至 1851 年任美国联邦参议员。1852 年退休。退休期间，1860 年当选为康涅狄格州总统选举团选举人，参与总统选举投票。1861 年，接受州长威廉·阿尔弗雷德·白金汉委派，率领康涅狄格州代表团参加在华盛顿举行的国家和平会议。1863 年 2 月 19 日去世，享年 70 岁。

人）委员会募集的资金数量也在下降。在了解到救助委员会资金不足的情况后，先前一些参与辩护的律师也都纷纷退出。由于废奴人士不满亚当斯在废奴问题上的温和立场，他们一开始并不愿意向亚当斯求助。尽管很勉强，但是，埃利斯·格雷·罗凌和刘易斯·塔潘最后还是前去拜访亚当斯。他们请约翰·昆西·亚当斯在最高法院审理这个案子时做罗杰·鲍德温的助手。约翰·昆西·亚当斯起初并不愿意，因为他已经20年没有在法庭上进行辩护了。况且，他的责任在众议院。但是，废奴人士最终还是说服了他参与为非洲人辩护。他们对约翰·昆西·亚当斯说，这些非洲人的命运就掌握在他的手里。①

（二）约翰·昆西·亚当斯的法庭陈词

在同意为在押非洲人辩护后，亚当斯到监狱看望了他们，同罗杰·鲍德温一起商量如何辩护。美国最高法院在1841年2月22日开庭审理此案。司法部长亨利·吉尔平（Henry Gilpin）和罗杰·鲍德温分别代表控辩双方发言。在两人发言的期间，亚当斯在不断地修改他的法庭陈述。他还利用休庭的间隙，去国会图书馆研究前总统詹姆斯·麦迪逊当年在弗吉尼亚大会上有关奴隶在什么情况下可以当作人来对待，在什么情况下可以当作财产来处理的发言。然后，他继续在法院书记员办公室里修改自己的法庭陈述。在轮到亚当斯发言时，他站在法庭上，环顾四周，最高法院大法官身着黑袍端坐在前面，法庭里座无虚席，观众席上也坐满了观看法庭辩论的人士。看到这些，亚当斯感到有些不安。但是，当他一开始讲话，这位"雄辩的老人"承认，"我的精神没有沉沦。"在四个半小时的法庭陈述中，亚当斯强调一个原则，那就是"追求公平正义"。他毫不犹豫地批评，美国政府屈服于外国政府的压力，结果将自己置身于"毫无道义的一边"。正如大法官约瑟夫·斯托雷（Joseph Story）指出的那样，亚当斯的法庭陈述"非常出色，…… 思想震撼，语言犀利，嬉笑怒骂"。②

第一天的法庭陈述让亚当斯受到鼓舞，信心大增。第二天，他来到最高法院，发现菲利普·彭德尔顿·巴布尔（Philip Pendleton Barbour）大法官去世了。首席大法官罗杰·布鲁克·托尼（Roger Brooke Taney）宣布法

---

① Leonard L. Richards, *The Life and Times of Congressman John Quincy Adams*, New York: Oxford University Press, 1986, pp135 - 139.

② Robert A. Nowlan, *The American Presidents*, *Washington to Tyler*, Jerfferson, North Carolina: Mcfarland & Company, Inc., Publishers, 2012, pp. 247 - 249.

庭将于3月1日继续开庭。复庭当天，亚当斯又发表了长达四个小时马拉松式的演说，强调这些遭受绑架的非洲人也有权享受人身保护。他说，如果美国总统把这些人交给了西班牙，那么，当涉及到每一位美国公民的自由时，又该怎么办呢？“难道要因为行政部门的谨慎、善变或者暴政，就将美国公民的自由也置于一位外国公使的支配之下吗？”

在结束法庭陈述时，约翰·昆西·亚当斯利用自己前总统的身份，讲了一段题外话，顿时震惊了全场。他说，“当我看着这些赋予荣誉和公众信任的（大法官）席位，也就是你们现在坐的位置，我想起了那些昔日德高望重、受人尊敬的大法官——约翰·马歇尔、迦勒·库欣、萨蒙·蔡斯、布什洛德·华盛顿、托马斯·约翰逊、亨利·利文斯通、托马斯·托德。他们在倾听我的声音，展现他们的宽容。但是，他们在哪儿呢？他们走了！走了！都走了！”司法部长亨利·吉尔平的最后陈述有意避开了亚当斯的观点，他只是对鲍德温的陈述做了一定的回应。最后，首席大法官罗杰·布鲁克·托尼宣布于3月9日公布宣判结果。①

在影视作品《勇者无惧》（或译为《断锁怒潮》）中，约翰·昆西·亚当斯在法庭陈述的结尾同样精彩。他对大法官们说：“为什么一个简单平常的物权纠纷，变得如此重要？以至于必须登上美国的最高法庭？是唯恐地方法院的判决太草率，可能忽略了事实？还是因为我们过于害怕内战？一个小案子，也被扣上了很多政治帽子。真要装作看不见真相吗？哪怕如山的铁证就戳在我们眼前！真相，像奴隶一样，被几个法庭踢来踢去，被逼得走投无路，背负起绝望。出现这种情况，并不是因为控方有什么雄韬伟略，而是因为政治的黑手在暗中施压。相信我，这不是单纯的财产纠纷，而是本庭有史以来最重要的案子，因为本案的核心是探讨人性的本质。”

约翰·昆西·亚当斯驳斥了联邦参议员约翰·卡尔霍恩（John C. Calhoun）在总统办公室刊物《行政评论》上发表的关于“蓄奴就是人类天性”的观点。他以幽默、嘲讽的语气说道：“诸位，恕我不能苟同于南方冷眼人和同样持此观点的总统大人（指马丁·范布伦）。虽然这是一个备受争议的观点，但我认为，人类的天性应该是追求自由，自由。证据是，无论男女或儿童，被剥夺自由后，都会极力夺回，他会挣脱枷锁，奋

① Marie B. Hecht, *Beyond the Presidency: The Residues of Power*, New York: Macmillan Publishing Co. Inc., 1976, p. 280.

力杀敌，他将一次又一次地抗争，不屈不挠，不畏艰难险阻，只为回家。”在演讲的结尾，亚当斯语重心长地对这些大法官们说：“我们渴望借助你们的智慧和力量，帮我们战胜恐惧、偏见以及我们自己，给我们勇气，去坚持正义，如果这会导致内战，那就来吧，真的来了，说不定那将是美国革命的最后一仗。”①

得知胜诉的消息后，约翰·昆西·亚当斯在给刘易斯·塔潘的信中兴奋地写道：“遭受关押的非洲人终于获得了自由！”最高法院大法官约瑟夫·斯托雷确认了地区法院的判决。他宣布遭受关押的非洲人获得了自由，由美国将他们送回非洲。对于亚当斯来说，这个判决清楚地表明，必须由美国政府出资，帮助在“爱米斯塔特”号上遭受绑架的非洲人回家；由于他们被错误地在美国关押了 18 个月，所以，他们也许还应该获得一定的赔偿。亚当斯请新任国务卿丹尼尔·韦伯斯特（Daniel Webster）（约翰·泰勒政府）将“爱米斯塔特”号船赠与这些非洲人，作为他们返回非洲的交通工具。韦伯斯特立即同意这个提议，承诺同海军部长乔治·巴杰谈论此事。同时，非洲人也获得自由，被送到康涅狄格州法明顿镇学习英语。②

（三）约翰·昆西·亚当斯反对给予西班牙政府赔偿

1846 年 11 月，约翰·昆西·亚当斯患轻度中风，影响到了他的语言表达和右侧身体。几个月后，虽然身体仍然虚弱，但是由于不愿意放弃自己的公职生涯，他又回到众议院。此后，他只参加过一次辩论。当时众议院有南方议员提出，应该由国会拨款 5 万美元，赔偿“爱米斯塔特”号船主遭受的经济损失。亚当斯用微弱、颤抖的声音替遭到绑架的非洲人辩护，反对西班牙的非法求偿。他说，答应西班牙船主的赔偿要求，无异于贬低美国最高法院的判决，掠夺美国人民的财产。当然，这个问题实际上是蓄奴派和废奴派两大力量之间的较量。从 1844 年到 1860 年之间，西班牙政府每年都会提出赔偿问题，但最终未能如愿。③

---

① 参考英文电影 *Amistad*（在电影中，翻译采取的不是直译《爱米斯塔特号》，而是意译，译为《勇者无惧》或《断锁怒潮》）结尾部分，引号内引用的语言是电影中文版里的台词。

② Marie B. Hecht, *Beyond the Presidency*: *The Residues of Power*, New York: Macmillan Publishing Co. Inc., 1976, p. 281.

③ Leonard L. Richards, The Life and Times of Congressman John Quincy Adams, New York & Oxford: Oxford University Press, 1986, pp. 135 – 138.

在约翰·昆西·亚当斯去世前两个月，美国反对奴隶制协会执行委员会派专人向亚当斯宣读该委员会通过的一个决议。他们本来打算在亚当斯从家乡昆西县前往华盛顿，途径纽约时呈献给他。但是，委员会成员在纽约没有碰到亚当斯。这份决议感谢亚当斯“在国会和其他地方为反对奴隶制的事业所做的一切”，决议向他致以良好的祝愿，“祝愿他在即将召开的国会会期一切顺利，祝愿他身体健康”。从这可以看出，废奴人士最终接纳了约翰·昆西·亚当斯，承认了他在反对奴隶制事业方面做出的突出贡献。①

第二节 参选联邦参议员:安德鲁·约翰逊

一、安德鲁·约翰逊因在美国内战期间支持联邦获得林肯的赏识

1864 年 6 月，在共和党全国代表大会上，时任总统亚伯拉罕·林肯（Abraham Lincoln）说服与会代表让田纳西州民主党人、坚定的联邦支持者、主战派安德鲁·约翰逊（Andrew Johnson）取代坚定的废奴主义者、时任副总统汉尼巴尔·哈姆林（Hannibal Hamlin）作为竞选伙伴，参加 1860 年总统大选。田纳西州在 1861 年 6 月脱离联邦，加入南部邦联。安德鲁·约翰逊是南方民主党人，历任田纳西州参议员（1841—1843 年）、国会众议员（1843—1853 年）、田纳西州州长（1953—1857 年）、国会参议员（1857—1862 年）。在美国内战迫近之际，他是唯一一个谴责分裂联邦的南方参议员。林肯就任总统后不久，田纳西州宣布脱离联邦。作为该州在联邦参议院中的代表，约翰逊曾试图说服田纳西州留在联邦，但未成功。在田纳西州经过公民投票决定加入南部邦联时，约翰逊仍坚持留在参议院。②

事实上，对于田纳西州是否应该留在联邦，州内选民的意见不一。在 1861 年 2 月举行的州内选民投票中，有 54% 的选民反对田纳西州政府派代

---

① Marie B. Hecht, *Beyond the Presidency: The Residues of Power*, New York: Macmillan Publishing Co. Inc., 1976, p. 282.

② ［美］威廉·德格雷戈里奥著，周凯等译：《美国总统全书》，北京：社会科学文献出版社，2007 年版，第 267 页。

表参加在弗吉尼亚州里士满市召开的邦联会议。在4月12日发生邦联军队攻击联邦政府在南卡罗来纳州查尔斯敦港萨姆特要塞之后，田纳西州在6月8日举行的全民公决，结果显示，该州东部绝大部分选民反对脱离联邦，但西部几乎同样数量的选民支持脱离联邦；这样一来，中部选民的投票结果就至关重要。在2月份的公民投票中，仅有51%的选民支持脱离联邦，但不幸的是，到了6月份，这个比例增加到了88%。于是，田纳西州成为最后一个加入南部邦联的州。①

在国家出现分裂时，人民被迫选边站，政治人物也无法避免。安德鲁·约翰逊是一个联邦主义者，他支持奴隶制，强调州权，但反对分裂联邦。1862年3月，林肯任命约翰逊为田纳西州军政府首长，同时授予他准将军衔，给他的命令是：在州内恢复联邦权威，并在此之前维护州内和平与安全。得到授权的约翰逊行使行政、立法和司法权，采取强力措施，消除州内南方邦联的影响力。约翰逊开除了那些不愿意效忠联邦政府的官员，关闭了反对联邦的报纸，逮捕了在讲坛上为邦联说话的牧师，占领铁路，强行征税，建造连接田纳西州首府纳什维尔到田纳西河的铁路，并采取措施避免铁路遭到南部邦联势力的蓄意破坏。在首府纳什维尔几次因南方军队进攻几乎陷落时，约翰逊带领军队坚守。在内战结束之际，约翰逊已经恢复了联邦在整个田纳西州的控制。② 可以说，约翰逊是一个坚定的联邦主义者。但是，作为南方的民主党人，反对联邦分裂并不意味着反对奴隶制。在美国内战爆发之际，他发表演说，在谴责分裂主义的同时，也指责废奴主义，认为两者都是联邦的敌人。约翰逊和林肯的理念相同，认为相对于维护联邦的统一而言，奴隶解放则居于次要地位。正是基于这种认知，约翰逊在南方重建过程中对前邦联势力采取了较为宽容的政策。③

二、安德鲁·约翰逊备受争议的白宫生涯

1864年大选，林肯选择民主党人安德鲁·约翰逊代替坚定的废奴主义者、副总统哈姆林为竞选伙伴，主要是为了争取南方民主党的支持。林肯

---

① Tennessee in the American Civil War, http: //en.wikipedia.org/wiki/Tennessee_ in_ the_ American_ Civil_ War, accessed on Feb 25, 2016.

② Hans L. Trefousse, *Andrew Johnson: A Biography*, New York: W. W. Norton & Company, 1989, pp. 84 – 108.

③ ［美］威廉·德格雷戈里奥著，周凯等译：《美国总统全书》，北京：社会科学文献出版社，2007年版，第269页。

遇刺身亡后，约翰逊继任总统，推行宽容政策，认为只要南方宣誓效忠联邦就可以恢复公民身份，结果南部民主党势力开始复活。南方各州实施了《黑人法典》，限制非洲裔美国人权利，规定非洲裔美国人没有投票权，不能担任陪审员等。激进的共和党人在 1866 年推动国会通过《宪法第十四条修正案》，将保护非洲裔美国人权利写入《宪法》。约翰逊信奉州权主义，反对联邦政府干涉南方各州重建活动。他试图挫败激进共和党人提出的南方重建方案，29 次行使否决权，其中 15 次被国会推翻。南方各州反对联邦政府的重建计划，臭名昭著的“三 K 党”在田纳西州普拉斯基市成立，推行白人至上主义，用恐怖手段抵制重建政策。①

为了压制激进的共和党人，约翰逊在不经参议院同意的情况下，于 1868 年 2 月解除了激进共和党人、陆军部长埃德温·斯坦顿（Edwin Stanton）的职务。国会以违反《任期法》为由对约翰逊提出了弹劾。2 月 24 日，众议院以 126 票对 47 票通过了针对约翰逊的弹劾案。5 月 16 日，参议院以 35 票对 19 票批准该指控，比对约翰逊定罪和免职所需的三分之二票数仅仅差一票。② 由于约翰逊在任期间推行宽容、甚至纵容南方的政策，他失去了共和党人的支持，没有进入连任提名程序。内战期间的战争英雄，尤利西斯·格兰特将军当选为新一任美国总统。约翰逊没有参加格兰特的就职典礼，就回到了家乡田纳西州的格林维尔，开始退休生活。③ 约翰逊也成为继亚当斯父子之后第三位未参加继任者就职典礼的总统。

三、安德鲁·约翰逊第一次参选联邦参议员失利

回到田纳西州的约翰逊，受到当地民众的热烈欢迎。约翰逊在 1862 年担任田纳西州军政府首长时，田纳西州人称他是“叛徒”；1869 年 3 月，约翰逊回到家乡，当地人称赞他是“爱国者”。尽管约翰逊称自己已经退出政坛，但他并没有打算真正退休，他要通过继续参政向世人表明：他执政时期推行的各项政策是正确的。他攻击格兰特的重建政策，甚至对格兰特进行人身攻击。他在州内四处游说，利用自己的影响力为州长及州立法

---

① ［美］威廉·德格雷戈里奥著，周凯等译：《美国总统全书》，北京：社会科学文献出版社，2007 年版，第 270 页。

② ［美］威廉·德格雷戈里奥著，周凯等译：《美国总统全书》，北京：社会科学文献出版社，2007 年版，第 271 页。

③ Max J. Skidmore, *After the White House: Former Presidents as Private Citizens*, New York: Palgrave Macmillan, 2004, p. 75.

会参选人拉票。新当选的州长和产生的州立法会基本上对约翰逊比较友好。约翰逊希望州议会能够选举他担任田纳西州联邦参议员。[①]

但是，州议会中有很多共和党人，他们并不认同约翰逊执政期间对南方过于宽容的政策。州议会中也有很多前邦联民主党人士，这些曾经脱离联邦的人士不肯原谅约翰逊内战期间在担任田纳西州军政首长时推行的针对南部邦联的强硬政策。他们支持民主党人、州参议员、法官亨利·库珀（Henry Cooper）竞选联邦参议员。约翰逊曾说服自己以前的私人秘书和助手、埃德蒙·库珀（Edmund Cooper）投票支持自己。但是，在关键时候，埃德蒙·库珀把珍贵的一票投给了他的弟弟亨利·库珀，这令约翰逊感到非常懊恼。结果，约翰逊以微弱（51 票）劣势败给库珀（54 票）。1872 年，他又一次投入选举，参选田纳西州联邦众议员，仍以失败告终。[②]

四、安德鲁·约翰逊第二次参选联邦参议员，以微弱优势当选

在 1872 年联邦众议员参选中失败，安德鲁·约翰逊并不甘心。在 1874 年 1 月，他投入联邦参议员选举。他的策略是，在全州范围内竭力帮助州议会候选人拉票。他频繁接受报社记者采访，利用报纸向选民阐述自己的主张。他还连续在报纸上发表文章，刊登自己的演讲，希望借此来直接向选民表达自己的诉求。约翰逊演讲的主题围绕恢复宪法原则、攻击铁路垄断和粮食垄断，支持一定程度的通胀等。约翰逊估计，他提出的诉求会赢得保守的民主党人和温和的共和党人的支持。在 11 月国会中期选举前几个月，约翰逊承诺，如果当选参议员，他会超越党派歧见，保持独立风格。

由于当时联邦参议院参议员并不是由于选民直选，而是由州议会议员选举产生，所以，在选举前，约翰逊同州议会中多数民主党人达成妥协，获得了他们的支持。他提醒共和党人，田纳西州选出一位共和党人担任联邦众议员，他的支持和努力功不可没。11 月田纳西州议会选举总体对约翰逊有利，因为民主党人在州议会中占有绝大多数席位。但是，约翰逊能否当选为国会参议员，仍存变数。除了约翰逊外，民主党还推出了三位前邦联将军和一位上尉，参加竞选。在第一轮匿名投票中，约翰逊以 30 票领

---

① 在 1913 年《宪法第十七条修正案》规定参议员直选生效之前，各州在国会参议院中的代表均由州议会选举产生。

② Burton I. Kaufman, *The Post-Presidency from Washington to Clinton*, Lawrence, Kansas: University Press of Kansas, 2012, pp. 138 – 142.

先，但仍差 21 票。在第 35 轮匿名投票中，约翰逊成功获得 43 票支持，但离最低要求的 51 票还差 8 票。约翰逊知道，他很难得到那些顽固的、前邦联时代民主党人的支持。要获得 51 票支持，他必须求助于共和党人。①

于是，约翰逊向共和党人承诺，如果当选联邦参议员，他不会提出迎合顽固、保守的民主党人的“激进措施”，也不会反对格兰特政府（共和党政府）推行的政策（除非在极端情况下）；他说自己不会忘记共和党人对他的支持。约翰逊的策略终于凑效了。1875 年 1 月 26 日，在田纳西州州议会第 55 轮投票中，约翰逊以 52 票微弱优势（51 票是最低要求）当选联邦参议员。

约翰逊是以民主党人的名义当选为联邦参议员，但他并没有加入参议院民主党党团，而是履行竞选承诺，做一位超党派的独立参议员。但是，上任伊始，约翰逊并没有遵守他对共和党的承诺，即一般不会攻击格兰特政府的政策。3 月 20 日，约翰逊在国会特殊会期发表演说，批评格兰特政府违反《宪法》，允许军队介入路易斯安那州举行的选举活动。他还称，格兰特在其他方面也有违宪的嫌疑。他暗示，格兰特的目的是为了争取第三任期。他质问：“这离军事独裁还有多远?”不幸的是，约翰逊再次当选为参议员后发表的第一次演讲也是最后一次演讲。特殊会期结束后，约翰逊回到家乡田纳西州格林维尔，等待 12 月返回华盛顿。约翰逊在家里度过了春天和初夏，7 月和夫人一起去看望女儿。在此期间两次中风，于 7 月 31 日病逝。②

五、安德鲁·约翰逊留给后人的政治遗产

约翰逊病逝后，北方报刊强调他在内战期间如何忠诚于联邦；南方报刊则强调他在内战后在南方重建中的宽容。在卸任后，约翰逊积极呼吁实行联邦参议员、甚至总统直选的政策。尽管总统直选至今在美国仍是一个非常困难的政治议题，但是 1913 年，《宪法第十七条修正案》确立了联邦参议员直选的制度，则体现出这位卸任总统晚年生活中表现出来的政治远见。约翰逊是一位州权主义者，他的理想是建立一个由自给自足的自耕农和勤奋努力的技术工组成的自耕农共和国。但是，内战后的美国，已不再

---

① Hans L. Trefousse, *Andrew Johnson: A Biography*, New York: W. W. Norton & Company, 1989, pp. 370 – 371.

② Burton I. Kaufman, *The Post-Presidency from Washington to Clinton*, Lawrence, Kansas: University Press of Kansas, 2012, pp. 142 – 144.

是安德鲁·杰克逊时代的农业社会，更不是托马斯·杰斐逊时代的小国寡民社会。内战后的美国社会，已经开始进入工业化时代。

第17任总统安德鲁·约翰逊同第10任总统约翰·泰勒有一些相似之处。林肯在1864年大选中选择安德鲁·约翰逊作为搭档参加总统大选，目的是为了维护联邦的统一，平息南方叛乱各州的情绪。约翰·泰勒是在威廉·哈里森病逝之后荣登总统宝座，安德鲁·约翰逊则是在亚伯拉罕·林肯遇刺身亡后继任。总统卸任后，约翰逊也成为国会议员。同泰勒不同，约翰逊不是南方邦联众议员，而是北方联邦参议员。在任总统期间，约翰逊同共和党关系非常僵。共和党人轻视他、弹劾他，结果仅差一票就会导致他辞职。

美国内战结束后，约翰逊为了缓解南方的焦虑，快速将南方融入联邦，约翰逊对南方前邦联各州采取了妥协政策，结果激起了激进的共和党人的强烈反弹。共和党人要求约翰逊主持正义，给予获得自由的非洲裔美国人更多的权利。在内战后国家重建过程中，由于约翰逊没有能够在政治上给予非洲裔美国人真正的平等，也由于他赦免了除邦联高层以外的所有前邦联官员，结果，共和党人拒绝支持他参加1868年总统大选。

尽管约翰逊在总统卸任之初，承诺要做一位普通公民，但是，他对政治的热情丝毫不减。不久，他就把目光放在了返回参议院上。约翰逊说，“我更愿意在我所在的田纳西州证明，我先前的做法是对的。我更愿意恢复我先前在参议院中担任参议员的职位，这比让我成为世界上最伟大的帝国的国王更令我感到欣慰。”正如《纽约时报》在约翰逊去就任参议员时发表评论指出的那样，“约翰逊在担任参议员期间发挥的作用将比他在担任总统期间发挥的作用更大。”①

第三节　担任大法官：威廉·霍华德·塔夫脱

一、塔夫脱在卸任后极力争取首席大法官职位

威廉·塔夫脱一生的理想是做最高法院首席大法官。1910年，塔夫脱担任总统期间，由于最高法院首席大法官梅尔维尔·富勒（Melville Full-

① Leonard Benardo and Jennifer Weiss, *Citizen – in – Chief*: *The Second Lives of the American Presidents*, New York: Harper Collins, 2009, pp. 250 – 251.

er）去世，位置出现空缺，他需要任命一位首席大法官。塔夫脱对大法官穆迪（Justice Moody）说："政府中有一个职位，我自己想担任，但是，我又不得不把它让给别人。这一点，你不觉得奇怪吗?"他婉拒了参议员墨累·克雷恩（Murray Crane）提出的由共和党人伊莱休·鲁特（Elihu Root）担任首席大法官的建议，而是选择了体态臃肿、身体健康状况欠佳的民主党人爱德华·怀特（Edward D. White）担任首席大法官。有些历史学家认为，塔夫脱知道，怀特担任首席大法官时间不会太长，将来共和党执政，自己就有机会接替怀特成为首席大法官。① 也有人认为，塔夫脱同怀特达成了某种共识。一旦共和党执政，怀特就将首席大法官的位置让给塔夫脱。②

尽管这两种说法都缺乏历史依据，但是，后来发生的事实确实证明，当时塔夫脱任命怀特做首席大法官确实是出于私心。1920 年 11 月大选，共和党人沃伦·哈丁成功当选。塔夫脱在同当选总统哈丁在讨论政府人事任命问题时明确表示，自己希望出任最高法院首席大法官。同时，当得知年事已高、健康状况恶化的怀特仍毫无辞去首席大法官职位的意愿时，塔夫脱感到"惊愕"。沃伦·哈丁就任总统后，体态龙钟的怀特仍无意让出大法官职位。甚至在司法部长哈里·道格迪（Harry Dougherty）多次拜访他，明白地暗示他应该把这个职位让给塔夫脱后，怀特也不为所动，似乎无意"履行他对塔夫脱的承诺"。③ 更糟糕的是，当最后怀特答应辞职，让出首席大法官职位时，有传闻称，国务卿查尔斯·埃文斯·休斯将辞去国务卿一职，转任大法官。也有传闻说，参议员亚历山大·乔治·萨瑟兰有意角逐大法官之职，总统沃伦·哈丁已经答应了。

作为总统，哈丁就是想让每个人满意。对于最高法院首席大法官人选，哈丁的策略是这样的。他希望能有两位法官辞职，要么是爱德华·怀特和威廉·鲁弗斯·戴伊（William Rufus Day），要么是爱德华·怀特和奥利佛·温代尔·霍尔姆斯（Oliver Wendell Holmes），这样一来，最高法院就有两个空缺。这两个空缺，一个由塔夫脱填补，一个由萨瑟兰填补。哈丁最终采取了第一套方案，这套方案的顺利实施的关键是说服戴伊辞职。

① Edward D. White，http：//en. wikipedia. org/wiki/Edward_ Douglass_ White.

② Marie B. Hecht，*Beyond the Presidency*：*The Residues of Power*，New York：Macmillan Publishing Co.，Inc.，1976，p. 165.

③ Marie B. Hecht，*Beyond the Presidency*：*The Residues of Power*，New York：Macmillan Publishing Co.，Inc.，1976，p. 166.

哈丁的想法是，同威廉·戴伊达成一项协议。在怀特辞职后，哈丁先任命威廉·戴伊做首席大法官。但威廉·戴伊必须承诺，就职6个月后辞职，把这一职位让给塔夫脱。听到这个消息后，塔夫脱失望地说，首席大法官的职位非常重要，一旦威廉·戴伊坐了这个位置，他就记不起自己的承诺了。爱德华·怀特就是前车之鉴。

最后，在司法部长哈里·道格迪劝说下，哈丁终于下定决心，同意提名塔夫脱为首席大法官。接下来，只要获得参议院批准，塔夫脱就能如愿以偿。对此，塔夫脱需要克服来自参议院的三个挑战：一个是民主党的阻挠，二是对他经验不足的担忧，三是对他年龄的担忧。对于第一个问题，塔夫脱说，在他担任总统期间，就曾任命过三位民主党人担任最高法院法官，包括任命民主党人爱德华·怀特为首席大法官，这说明他在任命法官时是超越党派分歧的。民主党人不应因他的共和党身份就阻挠他成为首席大法官。对于第二个问题，塔夫脱说，他有丰富的司法经验。他曾做过3年辛辛那提高等法院法官，2年美国首席检察官，8年巡回法院首席法官，4年联邦上诉法院法官，总统卸任后，在耶鲁大学做过8年法学教授。对于第三个问题，塔夫脱说，他曾任命近66岁的霍勒斯·哈莫·勒顿（Horace Harmer Lurton）担任最高法院法官，也曾任命65岁的爱德华·怀特担任首席大法官。因此，他本人虽已经64岁，但这不是问题。1920年6月30日，尽管也有一些反对意见，但塔夫脱的提名还是赢得了参议院多数议员的支持。7月初，哈丁正式任命塔夫脱为首席大法官。塔夫脱终于如愿以偿。①

二、首席大法官塔夫脱的主要成就

1921年6月，塔夫脱终于如愿以偿，成为首席大法官。带着担任总统期间从未有过的热情，塔夫脱着手推动最高法院的各项改革。当时，最高法院面临的最大问题，就是如何解决长期积压未审的案件。对此，塔夫脱提请国会通过了《法官法》，规定联邦最高法院可以视案件对整个国家的影响程度来决定受理哪些案件。这样一来，最高法院就可以把主要注意力放在审理那些同《宪法》解释密切相关的案件。塔夫脱利用自己多年来积累的政治经验和同国会的人脉关系，确保国会通过了这项法律。到1930年

① Marie B. Hecht, *Beyond the Presidency: The Residues of Power*, New York: Macmillan Publishing Co., Inc., 1976, p. 167.

塔夫脱退休时，最高法院几乎没有积压未审的案件了。[①]

塔夫脱担任首席大法官期间，最高法院审理的案件中多数涉及对美国宪法制度的阐释。在美国政府三权分立的体系中，最高法院是唯一有权解释宪法的机构。塔夫脱对宪法的解释一般是比较保守的；但是，由于他做过总统，所以，他也不反对扩大政府的权力。

例如，在联邦政府规范铁路运营方面，当铁路从事跨州商业行为时，塔夫脱甚至愿意给予国会几乎无限的权力，规范铁路的行为。他写道，“如果国家不能有效地规范州内商业行为，就无法完全、有效地控制州际商业行为；联邦政府规范州际商业行为，并没有侵犯各州的权威。”在后来审理的多项案例中，这种思想也运用到了工业领域。

但是，塔夫脱在法律思想上成就要稍微逊色一些。在他发表的 253 项意见中，可以看出，他是一个保守的法律专家。他坚信财产权神圣不可侵犯，认为自然法是不可改变的。他的很多看法是一些思想更加自由的法官所不能认同的。例如，1921 年，在“特勒克诉科里根案”中，塔夫脱反对《克莱顿反托拉斯法》。该法规定劳工有权组织工会、农业协会，有权进行罢工、抗议、抵制等，因而被视为劳工的救星。在案件审理中，塔夫脱认为，即使是不闹事的工会纠察队员，当他给企业带来经济损失时，便违反了《宪法第十四条修正案》，因为他未经正当程序，就剥夺了企业主的财产。[②] 以下就威廉·塔夫脱审理的一些典型案件进行分析。

（一）迈尔斯诉美国案

1926 年，在“迈尔斯诉美国案”（Myers v. United States）中，塔夫脱代表大多数意见做出判决，否决了《公职任期法》（1867 年），该法限制总统解雇下属的权利。[③] 从一开始的时候，总统任命官员须经参议院批准，这一点是毋庸置疑的。但是，对于总统是否有权解除官员职务，《宪法》并未做出明确解释。国会同行政部门在这个问题上一直存在分歧。1867 年，国会推翻了第 17 任总统安德鲁·约翰逊对官员《公职任期法》的否

---

① Marie B. Hecht, *Beyond the Presidency: The Residues of Power*, New York: Macmillan Publishing Co. Inc., 1976, pp. 282 – 288.

② ［美］威廉·德格雷戈里奥著，周凯等译：《美国总统全书》，北京：社会科学文献出版社，2007 年版，第 429 页。

③ Burton I. Kaufman, *The Post-Presidency from Washington to Clinton*, Lawrence, Kansas: University Press of Kansas, 2012, p. 260.

决，禁止总统在未经参议院批准的情况下解除某些官员的职务。

1868 年 2 月，约翰逊解除了时任陆军部长埃德温·斯坦顿（强硬的激进派共和党人）的职务，遭到国会弹劾。国会在尤利西斯·格兰特政府时期（1869 年 3 月 4 日—1877 年 3 月 4 日）修改了《公职任期法》，在克利夫兰第一任期（1885 年 3 年 4 日—1889 年 3 月 4 日）废除了这项法律。但是，没有什么能阻止国会再次制定类似的法律。1926 年，在“迈尔斯诉美国案”中，塔夫脱代表大多数意见做出判决，坚决认为解除官员职务是行政部门固有的权力。塔夫脱在这个问题上的大胆举动是他在四年总统任期中没有过的。令人惊讶的是，塔夫脱即使在做总统时，也坚持从狭义的视角解读行政部门的权力。[1]

在审理这个同总统权力密切相关案子过程中，塔夫脱花了一年多时间研究美国政治史。他写道，这个案子提出了一个问题，那就是，宪法是否允许总统具有排他的权力，解除自己任命、参议院批准的行政部门官员。1917 年，弗兰克·迈尔斯（Frank S. Myers）被任命为俄勒冈州波特兰市邮政局局长。1920 年，邮政部长阿尔伯特·柏里森根据时任总统伍德罗·威尔逊的指示，撤销了迈尔斯波特兰市邮政局局长的职务。

在冗长的判决书中，塔夫脱说，自己做出的裁决是基于三个来源：一是 1789 年众议院关于官员任命的辩论，二是 1834 年时任总统安德鲁·杰克逊在解除了财政部长威廉·杜安（William Duane）职务后在国会发表的演说，三是《公职任期法》。塔夫脱写道，如果总统没有开除联邦政府职员的绝对权力，那么，“当总统同参议院或者国会在政治上或其他方面存在分歧时，很难确保法律得到忠实地执行”。这个判决宣布《公职任期法》（1867 年）无效。[2]

1867 年，国会通过《公职任期法》，禁止总统在未经参议院同意的情况下解除某些政府官员的权利。但是，这个法案被约翰逊否决，国会推翻了约翰逊的否决后，这项法律自动生效。约翰逊解除了时任陆军部长埃德温·斯坦顿的职务，结果遭到共和党主导的国会的弹劾。

1876 年，尤利西斯·格兰特执政时期，国会修改了《公职任期法》，否决了总统解除邮政部长的权力。但是，在克利夫兰第一任期（1885—

① ［美］威廉·德格雷戈里奥著，周凯等译：《美国总统全书》，北京：社会科学文献出版社，2007 年版，第 429 页。

② Marie B. Hecht, *Beyond the Presidency: The Residues of Power*, New York: Macmillan Publishing Co., Inc., 1976, p. 283.

1889 年），国会废除了这项法律。由于这三个先例都涉及参议院的审批权，但是，一般情况下，参议院议员都会支持总统的任命。所以，总统是不是拥有绝对解除行政部门高级官员的权力，就具有一定的政治意味。从这个意义上来看，塔夫脱的判决具有重要的意义，也是他对宪法法律的重要贡献。

当然，这也证明了前总统安德鲁·约翰逊的做法是对的。所以，当詹姆斯·麦克雷诺（James McReynolds）和刘易斯·布兰德斯（Louis Brandeis）两位大法官表示反对时，塔夫脱对他们非常不客气，说他们对最高法院不忠诚，牺牲了所有人，目的就是为了“哗众取宠”。塔夫脱于 1926 年 10 月提交了长达 2.2 万字的意见书，但是，反对他的人的意见书同样详细。大法官奥利佛·温代尔·霍尔姆斯称，塔夫脱的论据就像“蜘蛛网”一样复杂，但在核实关键的事实方面做得不够。塔夫脱在意见书中表示，如果没有国会批准，那么，总统任命的官员就缺乏法律效力。国会可以给总统任命官员的权力，但也可以收回这个权力。①

大法官麦克雷诺说，他也研究了历史，但未发现有权威资料显示，总统有权解除自己正式任命的官员的职务。布兰德斯大法官也不认同塔夫脱的历史分析。他说，赋予总统无限的解除政府官员的权力，也违背了开国元勋们秉持的建国精神，因为这样做妨碍了个人自由。这样一来，个人就会受制于（总统）“随意的、反复无常的行使权力的干扰”。②

塔夫脱不喜欢在最高法院意见不一致，特别是在这个案子上。塔夫脱认为，布兰德斯在多数案件上都持不同意见，这符合他的一贯风格。塔夫脱写道，“布兰德斯喜欢抱怨，同情参议院，希望参议院能阻止行政部门解除那些令人讨厌的家伙，原因在于他本人就一直同情他们。”这个案子的裁决拖了很久，主要原因是麦克雷诺“总是不体谅人”。塔夫脱的这些话表明，塔夫脱对案件态度已经逐渐转变成了对反对者的人身攻击。

总统研究学者玛丽·赫切特认为，塔夫脱的历史分析是“站不住脚的”。但是，这个裁决确实影响了总统在解除联邦高级雇员方面的态度。1933 年，时任总统富兰克林·罗斯福试图解除联邦贸易委员会成员威

---

① Marie B. Hecht, *Beyond the Presidency: The Residues of Power*, New York: Macmillan Publishing Co., Inc., 1976, p. 284.

② Burton I. Kaufman, *The Post-Presidency from Washington to Clinton*, Lawrence, Kansas: University Press of Kansas, 2012, p. 260.

廉·汉弗里（William E. Humphrey）的职务。如果按照“迈尔斯诉美国案”的裁决，那么，联邦贸易委员会法禁止解除委员会成员的条款是违反宪法的。

威廉·汉弗里提起上诉，要求政府给予他应得的薪水，最高法院在1935年做出裁决，一致支持汉弗里的要求。因此，从这个意义上来说，“迈尔斯诉美国案”的裁决结果仅限于联邦政府行政部门官员。塔夫脱在“迈尔斯诉美国”一案中的态度，可能同他曾经担任过总统的经历有关。作为国家最高公职人员，他也许在心理觉得，迫切需要加强总统的权力，特别是在任命和解职行政部门官员方面的权力。①

（二）阿达科丝诉儿童医院案

塔夫脱担任首席大法官期间，高院审理的案件中多数涉及对美国宪法制度的阐释。他对宪法的解释一般是比较保守的。例如，1923年，在“阿达科丝诉儿童医院案”（Adkins v. Children's Hospital）中，塔夫脱反对哥伦比亚特区设定妇女最低工资水平，认为依据《宪法第五条修正案》，女性没有选举权，也没有订立合同的权利。塔夫脱的判决遭到了一些自由派法官的抵制。他们认为，1920年通过的《宪法第十九条修正案》已经赋予女性选举权，这就意味着女性享有在合同订立、政治参与方面的公民权利。②

这个案子涉及到妇女最低工资的问题。在主持这个案子的审理过程中，陪审法官乔治·萨瑟兰意识到，他面对的一个非常敏感的问题，因为这个案子涉及妇女医疗卫生和健康福祉的问题。萨瑟兰写道，《宪法第十九条修正案》改变了“女性在合同订立、政治参与和公民权利方面的地位”，因此，“现在来看，（在享受公民权益方面）性别之间的差异几乎快要消失了”。

但是，塔夫脱并不认同萨瑟兰的看法。他说，《宪法第五条修正案》确实规定，“不能剥夺了一个人就他自己的事务拟定合同的权利。”不过，第五条修正案中的“他”指的是男性，因为在1791年《权利法案》通过的时候，只有“有财产的白人男性”才有选举权。女性是没有选举权的，也没有同他人“订立合同的权利”。作为对萨瑟兰裁决的回应，塔夫脱说，

---

① Marie B. Hecht, *Beyond the Presidency: The Residues of Power*, New York: Macmillan Publishing Co., Inc., 1976, p. 284.

② Max J. Skidmore, *After the White House: Former Presidents as Private Citizens*, New York: Palgrave mamillan, 2004, pp. 107–109.

他认为，《宪法第十九条修正案》“并没有改变妇女在体力和其他方面的局限”。也就是说，《宪法第十九条修正案》确实有助于提高妇女的社会地位，但是，由于男女性别差异，妇女在体力方面确实不如男性，所以，在合同制定过程中，很难获得享受同男性平等的待遇。

事实上，1920 年国会通过、各州批准的《宪法第十九条修正案》只是女权运动过程中一个阶段性的成就，半个世纪后的六七十年代，女权运动再次风起云涌，女性也在为进一步提高社会地位努力和抗争。1963 年和 1975 年国会先后通过、肯尼迪政府和福特政府先后签署的两个《同工同酬法案》就是典型的例子。当今时代，男女平等仍是美国社会密切关注的议题。奥巴马总统在 2009 年 4 月 9 日签署了《莉莉·莱德贝特公平薪酬法》(The Lilly Ledbetter Fair Pay Act)，目的也在于打击对妇女的薪酬歧视，确保真正同工同酬。

塔夫脱当年在这个案子上的立场，无疑是非常保守的。法庭裁决，反对哥伦比亚特区给予女性最低工资保障。时任美国劳工联合会会长塞缪尔·冈珀斯（Samuel Gompers）这样写道，这个裁决伤害了最高法院的形象，因为在涉及人（humanity）的案件中，“法庭站在了财产的一边，反对人”。也就是说，最高法院把人当作财产看待。[①]

（三）塔夫脱对“萨克和万泽蒂”一案的态度

在 19 世纪 20 年代美国司法界极具争议的案件，就是有关意大利移民尼古拉·萨克（Nicola Sacco）和巴托洛梅奥·万泽蒂（Bartolomeo Vanzetti）被控谋杀案。1927 年 8 月 22 日下午 2 点，也就是法院执行两人死刑近 24 小时前，正在加拿大默里湾私家住所度假的塔夫脱接到一份来自萨克和万泽蒂辩护律师的电报，请求延缓对两人行刑，律师希望能够将该案件上诉到最高法院。塔夫脱本来可以回到美国，宣布暂缓执行死刑。但是，他觉得既然霍姆斯大法官（指小奥利弗·温德尔·霍姆斯）已经否决了这个请求，他没有必要同霍姆斯大法官唱反调。于是，他拒绝了暂缓执行死刑的请求。他补充说，这个案件的审理由马萨诸塞州地区法院处理，同联邦政府没有关系。

尽管这两位意大利移民称自己是无辜的，也有许多人认为他们是无辜

① Marie B. Hecht, *Beyond the Presidency: The Residues of Power*, New York: Macmillan Publishing Co., Inc., 1976, p. 285.

的，但是，他们还是遭到处决。在两人遭到处决后，加拿大政府认为有必要将塔夫脱的私人住所保护起来，以免遭到愤怒的激进人士的攻击。事实证明，也没有人攻击塔夫脱的住所。但是，塔夫脱并没有表现出对涉案两位意大利移民的同情。他在写给时任哈佛大学校长艾博特·劳伦斯·洛威尔（Abbott Lawrence Lowell）的信中说，发起宣布萨克和万泽蒂无罪运动的人都是一群“傻瓜”，这场运动“在所有主张实行共产主义的阶层和一群罪犯中传播”。他在为自己的行为辩护时说，有关处决萨克和万泽蒂两人引起的反弹，只是“罔顾事实的虚假宣传”，但是，过一段时间这种情绪就安静下来了。这证明，他只是“戳破了原本就是的一个泡泡而已”。美国总统研究学者玛丽·赫切特在评论塔夫脱在这个问题上的态度时发出了这样的感慨：“塔夫脱在这个问题上的保守思想，导致他的首席大法官生涯出现许多类似的盲点。”①

在这个案子中，尽管许多批评人士认为对两人的审判不符合合法程序，没有保护公民自由权，也缺少实际证据。但是，塔夫脱公开支持对两人的处决。他甚至指控萨克和万泽蒂的支持者，知名辩护律师菲力克斯·弗兰克弗特（Felix Frankfurter）“试图将凶狠的杀人犯、无政府主义者从绞刑架或者电椅上挽救出来”。在听到萨克和万泽蒂执行死刑的消息后，美国小说家约翰·多斯·帕索斯（John dos Passos）悲痛感慨地写道：“好吧，我们生活在两个不同的国度。”② 可以看出，塔夫脱在这个案子上的立场已经偏离了法律本身，而是带有强烈的反共意识形态色彩和政治偏见。

（四）塔夫脱不满政治对司法的影响

尽管宪法规定，美国政府实行三权分立的制度，但是，这并不是说，司法体系不会摆脱政治的影响。塔夫脱梦想做最高法院首席大法官时，他本想摆脱现实政治的困扰，找一块栖息的静幽之地。但事实证明，最高法院并不是象牙塔。塔夫脱也还是要面对一些敏感的国内政治议题。例如，在1924年大选期间，从共和党内分裂出来的改革派（进步党）总统候选人、威斯康辛州联邦参议员罗伯特·拉福莱特（Robert la Follette）提出一项宪法修正案，主张给予国会对最高法院做出的判决进行复审的权利。也

---

① Marie B. Hecht, *Beyond the Presidency: The Residues of Power*, New York: Macmillan Publishing Co. Inc., 1976, p. 286.

② Leonard Benardo and Jennifer Weiss, *Citizen - in - Chief: The Second Lives of the American Presidents*, New York: Harper Collins, 2009, p. 255.

就是说，国会有权通过法律，宣布最高法院判决违宪。拉福莱特还主张，所有法官人选都需经过选民选举产生。塔夫脱坚决反对这项提议。1923年，爱达荷州共和党联邦参议员威廉·埃德加·波拉哈（William Edgar Borah）提出一项修正案称，如果不经过最高法院9位大法官中7位大法官同意，最高法院不得宣布国会通过的法律无效。

由于担心政治可能会破坏司法体系的公正，1924年，塔夫脱敦促时任总统卡尔文·柯立芝争取连任，称只有柯立芝才能挽救共和党。他说，任何支持拉福莱特的共和党人都不应该进入共和党总统候选人名单。在1928年，他希望支持柯立芝争取连任，但柯立芝去意已决。塔夫脱转而支持同样具有保守色彩的赫伯特·胡佛代表共和党参加1928年总统大选。对于民主党总统候选人阿尔弗雷德·史密斯（Alfred Smith）的天主教宗教背景，塔夫脱并不是很在意。他说，天主教从未对美国造成过任何伤害。他所担心的是史密斯同纽约州民主党之间的密切关系。塔夫脱认为，只要尊重司法体系，尊重最高法院，不会威胁到最高法院的权威，他不太在意总统候选人的党派倾向。① 话虽如此，作为理应超越党派分歧的最高法院中的首席大法官，塔夫脱的保守倾向也确实影响了高院在具体案件审理过程中的倾向性。

1930年2月，因身体健康情况不佳，塔夫脱辞去了最高法院首席大法官的职务。1930年3月8日，塔夫脱在华盛顿特区家中因病去世，享年73岁。在临终前，有人问他，“您一生最大的成就是什么?”他回答道：“我不记得我曾经做过总统。”②

第四节　主持行政部门改组：赫伯特·胡佛

在富兰克林·罗斯福执政的12年零1个月（1933年3月4日—1945年4月12日）中，卸任总统赫伯特·胡佛备受冷落。当然，胡佛也从未停止过对富兰克林·罗斯福“新政”的攻击。但是，在富兰克林·罗斯福去世后，胡佛的退休生活发生了改变。时任总统哈里·杜鲁门欣赏胡佛在国

① Marie B. Hecht, *Beyond the Presidency: The Residues of Power*, New York: Macmillan Publishing Co. Inc., 1976, pp. 286 - 287.

② Leonard Benardo and Jennifer Weiss, *Citizen - in - Chief: The Second Lives of the American Presidents*, New York: Harper Collins, 2009, pp. 255.

际粮食救助方面的成就和政府管理方面的才能，就向胡佛寻求帮助。杜鲁门在第一任期时认识到，需要对行政部门进行改组，提高办事效率。他多次向国会提出改组意见，均遭到国会否决。

事实上，在 1947 年，国会就曾考虑设立一个旨在改组行政部门的跨党派委员会。这个委员会的发起人是来自俄亥俄州的联邦众议员克拉伦斯·布朗（Clarence Brown）和来自马萨诸塞州的联邦参议员亨利·卡伯特·洛奇（Henry Cabot Lodge）。时任众议院议长约瑟夫·马丁（Joseph W. Martin）请前总统赫伯特·胡佛参加。胡佛表示可以参加，但条件是必须任命他担任委员会主席。约瑟夫·马丁答应了胡佛的要求。由于这个委员会由胡佛主持，所以，这个委员会也称“胡佛委员会”（1947—1949 年），史称“胡佛第一委员会”。[1]

一、胡佛第一委员会

“行政部门改组委员会”是一个跨党派机构，成员既有政府机构人员，也有来自民间机构成员。委员会由 12 位代表组成的这个跨党派政府改组委员会，成员包括国务卿迪安·艾奇逊（Dean Acheson）、国防部长詹姆斯·福雷斯特尔（James Forrestal）、前美国证券交易委员会主席约瑟夫·肯尼迪（Joseph P. Kennedy）和另外几位共和党人。在项目启动仪式上，杜鲁门发表演讲，建议委员会应该以开阔的胸襟，超越政治歧见，提出公正、客观的改革意见。

改组政府行政部门是一项艰巨的任务。胡佛不知疲倦地工作，可谓殚精竭力。他设立了 19 个特别工作组，集中界定专业部门的主要职能，如会计、预算、人事、交通、住房、采购、医疗、退伍军人、自然资源，以及主要内阁部门架构。胡佛亲自挑选了 300 多位各方面的专家，在经过委员会其他成员同意后，分配到各个特别工作组中开展工作。[2]

1949 年 2 月 7 日，胡佛向国会提交了《胡佛委员会报告》前 19 章，然后每周提交三章，直到报告完整为止。《胡佛委员会报告》是有史以来最完整的一份政府改组方案报告之一。这份报告影响力非常大。杜鲁门怀着极大的热情接受了这份报告，并将报告提交国会。这份报告成为《1949

---

① Timothy Walch and Dwight M. Miller (eds.), *Herbert Hoover and Harry Truman: A Documentary History*, Worland, Wyoming: High Plains Publishing Company, 1992, pp. 129 - 130.

② Max J. Skidmore, *After the White House: Former Presidents as Private Citizens*, New York: Palgrave Macmillan, 2004, p. 117.

年行政部门改组法案》的基础。法案授权总统对行政部门结构做出重大调整。①

《胡佛委员会报告》是一项全面审视美国政府行政部门组织架构的调查报告，报告就政府改组问题提出了273条改革意见，其中大约四分之三的建议被杜鲁门政府采纳。这些建议中包括撤销同一部门内部功能相互抵触的机构。所有建议的目都是为了提高效率，节省开支，避免机构设置重复和机构之间互相推卸责任。例如，农业部下属的林业局和水土环境保护局，两家机构工作内容重复，因此需要整合两个局的功能，保留一个即可。②

杜鲁门认为，胡佛委员会的工作是他执政时期为美国政府机构改组做出的最珍贵的一个贡献。委员会能够取得如此大的成就，胡佛功不可没。从短期来看，杜鲁门收获了胡佛跨党派委员会取得的成果。但胡佛的眼光在未来。他认为，自己的工作是为了下一届政府更加有效地运作。他确信，下一届政府一定是共和党执政。③

胡佛在杜鲁门执政时期推动行政机构改革方面取得的成就是有目共睹的。但是，对于是谁主动邀请胡佛主持这项工作，史学界有不同意见。学界的主流看法是，共和党人联邦众议员、时任众议院议长约瑟夫·马丁和共和党控制的国会邀请胡佛参加。这一点在胡佛总统图书馆副馆长蒂莫西·沃尔切（Timothy Walch）和资深馆员德怀特·米勒（Dwight M. Miller）主编的《记录历史：赫伯特·胡佛与哈里·杜鲁门书信集》中有明确阐述。④

但是，总统研究专家西尼·米尔吉斯（Sidney M. Milkis）和迈克尔·尼尔森（Michael Nelson）认为，共和党人可能希望行政部门机构改组委员会能够削减一些“新政”项目，但是选择胡佛担任委员会主席却是杜鲁门

① Eugene Lyons, *Herbert Hoover: A Biography*, New York: Doubleday & Company, 1964, p. 400.

② Leonard Benardo and Jennifer Weiss, *Citizen - in - Chief: The Second Lives of the American Presidents*, New York: Harper Collins, 2009, p. 269.

③ Marie B. Hecht, *Beyond the Presidency: The Residues of Power*, New York: Macmillan Publishing Co., Inc., 1976, p. 168.

④ Timothy Walch and Dwight M. Miller (eds.), *Herbert Hoover and Harry Truman: A Documentary History*, Worland, Wyoming: High Plains Publishing Company, 1992, p. 129.

的主意。① 杜鲁门总统研究学者唐纳德·迈克奕（Donald McCoy）也认为，任命胡佛担任政府机构改组委员会主席是杜鲁门的主意。他说，尽管杜鲁门同第80届国会存在分歧，但是他们在一些国内议题上也有共识，其中包括政府改组的问题。杜鲁门愿意组建一个跨党派委员会来促进政府改组。因此，在1947年，国会成立了跨党派政府改组委员会，得到了杜鲁门的认可。杜鲁门突然有了个好主意，那就是，提名前总统赫伯特·胡佛做该委员会主席，因为胡佛长期以来一直主张推动行政部门改组的问题。② 后来，杜鲁门的著作也证实了这一点。

杜鲁门在《公民先生》一书中写道，在他起初邀请胡佛到白宫做客的时候，他心中在思考另外一件希望前总统胡佛做的事，即“帮助精简为满足战时需要而成立的各种政府部委和新政府机构，提高工作效率”。杜鲁门说，“在战时，美国行政部门发展很快，结果，部门职能重复和浪费是不可避免的，因此需要纠正过来。这些部门的精简当然需要新的立法和国会行动。”③

二、胡佛第二委员会

由于冷战全面爆发，加上持续三年的朝鲜战争，美国行政机构再次扩大，财政预算也随之增加。1953年联邦财政预算高达720亿美元，联邦政府人员开支增加了50亿美元。④ 在这种情况下，为了精简行政机构，国会在1953年7月10日通过立法，授权建立行政部门改组委员会，胡佛再次担任委员会主席，史称“胡佛第二委员会”（1953—1955年）。委员会于1953年9月29日在白宫召开预备会，时任总统德怀特·艾森豪威尔也出席，1954年1月13日委员会正式开始开展工作。⑤

已经80岁高龄的胡佛，每天仍然坚持工作14个小时，指导委员会工作。与“胡佛第一委员会”的工作相似，“胡佛第二委员会”的工作重点

① Sidney M. Milkis and Michael Nelson, *The American Presidency*, 4th ed., Washington: CQ Press, 2003, p. 295.

② Donald R. McCoy, *The Presidency of Harry Truman*, Lawrence: University Press of Kansas, 1984, pp. 96 – 97.

③ Harry Truman, *Mr. Citizen*, New York: Bernard Geis Associates, 1960, p. 121.

④ Eugene Lyons, *Herbert Hoover: A Biography*, New York: Doubleday & Company, 1964, p. 402.

⑤ Timothy Walch (ed.), *Herbert Hoover and Dwight D. Eisenhower: A Documentary History* (New York: Palgrave Macmillan, 2013), pp. 140 – 143.

仍然是检视政府中臃肿的部门。但是，“第二委员会”的职能明显扩大，包括评估政策和管理议题，不仅评估政府机构的效率，而且评估部门的有用性的问题（评估哪些部门是否有用，是否需要裁撤等）。由于使命不尽相同，“胡佛第二委员会”引起了很大的争议，特别是在“新政”精英们中引起了强烈的反弹。他们认为，“胡佛第二委员会”的建议实质上是尽可能用私人企业的管理模式来取代政府的功能。

“胡佛第二委员会”下设20个特别工作组，既要考察政府组织结构的问题，也要关注不同部门的主要功能。委员会的工作重点仍然是精简机构，提高效率，但同时增加了政府部门功能评估、机构管理、政策制定等新内容。委员会还提出了增加医疗支出、增加科研经费、筹建内阁级别的教育、健康和福利部等建议。依据委员会建议，艾森豪威尔政府设立了教育、卫生和社会福利部。①

有关时任总统德怀特·艾森豪威尔对于设立“胡佛第二委员会”的态度，美国学界的看法也并不完全一致。总统研究专家玛丽·赫切特认为，在国会设立“胡佛第二委员会”时，时任总统艾森豪威尔对设立这个委员会的必要性是存疑的，因为当时艾森豪威尔已经授权设立工作组研究联邦政府改组议题。在艾森豪威尔看来，自己设立的工作组的研究范围实际上覆盖了“胡佛第二委员会”的工作范围。但是，由于几位重量级国会议员坚持再次启用胡佛，艾森豪威尔也就没有反对。艾森豪威尔后来回忆说，“胡佛试图任命一些对自己有利的人选加入行政部门改组委员会。他想任命的委员会成员都是那些基本认同他看法的人，但在我们看来，那些想法都是一些陈腐的观点。”艾森豪威尔后来又额外任命了一些人士加入“第二胡佛委员会”。这样一来，委员会人员构成就更加均衡。②

胡佛传记作家尤金·里昂（Eugene Lyons）的看法稍有不同。他认为，在设立“胡佛第二委员会”这个问题上，艾森豪威尔的态度是积极的。他甚至主动劝说，并“说服当时已经年近80的胡佛再次领导这个项目”，因为艾森豪威尔发现，由于朝鲜战争的爆发和武器装备的采购，政府开支大幅上升。在这种情况下，削减开支，降低财政赤字是艾森豪威尔考虑的首

① Max J. Skidmore, *After the White House: Former Presidents as Private Citizens*, New York: Palgrave Macmillan, 2004, p. 118.

② Marie B. Hecht, *Beyond the Presidency: The Residues of Power*, New York: Macmillan Publishing Co., Inc., 1976, p. 170.

要问题。当然，他也希望委员会能够对政府部门的功能进行研究。尤金·里昂说，在描述“胡佛第二委员会”面临的挑战时，委员会编辑主任尼尔·迈克尼尔（Neil MacNeil）这样说：“胡佛第一委员会”的工作是纵向的，“涉及的是政府的组织架构”；但“胡佛第二委员会”的工作是横向的，“涉及的是政府的功能”。同“胡佛第一委员会”不同的是，“胡佛第二委员会”最鲜明的特点就是它的保守性。委员会成员，不论是民主党人，还是共和党人，都比“胡佛第一委员会”要更趋保守。①

1955 年 3 月，“胡佛第二委员会”开始发布研究结果。经过仔细斟酌，委员会提出了几百条建议。如果都得以落实的话，每年可以为美国政府节约大约 60 亿美元的支出。胡佛预料到，这些建议会遭到一些人的反对。但胡佛认为，反对这些建议的都是那些因为机构改革而遭到削减的部门。正如委员会成员之一、时任司法部长赫伯特·布朗奈尔（Herbert Brownell）指出的那样，“胡佛第二委员会”在提出政府部门改组过程中融入了政策因素，其中一些议题本质上是政治议题。国会两党在这些议题上存在严重分歧。这也是国会无法接受委员会提出的一些建议的根本原因。

起初，胡佛希望能够像第一次那样，“胡佛第二委员会”提出的建议也能以较高的比例得到国会的认可和接受。但是，由于“第二委员会”成员极度保守，严格限制政府开支，也不认同政府提供的许多服务项目，所以，遭到国会的抵制。例如，委员会完全质疑政府参与田纳西河流管理局项目的合理性。但是，在许多美国人看来，这个项目是“罗斯福新政”中最值得骄傲的一项成果。一些自由派人士批评胡佛利用政府改组委员会来证明自己执政时推行的政策的合理性。还有些人，出于其他目的，不满委员会提出削减国防开支、促进国防部瘦身的建议。

胡佛抱怨约瑟夫·肯尼迪（也是两届“胡佛委员会”成员）没有尽力说服他自己的儿子、马萨诸塞州联邦参议员约翰·肯尼迪采取行动，在参议院大力支持委员会的建议。胡佛也抱感觉时任总统德怀特·艾森豪威尔没有发挥足够的影响力，确保这些建议得到国会支持。但是，1956 年 5 月，艾森豪威尔在写给国会的信中谈到“胡佛第二委员会”时强调，委员会“在改进联邦政府管理方面提出了重要的、值得赞赏的目标”；他同时对前总统胡佛和他的团队付出的努力表示感谢。但是，艾森豪威尔并没有

---

① Eugene Lyons, *Herbert Hoover: A Biography*, New York: Doubleday & Company, 1964, p. 402.

坚定地敦促国会接受这些建议。

1956 年 10 月 15 日，艾森豪威尔写信告知胡佛，行政部门各部委正在研究相关提议，并付诸实施。他说："目前，研究工作取得了一定的进展，但是，显而易见，还需要做更多的事情。其中一些改革措施的实施，需要国会授权。上届国会跨党派支持是一个良好的开端，希望这种势头能够延续下去。"在信的结尾，艾森豪威尔说："过去多年来，你在政府机构改革方面做出的贡献，特别是你领导的、以你的名字命名的两届政府行政部门改组委员会的工作，已经赢得了人民真诚的感谢，对此，我也深表感激。"①

毫无疑问，艾森豪威尔邀请胡佛领导第二次行政部门改革工作，就是希望能够发挥胡佛杰出的组织和管理才能，但同时，他也有政治考虑。在 20 世纪 50 年代，已经卸任退休 20 多年的胡佛在共和党保守阵营中影响力在不断增加。作为一个温和派的共和党人，艾森豪威尔希望借助胡佛的影响力获得共和党内保守力量的支持。同时，任何对委员会保守倾向的批评也可由胡佛一人承担。胡佛曾怀疑艾森豪威尔可能会有这样的动机，他对于艾森豪威尔并未全力争取国会批准委员会提议也颇有怨言，但是，他仍然希望，通过自己的努力，能够促进联邦政府机构的改革。

第 35 任总统约翰·肯尼迪执政后，胡佛继续敦促政府采纳委员会提出的一些建议。他给肯尼迪写信，强烈建议改革政府资金预算和结算制度。肯尼迪回信说，一些参议员早已就此问题提出了议案，但是 10 年过去了，国会仍未付诸表决，主要原因在于参众两院在这个问题上意见不统一。虽然约翰·肯尼迪在担任参议员时未能采取措施，敦促国会考虑此项议案。但是，他在给胡佛写的这封信中仍然表示："我们将采取任何必要措施，确保众议院考虑此项议题。"他让前总统胡佛放心，在行政部门内部，"我们正在继续按照你领导的委员会提出的政策建议改善政府的财政预算"。这个表态在多大程度反映了肯尼迪的真实想法，令人怀疑。也许他是出于对前总统胡佛的尊敬和礼貌，亦或是不忍心伤害这位老前辈的自尊。

在去世前 6 个月，也就是 1964 年 4 月 27 日，胡佛给时任总统林登·约翰逊写信，建议开启"第三委员会"。胡佛认为，在节约政府开支、提高政府施政效率方面，还有很多事情需要做。在早些时候，约翰逊曾向胡

---

① Timothy Walch (ed.), *Herbert Hoover and Dwight D. Eisenhower: A Documentary History*, New York: Palgrave Macmillan, 2013, p. 180.

佛表示，他正在研究“胡佛第二委员会”报告中有关削减政府开支的政策建议。对于胡佛来说，胡佛委员会的工作是否定罗斯福“新政”的最后一次尝试，也是他给美国做出的最后的贡献。[①] 事实上，艾森豪威尔、肯尼迪、约翰逊之所以对“胡佛第二委员会”提出一些政策建议躲躲闪闪，根本原因在于这些政策建议的争议性和保守性。

三、主持政府行政部门改组委员会为胡佛部分挽回了受损的声誉

胡佛卸任后在行政部门机构改组方面做出的巨大贡献得到了许多人的认可。时任联邦参议员约翰·肯尼迪在一次晚宴上了表达了对这位前总统的敬仰之情。肯尼迪说：“赫伯特·胡佛的名字已经成为精简政府部门、提高工作效率的代名词。”肯尼迪所言无疑令胡佛深受感动。25 年前，在胡佛告别白宫时，他身后留下的是一个破碎、无力应对国家危机的政府；25 年后，作为推动行政部门机构改革的先驱，胡佛对于提高政府效率方面的杰出贡献得到了一位民主党人的认可，这令他倍感欣慰。在杜鲁门和艾森豪威尔的帮助下，这位饱受批评的前总统，以自己独特的方式，再次赢得了身为总统的尊严。[②] 胡佛在行政部门改组方面取得的成就，在一定程度上弥补了自己执政时期未能有效处理经济危机的缺憾，也改变了其在富兰克林·罗斯福执政 12 年间（1933 年 3 月 4 日—1945 年 4 月 12 日）备受冷落的状态，给他的卸任生活增添了浓墨重彩的一笔。

第五节　再次参加总统大选：范布伦、菲尔莫尔、格兰特、克利夫兰、西奥多·罗斯福

在美国历史上，卸任后再次决定参加总统大选的有第 8 任总统马丁·范布伦、第 13 任总统米乐德·菲尔莫尔、第 18 任总统尤利西斯·格兰特、第 22 任总统格罗弗·克利夫兰和第 26 总统西奥多·罗斯福。

---

① Marie B. Hecht, *Beyond the Presidency*: *The Residues of Power*, New York: Macmillan Publishing Co., Inc., 1976, p. 172.

② Leonard Benardo and Jennifer Weiss, *Citizen - in - Chief*: *The Second Lives of the American Presidents*, New York: Harper Collins, 2009, p. 270.

在这几位总统中，范布伦在1840年第一任期结束后争取连任失利后，先后在1844年和1848年两度参选，结果1844年争取本党民主党总统候选人提名时就出局，1848年，范布伦成立自由土地党，以第三党总统候选人的身份参选，结果还是落败。

菲尔莫尔在扎卡里·泰勒政府中担任副总统。1850年，泰勒病逝，菲尔莫尔继任。在1852年大选中，菲尔莫尔在争取辉格党总统候选人提名时失利，在1855年成立“美国党”，在1856年大选中以第三党的身份参加大选，结果落败。

格兰特在1877年3月4日两届任期届满后离开政坛。在1875年，他的支持者就酝酿提名格兰特争取第三任，格兰特以在《纽约时报》发表公开信的方式谢绝。在1880年共和党总统提名大会上，格兰特拗不过支持者的热情，接受了参加总统提名竞争，但他拒绝现身总统提名大会巩固票源。格兰特曾一度遥遥领先，但在第36次匿名投票中，詹姆斯·加菲尔德以绝对优势战胜了格兰特，代表共和党参加1880年总统大选。格兰特从此退出政坛。

克利夫兰在1888年大选寻求连任时，败给了共和党总统候选人本杰明·哈里森。1892年，他卷土重来，以民主党总统候选人身份击败四年前的对手哈里森，二次入主白宫，成为美国历史上唯一一位时隔四年，获得本党支持，东山再起的卸任总统。1896年大选，民主党分裂，主张银本位的威廉·詹宁斯·布赖恩（William Jennings Bryan）成为民主党总统候选人。克利夫兰也未主动追求连任，第二次入主白宫已经证明了他的能力，共和党总统参选人、金本位支持者威廉·麦金利（William McKinley）的当选也证明了克利夫兰推行的金本位的正确性。卸任后的克利夫兰虽然也关注政治，但已经失去了往日的热情。

西奥多·罗斯福在时任总统威廉·麦金利遇刺身亡后继任总统，在1904年大选中成功当选。大选获胜之后，罗斯福宣布，自己将不参加1908年大选。罗斯福兑现承诺，并扶持陆军部长威廉·塔夫脱成功当选。由于强烈不满塔夫脱政府政策，罗斯福在争取共和党提名失利的情况下，组建进步党，以第三党身份参选，结果落败。

观察这几位卸任后，再次争取参选资格和争取连任的总统，可以看出，格兰特是曾主动放弃争取连任，后来虽有意角逐共和党总统候选人提名，但终究有些勉强。毕竟，乔治·华盛顿确立的总统任期不超过两任的先例还未曾有人打破。范布伦、菲尔莫尔和罗斯福在本党提名无望的情况下组建第三党，参加大选，就是要实现自己未竟的政治抱负。克利夫兰时隔四年后再次参选，目的也在于此。但是，在争取提名或连任一次、甚至两次失利后，他们还是选择了淡出政坛。[①]

一、范布伦与自由土地党：未获本党提名，组建第三党

由于第11任总统詹姆斯·波尔克（James K. Polk）宣布不参加1848年总统大选，所以，民主党内有人开始讨论邀请前总统马丁·范布伦出来参选的可能性。1848年5月，在纽约召开的民主党全国代表大会上，范布伦拒绝争取民主党总统候选人提名资格。范布伦参加1848年大选，是由于一系列复杂因素和偶然因素的影响。

在他一生大部分时间里，范布伦是一个亲南方的北方人。例如，在担任副总统期间（1833年3月4日—1937年3月4日），在参议院对禁止在邮件中携带废奴主义宣传材料这个议案投票中出现平局时，作为副总统范布伦的立场就非常关键。在这个议案中，范布伦投了赞成票。范布伦还反对在华盛顿特区废除奴隶制的提议，支持在国会推行《言论钳制令》。但是，具有讽刺意味的是，1848年，范布伦再次回到公共政治时，他的立场发生了变化。这次，反对奴隶制却帮了他赢得了自由土地党的支持。

（一）在1848年大选中民主党激进派和保守派分道扬镳

在19世纪中叶，纽约州民主党分为两派。它们的绰号分别是“焚烧谷仓者”（the Barnburners）和“猎取官职者”（the Hunkers）。前者是激进派，后者是保守派。前者反对扩大奴隶制的范围，是19世纪40年代纽约州民主党内主张改革的进步力量。他们视前总统马丁·范布伦为他们的领袖。“焚烧谷仓者”这个绰号来源于一个寓言故事，说一位荷兰农夫为了清除谷仓中的老鼠，决定把谷仓烧了。[②] 在这里，“谷仓”比喻联邦，“老鼠”比喻奴隶制。由于他们支持众议院议员戴维·威尔莫特（David Wilmot）提出的《威尔莫特限制条款》（1846年），要求禁止在美墨战争（1846—1848年）期间获得的领土内实行实行奴隶制。所以，在民主党内

---

① Marie B. Hecht, *Beyond the Presidency: The Residues of Power*, New York: Macmillan Publishing Co., Inc., 1976, pp. 69 – 116.

② Barnburners and Hunders, http: //history1800s. about. com/od/1800sglossary/g/Barnburner – And – Hunker. htm.

保守势力看来，这些“焚烧谷仓者”为了达到限制或者废除奴隶制的目的，不顾南方蓄奴州的利益，不惜毁掉联邦的统一。[①]

同党内进步力量相对的是保守势力，也就是“猎取官职者”。在公共政策方面，他们支持州立银行，主张淡化奴隶制议题。在英文中，“hunker”这个词有两层含义：一是作名词，指“因循守旧、思想保守的人”，在这里指的是当时民主党内的保守派；二是作动词，是由两个同义词“渴求”（hunger）和“渴望”（hanker）组成的一个合成词，意思是“强烈地希望得到什么东西”。在这里，比喻那些“不惜任何代价，渴望通过“政党分肥制”（the Spoils System）获取联邦或者州一级公职的人员”。政党分肥制，也翻译成“猎官制”，是指在美国文官制度确立之前，总统当选后为其支持者谋求政府职位的做法。由于保守派支持安德鲁·杰克逊政府以来推行的“政党分肥制”，所以，民主党内进步力量称这些保守势力是“千方百计猎取公职的人”。[②]

在1848年大选中，民主党内两大力量的主要分歧在于是否允许奴隶制扩展到美国从美墨战争攫取的领土中去。这两大政治力量带有鲜明的地域色彩，北方民主党人反对扩大推行奴隶制的范围，南方民主党人支持在新并入联邦的地区推行奴隶制。如果奴隶制扩展至新并入美国的领土中，南部蓄奴州的实力就会增强，这将在政治上打破南北平衡的局面。在纽约州锡拉丘兹市召开纽约民主党代表大会上，党内进步力量，也就是“焚烧谷仓者”，向大会提出一项反对扩大奴隶制范围的提案。由于保守势力的阻挠，大会否决了这项提案。一怒之下，他们离开了纽约州民主党全国代表大会现场，在赫尔基默（Herkimer）火车站召开临时会议，商讨如何在5月份召开的巴尔的摩民主党全国代表大会上争取更多支持。

“焚烧谷仓者”代表团带着自己的政治宣言和政策主张到达巴尔的摩，准备参加民主党全国代表大会。但是，达到会场后，他们发现，大会已经安排保守势力（“猎取官职者”）占据了他们的位置。他们被迫离开大会现场。大会最后提名密歇根州联邦参议员、反对《威尔莫特限制性条款》的刘易斯·卡斯（Lewis Cass）为民主党总统候选人。这再一次激怒了“焚

① Marie B. Hecht, *Beyond the White House: The Residues of Power*, New York: Macmillan Publishing Co., Inc, 1976, p. 74.

② Barnburners and Hunders, http://history1800s.about.com/od/1800sglossary/g/Barnburner-And-Hunker.htm.

烧谷仓者”。[①]

（二）范布伦接受自由土地党总统候选人题名

民主党内保守力量不顾进步力量的反对，执意提名具有保守色彩的刘易斯·卡斯代表民主党参选。在这种情形下，“焚烧谷仓者”宣布脱离民主党，成立自由土地党。自由土地党联合自由党、民主党、辉格党的部分人士，于8月9日在纽约州布法罗市召开总统提名大会上。与会代表共465人，分别来自18个州，其中包括三个蓄奴州：马里兰州、特拉华州和弗吉尼亚州。民主党参会代表是本杰明·巴特勒（Benjamin Butler）、普雷斯顿·金（Preston King），辉格党参会代表是乔希亚·吉丁斯（Joshua Giddings）和查尔斯·弗朗西斯·亚当斯（Charles Francis Adams），自由党参会代表是萨尔蒙·蔡斯（Salmon P. Chase）和乔希亚·勒维特（Joshua Leavitt）。为了缩小分歧，凝聚共识，大会政治纲领制定委员会强调，共同反对扩大推行奴隶制的范围。大会的口号是：自由贸易，自由劳动力，自由土地，自由人。

大会有四人角逐总统提名，包括自由土地党推选人马丁·范布伦，自由党推选人约翰·帕克·海尔（John Parker Hale），辉格党推选人乔希亚·吉丁斯和查尔斯·弗朗西斯·亚当斯。在这些竞争者中，只有自由党推选人海尔才是范布伦的有力竞争对手。第一轮计票结果出炉后，范布伦获得242票，海尔获得181票，吉丁斯和亚当斯共获得42票。在投票中，许多辉格党代表投票支持范布伦，自由党所有代表都投票支持海尔。为了展现对外团结，自由党代表、来自马萨诸塞州的知名废奴主义者乔希亚·勒维特呼吁大会一致支持范布伦，得到所有代表的响应。为了表示对1月份刚刚去世的前总统约翰·昆西·亚当斯的敬意，大会一致推举他的儿子查尔斯·弗朗西斯·亚当斯为副总统候选人。

这里需要指出的是，在大选前，范布伦就清楚，作为第三党总统候选人，赢得大选的几率非常低。辉格党候选人扎卡里·泰勒（Zachary Taylor）的竞争实力不容小觑。民主党候选人刘易斯·卡斯在南部和西部也有强有力的支持。范布伦参选的目的，就是要分散民主党的选票，降低刘易斯·卡斯当选的几率。

---

① Marie B. Hecht, *Beyond the White House: The Residues of Power*, New York: Macmillan Publishing Co., Inc, 1976, p. 74.

范布伦本来是民主党元老，在1844年大选中，由于自己在对待合并德克萨斯的问题上同民主党保守势力，特别是同昔日政治盟友安德鲁·杰克逊意见相左，结果在争取连任提名时落败。在1844年争取民主党总统提名过程中，范布伦在策略上有失误，不该回避具有争议的得克萨斯议题。但是，从个人理念的角度来看，他确实担心合并得克萨斯会导致美墨战争，甚至导致欧洲国家，特别是英国的干涉。由于理念不合，不仅民主党抛弃了他，就连昔日上司、政治盟友安德鲁·杰克逊也抛弃了他。对此，范布伦心里有怨气。

在1848年5月民主党全国代表大会上，范布伦拒绝参与提名。他在民主党内的支持者都反对在美墨战争后并入美国的领土上推行奴隶制。范布伦本人也在1848年宣布，他主张新并入美国的领土应该是“自由地区”。从这个意义上来看，范布伦再一次同民主党主流理念不合。所以，当他的支持者，“焚烧谷仓者”，宣布脱离民主党时，范布伦也就与民主党分道扬镳了。

民主党推出了反对《威尔莫特限制条款》的刘易斯·卡斯作为总统候选人，这当然是范布伦所不能容忍的。他的参选就是要分散民主党的选票，减少卡斯当选的几率。同时，他也希望借此拉抬自由土地党国会议员的选情。范布伦代表自由土地党参选，就是要表明自己坚定支持《威尔莫特限制条款》的立场，同时也要报复民主党。大选的结果也如他所愿，民主党总统候选人刘易斯·卡斯以微弱劣势落败。①

（三）1848年大选结果

在1848年11月大选中，辉格党候选人扎卡里·泰勒获得47%的选票（1360101），民主党候选人刘易斯·卡斯获得43%的选票（1220544），自由土地党候选人范布伦获得10%的选票（291263）。如果民主党不分裂，刘易斯·卡斯可能还有机会赢得大选。

自由土地党虽然在大选中未获得一张选举人票，但是，他们的候选人有9位当选为国会众议员，这些议员全部来自北方。这对于一个刚刚成立的新党来说，无疑是一个巨大的成就。但是，对于范布伦来说，这场选举意味着政治生命的终结。从此他退出公共生活，他回到林登沃尔德农庄

① Marie B. Hecht, *Beyond the White House: The Residues of Power*, New York: Macmillan Publishing Co., Inc, 1976, pp. 75–76.

(Lindenwald)，享受这平静的乡绅生活。

在 1852 年大选中，自由土地党寻求他的支持，范布伦没有答应。他已经回归民主党，在大选中支持民主党总统候选人富兰克林·皮尔斯(Franklin Pierce)。1856 年，范布伦拒绝支持新成立的共和党（也就是从自由土地党衍生出来的），在大选中支持民主党候选人詹姆斯·布坎南(James Buchanan)。在 1860 年，范布伦再次支持民主党总统候选人斯蒂芬·道格拉斯。随着美国内政的爆发，他开始支持林肯维护联邦统一的努力。①

二、菲尔莫尔与美国党：未获本党提名，组建第三党（1856 年）

在 1848 年总统大选中，辉格党总统候选人扎卡里·泰勒击败民主党候选人刘易斯·卡斯，成功当选为第 12 任总统。泰勒在 1850 年 7 月 9 日因突发胃病去世，时任副总统米乐德·菲尔莫尔继任，成为第 13 任总统。菲尔莫尔在任期间，争取国会通过了《1850 年妥协案》，暂时平息了南北双方因奴隶制问题引发的国家分裂危机。但是，法案中的《逃奴追缉法》，要求联邦政府积极配合，把逃跑的奴隶交还给奴隶主。这项法律严重损害了菲尔莫尔在辉格党中的形象，他自己也丧失了 1852 年大选辉格党总统候选人提名资格。

菲尔莫尔 1853 年卸任时年仅 53 岁。他的支持者一致认为，这么早就结束政治生涯，为时尚早。他们劝菲尔莫尔考虑参加 1856 年总统大选。在卸任之前，菲尔莫尔就计划到美国南部走一走。尽管名义上是旅游观光，实际上是想观察一下政治环境是否有利于他参加下一届总统大选。但不幸的是，菲尔莫尔的夫人亚比该·菲尔莫尔（Abigail Fillmore）在参加第 14 任总统富兰克林·皮尔斯的就职典礼时患了感冒，很快又发展成肺炎。菲尔莫尔在华盛顿威拉德饭店（Willard's Hotel）照顾妻子，但三周之后，他的妻子去世。②

（一）菲尔莫尔考虑再次参选总统

1854 年，菲尔莫尔开始了他一年前规划的南方之行。他离开家乡布法

---

① Marie B. Hecht, *Beyond the White House*: *The Residues of Power*, New York: Macmillan Publishing Co., Inc, 1976, p. 77.

② Marie B. Hecht, *Beyond the White House*: *The Residues of Power*, New York: Macmillan Publishing Co., Inc, 1976, p. 78.

罗，前往肯塔基州莱克星顿市，在那儿做了两场重要的演讲，并拜谒了亨利·克莱（Henry Clay）的墓地。菲尔莫尔每到一处，都受到热情欢迎。南方人支持菲尔莫尔，主要是由于他在1850年签署的《1850年妥协案》中，强化了《逃奴追缉法》。在亚拉巴马州首府蒙哥马利市的一次招待会上，菲尔莫尔说，沿途民众热情的欢迎和敬意令他“深受感动”。确实，南方对他的盛情更像是在欢迎一位凯旋归来的将军，而不是接待一位普通的公民。沿途报纸跟踪报道菲尔莫尔的行踪，这些新闻在全国各地报纸转载。

毫无疑问，菲尔莫尔南方之行目的就是为了寻求政治支持。结束南方之行后，他有开始在西部的“观光旅行”。他先后到访了伊利诺伊州最大城市芝加哥、明尼苏达州首府圣保罗和艾奥瓦州东部城市杜布克。菲尔莫尔每到一处，都受到热情的欢迎。但是，政治是一种微妙的艺术。在当时民主、辉格两党主导的政治格局中，这位亲南方的辉格党前总统既无法得到民主党的总统大选提名，也因为他对南方推行绥靖政策遭到了他的辉格党同僚的抛弃。在这种情况下，菲尔莫尔接受美国人党总统大选提名，实际上是一个“利益联姻”，各取所需。美国人党是一个19世纪50年代兴起的本土政党。在50年代，美国移民数量增加了四倍，其中大多数人是天主教徒。美国人党担心担心移民迅速增加会抢了美国工人的工作。同时，由于这些人中多数是天主教徒，他们担心罗马教皇会通过这些移民来控制美国。①

在1854年夏，美国人党的影响力已经遍及全美。在1854年11月举行的国会中期选举中，美国人党在北方的特拉华州、马萨诸塞州、宾夕法尼亚州获胜。在南方，该党几乎在弗吉尼亚州、亚拉巴马州、乔治亚州、路易斯安那州和密西西比州夺得胜利。只有西部各州没有受到该党的影响。

1854年7月，对于菲尔莫尔来说，是非常痛苦的日子。他年仅22岁的女儿，玛丽·亚比该·菲尔莫尔突然去世。菲尔莫尔感情上受到很大打击。他把注意力转向政治，希望从中寻找一些慰藉。他在美国人党中的朋友开始劝说他考虑参加美国党。美国人党成员所罗门·海文（Solomon H. Haven）曾是菲尔莫尔的法律合伙人。他告诉菲尔莫尔，美国人党是真正能代表全美人民利益的政党。它不同于民主党，也不同于辉格党，因为

① Marie B. Hecht, *Beyond the White House: The Residues of Power*, New York: Macmillan Publishing Co., Inc, 1976, p. 79.

这些党派地域色彩太浓厚。海文暗示说，只有一位真正的领袖才能带领这个新成立的政党迈向成功。

海文的一番话显然打动了菲尔莫尔，他决定加入美国人党。在自己的家庭图书馆里，菲尔莫尔接受了加入美国人党的秘密仪式。入党仪式由美国人党成员查尔斯·迈克库姆（Charles McComber）主持。入党仪式结束后，菲尔莫尔就收拾行囊，前往欧洲旅行。①

（二）菲尔莫尔接受美国人党总统候选人提名

尽管菲尔莫尔也怀疑过，自己是否真得能够再次入主白宫。但是，他还是想再试一试。1856 年 5 月 21 日，正在巴黎旅行的菲尔莫尔承认，他收到了美国人党提名他为总统候选人的消息。在接受美国人党总统提名时，菲尔莫尔说，在他执政结束的时候，他原以为，自己的政治生活已经结束。但是，每当有人问到他相关政治议题时，他都会毫无保留地表达自己的想法。所以，“为了国家的繁荣和荣誉”，他决定承担起这个新的责任。他说，“我认同给予我信任的政党坚持的原则，愿意立刻愉快地接受提名，不管是成功还是失败，我都接受那样的结果。”他接着说，美国人党的出现，是因为美国政治地域化色彩越来越严重，现在，“所有的政治力量”都有责任弥合这些政治分歧。他宣布自己接受美国人党国家委员会最近发布的所有基本原则。

在菲尔莫尔回到美国时，受到美国党的热烈欢迎。当菲尔莫尔坐的船“大西洋”号于6 月 22 日经过新泽西州桑迪胡克湾（Sandy Hook）时，船上的人向纽约的代表发了一份电报，告诉他们准备迎接。当“大西洋”号到达纽约市时，船上发出一声枪响，向岸上的游行队伍报信。接着，美国人党成员在曼哈顿岛南端的炮台公园发出 50 响礼炮，随后是火箭式烟火表演，向归来的菲尔莫尔致敬。几千名美国人党代表在岸边等待。纽约市参议员布里格斯（Briggs）及随行人员在岸上欢迎菲尔莫尔到来，并向他赠送纽约市钥匙。布里格斯说：“他必须回到以前的办公室，除掉那些在他这位国家领袖不在位期间聚集在那儿的害虫。”他们将准备好的竞选稿交给了菲尔莫尔，竞选演说词都是按照他的口气写的。竞选主题的意思是，在过去，他为整个国家服务，既包括南方，也包括北方。现在，他承诺，如

---

① Marie B. Hecht, *Beyond the White House: The Residues of Power*, New York: Macmillan Publishing Co., Inc, 1976, p. 80.

果当选，他将再次为整个国家服务。

菲尔莫尔的这份演讲词反映了美国人党的基本理念，那就是，他们厌倦了民主党、辉格党的强烈地域色彩。民主党在保守派的裹挟下，实际上已经沦为南方奴隶制的代言人；以改革、废奴为宗旨的辉格党，主要的支持者来自北方，特别是那些希望限制奴隶制不断扩张的进步力量。美国党宣扬的理念是，要打破地域界限，做代表全美人民的政党。在同辉格党人会面时，菲尔莫尔说，他希望辉格党能够都像以前支持《1850 年妥协案》时一样支持他。他同民主党人会面时，他也在争取民主党内保守力量的支持。①

（三）菲尔莫尔开始总统竞选活动

在 19 世纪 50 年代，总统候选人通常不公开从事任何形式的竞选活动。他们经常小心谨慎地呆在幕后，通过信件同支持者保持联系。到处做演讲，同选民见面，一般是竞选班子的事。争取选民对政党参选人支持主要由政党领导人、竞选活动组织者负责。菲尔莫尔打破了这个惯例。从当年（1856 年）6 月到 11 月，他先后做了 20 多场公开演讲，会见了无数代表团。在整个竞选过程中，他始终坚持自己选定的主题，那就是，必须确保联邦免遭地域分裂的危险，他代表全体美国人民。

事实上，菲尔莫尔的竞选演讲同美国人党宣传的理念并不一致，甚至不接近。因为他很少涉及美国人党宣传的本土化色彩和对天主教徒的偏见。在纽约州南部纽堡市的一次演讲中，他确实轻微地触及了美国人党主张的一些原则。他说，他会容忍所有不同的宗教，但是，宗教和政治不应该搅在一起。在同一篇演讲中，他也表达了美国人党宣扬的一些主张。他说："应该由美国人管理美国；因为那些来自旧大陆实行君主制国家的人，在教育水平、思维习惯以及对我们国家制度的了解等方面还没有准备好，（所以，还不适合由他们来）治理美国。每一个美国人必须下定决心，美国不接受任何外部影响，只有美国人才能管理美国；美国必须由美国人管理。"

尽管菲尔莫尔无论走到哪里，都会受到热情的接待，也尽管他不辞辛劳地到各地发表演讲，但是，临近大选投票日，菲尔莫尔可以感觉到，他

① Marie B. Hecht, *Beyond the White House: The Residues of Power*, New York: Macmillan Publishing Co., Inc, 1976, p. 81.

再次当选的希望越来越渺茫。尽管他不断强调要维护联邦的统一，弥合南北的分歧，但是，他的竞选团队，特别是美国人党的那些党魁们，更愿意宣扬他们带有强烈本土色彩的口号："美国必须由美国人来管理。"这样一来，菲尔莫尔本人的理念并没有得到贯彻执行。不久，菲尔莫尔发现，原来在北方和南方的支持者们都抛弃了他。这样一来，他当选的几率越来越小。他抱怨地写道："在北方，人们指责说，我支持奴隶制，试图要将奴隶制扩大到自由地区；在南方，人们指责说，我是一个废奴主义者。"他既不能代表北方，也不能代表南方。他说，假如人们不接受我所主张的国家统一、南北和解的理念，"我也没什么可抱怨的"。①

（四）菲尔莫尔参选失利原因分析

菲尔莫尔的失利带有鲜明的时代烙印。从 19 世纪 40 年代开始，特别是在 1844 年大选以来，奴隶制问题俨然已经成为美国南北对决的核心议题。在保守势力主导下，民主党已经沦为一定意义上的南部政党；在反对扩大奴隶制推行范围的旗帜下，辉格党俨然成了一个北方政党。由于南北双方在奴隶制问题上的争议已经逐渐白热化，任何试图走中间路线的总统候选人，在强大的两党实力压制下，很难有所作为。1844 年大选前，前总统马丁·范布伦试图在合并得克萨斯的问题上故意采取模糊的立场，结果被民主党抛弃，在总统提名角逐中就被淘汰。1848 年，范布伦以第三党总统候选人身份参选，仍然落败，本身就反映了民主党南北两派分裂的严峻现实。

1850 年，在担任总统期间，为了避免加速国家分裂，菲尔莫尔争取南北达成了《1850 年妥协案》。对于这个法案，北方是不满意的。正是因为《1850 年妥协案》，菲尔莫尔背上了亲奴隶制的骂名，在 1852 年辉格党总统提名大会上，他也失去了辉格党支持，没有成为辉格党总统大选候选人。1856 年大选，奴隶制问题已经是一个无法回避的议题。民主党支持奴隶制扩张，辉格党反对奴隶制扩张；前者的主要支持者在南方，后者的主要支持者在北方，这也就是菲尔莫尔为什么称民主党和辉格党都是带有地域色彩的政党。在这种历史环境下，菲尔莫尔希望能够延缓南北分裂步伐，主张维护联邦统一。他希望借助美国人党的平台实现团结南北、维护

---

① Marie B. Hecht, *Beyond the White House: The Residues of Power*, New York: Macmillan Publishing Co., Inc, 1976, p. 82.

联邦的政治愿望。这种善意的想法和非凡的政治勇气难能可贵。但是，这种良好的愿望在残酷的现实面前显得苍白无力。

实际上，同1852年大选相比，民主党的力量已经大幅削弱。在1852年大选中，民主党总统候选人富兰克林·皮尔斯获得了51%的普选票，辉格党总统候选人温菲尔德·斯科特获得44%的普选票，第三党自由土地党总统候选人马丁·范布伦仅获得5%的选票。但在1856年大选中，民主党候选人詹姆斯·布坎南（James Buchanan）获得45%的选票，共和党人约翰·弗里蒙特（John Frémont）获得33%的选票，作为第三党美国人党参选的菲尔莫尔获得22%的选票，这也是有史以来，美国第三党在大选中获得的最好成绩。可以看出，在1856年大选中，民主党力量已经明显削弱。由于支持菲尔莫尔的选民中有一部分是辉格党人，共和党实际上也是辉格党人，所以，菲尔莫尔的参选实际上分散了共和党的票源。①

美国人党曾一度希望三组人选中没有一位能得到总统当选所需的多数票，这样一来，就可以由国会众议院选举总统。如果那样的话，菲尔莫尔当选的几率最高。但是，菲尔莫尔的朋友并不这么看。由于担心新成立的、观点激进的共和党的领导人约翰·弗里蒙特可能当选，他们转而支持民主党总统候选人詹姆斯·布坎南。

结果表明，菲尔莫尔对共和党的担心被夸大了。布坎南的选票比弗里蒙特多出50万张，比菲尔莫尔的选票多出96万张。美国人党总统候选人菲尔莫尔只在马里兰州获胜。布坎南赢得了14个蓄奴州和4个自由州（宾夕法尼亚州、新泽西州、伊利诺伊州和加利福尼亚州）。新成立的共和党在北方其余11个州获胜。大选结果显示，如果菲尔莫尔能够在肯塔基州、田纳西州和路易斯安那州，每个州中多赢得8000张选票，那么，布坎南和弗里蒙特都不可能超过总统当选所需选举人票。这样一来，由众议院决定总统人选就会成为定局。尽管美国人党的选举策划人抱有这种愿望，但是，这并不能确保菲尔莫尔就一定能够当选总统。

历史证明，1856年总统大选詹姆斯·布坎南当选，对美国来说是灾难性的。但是，菲尔莫尔只是淡淡地说，他并不嫉妒布坎南成功当选。如果布坎南能够恢复国家的“和平与和谐”，他可以“原谅”布坎南对他的诽谤。随着1856年大选落幕，菲尔莫尔同美国人党之间的联盟也就结束了。

---

① United States Presidential Election，1856，https：//en. wikipedia. org/wiki/United_ States_ presidential_ election，_ 1856，accessed on Nov. 20，2015.

因为这种结盟已经没有存在的必要了。美国人党利用这样一位很有声望的人抬高本党的知名度，菲尔莫尔也需要美国人党的支持。①

三、格兰特与共和党：未获本党提名

1877 年 3 月 4 日，第 18 任总统尤利西斯·格兰特参加完继任者拉瑟福德·海斯的就职典礼后，卸任退休。格兰特是内战期间的英雄，执政 8 年期间也是一个强势总统，在推动南方重建，特别是确保非洲裔美国人民权方面做出了积极的贡献，深受共和党人敬重。共和党内有一批忠诚的支持者，曾经酝酿格兰特争取第三任期，对此，格兰特曾经婉拒。那是 1875 年 5 月 29 日，在共和党总统候选人提名大会召开前一年，格兰特写信给《纽约时报》，公开谢绝第三任期共和党提名。格兰特为什么要公开发表不参加 1876 年大选的声明，历史学家乔治·布朗·廷德尔和大卫·埃默里·施认为，由于 1784 年国会中期选举中，民主党压到了共和党，获得众议院控制权，共和党在众议院决定性多数地位已经不复存在。1875 年夏天，格兰特不得不承认反对自己重获提名的阻力越来越大，所以也宣布不争取第三任总统任期。②

（一）格兰特表态不参加第三任期总统提名原因分析

格兰特为什么谢绝了提名参加第三任期竞选，学界没有给出明确的解释。但是，格兰特任内发生了多起丑闻事件，他本人也备受外界指责。可以推断，格兰特已不胜其扰，决意退休。前总统安德鲁·约翰逊也公开指责格兰特政府支持华尔街的金融垄断和在南方重建中推行的严厉措施。但仅凭这些，恐怕很难指责格兰特，因为格兰特心目中的美国是一个工业强国，而安德鲁·约翰逊的理想仍停留在托马斯·杰斐逊时代的小农社会。对于南方重建，格兰特是要摧毁奴隶制，但在安德鲁·约翰逊看来，宁可牺牲非洲裔美国人的自由，也要维护联邦的统一，因此主张对前叛乱各州实行宽容的政策。

历史学家对格兰特的评论是“消极、丑闻缠身、失败总统”。从格兰

① Marie B. Hecht, *Beyond the White House: The Residues of Power*, New York: Macmillan Publishing Co., Inc, 1976, p. 83.

② ［美］乔治·布朗·廷德尔、大卫·埃默里·施著，宫奇等译：《美国史》，广州：南方日报版出版社，2012 年版，第 590 页。

特执政风格来看，这三个评价恐怕值得商榷。第一，格兰特不是一个“消极”“不作为”的总统。相反，他是一个强势总统，在南方重建过程中代表了共和党内的激进力量。格兰特在任期间93次动用否决权，保障了行政部门的权威。在1870年到1875年间，格兰特签署一系列法令，保障非洲裔美国人投票权（1870年《宪法第十五条修正案》），军事打击臭名昭著的“三K党”（1870—1871年《武力法案》），明确非洲裔美国人可充分、平等地享有使用各种公共交通和公共设施的权利（1875年《民权法案》）。不仅如此，格兰特任命印第安人、陆军准将伊利·帕克（Ely S. Parker）将军为印第安事务委员会委员，给予印第安人公民资格，这在当时是史无前例的。

最为学者称道的恐怕是格兰特努力说服了联邦四分之三的州批准《宪法第十五条修正案》，修正案推翻了联邦最高法院先前做出的臭名昭著的、剥夺非洲裔美国人公民资格的《德雷德·斯考特判决案》。格兰特政府于1871年同英国签署《华盛顿条约》，赢得了“亚拉巴马索赔案”。这也是美英第一次通过国际法庭仲裁的方式解决国际争端。

第二，格兰特任内发生了多起丑闻事件，令格兰特名誉扫地。这些丑闻都同经济有关，例如投机商詹姆斯·菲斯克和杰伊·古尔德制造的“黄金投机案”（1869年）、发生的动产信用公司丑闻案（1874年）、财政部长威廉·查理森的侵吞滞纳税款案（1874年）、操纵威士忌酒税团伙案（1875年）、贝克纳普受贿案（1876年）等。①

作为总统，格兰特对这些案件的发生当然负有不可推卸的领导责任。但是，这些丑闻无一涉及格兰特本人。格兰特也没有使用行政权来庇护，甚至赦免那些犯罪的官员。也正因为此，当今有些学者为格兰特叫屈；他们称，如果说格兰特政府中官员腐败，甚至说格兰特政府腐败缠身，这并不为过；但是如果因此而称格兰特本人腐败，恐怕就更当别论了。

事实上，作为一个军人，格兰特并不擅长管理国家经济，在个人理财方面也并不成功。例如，卸任后，格兰特曾做银行投资，将自己的资金放在一个名为“格兰特（指他的儿子）—沃德”的投资公司。投资管理合伙人费迪南·沃德制做假账，谋取私利，蒙骗格兰特及其他股东，格兰特也损失惨重，几乎身无分文，不得不卖掉房产。

---

① ［美］威廉·德格雷戈里奥著，周凯等译，《美国总统全书》，北京：社会科学文献出版社，2007年版，第291—292页。

幸运的是，1885 年 3 月 4 日，新任总统格罗弗·克利夫兰签署了国会早前通过的恢复格兰特陆军军衔和工资的法案，这也给格兰特带来了一定的收入。所以，也许正中了格兰特的前任、安德鲁·约翰逊所讲的一句话：格兰特是个出色的将军，但并不是一个好的总统。①

在知名作家马克·吐温的建议下，身患喉癌的格兰特决定开始撰写回忆录。他克服身体方面的痛苦，用了大约 10 个月的时间，写完了 27.5 万字的手稿。在这个过程中，他的体重也由 186 磅下降到 130 磅。马克·吐温对格兰特回忆录的评价很高。他说，回忆录“陈述清晰、直截了当、语言简洁、内容真实、（无论是对朋友还是敌人的描述都）客观公正、朴实无华”。美国作家威廉·迪安·豪威尔斯在读完格兰特回忆录后给出了这样的评价：“这是我读过的最自然、最好的著作。”文学评论家埃德蒙·威尔逊将格兰特回忆录同知名超验主义作家亨利·戴维·梭罗的《湖滨散记》、著名诗人沃尔特·惠特曼的《草叶集》媲美。格兰特回忆录不仅在文学上获得了巨大的成就，在商业上也很成功。它给格兰特遗孀茱莉亚带来了价值 45 万美元的丰厚利润。②

（二）格兰特拗不过支持者们的热情，表态同意参加大选提名

1880 年 6 月，在芝加哥召开的共和党总统提名大会上，纽约州联邦参议员罗思库·克朗柯林（Roscoe Cronkling）发言，强烈支持前总统尤利西斯·格兰特代表共和党参加总统大选。此时，格兰特已经决定，寻求共和党总统候选人提名。事实上，在格兰特第二任期后期，格兰特已有意参加第三任总统大选。为了阻止格兰特参加 1876 年大选，民主党控制的国会通过一项决议，宣布争取第三任期的做法是“不爱国，危险的，不符合美国的价值观的”。对此，格兰特不得不发表了一份媒体公开信，称自己谢绝第三任期提名。

格兰特的传记作者亚当·巴杜（Adam Badeau）写道，在格兰特写这封公开信之前，隐瞒了他的夫人。因为八年的白宫生活，已经使得格兰特夫人非常享受总统夫人的生活。如果她知道格兰特要写这样的公开信，一定会阻止他的。但是，格兰特在公开信中也留有余地。信中说：“如果有

① Max J. Skidmore, *After the White House: Former Presidents as Private Citizens*, New York: Palgrave Macmillan, 2004, p. 78.

② Burton I. Kaufman, *The Post-Presidency from Washington to Clinton*, Lawrence, Kansas: University Press of Kansas, 2012, p. 158.

人提出要我参加总统提名的话，我不会接受；但是，如果环境迫使我不得不考虑履行我的责任的时候，我不排除接受提名。—— 不过，我觉得，这种情况不太可能出现。”拉瑟福德·海斯在 1876 年成为共和党总统候选人，并最终在 11 月大选中以微弱优势赢得大选。随着 1876 年 11 月大选落幕，格兰特于第二年 3 月 4 日卸任，之后开始了长达两年多的海外旅行。

格兰特在海外期间，他的坚定支持者发现海斯政府在内政方面政绩不佳，赢得 1880 年共和党总统提名的可能性非常小。于是，他们考虑希望格兰特再次参选。格兰特的坚定支持者有三个重要人物，俗称“拥格三杰”：宾夕法尼亚州联邦参议员唐·卡梅伦（Don Cameron）、伊利诺伊州联邦参议员约翰·罗根（John A. Logan）和纽约州联邦参议员罗思库·克朗柯林。主流报纸称格兰特是“铁人”，称时任总统海斯是“稻草人”。它们甚至将海斯的主要成就，也就是从南方撤出联邦军队，归为是格兰特的想法。但是，并非所有的人都忘掉了格兰特执政时期发生的各种腐败丑闻事件。《波士顿晚报》（*The Boston Transcript*）（1830 年 7 月 20 日创刊，1941 年 4 月 30 日停刊）无不担忧地写道：再次提名格兰特争取总统候选人无疑会“让民主党的所有错误变得无足轻重”。[①]

格兰特对于再次参选总统的可能性也心情复杂。他早年生活中的许多失败经历一直困扰着他。因此，如果有机会能证明自己可以再次获得成功，那他会毫不犹豫地抓住这个机会。况且，他也需要钱。要知道，当时美国卸任总统是没有退休金的。如果他不能返回白宫，就必须从事某种工作养家糊口。不过，他对再次入主白宫可能会受到党派政治及媒体带来的困扰也感到烦恼。

格兰特结束海外之行回到旧金山，受到了当地民众的热烈欢迎。加利福尼亚州州长埃文（Irvin）带领州府团队，当选州长帕金斯（Perkins），旧金山市市长布兰特（Bryant）等人组成迎接格兰特归来委员会。大街小巷，人们热情地欢迎这个前总统的归来。在接下来的几个月里，格兰特在全美各地访问，每到一处，都受到热烈欢迎。格兰特的传记作家亚当·巴杜观察到，经过两年多的海外旅行，格兰特“已经成为一位思想深刻、通晓国际事务的政治家”。这个评论未免有些夸张，但是，其中也有一定的道理。确实，格兰特在一定程度上理解了自己执政时期的错误，他比以往

---

① Marie B. Hecht, *Beyond the White House: The Residues of Power*, New York: Macmillan Publishing Co., Inc, 1976, p. 83.

任何时候都适合做总统了。

格兰特在美国南方也受到热烈的欢迎。格兰特的坚定支持者、纽约州联邦参议员罗思库·克朗柯林证实了亚当·巴杜的看法。他说："如果说有个人既能得到白人的支持，也能得到非洲裔美国人的拥戴，那这个人就是格兰特将军。"格兰特之所以能得到南方白人的支持，恐怕主要功劳还在于海斯政府同南方政界精英达成了某种妥协，同意撤出联邦军队。格兰特得到非洲裔美国人拥戴，当然是由于格兰特在执政时间在南方强制推行改革，一时间大幅改善了非洲裔美国人的社会地位。

事实上，不是每一个人都支持格兰特。他过早地出场已经引起了共和党内反对者的警觉。他们动员一切力量，试图阻止格兰特参选。他们组成了反对格兰特争取第三届总统大选提名俱乐部。缅因州联邦参议员詹姆斯·布莱恩（James G. Blaine）、佛蒙特州联邦参议员乔治·埃德蒙（George F. Edmunds）、俄亥俄州联邦参议员约翰·谢尔曼（John Sherman）、格兰特政府美国驻法大使伊莱休·沃什伯恩（Elihu B. Washburne）等人是格兰特强有力的对手。许多报纸，如纽约《先驱报》也都持反对格兰特的立场。

格兰特从墨西哥回到美国后，支持者建议他先参加得克萨斯州共和党代表大会，然后，经由田纳西州孟菲斯市（Memphis），回家乡加利纳（Galena）。在孟菲斯，格兰特参观了内战指挥总部，参加了阿肯色州共和党代表大会。在得克萨斯州和阿肯色州共和党代表大会上，情况并不如格兰特预计地那么好。大多数代表并没有支持格兰特，而是支持詹姆斯·布莱恩和约翰·谢尔曼。纽约《先驱报》甚至宣布，格兰特是民主党最不担心的共和党人。共和党领导人瑟洛·威德（Thurlow Weed）说，如果格兰特获得共和党总统大选提名，他将失去纽约州和宾夕法尼亚州的支持。更糟的是，1880 年 5 月，反对格兰特的阵营在密苏里州圣路易斯召开会议，有来自 14 个州的共和党代表出席了会议。①

（三）格兰特在共和党全国代表大会初选中失利

随着共和党总统候选人提名大会日期临近，格兰特的竞选团队意识到，格兰特未能获得足够多的代表支持，获得总统提名的机会不大。他们

① Marie B. Hecht, *Beyond the White House: The Residues of Power*, New York: Macmillan Publishing Co., Inc, 1976, p. 85.

认为，由于一些州共和党大会对格兰特争取连任不利，一些反对格兰特争取连任的共和党重量级人物也可能会在提名大会上挑战格兰特，所以，确保格兰特成为共和党总统候选人的唯一方法就是实行“单位投票规则”，即如果候选人获得了某一个州多数共和党代表的支持，那么，这个州所有共和党代表的选票都归这位候选人所有。

根据格兰特竞选团队的计算，这样一来，格兰特就有可能拿到378张共和党代表投票，刚好超过获得共和党总统提名所需的370张票。但是，6月份在芝加哥召开年共和党全国代表大会上，这个这种策略并没有成功。在大会第一轮无记名投票中，格兰特领先，获得了304张支持票；詹姆斯·布莱恩、约翰·谢尔曼紧随其后，分别获得了284张和93张票。乔治·埃德蒙和伊莱休·沃什伯恩分别获得34票和30票。在前35轮投票中，格兰特的得票数一直在302票到313票之间徘徊，排列第二位的詹姆斯·布莱恩的得票数在284票到257票之间徘徊，排列第三位的谢尔曼得票数也在93票到99票之间。在看到自己的得票数在不断下滑，布莱恩改变了策略，开始支持好友詹姆斯·加菲尔德（James A. Garfield），他的目的就是要阻止格兰特获胜。谢尔曼听从了同僚的建议，也转而支持加菲尔德。在第36轮投票中，“黑马”加菲尔德得到了399张票，格兰特仍然维持着306票。大会的结果是，加菲尔德代表共和党参加1880年大选。①

在一开始的时候，格兰特并没有意识到，1880年共和党全国代表大会上总统提名人竞争不完全是他本人同其他候选人之争，而是他的坚定支持者、纽约州联邦参议员罗思库·克朗柯林同詹姆斯·布莱恩之间的竞争。素有“羽毛骑士”之称的缅因州联邦参议员布莱恩在意识到自己无法成为总统候选人后，他就转而支持詹姆斯·加菲尔德，因为加菲尔德不是“克朗柯林的人”。这样一来，格兰特本人实际上也成为党内各派政治斗争的牺牲品。在大会结束后，克朗柯林离开会场，拒绝向加菲尔德道贺。格兰特克服了自己失望的情绪，立即向加菲尔德表示支持，同时要求坚定支持自己的共和党人也支持加菲尔德。②

① Burton I. Kaufman, *The Post-Presidency from Washington to Clinton*, Lawrence, Kansas: University Press of Kansas, 2012, p. 153.

② Marie B. Hecht, *Beyond the White House: The Residues of Power*, New York: Macmillan Publishing Co., Inc, 1976, p. 89.

四、克利夫兰与民主党：获得本党提名

在 1888 年总统大选中，民主党候选人格罗弗·克利夫兰（Grover Cleveland）虽然在普选票上比对手共和党人本杰明·哈里森（Benjamin Harrison）多 10 万多张，但在选举人票方面，哈里森获得 233 张，克利夫兰仅获得 168 张。按照美国的选举人团制度，哈里森当选第 23 任总统。对此，克利夫兰决定反击。4 年后，在 1892 年大选中，克利夫兰再次代表民主党参加大选。在这次大选中，克利夫兰赢得了 46% 的选民票，哈里森赢得了 43% 的选民票。在选举人票方面，克利夫兰获得 277 张，哈里森仅获得 145 张。克利夫兰成功开启第二任期。在第一次争取连任失利后的 4 年间，克利夫兰是如何成功连任，这是一个值得探讨的议题。

第一次争取连任失利后的克利夫兰仍然关心政治。他时刻关注着共和党哈里森政府，关税问题是他最关心的议题。尽管克利夫兰本人并不主张自由贸易，但他认为，哈里森政府提高关税的做法是“不道德的”（特别是 1890 年国会通过《麦金利关税法》把工业制成品关税提高到历史最高水平），因为这样只会加重企业垄断的程度。与共和党（共和党认为，鼓励国内制造业、增加关税有利于提高工资）的看法相反，克利夫兰认为，这样做会导致商品价格上升，由于工人和农民的工资收入较低，商品价格上升会对他们不利。不仅如此，克利夫兰还认为，贸易保护主要会增加财政盈余，造成货币流通量减少和通货紧缩。[①]

1890 年，共和党控制的国会先后通过了《残疾人士及其家属养老金法案》《麦金利关税法》《谢尔曼反托拉斯法》《谢尔曼白银采购法》等一系列法案，经哈里森总统签字生效。克利夫兰对这些法案非常不满。事实上，《残疾老兵及家属养老金法》是克利夫兰否决过的法案；《谢尔曼白银采购法》要求财政部每月购买的白银数量增加了一倍，达到 450 万盎司，并发行支付性货币，规定这些货币可以兑换成黄金和白银。正因为这样，共和党控制的国会也得到了一个“十亿美元国会”的称号。

尽管克利夫兰坚持了不公开评论现任政府的传统，但是在私下里表示，并不认同国会在和平时期批准 10 亿美元来支付军队养老金和其他政府项目。在 1890 年中期选举中，共和党失去了参众两院的控制权，民主党几

① Burton I. Kaufman, *The Post-Presidency from Washington to Clinton*, Lawrence, Kansas: University Press of Kansas, 2012, p. 180.

乎以 3 比 1 的绝对优势击败了共和党；在参议院中，共和党的席次仅剩 8 个。这次中期选举标志着哈里森领导的共和党已经失败。①

1889 年 12 月，克利夫兰在波士顿商人协会发表演讲，阐述推动无记名投票改革的紧迫性。一般认为，这是克利夫兰准备参加 1892 年大选的第一步。但是，由于纽约州民主党完全在州长希尔和他的朋友的控制之下，希尔也有意成为 1892 年大选民主党总统候选人，所以，克利夫兰认为，自己获得民主党总统候选人提名的几率非常低。但是，1890 年中期大选中，民主党在众议院获得压倒性优势（民主党获得 235 个席位，共和党人仅获得 85 个席位），克利夫兰认为，他的机会可能到了。他认为，共和党之所以在中期选举中大幅落败，主要原因是民众对于共和党哈里森政府推动的《麦金利关税法》非常不满。这个法案也正是克利夫兰极力反对的。②

正是看准了这个时机，克利夫兰决定参加 1892 年总统大选。6 月 21 日，民主党全国代表大会在芝加哥召开，在第一轮总统候选人提名投票中，克利夫兰榜上有名，并获得三分之二支持，成为民主党候选人。在大选中，克利夫兰击败共和党对手、时任总统哈里森，二次入主白宫。克利夫兰当选，有三个主要因素：一是共和党推行的关税保护政策伤害了农民的利益，失去了他们的支持；二是《谢尔曼白银采购法》（1890 年）虽增加了银币供应，但数量太少，结果不仅未从根本上缓解因人口增加和经济增长而引起的货币流通问题，反而造成国库黄金储备大量流失（到克利夫兰宣誓就职后不久，国库黄金储备额仅剩 1 亿美元）；三是平民党在西部的快速发展，削弱了共和党的力量。③

就在克利夫兰第二届总统任期（1893 年）开始不久，美国爆发了建国以来最严重的经济危机。费城—雷丁铁路公司宣布破产，在华尔街引起了恐慌，其他过度扩张的铁路公司相继宣布破产，拖垮了很多银行。不仅商业受到影响，整个农业地区也因危机蔓延损失惨重。城市四分之一的人失业，到 1893 年秋天，600 多家银行倒闭；到 1894 年，经济跌入谷底，约

---

① ［美］乔治·布朗·廷德尔、大卫·埃默里·施著，宫奇等译：《美国史》，广州：南方日报出版社，2012 年版，第 707 页。

② Marie B. Hecht, *Beyond the White House: The Residues of Power*, New York: Macmillan Publishing Co., Inc, 1976, p. 91.

③ Burton I. Kaufman, *The Post-Presidency from Washington to Clinton*, Lawrence, Kansas: University Press of Kansas, 2012, p. 184.

75 万人罢工，100 万人失业。[①]

面对严重经济危机和民众恐慌，克利夫兰停止发行可兑换黄金的银币，推行金本位政策，采取有效措施恢复了国库黄金储备，在一定程度上稳定了货币，恢复了民众对国家金融体系的信心。但是克利夫兰中止银本位的措施不仅导致民主党分裂，一些民主党银本位支持者出走，而且疏远了一直主张银本位政策的西部平民党。在 1894 年铁路工人大罢工中，克利夫兰站在资方一边，派遣军队镇压罢工工人（如在芝加哥）的粗糙手法导致他也失去了工人的支持。结果，在 1894 年中期选举中，共和党得以翻盘，重新控制了国会参众两院。

在 1896 年大选中，民主党提名主张银本位政策、带有“平民党”色彩的威廉·詹宁斯·布赖恩参选，引起支持克利夫兰金本位民主党员的不满，造成民主党分裂。最终主张金本位政策的共和党候选人威廉·麦金利战胜布赖恩，入主白宫。[②] 在克利夫兰看来，麦金利的当选证明，他在民主党内坚持金本位保守思想是正确的。在麦金利就职前一天晚上，克利夫兰在同他共进晚餐时强调了中止银本位，坚持金本位的必要性。[③]

五、西奥多·罗斯福与美国进步党：未获本党提名，组建第三党（1912 年）

在 1904 年大选获胜之际，西奥多·罗斯福意外宣布，自己将不参加 1908 年总统大选。他支持陆军部长威廉·塔夫特代表共和党参加大选。塔夫特是罗斯福亲自选定的继任人选，但是，塔夫特执政期间推行的一些政策令罗斯福感到恼火。罗斯福在卸任后前往非洲打猎，在 1910 年回到美国后，他和塔夫脱之间的关系就开始紧张了。这一对昔日的好友却成了政敌。罗斯福和塔夫脱的分歧，导致共和党内部分裂。塔夫脱代表的是共和党内的保守力量，罗斯福代表的是进步力量。

---

① ［美］乔治·布朗·廷德尔、大卫·埃默里·施著，宫奇等译：《美国史》，广州：南方日报版出版社，2012 年，第 716 页。

② Burton I. Kaufman, *The Post-Presidency from Washington to Clinton*, Lawrence, Kansas: University Press of Kansas, 2012, p. 198.

③ Burton I. Kaufman, *The Post-Presidency from Washington to Clinton*, Lawrence, Kansas: University Press of Kansas, 2012, p. 201.

（一）卸任后的罗斯福同共和党内保守力量分歧扩大

共和党只有团结，才能赢得1912年大选。这一点罗斯福心知肚明。他在写给他的女婿、俄亥俄州联邦众议员尼古拉·朗沃斯（Nicholas Longworth）的信中说，“如果共和党内保守势力和激进力量不能达成一致的话，那下一次总统大选共和党必败无疑。”他强调，“（我们的）目标是要尽最大努力获得党内两派力量的支持。”

1910年8月，罗斯福来到堪萨斯州奥萨沃托米市参加约翰·布朗战斗纪念碑揭幕仪式。约翰·布朗是著名的废奴主义代表人物。他曾经在奥萨沃托米和另外40多位废奴主义者一起，对抗300多名支持奴隶制的人。在纪念碑揭幕仪式上，罗斯福阐述了他的“新国家主义”思想。他宣布支持给予工人赔偿、逐步征收个人所得税和遗产税、规范童工和女工使用、修改关税、增加州际商业委员会的权力等改革措施。罗斯福宣称，司法部门对改善个人福利兴趣不大，却对保护私有财产更感兴趣。但是，每个人都清楚，追求私有财产不能以牺牲个人权利和公共福祉为代价；它必须接受规范和监督。

罗斯福的好友、联邦参议员亨利·卡伯特·洛奇（Henry Cabot Lodge）写信告诉罗斯福，东海岸的资本家听到罗斯福的讲话后感到“震惊”，认为他“要革资本家的命”。保守派新闻媒体称他是个“骗子”，“粗鲁”“轻率”。纽约的《太阳报》宣称，罗斯福刚刚掀起了美国历史上第三次大的危机。

罗斯福平静地给洛奇回信说，许多人认为他演讲中“非常具有革命倾向的语言”几乎直接引自林肯的演说。林肯曾说过：“劳工先于资本，独立于资本。劳工是上等资本。”至于他提到的改革措施，实际上也是他执政期间向国会传达的信息。他也承认，在约翰·布朗纪念碑开幕典礼上的演讲中，“我只不过强化了这些信息，或者把它们说得更加清楚了而已”。

共和党保守派对罗斯福的“新国家主义”思想感到不安，但是，西部的进步主义力量却感到兴奋，他们似乎找到了知己。他们喊出了“罗斯福参选2012”的口号。其实，罗斯福的目标是要整合共和党内激进派和保守派两大力量，促进共和党的团结，而不是加深它的分裂。因此，当罗斯福开始支持塔夫脱政府的一些政策时，进步主义力量感到不满。他们认为罗斯福背叛了他们。在罗斯福前往美国西部和东部发表巡回演说时，他既没有支持共和党进步主义力量领导人、威斯康辛州联邦参议员罗伯特·拉福莱特（Robert La

Follette），也没有支持共和党极端保守派领导人、伊利诺伊州联邦参议员威廉·劳瑞莫（William Lorimer），而是强调温和的中间主义路线。

回到自己位于纽约州纳苏县奥伊斯特贝镇的私家庄园后，罗斯福决定改革深受党魁影响的纽约州共和党大会。罗斯福利用政治手腕，击败了控制共和党机器的党魁，当选为纽约州共和党大会临时主席。罗斯福说服自己执政时任命的纽约南区法官亨利·史汀生（Henry L. Stimson）参选纽约州州长。罗斯福知道，史汀生是塔夫脱的忠实支持者。罗斯福告诉史汀生，他的目的是帮助共和党从"腐败的"民主党手中夺回纽约的执政权。

1910年，史汀生代表共和党参加纽约州长选举失利，这令罗斯福感到非常沮丧。他认为这次选举，证明纽约州抛弃了他，因为史汀生的竞选纲领和竞选活动是和罗斯福紧密联系在一起的。罗斯福在给他的大儿子的信中这样写道："在纽约州，对我的憎恨达到了狂热的程度。纽约的任何一个俱乐部，甚至包括工会俱乐部，都将我看作是一颗炸弹。"罗斯福陷入进退两难的境地，进步主义人士怨恨他支持塔夫脱，保守派人士担心他在为民主党人竞选助威。

1910年11月中期选举给共和党敲响了警钟。民主党在众议院获胜，具备了两年后冲击总统宝座的实力。共和党内进步主义力量成为参议院中关键的少数。此刻，罗斯福决定退出政坛，让塔夫脱收拾残局。他坚信，在1912年大选中，塔夫脱必输无疑。

事实上，为了维护共和党的团结，党内有人几次撮合，希望罗斯福和塔夫脱能够摒弃前嫌，结束相互疏离的状态。塔夫脱也几次给罗斯福写信，就1910年"国情咨文"的具体内容征询罗斯福的意见。后来，塔夫脱还就敏感的美日关系和美加缔约等议题征询罗斯福的意见。罗斯福的回信虽然充满热情，但只是充满了空洞的礼貌性语言。当美联社记者看到罗斯福和塔夫脱在巴尔的摩参加庆祝詹姆斯·吉布斯（James Gibbons）25周年纪念活动时热情地握手的场景时，立刻发表了一份报道说，罗斯福支持塔夫脱竞选连任。对此，罗斯福立刻予以否认。罗斯福给美联社记者凡·沃肯伯格（Van Valkenburg）写信，"严肃地反对"美联社制造"假新闻"，称自己"从来没有发表过这样的声明"。此后，塔夫脱和罗斯福的通信就停止了。①

① Marie B. Hecht, *Beyond the White House: The Residues of Power*, New York: Macmillan Publishing Co., Inc, 1976, pp. 97 – 98.

（二）罗斯福准备争取1912年共和党总统候选人提名

1911年初，国家进步党在罗伯特·拉福莱特的家乡威斯康辛州成立。拉福莱特请求罗斯福加盟，罗斯福既没有同意，也没有拒绝。此时的罗斯福仍未决定是否要参加任何政治活动，他只是在观察，等待时机。拉福莱特希望了解罗斯福是否愿意以国家进步党总统候选人的身份参加1912年大选。于是，他派自己的两位支持者，芝加哥新闻记者雷伊·斯坦纳德·贝克（Ray Stannard Baker）和吉尔森·加德纳（Gilson Gardner）去采访罗斯福。两人回来报告说，罗斯福反对拉福莱特参加总统大选。他们认为罗斯福本人想成为总统候选人。现在唯一的障碍是，他认为，塔夫脱肯定会成为共和党的总统候选人。

到1911年5月，罗斯福仍坚持认为，“我明年参加总统大选的条件仍然不成熟。”罗斯福知道，塔夫脱在共和党内已经没有对手，他已经控制了共和党。罗斯福觉得自己还年轻，可以等到1916年。他确信，以塔夫脱为代表的共和党保守力量在1912年大选中必败无疑。这样一来，他就可以名正言顺地举起进步主义的大旗，改造共和党。他相信，在自己的领导下，共和党一定能够走出低谷，赢得1916年总统大选。当然，他自己也会当之无愧地成为共和党1916年总统大选候选人。

但是，政治形势有时瞬息万变，政治人物的想法也会随之改变。到1912年1月，有迹象表明，罗斯福就已经做好了参加1912年总统大选的心理准备。他说，他绝不会主动争取大选提名，但是，如果“有真正的民意支持”，他当然也不会拒绝。到1月18日，罗斯福拟定了一个计划，以帮助自己获取“民意支持”。他给西弗吉尼亚州、堪萨斯州、密歇根州、新罕布什尔州和加利福尼亚州等几个州的州长写信。在信中，罗斯福建议这些州长一起或者分别给他写信，简单说明，他们认为，自己所在的州的选民希望罗斯福参选总统，他们想了解在这种情况下，罗斯福会不会拒绝。写完信后，罗斯福派自己的朋友和支持者同这些州长保持联系。2月10日，罗斯福如愿以偿地收到了一封“七个州长”签名的来信。罗斯福的女儿爱丽丝·朗沃斯（Alice Longworth）在自己的回忆录中称这种做法是“不道德的”。尽管如此，罗斯福还是在参加俄亥俄州宪法大会时向一位记者透露了这个消息，宣布自己将参加1912年总统大选。

2月底，罗斯福竞选团队召集人已经选定，詹姆斯·迪克松（James M. Dixon）任纽约竞选办公室主任，杜鲁门·纽伯里（Trumam H. Newberry）

任芝加哥竞选总部财务主任，约翰·拉夫林（John C. O'Laughlin）任华盛顿竞选总部主任。罗斯福获得总统提名的首要障碍是威斯康辛州联邦参议员罗伯特·拉福莱特。1912年2月2日在费城召开的期刊出版商年度大会晚宴上，拉福莱特因攻击新闻记者遭到与会人士的抵制。

拉福莱特争取总统候选人无望后，许多进步主义人士转而支持罗斯福。但就在此时，罗斯福在哥伦布市发表竞选演讲，提出了全民公决、党内初选、参议员直选等改革方案，多数共和党人对这些改革建议基本都能接受。但是，当罗斯福提出可以由法官对司法判决进行复审时，遭到了共和党内一片质疑。罗斯福说："如果人民认为一项法律判决是错误的，那么他们有权要求撤销这个判决。"罗斯福的本意是，人民尽管也会犯错误，但是，在有关控制大公司行为和保障工人权益的问题上，"人民的意见往往比法庭的判决更高明"。罗斯福也明确指出，他的建议只适用于各州最高法院做出的判决，并不涉及联邦最高法院的判决。

法官进行司法复审的问题本质上是一个由谁来解释宪法的问题。在美国，只有联邦最高法院才有这个权力。因此罗斯福此言一出，立即引起了轩然大波。希望规范大企业行为的进步主义人士受到鼓舞，但是保守派政治人物对此感到愤怒，罗斯福在共和党内的一些老朋友也不能接受他这样一个偏激的立场。当然，这篇演讲也导致他失去了共和党稳健派的支持。罗斯福给好友亨利·卡伯特·洛奇写信，说他能理解洛奇为什么不能接受他的立场。洛奇表示回信表示，在看完这篇演讲后，他确实"非常伤心"。在给亨利·史汀生的信中，罗斯福表示，"你的看法是对的，可能这一次还真是我做错了。"罗斯福也能理解，作为塔夫脱政府的陆军部长，史汀生会全力支持塔夫脱。

在罗斯福宣布参加2012年总统大选前，罗斯福的好友、美国历史学家亨利·亚当斯（Henry Adams）就预言，罗斯福参选总统是"不可避免的"，"大家的兴趣都在罗斯福身上"。共和党总统提名大会不可能阻止"基层共和党人对罗斯福的支持"。但是，他觉得罗斯福不太可能当选。[①]

（三）罗斯福参加1912年共和党总统提名大会

在1912年共和党全国代表大会上，著名的进步主义人士，如前印第安

---

① Marie B. Hecht, *Beyond the White House: The Residues of Power*, New York: Macmillan Publishing Co., Inc, 1976, pp. 100 - 102.

纳州联邦参议员阿尔伯特·贝弗里奇（Albert Beveridge）、时任加利福尼亚州州长希兰·约翰逊（Hiram Johnson）、宾夕法尼亚州政党领袖威廉·弗林（William Flinn）和威廉·沃尔德（William S. Ward）都支持罗斯福。著名出版商弗兰克·芒西（Frank Munsey）和金融家乔治·帕金斯（George W. Perkins）向罗斯福提供竞选资金。知名报纸编辑、进步主义运动领导人之一威廉·艾伦·怀特（William Allen White）说，尽管乔治·帕金斯工作能力强、效率高，但是很多进步主义人士并不信任他。他们认为，在罗斯福的竞选团队中让这些在道德上有争议的人担任重要职位是欠妥的。1912年总统大选实行初选机制来确定政党总统候选人，这令罗斯福感到非常高兴，因为这是他一直支持的一项改革措施。他也觉得，自己可以充分利用党内初选机制来向公众展示自己。

1912 年共和党总统候选人初选是罗斯福和塔夫脱的对决。罗斯福把竞选活动的重点放在了争取初选支持上。他的竞选活动不再局限于做几次演讲，他开始在全国各地发表巡回演说。从 3 月底开始，罗斯福先后造访了中西部几个州，包括伊利诺伊州、印第安纳州、奥尔瓦州、密苏里州、密歇根州、威斯康辛州和蒙大拿州。4 月，他又对西部、中西部和新英格兰地区进行了旋风式的访问。到 4 月底，当罗斯福结束了在内布拉斯加州和堪萨斯州的行程时，他的嗓子几乎都哑了。

罗斯福的巡回演讲确实起到了一定的效果。罗斯福在内布拉斯加州、堪萨斯州、俄勒冈州、华盛顿州、加利福尼亚州的初选中都表现得非常出色。罗斯福说，“不论是赢还是输，我在这次初选中已经创造了历史。政党机器违背人民的利益和意愿确定候选人的日子已经结束了。”事实证明，罗斯福过于乐观了。①

1912 年初选机制刚刚确立不久，初选结果在政党选择总统参选人方面作用仍然非常有限，政党机器在这方面仍发挥着关键作用。6 月，初选结果揭晓，罗斯福赢得了 278 位代表支持，塔夫脱获得了 48 位代表支持，参议员罗伯特·拉福莱特获得 36 位代表支持。要获得共和党总统候选人提名，需要得到 540 位代表支持。在共和党代表大会召开前，《纽约论坛报》估算了每位候选人可能得到的票数，罗斯福是 469. 5 票，塔夫脱是 454. 5 票。但是，罗斯福的许多票是有问题的，因为支持罗斯福的代表中有 252

---

① Marie B. Hecht, *Beyond the White House: The Residues of Power*, New York: Macmillan Publishing Co., Inc, 1976, pp. 103 - 104.

位代表的资格是有争议的。6 月 7 日，共和党全国委员会在芝加哥集会当天，第一件事就是对有争议的代表资格进行审核。如前所料，委员会将 238 个代表资格给予了时任总统威廉·塔夫脱的忠实支持者。

听到这个消息后，罗斯福明白，共和党全国委员会的意图已经十分清楚了。罗斯福竞选团队群情激奋。支持者纷纷要求罗斯福前往芝加哥，据理力争。在极不情愿的情况下，罗斯福打破先例，带领支持者前往芝加哥。在路上，罗斯福向支持者表示，为了争取那些“被偷走”的选票，他一定会战斗到底。罗斯福到达芝加哥当天，受到 5 万名支持者的热情欢迎。

在总统提名大会召开前一天晚上，有一位代表来找罗斯福，他说，他代表 32 位南方参会代表。他告诉罗斯福，如果罗斯福不介意他们可以自由选择支持保守的政治纲领，那么，他们可以把自己所代表的 32 张票投给罗斯福。这些人来自南方，代表着南方保守力量。无论是从他们选区利益还是意识形态上来看，他们都坚持保守的理念。所以，他们支持保守的政治纲领是意料之中的事。但他们表示愿意投票给罗斯福，只能说明他们不喜欢塔夫脱这个候选人，或者他们明白，塔夫脱根本无法同民主党总统候选人伍德罗·威尔逊（Woodrow Wilson）竞争。这些选票实际上也是罗斯福亟需的。如果罗斯福愿意做出妥协，他也许可以得到这些关键的少数票。但是，罗斯福的回答是，“谢谢你所代表的参会代表的好意，但是，如果他们不认同共和党内进步主义力量坚持的进步主义理念，我不允许他们投票支持我。无论是赢还是输，我都会坚持我的原则。”

共和党全国代表大会的高潮是罗斯福发表演讲的时刻。在会场，罗斯福向支持者发表了富有激情的演说。他猛烈抨击“那些不负责任的政党老板，在邪恶的金钱和特权影响下，剥夺了人民应该享受的权利”。罗斯福并不是一个主张实行社会主义的激进人物，他只是一个中产阶级改革家。他当然指的是共和党全国委员会剥夺了支持他的那些参会代表资格这件事。在演讲的结尾，罗斯福带着悲壮的豪情，向支持者发出动员：“我们正站在除恶扬善的战场，我们将为上帝而战！”

事实上，在共和党芝加哥全国代表大会一开始，罗斯福同塔夫脱的胜负就已经清楚了。随着支持塔夫脱的参会代表各就各位，随着支持塔夫脱的联邦参议员伊莱休·鲁特（Elihu Root）当选为大会主席，共和党提名塔夫脱为总统参选人就已经明朗了。最终投票结果是，塔夫脱获得 561 票支持，罗斯福获得 107 票支持，拉福莱特获得 41 票支持。在政党掌握党内资源的年代，政党老板在分配资源方面有着举足轻重的影响，所以，支持现任总统威廉·塔夫脱就成为许多共和党参会代表的唯一选择。对支持罗斯福的参会代表来说，他们在共和党内的政治生命能否得以延续，已经存在很大变数。他们希望罗斯福能重整共和党内进步主义力量，成立新的政党。对罗斯福来说，要不要接受这样一个结果就是摆在他面前的一个关键问题。支持者们的热情令罗斯福深受感动，他决心为此一搏。于是，他带领支持者脱离了共和党，成立了进步党。

民主党提名时任新泽西州州长伍德罗·威尔逊为总统参选人，这对罗斯福是一个打击。这样一来，在三人竞争中，他就不是唯一一个进步主义人士。罗斯福承认，威尔逊个人非常出色，但是，他不能支持威尔逊，因为威尔逊的当选将意味着民主党执政。罗斯福也意识到，随着威尔逊参选，他个人当选的几率就非常小了。威尔逊的预测是对的，一个分裂的共和党是无法赢得大选的。尽管如此，罗斯福还是决定参选。①

（四）罗斯福与共和党分道扬镳

1912 年 8 月 5 日，罗斯福总统参选提名大会（也就是“公麋大会”）在芝加哥召开。大会气氛热烈，每一位参会人员都难掩兴奋的心情。但是，大会缺少了一些最具影响力的支持者。他们没有跟随罗斯福脱离共和党，其中包括爱达荷州联邦参议员威廉·埃德加·博拉（William Edgar Borah）、艾奥瓦州联邦参议员荷马·斯蒂尔·卡明斯（Homer Stille Cummins）和俄勒冈州联邦参议员伯恩（Bourne）。原来写信支持罗斯福的 7 个州州长中有 6 个选择退出。前印第安纳州参议员阿尔伯特·贝弗里奇是为数不多的坚定支持西奥多·罗斯福的几位知名人士。

贝弗里奇担任大会主席，致开幕词。开幕词的主题是“政府要将权力还给人民”。贝弗里奇说，“进步党的首要目标是确保还政于民。”第二天，罗斯福亲临大会，发表了著名的演说“真理的告白”。罗斯福在讲话中概括了进步党的纲领，提出了一系列改革措施，例如，向老人、病人和失业人员提供社会保险，征收个人所得税和遗产税，加强联邦政府对企业的规范和监管，降低关税等。这些都是合理的中产阶级改革诉求，但是，直到 20 世纪 30 年代富兰克林·罗斯福推行“新政”，这些改革项目才开始实现。

---

① Marie B. Hecht, *Beyond the White House: The Residues of Power*, New York: Macmillan Publishing Co., Inc, 1976, pp. 105 – 106.

大会没有安排选举，也没有无记名投票。大会第三天，在一片欢呼声中，罗斯福被提名为进步党总统候选人，同加利福尼亚州州长希兰·约翰逊一起，代表进步党参加总统大选。来自芝加哥社会福利机构“赫尔之家”（Hull House）创始人、著名社会活动家简·亚当斯（Jane Addams）在大会上发表演讲，支持罗斯福参选。这也委婉地表明，大会支持妇女争取她们的合法权益。

在大会提名后，进步党全国委员会向大会提交竞选纲领。在竞选纲领中，反托拉斯议题是争论的焦点。纲领起草委员会主席迪安·刘易斯（Dean Lewis）在纲领中增加了有关加强执行《谢尔曼反托拉斯法》的内容。但是，竞选经费赞助商、金融家乔治·帕金斯认为，这一段在前一天晚上讨论时已经删掉了。大会结束后，纲领起草委员会匆匆开会，又删除了这一段有争议的文字。这确实令许多进步主义人士感到失望。

在接下来的时间里，罗斯福不知疲倦地在全国各地巡回演讲，争取支持。罗斯福先是前往新英格兰地区。9 月，他几乎走遍了西部，在华盛顿州、伊利诺伊州、印第安纳州、密苏里州、艾奥瓦州、明尼苏达州、北卡罗来纳州、蒙大拿州等地停留，发表演说，争取支持。但是，他心理似乎明白，自己当选的几率非常小。他早在 8 月份就给好友贺拉斯·普拉恺特（Horace Plunkett）写信说，“我再次私下里跟你说，目前来看，威尔逊可能会赢。”

罗斯福说，自己的失败可能不可避免，主要原因有四条：第一，那些愿望良好的进步主义人士看到共和党分裂、罗斯福胜算不大的情况下，不会深入考虑罗斯福竞选纲领提出的致力于从根本上解决当时社会矛盾的政策主张，反而会支持同样打着进步主义旗帜的威尔逊。第二，共和党内一些反对塔夫脱的人士看到塔夫脱胜选无望时，也可能会转而支持威尔逊。第三，由于党派忠诚的问题，民主党内绝大部分进步主义人士会坚定支持威尔逊。第四，罗斯福能够获得的支持主要来自于共和党内进步主义人士。

共和党内其他多数人都会忠诚地支持本党总统提名人塔夫脱。在选举生态非常不利的情况下，罗斯福采取措施巩固共和党内进步力量的支持，争取独立的改革派人士、民主党下层人士，特别是工人和农民。罗斯福说，“不管是输还是赢，我都必须为之一战。也许除了我自己以外，没有人能将这场战斗进行到底。”他估计，即使他竞选活动人气再差，结果也一定比塔夫脱理想。

时任总统塔夫脱，基本接受了自己连任无望的现实，也就只在几个地方发表了几场演讲。威尔逊本来计划只发表几场重要的演讲，阐明自己的竞选理念，澄清对自己的一些误解，也许会前往一些对自己有疑虑的州争取选民支持。但是，当他看到报纸上铺天盖地地报道罗斯福在全国各地的竞选活动，威尔逊也坐不住了。从 9 月开始，他也坐上火车，开始了走遍全国的竞选活动。这些活动一直持续到选举投票当天。

在选举中，有人写信称威尔逊同一位寡妇有不正常的关系。民主党、共和党两党代表都拒绝相信这个指控。罗斯福的儿子也代表进步党拒绝接受这个指控。罗斯福在给儿子的信中这样说道："那些信中的指控完全不可信。无论什么样的指控，也无论什么样的证据，都无法说服美国人民相信，像伍德罗·威尔逊这样一位循规蹈矩的人，会演像罗密欧追求朱丽叶那样一出戏。"①

10 月 14 日，罗斯福按照规划，将在威斯康辛州东南部城市密尔沃基市发表演讲。罗斯福在吉尔帕特里克饭店参加欢迎晚宴。宴会过后，罗斯福走出饭店，准备坐车前往密尔沃基市大礼堂发表演说。罗斯福坐上敞篷车，站起身来，向在饭店门口等待的热情的支持者挥手致意。就在这时，在人群中，在离罗斯福不到 10 米的地方，一位名叫约翰·史兰克（John Schlank）男子向他开枪，打中罗斯福的胸部。

子弹穿过罗斯福口袋里的铁制眼镜盒和厚厚的演讲稿，打裂了他的第四根肋骨，险些射入右侧肺部。罗斯福拒绝就医，命令车队前往密尔沃基市大礼堂。到现场后，罗斯福对在场的听众说："朋友们，我请你们尽量保持安静。我不知道，你们是不是真正明白，我刚才被人打了一枪。但是，要杀死一只公麋，没那么容易！"他接着对惊讶的人群说："现在我身上有一颗子弹，所以，我今天不能做长篇演讲。但是，我会尽力而为。"接着，他用了一个小时，阐述进步党在劳工问题上的立场。

在罗斯福遇刺后，总统塔夫脱公开发表讲话，表示，全国民众希望"罗斯福上校"能很快走出这个"卑鄙的行为"带来的阴影。威尔逊也表示要停止自己的竞选活动。由于罗斯福从共和党出走而同他关系疏远的很多老朋友也都给他写信表达慰问，这让罗斯福倍感欣慰。回到位于纽约州纳苏县奥伊斯特贝镇的家中后，罗斯福于 10 月 27 日庆祝了自己 54 岁的生

① Marie B. Hecht, *Beyond the White House: The Residues of Power*, New York: Macmillan Publishing Co., Inc, 1976, pp. 107 – 110.

日。很多昔日好友前来道贺，向他表达生日祝福；大批支持者也蜂拥而至，问候这位刚大难不死的英雄。

罗斯福在当场发表指出，“我们追求自由；我们追求的是受压迫民众获得解放的自由；我们不允许压迫者随意欺凌弱势，不允许他们给人民本已沉重的肩上再增加重负。”这次集会令罗斯福一家人感到兴奋，但是，罗斯福本人已经意识到，这也许是他竞选活动的高潮。正如罗斯福的女儿爱丽丝·朗沃斯遗憾地说的那样：“我们有信念，有远景目标，但遗憾的是，没有选票。在大多数人的漠然或者反对下，我们正义的事业，它的精神、热情和信念显得苍白无力。”①

11 月选举计票结果证明，罗斯福先前的预测证明是准确的。在普通选民投票中，威尔逊赢得了 629 万张，罗斯福赢得了 411 万张，塔夫脱赢得了 348 万张。在选举人票方面，威尔逊拿到了 435 张选举人票，罗斯福拿到了 88 张，塔夫脱只拿到了 2 张。塔夫脱只在佛蒙特州和犹他州获胜。罗斯福的参选，彻底击碎了塔夫脱追求连任的梦想。罗斯福所引领的这次竞选活动，也许是美国历史上最兴奋、最激动人心、最具有理想主义色彩的一次竞选活动。当然，这也是美国两党格局的政治生态中，第三党候选人取得的最好的成绩。进步党也成为政坛第二大政治力量。尽管进步党领袖未能赢得大选，但是，进步主义理念已经深入人心，任何政治人物都不能忽视这一现实。②

（五）罗斯福大选失利原因分析

罗斯福从一开始就知道他可能会失败，但是，为什么还要执意参选？美国总统研究专家玛丽·赫克特认为，每个人都预料到，1912 年大选，塔夫脱肯定会失败。但是，罗斯福并不满足于此，他要亲自参加这次打败塔夫脱的过程。他要向世人表明，他一定能超过塔夫脱。因为在罗斯福看来，在 1912 年共和党总统提名大会上，获得总统候选人提名的应该是他自己，塔夫脱的支持者“偷走了”应该属于自己的那份荣耀。的确，共和党的初选结果在一定程度上表明，在共和党基层选民心目中，罗斯福是理想的人选。在那些资格被剥夺的、支持罗斯福的共和党代表中，也许不是所

① Marie B. Hecht, *Beyond the White House*: *The Residues of Power*, New York: Macmillan Publishing Co., Inc, 1976, p. 113.

② Marie B. Hecht, *Beyond the White House*: *The Residues of Power*, New York: Macmillan Publishing Co., Inc, 1976, p. 113.

有代表的资格都有问题。

一些历史学家认为，在支持罗斯福的基层共和党代表中，只有25人到30人的代表资格是没有争议的，其他代表的资格都有问题。另外一些历史学家当然不认同这种看法。他们认为，假如这30位代表的资格得以确认，那将足以改变共和党代表大会主席的人选。若如此，亲塔夫脱的纽约参议员伊莱休·鲁特可能会落选，支持罗斯福的威斯康辛州州长弗朗西斯·麦戈文（Francis E. McGovern）可能会当选为共和党总统提名大会主席。这样，有可能改变共和党代表大会的最终决定。

罗斯福带领支持者从共和党代表大会现场出走，也给我们提出了一些其他问题。那就是，罗斯福明明知道自己无法获得共和党大会提名，那为什么还要在大会结束后，继续留在芝加哥。这本身就说明，罗斯福已经做好了出走共和党的准备。罗斯福在阐述自己参选立场时说，他参选是“要坚持原则，从长远来看，正确的原则”。他说，自己宁愿挨一顿揍，也不愿安静地呆在那儿，一言不发。总统研究专家玛丽·赫克特在评论罗斯福时说，罗斯福有时候表现得刚愎自用，反复无常，但是，他既不天真，也不愚蠢。他坚信进步主义运动；他谈论司法审核，就是要表明，他有勇气坚持自己的信念。他很享受战斗的过程，就像他喜欢探险一样。[①]

罗斯福具有强烈的使命感和理想主义，他要把共和党改造成一个坚持进步主义理念的政党。在1910年中期纽约州共和党大会临时主席选举中，罗斯福以压倒性优势战胜共和党内控制政党提名的党魁，当选为大会临时主席。罗斯福支持的候选人亨利·史汀生（Henry L. Stimson）以684票的绝对优势，战胜对手威廉·贝内特（William S. Bennet）（242票），成为共和党纽约市长提名人。[②] 在1910年中期选举，民主党势如破竹的大背景下，亨利·史汀生在州长选举中失利。但是，同他的对手民主党州长候选人约翰·阿尔登·迪克斯（John Alden Dix）的得票数量（689700）相比，他的选票数量（622299）已经是个好成绩。[③] 罗斯福认为，如果他领导的

---

① Marie B. Hecht, *Beyond the White House: The Residues of Power*, New York: Macmillan Publishing Co., Inc, 1976, pp. 114－115.

② New York State Election, 1910, http://en.Wikipedia.org/New_York_state_election, 1910, accessed on Nov. 26, 2015.

③ George E. Mowry, "Theodore Roosevelt and the Election of 1910," *The Mississippi Valley Historical Review*, Vol. 25, No. 4 (Mar. 1939), pp. 523－524.

共和党人能在1910年纽约州选举中获胜的话，那么，他可能“早将共和党改造成一个进步主义政党了”。但是，正如事后发生的那样，很多进步主义人士并不愿意，也没有离开共和党。罗斯福在卸任后仍然积极参与国内政治，既同当时国内政治形势有关，也同他个人性格密不可分。[1]

上述几位总统在卸任后再次参选，多数发生在19世纪和20世纪初。始于马丁·范布伦，结束于西奥多·罗斯福。这些人都有一个共同特点，就是只担任过一届总统。再次参选从本质上来看，其实就是在追求连任。当然，1951年生效的《宪法第二十二条修正案》，基本上杜绝了未来任何总统在两届任期结束后再次参选的可能性。这样一来，西奥多·罗斯福以降，有强烈抱负的卸任总统，特别是年富力强、非常活跃的卸任总统，也只能通过其他方式来展示自己的政治抱负。

---

① Michael Nelson, "The Psychological Presidency," in Michael Nelson (ed.) *The Presidency and the Political System*, Washington D. C.: CQ Press, 2000, pp. 199-222; Steven J. Rubenze and Thomas R. Faschingbauer, *Personality, Character, and Leadership in the White House: Psychologists Assess the Presidents*, Washington D. C: Brassey's Inc., 2004, pp. 235-267; Joseph A. Pika and John Anthony Maltese, *The Politics of the Presidency*, Los Angeles: SAGE CQ COPRESS, 2013, pp. 146-200 (Chapter 4: Presidential Character and Performance); James David Barber, *The Presidential Character: Predicting Performance in the White House*, New Jersey: Prentice Hall, Englewood Cliffs, 1992.

第四章

评论时政

美国多数卸任总统在卸任后都关注时政。在美国内战爆发之前，由于南北经济基础和生活方式的差异，奴隶制问题始终是卸任总统无法回避的议题。在他们当中，第6任总统约翰·昆西·亚当斯是第一位公开反对奴隶制的卸任总统。第8任总统马丁·范布伦在任期间支持奴隶制，但是卸任后逐步倾向于反对奴隶制。第12任总统约翰·泰勒无论是在任期间还是卸任之后，都顽固地坚持奴隶制，他在美国南北分裂时支持南部邦联。第13任总统米勒德·菲尔莫尔虽然迁就奴隶制，但主张南北和解。第14任总统富兰克林·皮尔斯支持奴隶制，但不主张联邦分裂。

除了奴隶制议题外，在涉及战争与和平的问题上，卸任总统也不甘寂寞，适时发表他们的看法。例如，在美国内战爆发前期，有五位健在的卸任总统。他们都希望能避免战争，维护联邦的统一。约翰·泰勒甚至向弗吉尼亚州议会建议，召开十二州会议，讨论南北和平事宜。他带领代表们前往华盛顿，呼吁和平。但是，在和平会议失败后，泰勒选择支持弗吉尼亚脱离联邦，从而加速了联邦的分裂。在伊拉克战争期间，有4位卸任总统健在，他们分别是第38任总统杰拉尔德·福特、第39任总统吉米·卡特、第41任总统乔治·布什和第42任总统比尔·克林顿。他们对战争的看法也不尽相同。

第一节　在奴隶制问题上的立场

毋庸讳言，奴隶制是美国社会发展进程中的毒瘤。美国内战前历任总统在奴隶制问题上的态度，深刻影响着政治经济和社会的各个层面，也成为导致美国社会分裂、南北战争爆发的一个重要因素。美国的开国元勋们，乔治·华盛顿、托马斯·杰斐逊、詹姆斯·麦迪逊、詹姆斯·门罗等人都是弗吉尼亚州的奴隶主。托马斯·杰斐逊、约翰·亚当斯、本杰明·富兰克林起草的《独立宣言》中所宣称的“人人平等”的理念，并不包括奴隶在内，甚至不包括没有财产的白人，当然也不包括妇女、印第安人等。华盛顿本人对奴隶制的态度不得而知，但他在去世前立下遗嘱，要求在他夫人去世后，给予他的奴隶自由。①

托马斯·杰斐逊讨厌奴隶制，也认识到这种制度的罪恶，希望能看到奴隶制消亡。在担任总统第二任期，杰斐逊在 1807 年 3 月签署废除奴隶贸易法令，规定自 1808 年 1 月 1 日起，禁止将奴隶贩卖到美国。② 尽管法令并未杜绝奴隶贸易，但杰斐逊在禁止奴隶贸易方面还是做出了一定的努力。作为奴隶主的杰斐逊，能做到这一点实属不易。但是，从内心来看，杰斐逊对于奴隶的偏见也是明显的。他认为黑人低人一等，永远也不可能同白人平等地生活在一起。他对于如何消除奴隶制提出的建议在现在看来也非常残忍。他建议，奴隶的孩子在 5 岁时就应该从他们父母身边带走，专门由国家抚养教育，然后送到美国以外的殖民地去生活。在那儿，他们将为主人工作，偿还他们漂洋过海的费用。③

一、约翰·昆西·亚当斯：从制度废除奴隶制到公开挑战奴隶制

在美国建国后的50年中，多位总统都是奴隶主，但第 2 任总统约翰·亚当斯和第 6 任总统约翰·昆西·亚当斯是例外。他们坐落于马萨诸塞州昆西县郊外的农场上从未有奴隶。这对父子总统都不认同奴隶制，但是，在担任总统期间，他们都没有提出废除奴隶制的政治勇气。道理非常简单，在约翰·亚当斯担任总统期间（1797 年 3 月 4 日—1801 年 3 月 4 日），美国有 17 个州，9 个是蓄奴州，8 个是自由州。在约翰·昆西·亚当（1825 年 3 月 4 日—1829 年 3 月 4 日）担任总统期间，美国有 24 个州，蓄奴州占到 12 个。提出废除奴隶制的主张将意味着联邦分裂，所以，废奴在

① W. B. Allen, *George Washington: A Collection*, Indianapolis, Indiana: Liberty Classics, 1988, p. 667.

② ［美］威廉·德格雷戈里奥著，周凯等译，《美国总统全书》，北京：社会科学文献出版社，2007 年第 1 版，第 54 页。

③ Max J. Skidmore, *After the White House: Former Presidents as Private Citizens*, New York: Palgrave Macmillan, 2004, p. 23.

政治上并不可行。

约翰·昆西·亚当斯认为奴隶制是美国社会的一个“巨大、肮脏的污点”，但是，作为总统，讨厌奴隶制的约翰·昆西·亚当斯同样不能认同废奴主义者的看法，因为这会给联邦带来不稳定。所以，担任国会议员之初，约翰·昆西·亚当斯并不是一个废奴主义者。[①] 但是，在要求国会废除《言论钳制令》（国会在1836年通过的旨在限制议员在国会宣读涉及奴隶制的请愿书的法令）过程中，特别是在1839年到1841年协助知名律师罗杰·鲍德温在联邦最高法院为“爱米斯塔特”号船上遭绑架的非洲人辩护之后，约翰·昆西·亚当斯逐渐形成了废除奴隶制的思想，开始在国会提出相关废奴提案，最终成为一位令人敬仰的“废奴斗士”了。[②]

二、马丁·范布伦：从支持奴隶制到倾向于反对奴隶制

在1836年大选中，时任民主党总统参选人马丁·范布伦之所以能入主白宫，在相当程度上是靠时任总统安德鲁·杰克逊的支持。安德鲁·杰克逊是田纳西州的一位奴隶主。他在卸任后重点关注的是美国的扩张政策。这表面上同奴隶制无关，但实质上是扩大蓄奴集团的势力范围。杰克逊精心挑选的继任者、副总统马丁·范布伦在执政期间支持奴隶制，主要原因是希望得到南方蓄奴州的支持。但是，在1840年寻求连任失利后，他的思想有一些变化，逐渐倾向于反对奴隶制。

马丁·范布伦曾在安德鲁·杰克逊政府第一任期担任国务卿，在第二任期担任副总统。范布伦在担任总统期间，继续推行杰克逊政府的印第安人迁徙政策，给印第安人酿成了悲剧。在对待奴隶制问题上，他对非洲裔奴隶毫不同情。在著名的“爱米斯塔特”号事件中，一艘运送绑架非洲人的西班牙运奴船，于1840年驶入美国境内。总统范布伦命运奴船返回古巴。在地区法院法官安德·贾德森做出释放遭到绑架的38名非洲人的判决后，范布伦对这位自己任命的地区法官非常不满。他命令律师向最高法院提出上诉，但在前总统约翰·昆西·亚当斯、著名律师罗杰·鲍德温的辩护下，最高法院维持原判，遭绑架非洲人获得自由。范布伦本人并不是一个狂热的扩张分子。他在“爱米斯塔特”号事件中强烈要求运奴船返回古

---

① Max J. Skidmore, *After the White House: Former Presidents as Private Citizens*, New York: Palgrave Macmillan, 2004, p. 43.

② 有关约翰·昆西·亚当斯在敦促国会废除《言论钳制令》和帮助“爱米斯塔特”号船上遭绑架的非洲人获得自由等内容，本书已经在第三章第一节中有详细阐述，在此不做赘述。

巴，主要是出于政治考虑。1840 年，范布伦争取连任，希望能够获得南部各蓄奴州代表的支持，结果并未如愿。

范布伦在争取连任失利后的态度和做法对美国总统制发展产生了重要影响。第一，范布伦是第一位争取连任失败后参加竞争对手威廉·亨利·哈里森的就职典礼的总统。此前，亚当斯父子（第 2 任和第 6 任总统）在争取连任时失利，无论出于何种原因，无论做何解释，但事实上都未参加对手的就职典礼。范布伦在大度无疑体现了对总统选举制度的尊重。

第二，范布伦是第一位争取连任失利后再次争取大选提名的前总统。此前，争取连任失利的总统是亚当斯父子。第 2 任总统约翰·亚当斯在争取连任失利后返回位于马萨诸塞州的老家，从此淡出政坛；第 6 任总统约翰·昆西·亚当斯在争取连任失利后第二年就当选为国会众议员，直至去世。1844 年，范布伦争取民主党总统候选人提名失利，但他并未放弃再次参加总统大选。

1846 年，马丁·范布伦对奴隶制的态度发生了变化，开始倾向于反对奴隶制。他开始支持宾夕法尼亚州民主党联邦众议员戴维·威尔莫特（David Wilmot）提出的“禁止在美国通过美墨战争从墨西哥攫取的新领土上实行奴隶制”的建议。1848 年，在民主党党内废奴主义人士的支持下，范布伦同反对奴隶制的“良心派”辉格党人结成联盟，成立自由土地党，参加 1848 年总统大选。尽管范布伦在大选中未获一张总统选举人票，但是斩获了 10% 的选民投票。范布伦的参选导致民主党分裂，特别是在人口第一大州纽约州，范布伦获得 26.43% 的选民票，甚至高于民主党总统候选人刘易斯·卡斯（卡斯获得 25.07% 选民票）。辉格党总统候选人扎卡里·泰勒以 47.94% 的选民票领先，从而赢得了纽约州 36 张总统选举人票。在宾夕法尼亚州（26 张选举人票）和马萨诸塞州（17 张选举人票），范布伦也成功地分散了民主党候选人的选民票，为泰勒最终以赢得 169 张选举人票战胜对手卡斯（赢得了 127 张选举人票）奠定了基础。①

1848 年大选后，范布伦退出了公共生活，回到林登沃尔德农庄，过着平静的生活。林登沃尔德农庄位于纽约州肯德胡克郡，是一座有着 30 个房间的砖砌宅第，占地 200 英亩。1841 年争取连任失利后，范布伦离开华盛

---

① 1848 年总统大选，选举人票总数是 290 张，任何总统候选人选举人票总数只要超过 146 张，就可当选总统。参见：United States Presidential Election，1848，http：//en. wikipedia. org/wiki/United_ States_ presidential_ election，_ 1848，accessed on Sept. 26，2015。

顿，打算享受他的乡绅生活。1853 年至 1855 年，范布伦去欧洲旅游，结识了英国维多利亚女王和教皇庇护九世，并开始撰写回忆录，但没有完成。在政治方面，在试图通过第三党竞选总统失败后，范布伦回归民主党。1852 年和 1856 年，他先后两次担任纽约州总统选举人，投票支持民主党总统候选人富兰克林·皮尔斯和詹姆斯·布坎南。但是，他对皮尔斯和布坎南两届民主党政府的亲南方政策感到不安。1860 年，大多数自由土地党人支持新成立的共和党总统候选人亚伯拉罕·林肯。①

作为民主党人，范布伦将选票投给了民主党候选人斯蒂芬·道格拉斯，希望他能够避免国家分裂。但是，当南卡来罗纳州宣布从联邦中分离出去之后，范布伦公开支持林肯，号召纽约民主党人（范布伦在纽约民主党中具有很高的威望）支持共和党政府的政策。范布伦在担任总统期间（1837—1841 年）就试图避免联邦分裂；在 1848 年总统大选中，作为自由土地党总统候选人，范布伦也在强调要维护联邦的统一。但是，美国内战最终还是爆发了，范布伦没有看到内战结束。1862 年 7 月 24 日，范布伦心脏衰竭在家中去世，享年 72 岁。②

三、约翰·泰勒：顽固坚持奴隶制，美国南北分裂时支持南部邦联

在 19 世纪早期美国历史上的诸多议题上，特别是在对待奴隶制问题上，第 10 任总统约翰·泰勒和第 6 任总统约翰·昆西·亚当斯的世界观大相径庭。作为开国元勋的下一代，约翰·昆西·亚当斯厌恶奴隶制，勇敢地挑战这种制度。约翰·泰勒出生于弗吉尼亚州贵族家庭，主张维护奴隶制。虽然两人都在卸任后曾担任国会众议员，但是，约翰·昆西·亚当斯是联邦众议员，泰勒是内战中宣布独立的邦联政府的众议院议员。

在 19 世纪 20 年代，约翰·泰勒曾是民主党人，是时任总统安德鲁·杰克逊的忠实追随者。但是，当安德鲁·杰克逊威胁对宣布联邦法律无效的南卡罗来纳州动武时，泰勒与杰克逊决裂，转向支持辉格党。在 1936 年大选中，泰勒支持辉格党候选人。1840 年大选中，辉格党推举威廉·亨

① ［美］威廉·德格雷戈里奥著，周凯等译：《美国总统全书》，北京：社会科学文献出版社，2007 年版，第 142 页。

② Max J. Skidmore, *After the White House*: *Former Presidents as Private Citizens*, New York: Palgrave Macmillan, 2004, p. 54.

利·哈里森和约翰·泰勒组合参选，希望泰勒能够帮助辉格党吸引南方各州选票。哈里森在大选中获胜，就任第9任美国总统。不幸的是，哈里森就任总统一个月就因患风寒去世。泰勒继承总统职位。

担任总统期间，约翰·泰勒否决了辉格党人提出的诸如恢复国家银行等一系列改革计划，结果失去了辉格党人的支持。泰勒也推行了一系列支持扩大奴隶制的政策，结果导致南北关系紧张。1844年4月，泰勒批准了合并得克萨斯的条约；11月，国会通过了一项决议，同意得克萨斯加入联邦，泰勒在任期结束前三天，签署了该决议。决议中的《密苏里妥协案》将蓄奴州和自由州的分界线延伸至得克萨斯。失去政党支持的泰勒无缘参加1844年总统大选，于1845年3月4日任期结束后返回位于弗吉尼亚州查尔斯市舍伍德森林的种植园。①

卸任后的约翰·泰勒公开支持领土扩张，捍卫奴隶制。他本人的家庭计划是拥有更多的奴隶，他也拒绝讨论在自己去世后给予任何奴隶自由。泰勒曾梦想1860年代表民主党参加总统大选，但未能如愿。在1860年大选前，泰勒目睹了南方各州走向分裂的道路。1860年12月，处于遏制分裂倾向的考虑，肯塔基参议员约翰·克里坦登提出了一系列支持在南部实行奴隶制的宪法修正案，建议执行《密苏里妥协案》，同意在北纬36°31′以南实行奴隶制，也就是《克里坦登妥协案》。这个建议实质上是对南方奴隶制做出妥协，目的在于阻止南方分裂。泰勒支持所谓的《克里坦登妥协案》，但是，林肯坚决反对这份协议。随着共和党人在参、众两院相继获胜，《克里坦登妥协案》也就是被永远搁置。在《克里坦登妥协案》失败后，1861年2月，在林肯3月4日就职前，约翰·泰勒在弗吉尼亚首府里士满主持"华盛顿和平会议"，为阻止南北分裂做出了最后的尝试。会议通过了若干决议，希望能够在满足蓄奴州扩张的基础上达成南北妥协，其中包括将1844年《密苏里妥协案》中蓄奴州和自由州之间的分界线从得克萨斯延伸至太平洋沿岸，将国家分成以蓄奴地区和自由地区为代表的南北两部分。随后，约翰·泰勒驱车前往华盛顿，向侯任总统林肯提交这些决议。林肯就任总统后，未对泰勒的提议做出任何回应。泰勒对此感到失望。失望之余，他加入了弗吉尼亚州州议会，呼吁弗吉尼亚州脱离

① Max J. Skidmore, *After the White House: Former Presidents as Private Citizens*, New York: Palgrave Macmillan, 2004, p. 56.

联邦。[①]

在邦联首都1861年5月从亚拉巴马州首府蒙哥马利市迁往弗吉尼亚州首府里士满市后（泰勒参与了这个过程），泰勒当选为邦联临时国会议员。他不愿做被动的旁观者。相反，他极力鼓动邦联军队进军华盛顿特区。但是，他的建议并未被采纳。对于联邦的很多人来说，泰勒是个变节者，一个叛徒。

1861年秋，泰勒正式当选为南部邦联国会议员。但是，在他还没有来得及赴任前，就于1862年1月18日在里士满的一家旅馆病逝。邦联国会为泰勒举行了庄严的葬礼，把他安葬在第5任总统詹姆斯·门罗墓旁。在他的葬礼上，有155辆马车载着送葬的队伍，向举行葬礼仪式的地方进发。但是，首都华盛顿没有举行任何的悼念活动，没有降半旗致哀，时任总统林肯未发表任何正式通告，也没有任何纪念已逝总统应该举办的活动。《纽约时报》发布了一个讣告："他突然死去了。……淹没在弗吉尼亚的废墟中。是他自己制造了这些废墟。他的名字不会被镌刻在国会大厦的大理石上，只能埋葬在他自己一手制造的废墟里。"[②]

四、米勒德·菲尔莫尔：在执政期间迁就奴隶制，卸任后主张南北和解

1850年7月9日，第12任总统扎卡里·泰勒在任期间病逝。第二天，副总统米勒德·菲尔莫尔宣誓就职，成为第13总统。在执政期间，菲尔莫尔最大成就，也是最大的争议，是争取国会通过了《1850年妥协案》。法案确定了加利福尼亚以自由身份加入联邦，确定了得克萨斯州和犹他州的边界，废除了在首都哥伦比亚特区的奴隶贸易。但是，法案中的《逃奴追缉法》要求联邦政府积极配合，把逃跑的奴隶交还给主人，这也是法案中最具争议的一条。法案还规定，在从美墨战争中攫取的领土上建立的其他州自行决定是否允许实行奴隶制度，这为奴隶制进一步扩张埋下了祸根。《1850年妥协案》在一定程度上平息了南方日益高涨的好战情绪，延缓了内战的爆发，但却没有从根本上改变南北逐渐分裂的现实。《逃奴追缉法》

---

① Max J. Skidmore, *After the White House: Former Presidents as Private Citizens*, New York: Palgrave Macmillan, 2004, p. 57.

② Leonard Benardo and Jennifer Weiss, *Citizen - in - Chief: The Second Lives of the American Presidents*, New York: Harper Collins, 2009, pp. 248 - 250.

也严重损害了米勒德·菲尔莫尔在辉格党中的形象，他也因此失去了1852年辉格党总统提名资格。

1853年3月4日，米勒德·菲尔莫尔参加完继任者富兰克林·皮尔斯的就职典礼后，离开华盛顿，回到布法罗，开始退休生活。争取连任提名失利的菲尔莫尔并不甘心退出公共生活。他希望再次角逐总统宝座。1854年3月1日，菲尔莫尔开始到南部和西部旅行，评估再次参加总统大选的可行性。辉格党南北两派在奴隶制问题上分歧严重，最终分道扬镳。1854年国会通过《堪萨斯—内布拉斯加法案》，导致奴隶制支持者和反对者之间斗争白热化，引发了“堪萨斯流血事件”。北方反对奴隶制的力量（包括许多辉格党人）组织起来，成立了共和党，推举约翰·弗里蒙特（John C. Frémont）参加1856年总统大选。

菲尔莫尔试图整合辉格党南北力量，但未能成功。在朋友的介绍下，菲尔莫尔加入美国党。1855年6月，美国党在费城召开全国代表大会时通过决议，在政治纲领中增加了反对奴隶制条款。同时，大会向正在欧洲旅行的菲尔莫尔发去电报，提名他为美国党总统候选人，参加1856年大选。菲尔莫尔回电表示接受提名。6月底，菲尔莫尔回到纽约。从纽约到布法罗，菲尔莫尔发表了20多场演讲，开始了总统竞选活动，吸引了大批支持者。在演讲中菲尔莫尔强调，美国的首要任务是维护联邦的统一；如果共和党人赢得大选，美国可能会陷入内战。6月26日，他在纽约州首府奥尔巴尼攻击共和党，说：“我们看到，一个政党只从自由州中推选候选人，这是前所未有的事情。他们难道会相信，我们南方的同胞们会屈从于这样一个国家元首吗?”

在20多场演讲结束后，菲尔莫尔认为没有必要继续在全国各地巡回演讲，于是就布法罗家中静候11月大选。结果，他的竞选活动势头开始减弱。北方那些坚定支持废奴运动的原辉格党人开始转向支持共和党候选人约翰·弗里蒙特；其他一些支持美国党的北方废奴主义者在发现废奴并不是菲尔莫尔的优先考虑时，退出了美国党；居于美国南方的辉格党人本来是菲尔莫尔希望争取的对象，但这些人在看到美国党提出了废除奴隶制的主张后，就加入了民主党；对废奴运动并不热心的北方和南方民主党人仍然支持民主党候选人詹姆斯·布坎南。废奴议题，以及菲尔莫尔在执政期间给人们留下的对南方奴隶制妥协软弱的印象，在一定程度上让他失去了许多选民支持。

正如菲尔莫尔抱怨的那样：“在北方，人们指责我对奴隶制太过迁就；

在南方，人们指责我是狂热的废奴主义者。”菲尔莫尔本人可能也清楚，奴隶制已经给美国社会造成了严重分裂，在维护奴隶制和废除奴隶制这个关键问题上，已经不存在模糊的空间。①

选举结果表明，1856 年总统大选实际上关于奴隶制的南北对决。民主党候选人詹姆斯·布坎南获得 174 张选举人票，当选第 15 任总统，共和党候选人约翰·弗里蒙特获得 114 张选举人票，菲尔莫尔获得 8 张选举人票。布坎南在 17 个蓄奴州和 5 个自由州获胜；弗里蒙特在 11 个自由州获胜；菲尔莫尔在马里兰州获胜。

在选民票方面，布坎南获得 183 万张，占 45.29%；弗里蒙特获得 134 万张，占 33.09%；菲尔莫尔获得 87 万张，占 21.54%，这也是当时为止美国历史上第三党参加大选的最好成绩。在肯塔基州、田纳西州和路易斯安那州，菲尔莫尔比布坎南仅差约 8000 张。在 12 个蓄奴州中，总统大选就是菲尔莫尔和布坎南之间的对决，在这些州中，菲尔莫尔获得选民票也在 32% 到 48% 之间。②

1856 年大选后，菲尔莫尔退出政坛。但在 1860 年和 1864 年大选中，他都投票支持民主党候选人，希望他们能够维护南北统一。1861 年 2 月，候任总统亚伯拉罕·林肯在去往华盛顿途中在布法罗市停留。菲尔莫尔在家中接待了林肯。在南北战争中，他坚定支持联邦政府的政策。他在一次演讲中曾说过，“我们的政府需要帮助，我们必须帮助它；我们的宪法遇到危险，我们必须保护它。”

在内战期间，他组织募捐集会，为联邦军队招募士兵。在“特伦托邮船事件”③ 发生后，英属加拿大威胁对美开战。菲尔莫尔招募了一批年长的人，组建巡逻队，准备抵御英属加拿大对布法罗市可能发动的攻击；他还给美国陆军部写信，要求派兵、提供弹药，保卫五大湖区安全。作为卸任总统，菲尔莫尔提倡南北和解。在林肯遇刺身亡后，他希望安德鲁·约翰逊总统能够促进联邦同前邦联各州的和解，而不是惩罚前邦联各州。他严厉批评尤里休斯·格兰特总统对南方各州过于苛刻，称格兰特“领兵打

---

① Burton I. Kaufman, *The Post-Presidency from Washington to Clinton*, Lawrence, Kansas: University Press of Kansas, 2012, p. 109.

② United States Presidential Election 1856, http://en.wikipedia.org/wiki/United_ States_ presidential_ election, _ 1856.

③ “特伦托邮船事件”发生在 1861 年，联邦扣押了英属加拿大邮船“特伦托”号，逮捕了船上两名前往欧洲的邦联密使，引发了英国的强烈不满。英属加拿大威胁对美（联邦）开战。

仗比从政做得好”。①

五、富兰克林·皮尔斯：支持奴隶制，但不主张联邦分裂

第14任总统富兰克林·皮尔斯在1857年3月4日离开白宫时，认为自己是一位成功的总统。但是，民主党拒绝提名他参选连任。皮尔斯在任期间同情、支持南方扩大奴隶制。他认为，联邦逐渐分裂，出现不和谐，主要责任在于共和党。起初，南北双方都认可《密苏里妥协案》，同意限制奴隶制的扩张，禁止在《路易斯安那购地》以北区域实行奴隶制。但是，作为总统，皮尔斯支持《堪萨斯—内布拉斯加法案》，这个法案允许民众投票决定能否在这两个州实行奴隶制，这实际上就废除了《密苏里妥协案》。皮尔斯还认为，任何反对奴隶制扩张的人都是对联邦不忠诚的。因此，他将“堪萨斯流血事件”的发生归咎于共和党人，这就不难理解了。在这次事件中，支持和反对奴隶制的双方人士之间发生械斗，甚至骚乱。

1857年3月4日，皮尔斯卸任。卸任后的皮尔斯极少参加政治活动，但他也时常会表达自己对时局的看法。例如，1860年，他建议民主党人推选代表南方利益的杰斐逊·戴维斯（Jefferson Davis）为总统候选人。他不支持林肯当选总统，对林肯颁布《解放宣言》（1863年1月1日生效）非常不满，认为宣言“干涉了各州享有的权力，破坏了私有财产”。皮尔斯是一个联邦主义者，他不支持南北分裂。但是，他认为，南方是受害者，联邦的分裂责任在于反对奴隶制的力量。他特别认为，不应该将联邦分裂的责任归咎于邦联总统——杰斐逊·戴维斯。戴维斯不仅是皮尔斯执政时期的陆军部长，也是皮尔斯的好朋友。

1864年，他支持乔治·麦克利兰（George McClellan）参选总统，支持民主党提出的满足南方的要求，尽快结束内战。不难想象，北方人认为皮尔斯同情南部邦联，甚至有人给国务卿威廉·苏厄德（William Seward）写信，指控皮尔斯属于“金色骑士团”（支持南方邦联的一个秘密组织）成员。当苏厄德要求皮尔斯对此做出解释时，皮尔斯感到受到极大的伤害，强烈否认指控。即使他自己出钱帮助联邦的士兵，也未减轻北方人对他的怀疑。林肯遭到暗杀后，皮尔斯感到震惊，但是他并没有挂国旗表示哀

① Burton I. Kaufman, *The Post-Presidency from Washington to Clinton*, Lawrence, Kansas: University Press of Kansas, 2012, pp. 111 - 112.

悼。当人们到他家问他为什么没有挂国旗的时候，他只是淡淡地说，他不需要以此来表达对国家的忠诚，因为他一生的公共服务都表明了他对国家的忠诚。

在日后的生活中，除了酗酒以外，他几乎很少做事，也无事可做。没有人理会他，他几乎被人们遗忘了。皮尔斯的夫人简于 1863 年患肺炎去世，他儿子 1852 年（年仅 9 岁）在一次火车出轨事件中失去了生命。皮尔斯整天酗酒，健康状况日益恶化。1869 年 10 月 8 日，皮尔斯患胃病去世。时任总统尤利西斯·格兰特宣布全国哀悼一天。历史学家洛伊尔·加拉（Larry Gara）在皮尔斯葬礼后写道，在新罕什维尔州及其他地区，人们很少记得有富兰克林·皮尔斯这个名字。皮尔斯执政期间同情奴隶制，加速了联邦南北分裂，备受诟病。卸任后，又多次发表同情南方的言论。因此，不难想象，他为什么会被美国人淡忘。①

第二节　对待战争问题的态度

卸任总统关注时政，特别是在涉及战争与和平等重大问题上，他们的态度可能不会直接影响政府的政策，但是，却提出了一家之言。由于他们自身曾经参与、甚至主导了一些重大历史事件，他们对战争与和平的看法，对于我们研究美国历史、观察美国社会提供了一个重要视角。下面就举例说明。

一、华盛顿对美法冲突的态度

作为前总统，在美法爆发冲突之际，乔治·华盛顿的立场是非常鲜明的。他坚决支持时任总统约翰·亚当斯为此采取的措施。特别是当约翰·亚当斯请华盛顿出任陆军总司令，做战争准备时，华盛顿毅然领命。华盛顿答应为美法可能爆发的大规模战争做准备，一方面反映了他个人崇高的爱国主义精神，另一方面也反映出他对建国之初美国面临的严峻的国内政治环境和国际战略环境的清楚认识。

在国内，以亚历山大·汉密尔顿为代表的联邦派同以托马斯·杰斐逊

---

① Max J. Skidmore, *After the White House: Former Presidents as Private Citizens*, New York: Palgrave Macmillan, 2004, p. 69.

为代表的共和党人之间在国家发展道路上存在严重分歧。联邦派强调联邦政府的权威，主张优先发展工商业，拓展国际贸易，希望把美国发展成像英国那样的工业强国。共和党人强调扩大州权，限制联邦政府权力，主张优先发展农业，适度发展工商业和国际贸易。

在对外关系上，联邦派主张优先发展英国的关系，共和党人则主张优先发展同法国的关系。在国际上，美国面临来自英国和法国的双重压力。美国虽然独立，但是，美英在边界问题上的冲突不断。法国在美国独立战争期间，是美国的盟国，全力支持美国独立。在这一对三角关系中，英法是敌国，两国在欧洲大陆、北美洲，甚至世界其他地区的争夺由来已久。作为三角关系中实力最弱的一方，美国在独立战争胜利后，在英法之间维持着脆弱的中立。

华盛顿在担任总统时，既希望同法国保持友好关系，也希望能力避免同英国再战。法国为了争取在同英国的争夺中取得主动，试图利用美国国内共和党人影响美国外交。联邦党人和共和党人在《杰伊条约》上的严重分歧正是在这一背景下发生的。

1794 年，华盛顿根据国会提议，派遣最高法院法官约翰·杰伊出使英国，同英国谈判，最终签署了极具争议的《杰伊条约》。由于美英实力的不对称性，杰伊在谈判中对英国做出了较大的让步。《杰伊条约》规定英国有权搜查海上的任何商船，特别是美国商船；如果发现美国商船同法国做生意，英国可以扣押这些美国或称中立国船只。杰伊从伦敦返回美国后，时任总统华盛顿虽对条约中的部分条款持保留意见，但整体满意，认为条约中对英国的让步主要出于避免再次陷入同英国的冲突。就避免美英冲突而言，华盛顿实现了目标。但是，以托马斯·杰斐逊为代表的共和党人对此极为不满。于是，杰斐逊于 1795 年辞去国务卿一职。[①]

1797 年 3 月 4 日，华盛顿卸任退休。退休后的华盛顿越来越担心法国可能会干涉美国内政，分裂美国社会。在第 2 任总统约翰·亚当斯执政时期，在 1797 年发生了“XYZ 事件”。在事件中，有匿名的法国外交官要求美国特使向其贿赂，并将此作为接见美国特使的条件。这一事件严重伤害了美国同法国的关系，加上《杰伊条约》的签署，法国对美国非常不满，最终导致两国在海上发生零星冲突。当时法国同英国交战，华盛顿于第二

---

① James Thomas Flexner, *George Washington: Anguish and Farewell (1793 - 1799)*, Boston: Little, Brown and Company, 1972, pp. 277 - 281.

任期同英国签署了《杰伊条约》，确立了美英贸易优先地位。法国对此回应是，扣押美国商船，特别是同英国开展贸易的美国商船。

面对法国在海上的挑衅，已经卸任的华盛顿一改执政时期对法克制、温和的政策，坚决支持时任总统约翰·亚当斯推行对法强硬政策。1798 年夏，他坚定地写道："法国的代理人"试图"在我们中间制造分裂"，"蒙蔽、激怒（并改变）我们的政府是他们的唯一目标"。华盛顿对法国的疑心很重，这促使他公开支持时任总统约翰·亚当斯提出系列《外侨和煽动叛乱诸法》。法案规定，任何对总统和国会的公开批评将会面临刑事指控。这些法案的大部分条款在第 3 任总统托马斯·杰斐逊执政时废除。①

美国学者列纳德·本纳多（Leonard Benardo）和詹妮弗·维斯（Jennifer Weiss）在《公民总司令：美国总统的第二次生命》中指出，华盛顿当政时期，不太可能通过类似《煽动叛乱法》的法律。在他们看来，华盛顿支持赴美移民，支持移民融入美国，即"爱国主义同化"。他们引用华盛顿写给时任副总统约翰·亚当斯的信中讲到，应该鼓励移民融入美国社会。他说："让他们及他们的后代，和我们的人民相互融合，融入我们的生活习惯，使用我们的度量衡，遵守我们的法律：总之一句话，不久让我们成为一个民族。"但是，随着法国大革命爆发，退休后的华盛顿受到一些阴谋论的影响，对来到美国的移民疑心越来越重，甚至担心他们会"毒化美国人民的思想"。

卸任后的华盛顿对法国的可能入侵越来越警惕。时任总统约翰·亚当斯和陆军部长詹姆斯·麦克亨利向华盛顿请益，希望他能在必要的情况下

① 《外侨和煽动叛乱诸法》（The Alien and Sedition Acts）是 1798 年由联邦党人控制的国会通过的四部法律的总称，由时任总统约翰·亚当斯签署生效。这四部法律包括：（1）《归化法》（The Naturalization Act），规定把外国人入美国籍需要在美国居住的时间从 5 年延长到 14 年；（2）《外侨法》（The Aliens Act），授权总统将被认为从事危害美国和平和安全的外国人驱逐出境；（3）《外敌法》（The Alien Enemies Act），授权总统逮捕、驱逐来自交战国的居民；（4）《煽动叛乱法》（The Sedition Act），规定公开发表批评美国总统、国会的言论均构成犯罪。制定这些法案的背景是，法国大革命后，美英关系得以恢复，因此，美国在英法战争中宣布中立。法国对此非常不满。法国的逻辑是，美国独立战争的胜利在很大程度上得益于法国的支持。事实上，美国对于在法国大革命中对法国王室、贵族的大清洗是有看法的，毕竟是法国王室和贵族在美国独立战争中给予了美国极大的帮助。为了表示不满，美国终止了对法债务偿还。美国的看法是，法国国王在大革命中被杀，美国无需向大革命政府支付借款。于是，法国大革命政府对美不宣而战（1798—1800 年）。在这种背景下，在联邦党人控制的国会中，通过了上述法案。但是，法案的大部分条款在杰斐逊担任总统（1801—1809 年）后都已经终止或废除。这些法案在美国历史上极具争议。支持者认为这些法案有利于维护美国的国家安全，防止"亲法派"分裂美国政府，危害美国安全；批评者认为它们违反了《美国宪法》规定的言论自由。

率领陆军抵抗法军。华盛顿表示自己希望能在家安度晚年，但是，他也觉得这个责任无法推脱，就表示，“在假如危机爆发，实在没有办法的情况下”，他愿意出山。

1798 年夏，国会授权时任总统约翰·亚当斯临时组建一支陆军。亚当斯甚至没有同他的内阁部长们商议，就急切地召见华盛顿，任命他为陆军中将，领导组建陆军。亚当斯希望华盛顿出面领导新建陆军：一是因为华盛顿具有杰出的军事指挥才能，二是希望借助华盛顿的威望来提升士气。但是，在具体指导陆军建设过程中，华盛顿同亚当斯发生了冲突，原因是华盛顿要求自己任命军事将领，他甚至威胁辞去陆军中将之职。华盛顿也要求他手下的军官必须是联邦党人，因为他担心“（共和党人）对法国有偏爱”。但是，让亚当斯感到担心的是，华盛顿坚持要求由亚历山大·汉密尔顿担任陆军副司令。汉密尔顿是联邦党领袖，在美国独立战争期间，他曾担任华盛顿的助手，具有卓越的军事指挥才能。但是，汉密尔顿和亚当斯之间关系不睦。这也就是亚当斯担心之处。最终，华盛顿的准备工作也未派上用场，因为 1798—1800 年发生的美法战争仅限于海战，并未涉及到陆军。①

二、卸任总统约翰·亚当斯和托马斯·杰斐逊对 1812 年美英战争的态度

19 世纪早期美国经历的重大战争就是第二次美英战争（1812—1814 年）。由于这场战争发生在第 4 任总统詹姆斯·麦迪逊执政期间，所以，美国历史上也把它称为“麦迪逊的战争”。这时，健在的前总统有两位，一位是第 2 任总统约翰·亚当斯，一位是第 3 任总统托马斯·杰斐逊。作为联邦党人，亚当斯支持美国对英战争。这种态度同大部分联邦党人的态度是相左的。他们担心，詹姆斯·麦迪逊政府会利用对英战争同法国结盟。他们根本不信任法国。

但是，在这种情况下，身为联邦党人的前总统约翰·亚当斯却支持对英战争，其中有两个主要原因：一是英国强迫美国士兵加入英国海军，并对美国实行贸易限制；二是亚当斯认为，对英战争证明，自己当年推行整军备战的政策是明智的。亚当斯卸任后，一直批评托马斯·杰斐逊政府在

---

① Leonard Benardo and Jennifer Weiss, *Citizen - in - Chief: The Second Lives of the American Presidents*, New York: Harper Collins, 2009, p. 125.

军事建设方面懈怠。在1812年战争打响的头一年，面对英军的强势进攻，美军节节败退，甚至连首都华盛顿也一度被英军占领。约翰·亚当斯认为，这是因为托马斯·杰斐逊执政8年、詹姆斯·麦迪逊执政3年多时间对军事斗争疏于准备，才酿成了失败。

事实上，在约翰·亚当斯执政的4年中，美国海军实力建设有长足的发展。但是，在托马斯·杰斐逊执政以后，海军建设停滞。政府不仅缩减了战船建造，而且把原有的军舰都卖掉了。在1812年，詹姆斯·麦迪逊决定重启美国海军建设的时候，约翰·亚当斯感到欣慰。同年，经过10多年的疏远，约翰·亚当斯和托马斯·杰斐逊开始通信。在信中，杰斐逊承认，自己执政当年裁减美国海军的决定并非明智之举。由于杰斐逊也支持对英战争，他对亚当斯理解海军在战争中的重要作用表示赞赏。

约翰·亚当斯是一个坚定的联邦主义者，他坚决维护联邦的统一。他不认同新英格兰地区一些联邦党人反对第二次美英战争的看法。他更不认同这些人在美英战争期间仍同英国开展贸易，甚至威胁要从联邦中分裂出去。亚当斯认为，如果美国能够挺过这场战争，那将进一步向世界证明美国的实力。尽管1812年战争中的一些主要战役有指挥不当之处，资金也不足，也并未获得多数民众支持，但是，这些在亚当斯看来都是次要的。①

三、卸任总统看美墨战争和美国内战

第二次美英战争是美国独立后同当时世界强国发生的一次大规模战争，它巩固了美国的独立地位。但是，1846年至1848年美墨战争本质上是一场侵略扩张的战争。美墨战争后，美国从墨西哥攫取了大片领土，国土面积增加了50%，边境线向南扩张到格兰德河和墨西哥湾，向西扩张到太平洋沿岸，成为名副其实的两洋国家。时任总统詹姆斯·波尔克（James Polk）以墨西哥—得克萨斯边境冲突为借口，向墨西哥宣战，战争得到了国会的支持，特别是民主党人和南方议员的支持。但是，辉格党人和北方议员强烈反对这场战争。他们认为，这场战争实际上是为了奴隶制的扩张。

尽管反对战争的力量非常弱小，组织也很松散，但是，新英格兰一些知名思想家都参与其中，例如著名作家拉尔夫·沃尔多·爱默生（Ralph

① Leonard Benardo and Jennifer Weiss, *Citizen – in – Chief: The Second Lives of the American Presidents*, New York: Harper Collins, 2009, p. 126.

Waldo Emerson），亨利·戴维·梭罗（Henry David Thoreau），废奴主义者威廉·罗伊德·加里森（William Lloyd Garrison），前总统、时任国会众议员约翰·昆西·亚当斯（John Quincy Adams）等人。约翰·昆西·亚当斯和当时国会议员亚伯拉罕·林肯一起，在国会强烈批评美墨战争，批评詹姆斯·波尔克总统支持奴隶制的立场。他们称这场战争是“非正义的”“邪恶的”。约翰·昆西·亚当斯投票反对国会给美墨战争的8位军事将领颁发奖章。在投票前，他发表了言辞激烈的演说。在演说中，年迈的约翰·昆西·亚当斯曾一度昏厥。亚当斯随即被抬到众议院议长办公室抢救，几天后辞世，享年81岁。

即使一些扩张主义者对詹姆斯·波克发动美墨战争也持不同意见。前总统约翰·泰勒虽然拒绝在公开场合批评美墨战争，但是在朋友中，他批评詹姆斯·波尔克试图采取暴力和掠夺土地的方式建立帝国。泰勒的传记作家写道：“他（泰勒）反对（波尔克）攫取领土的方式。”但是，最后，波尔克完成了泰勒执政时期希望实现的政治抱负，那就是，将美国的边界扩展到太平洋沿岸。

在美国内战爆发前夕，有5位健在的前总统，他们希望能够阻止战争爆发，维护联邦统一。其中，前总统约翰·泰勒向弗吉尼亚州议会提议，召开联邦和平会议，讨论避免南北战争事宜。这个建议后来得到了21个州响应，其中14个是自由州，7个是蓄奴州。他们同意派代表前往华盛顿，参加联邦和平会议。代表团由71岁高龄的泰勒带领，前往华盛顿威拉德饭店参加会议。会议于1861年2月4日举行，为期三周。在和平大会上，泰勒希望力挽狂澜，避免联邦分裂。他告诉双方代表说：“我们必须要维护‘我们上帝般开国元勋们’创立的（这个国家）。”但是，会议结果并不如人意。南北双方代表都不愿意妥协，国会也拒绝接受大会提出的中间路线决议。

尽管泰勒在参加和平大会之前对于南方脱离联邦这个提议仍然犹豫不决。但是，在和平大会召开期间，特别是在同当选总统亚伯拉罕·林肯在威拉德饭店会面后，他逐渐倾向于接受这一提议。作为伊利诺伊州共和党众议员，也是候任总统，亚伯拉罕林肯在3月4日就职典礼举办之前在威拉德饭店居住。林肯明确告诉泰勒和其他代表团成员，他将会运用《宪法》给予总统的权力，阻止奴隶制的进一步扩张。林肯警告说：“在所有的罪恶中，战争可能并不总是最遭的选择。”林肯的表态无疑让泰勒感到震惊。

在和平大会结束24小时后，泰勒呼吁弗吉尼亚州脱离联邦。不久，泰勒就当选为南部邦联临时国会议员。北方的代表怀疑泰勒一开始参加和平大会的动机，称他是“蹒跚入土的人”，在所有曾经担任过总统的人中是“最不值得尊敬的一位”。当正式宣布独立的7个州在亚拉巴马州首府蒙哥马利市成立邦联，召开大会时，泰勒出生在白宫、时年19岁的孙女，高举新的邦联旗帜时，北方代表对泰勒的怀疑进一步加深了。

前总统富兰克林·皮尔斯在1861年5月，也就是内战爆发后两个月，试图召集几位卸任总统，一起商议和平解决美国面临的危机。他认为，战争爆发的主要责任在北方废奴主义者。他希望利用自己具有象征意义的前总统身份来挽救联邦。他在写给另一位前总统马丁·范布伦的信中问道：“有没有什么办法能够避免南北双方的军事冲突?”他建议，5位卸任总统在宾夕法尼亚州首府费城开会，讨论制止军事冲突事宜。他呼吁范布伦（因为范布伦是5位退休总统中资历最高、年龄最长的一位）主持召开这个会。范布伦在执政期间是支持奴隶制的，在1860年大选中，他并没有支持林肯，而是投票支持民主党总统候选人史蒂芬·道格拉斯。随着内战爆发，范布伦的态度发生了变化。在他看来，维护联邦统一是首要目标。范布伦公开反对南方各州脱离联邦，呼吁纽约的政治精英支持林肯，这也许是因为他对自己执政期间姑息南方奴隶主的做法感到后悔。

但是，皮尔斯没有寻求林肯对这样的会议的支持。在5位前总统中，皮尔斯和泰勒对林肯最不友好，也不认同林肯的战争目标。尽管皮尔斯和泰勒不同，他并不同意南方各州脱离联邦，但他确实建议林肯同叛乱各州，特别是邦联，开展谈判，以期结束内战。皮尔斯也公开反对林肯颁布的《解放宣言》，认为这种做法剥夺了各州的权利；皮尔斯甚至表示，林肯已经“心甘情愿地成为废奴主义者的工具，给国家带来了痛苦、破坏、残暴、荒凉和废墟”。

詹姆斯·布坎南卸任后回到了家乡宾夕法尼亚州韦特兰德县。人们也为布坎南贴上了一个“同情南方的北方人的”标签，因为布坎南内阁成员中大部分人是奴隶主。尽管布坎南本人是一个坚定的联邦主义者，强烈批评南方从联邦中分裂，认为此举严重违反《宪法》。但是，布坎南认为，南方分裂的原因是由于北方在奴隶制问题上坚决不妥协的立场造成的。他和皮尔斯一起，拒绝接受林肯颁布的《解放宣言》。在许多人看来，布坎南执政时政策不当，是导致南方分裂的主因，很多人给他写信，对他发出威胁。一些共和党报纸指出，在1860—1861年发生南方脱离联邦危机时刻，如果布坎南派联邦军队进入南卡罗来纳州阻止叛乱分子占领联邦军事设施，那么，他是有可能阻止军事冲突的发生的。

卸任后，布坎南在家乡韦特兰德的生活并不安全。由于当时美国卸任总统没有政府提供的私人随扈和安保措施，所以，布坎南不得不允许忠诚于自己的共济会会员在家门口巡逻，保护自己的人身安全。布坎南晚年大部分时间里在撰写回忆录《南北战争前夕布坎南先生的政府》。在书中，布坎南解释了他执政后期如何采取措施，试图挽救联邦，目的是说明他执政时期推行的政策的正当性。布坎南回忆录在美国内战结束后出版，回忆录煞费苦心，试图证明内战的爆发，是由“共和党的恶劣影响”和“反奴分子的恶意行为”造成的。

另外一位前总统米勒德·菲尔莫尔，在内战结束后生活也不顺利。尽管菲尔莫尔在内战中支持联邦，但内战结束后，他主张恢复南方各州的权利。他说：“如今我们已经打败了南方叛军，处理了他们的领导人，我们应该表现出大度、慷慨和仁慈，在《宪法》允许的范围内恢复各州享有的所有权利。”菲尔莫尔从来就不是一个分裂主义者，但是，他发表的上述言论，导致许多北方人指责他是一个“铜头蛇”，意即“支持邦联的北方人”，这样一个指控是那些布法罗和其他各地坚定的联邦主义者永远也无法忘记的。①

四、卸任总统看美西战争

在1898年美西战争后，古巴赢得了独立，美国从西班牙手上夺取了菲律宾、波多黎各和关岛。美西战争也标志着美国推行咄咄逼人的外交政策的开始。对于这种帝国主义争夺，美国国内也有许多反对意见。有些人认为这种扩张主义行为既违反了美国宪法，也是不道德的。在他们看来，所谓要将古巴人从西班牙主人手上解放出来，只不过是争夺西班牙殖民地的一个借口而已。

前总统本杰明·哈里森对于美国应该在世界上扮演什么样的角色，心里感到矛盾。他对于时任总统威廉·麦金利在加勒比海地区的所作所为感到不安。尽管本杰明·哈里森是共和党人，对古巴的处境也比较同情；但是，他并不相信美国“得到了上帝的委派，来拯救世界上受压迫的人们”。

① Leonard Benardo and Jennifer Weiss, *Citizen – in – Chief: The Second Lives of the American Presidents*, New York: Harper Collins, 2009, p. 127 – 131.

他认为美国控制菲律宾明目张胆地违反了《门罗宣言》中宣称的“不干预世界其他地区事务的”承诺。

麦金利的前任，民主党人格罗弗·克利夫兰同本杰明·哈里森的看法相似。作为一个坚定的孤立主义者，克利夫兰对于麦金利政府入侵古巴和威廉·兰道夫·赫斯特（William Ranfolph Hearst）通过《纽约世界报》操纵公众对战争的情绪感到震惊。即使美国战舰“缅因”号1898年2月15日在古巴哈瓦那沉没，舰上260人丧生之后，克利夫兰仍然认为“（美国国会于4月25日对西班牙）宣战将是一个骇人听闻的事件”。他感到疑惑，美国为什么要同古巴人站在一起。他表示，自己无法相信，美西战争不可避免。

克利夫兰警告说，美国在战争中的伤亡数字会导致公众对战争的正义性和必要性提出质疑。但是，他低估了纽约警察局前局长西奥多·罗斯福“莽骑兵”的魅力。罗斯福展现的个人魅力以及所谓的“英雄主义”精神，减弱了民主党人对美国可能走向帝国主义的批评。①

五、罗斯福、塔夫脱在第一次世界大战前后的立场

1914年8月2日，德国入侵比利时和法国，第一次世界大战全面爆发。对此，前总统西奥多·罗斯福一方面谴责这种明目张胆的战争行为，同时也发表演讲，撰写文章，出版书籍《美国与世界战争》，甚至幕后支持电影制作《为和平呐喊》，呼吁伍德罗·威尔逊政府扩大军队规模，改善军事设施，做好战争准备。尽管美国的公共舆论一直坚持美国应该避免卷入欧洲战事，但罗斯福还是强烈主张美国介入。他反对威尔逊政府推行的中立政策，声称，如果他在白宫主政的话，他将会积极斡旋，保护比利时不受德国侵略。很显然，罗斯福希望在国家处在危机的时刻，在白宫主政的是他，而不是威尔逊。在接下来的几年里，罗斯福对威尔逊的攻击与日俱增。

前总统威廉·霍华德·塔夫脱在一战爆发以来，也非常关注这场战争。但是，他的态度并不像他的前任西奥多·罗斯福那么激烈。塔夫脱在1915年6月17日同美国发明家亚历山大·格雷厄姆·贝尔（Alexander Graham Bell）、犹太教宗教领袖斯蒂芬·塞缪尔·怀斯（Stephen Samuel

① Leonard Benardo and Jennifer Weiss, *Citizen－in－Chief: The Second Lives of the American Presidents*, New York: Harper Collins, 2009, pp. 131－132.

Wise)、美国罗马天主教大主教詹姆斯·吉布斯（James Gibbons）、美国商人、慈善家爱德华·阿尔贝特·法林（Edward Albert Filene）等人共同创建了“推动和平联盟”。他们认为，只有通过强大的国际组织才能够确保避免战争。“推动和平联盟”的指导原则是：“如果（联盟）任何签字国对其他任何签字国发动战争，或采取了敌意行为，那么所有签字国将共同使用经济和军事力量打击主动发动战争或采取敌意的国家”。

“推动和平联盟”大约活跃了三年。1916 年，联盟成员支持威尔逊政府有关通过谈判和平结束一战的建议。对此，西奥多·罗斯福和他的好友、参议员亨利·卡伯特·洛奇表示强烈反对。他们反对“推动和平联盟”介入和平谈判的做法，认为谈判只能在和平的环境中进行。尽管罗斯福对于“推动和平联盟”应该发挥什么样的作用有不同意见，但他从未反对建立全球国家联盟的想法。事实上，罗斯福在接受诺贝尔和平奖时（罗斯福于 1906 年获得诺贝尔和平奖，但直到 1910 年才去挪威领奖）发表的演说中，呼吁加强海牙国际法庭的功能，建议成立一个世界组织来制止战争。在 1917 年威尔逊宣布美国参战后，罗斯福详细分析了威尔逊的行为。他发现威尔逊处理战争的方式是令他无法接受，特别是在“战争准备不足，以及对盟国提供援助步伐太慢”方面。

在一战爆发的最初几年，塔夫脱和罗斯福两人也不和。塔夫脱不能认同罗斯福耸人听闻的言论，认为这些言论“误读了当时的环境”，“只会打击士气，灭自己的威风”。塔夫脱担心，自己竭尽全力试图说服国会和白宫同意推行强制兵役的建议，可能会因为罗斯福不断恳请伍德罗·威尔逊派他率领一支志愿骑兵团赴欧参加战斗而受到干扰。威尔逊之所以不愿意派罗斯福前往欧洲参战，主要有两个考虑：一是鉴于罗斯福年事已高；二是因为罗斯福并不是职业军人，到欧洲作战凶险很大。一旦罗斯福有什么不测，自己责任重大。

在罗斯福 1919 年 1 月去世后，塔夫脱成为当时唯一健在在卸任总统。他的关注点开始转向为威尔逊提出的“国际联盟”的思想寻求支持。为此，塔夫脱还在参议院作证，呼吁参议院批准美国加入“国际联盟”。在演讲中，塔夫脱表示，民众对“国际联盟”的功能和角色存在严重误读。他说：“国联”不是国家，不具备国家权力，也不在国家之上；它只有建议权，没有命令权；任何批评“国联”的做法，或者认为威尔逊总统或者民主党会因“国联”而得到什么好处的想法，都“违背了作为一个爱国公民应尽的责任”。他请求参议员们超越党派歧见，支持“国联”。他最后说："假如乔治·华盛顿仍然健在的话，他将会支持国际联盟的。"但是，在参议院、乃至美国国内弥漫的"孤立主义"思潮的背景下，塔夫脱的演讲显然无法达到预期的效果。

事实上，塔夫脱对"国联"的支持更多地是出于一个法学家的思想倾向，同个人政治倾向关系不大。尽管塔夫脱对战争的立场从中立慢慢转向干预，但是在解决国际争端问题上，他始终偏爱通过非暴力、司法途径解决。也正是这种执着，才使得身为共和党人的前总统威廉·塔夫脱能够积极替身为民主党的现任总统伍德罗·威尔逊提出的倡议四处奔走。①

六、赫伯特·胡佛看美国在第二次世界大战中的角色

二战期间，赫伯特·胡佛是唯一健在的退休总统。二战前夕，1938 年冬天，胡佛以私人身份访问欧洲，在德国做了短暂停留，同德国总理阿道夫·希特勒进行了私人会晤，参加了纳粹党领导人赫尔曼·戈林在柏林郊外私人住所举行的晚会，为深入了解纳粹德国高层的思想和战略提供了宝贵的第一手资料。

3 月 8 日，也就是德国吞并奥地利的前 72 个小时，希特勒在总理府会见了胡佛和美国驻德国大使休·威尔逊（Hugh R. Wilson）。在长达一个小时的会面中，胡佛和希特勒回顾了各自国家的经济发展和社会成就。胡佛表示，"非常钦佩德国各地充满希望、生机勃勃的景象。"当两人谈到一些更加敏感的话题时，如民主、共产主义、犹太人等，希特勒则以标准的国家社会党的陈词滥调予以回应。胡佛强烈的反左派思想让两人在如何应对共产主义这个问题上找到了共同的话题；在强烈的孤立主义思想的驱使下，胡佛告诉希特勒："美国在政治上同欧洲非常不同，但绝没有意愿介入欧洲政治事务。"胡佛的助理，也是他的好友，爱德华·里克德（Edward Rickard）在整理胡佛同希特勒的谈话纪要时这样写道：在同希特勒谈完话后，胡佛坚信，德国没有做好战争准备；假如真发生战争，那也"不会发生在西方，而是会发生在东方或者南方"，"不会对世界和平造成多大伤害"。

结束了同希特勒的会谈后，胡佛在卡尔·舒尔茨协会（the Carl Schurz Society）出席了德意志帝国银行主席亚尔马·沙赫特（Hjalmar Schacht）

① Leonard Benardo and Jennifer Weiss, *Citizen - in - Chief*: *The Second Lives of the American Presidents*, New York: Harper Collins, 2009, pp. 133 - 136.

举行的欢迎宴会。沙赫特对胡佛在任期期间体谅德国正在经历的经济危机，延长德国偿还对美债务一事深表感谢。胡佛彬彬有礼地说，能够在德国需要的情况下帮助德国，是他的荣幸。第二天，希特勒的副手赫尔曼·戈林夫妇在柏林郊外的私人寓所以隆重的礼仪接待胡佛，并同胡佛共进午餐。

回到美国后，面对欧洲战事逐步恶化，胡佛坚决反对美国介入。尽管他曾经和德国领导人密谈，尽管他也曾亲眼目睹了纳粹德国对波兰裔犹太人的残酷迫害，但是，他还是坚信，同英、法，特别是苏联合作，共同阻止德国法西斯，这种做法是错误的。在胡佛从欧洲回到美国几天后，他在一次演讲中说："组建这样的联盟将是我们人类文明即将面临的最糟糕的事情，（它会导致）不同政治信仰和意识形态之间发生战争的几率增加。"胡佛说，"大家各不相扰，别国建立什么样的政府，追求什么样的国家前途，跟我们没有关系。我们绝不能为了所谓的正义，把世界引向战争猛犬的口中。"在珍珠港事变爆发前一年，也就是在 1940 年总统大选期间，胡佛还非常坚定的宣称，"目前，美国没有危险；但是，富兰克林·罗斯福比共和党总统候选人温戴尔·威基（Wendell Willkie）'更有可能'把美国拖入战争。"这些言论不仅反映了胡佛顽固坚持孤立主义的立场，也反映出他政治上的幼稚。

胡佛一直在警告美国不要卷入欧洲战场。1941 年 3 月，罗斯福提出旨在向盟国提供战争物资的《租借法案》，对此，胡佛表示强烈反对。他不断敦促一些资深共和党议员，如罗伯特·塔夫脱、托马斯·杜威等人，削弱《租借法案》中的一些条款。在珍珠港事变爆发后，胡佛虽然口头支持美国参战，但是，至少从理念上来看，他从来没有偏离自己的孤立主义思想。尽管在公共场合，他不否认，这场战争是日本强加给美国的，但是，他认为，假如美国没有对日本推行过于咄咄逼人的经济政策，没有冻结日本的资产，那么，珍珠港事变是可以避免的。胡佛的这番言论表明，他在孤立主义的道路上已经走得越来越远，思想认识中毫无正义感可言。

二战后，美国外交政策辩论的核心议题是"遏制战略"。到 20 世纪 50 年代早期，胡佛强烈呼吁美国减少海外军事行动，强化本土防御，特别是在西半球（也就是美国的传统势力范围美洲）的防御。尽管他认为美国国家安全是优先选项，他建议美国调整海外军事力量部署的不均衡状态。他说，欧洲盟友在应对地区热点问题上投入不多，美国在这些问题上负担过重。对于马歇尔计划的实施方法，胡佛也颇有微词。他建议，世界银行的资金供应和日常监管不能完全由美国一家承担，其他国家也应承担相应的责任。① 胡佛的看法代表了了共和党内极端保守的思想，在二战后逐渐走向全球的美国而言，显然已经不合时宜。

七、卡特、福特、老布什、克林顿、卡特对于伊拉克战争的态度

在伊拉克战争期间，健在的前总统有 4 位，杰拉尔德·福特、吉米·卡特、乔治·布什和比尔·克林顿。在这四位前总统中，吉米·卡特对待伊拉克战争的态度一直比较鲜明。他从一开始就反对这场战争。他在 2002 年 12 月 10 日，也就是伊拉克战争爆发三个月前，就曾在接受诺贝尔和平奖的颁奖典礼上发表演说，强烈抨击小布什政府提出的先发制人战略。事实上，卡特对小布什政府的批评从来没有停止过。从关塔那摩虐囚事件到窃听丑闻，莫不如此。卡特称，伊拉克战争的“泥潭同越战相似”。卡特对小布什政府伊拉克政策的公开批评，反映了公众越来越认识到，小布什政府的伊拉克政策不仅浪费了美国在“9·11”事件后赢得的国际支持，也导致美国同世界的关系出现了裂痕。

如果说民主党人、前总统吉米·卡特对伊拉克战争的批评是尖锐的，那么共和党人、前总统杰拉尔德·福特对这场战争的批评则是委婉的。他并没有主动表达自己对伊拉克战争的看法。他只是在 2004 年 7 月接受《华盛顿邮报》记者鲍勃·伍德沃德（Bob Woodward）采访被问到这个问题时才谈了自己的看法。不过，他要求鲍勃·伍德沃德在他去世后再公开他的看法。在接受采访时，福特表示，他“强烈地”不赞同小布什总统入侵伊拉克的决定。他说，“我认为，自己不会去发动战争。我会最大限度地运用制裁等措施来找到解决伊拉克问题的答案。”他强调，除非同美国的安全利益密切相关，否则，美国不应该到世界各地去点燃地狱之火。②

他对副总统迪克·切尼（曾在福特政府中担任白宫办公厅主任）和国防部长唐纳德·拉姆斯菲尔德（曾在福特政府中担任国防部长）也颇有微词。他对切尼的批评尤其严厉。他说，“切尼曾经是一个出色的白宫办公

---

① Leonard Benardo and Jennifer Weiss, *Citizen – in – Chief*: *The Second Lives of the American Presidents*, New York: Harper Collins, 2009, pp. 137 – 140.

② Burton I. Kaufman, *The Post-Presidency from Washington to Clinton*, Lawrence, Kansas: University Press of Kansas, 2012, p. 445.

厅主任，但现在却变得更加好斗。”[①] 杰拉尔德·福特的态度同主流共和党现实主义思想是一致的。他要求在自己死后再公开自己对伊拉克战争的看法，这实际上遵循了“在战争期间，卸任总统不轻易批评现任总统推行的政策决定”这个非正式传统。

作为小布什的父亲，前总统老布什从未在公开场合表示他不认同这场战争。他也未在公开场合批评小布什政府的伊拉克政策。老布什在公开场合对伊拉克战争不发表评论是可以理解的。但是，老布什政府中的许多高官都是典型的“现实主义”学派，他们反对小布什政府外交政策中传教士般“促进民主”的热情。老布什对于公众在事后批评小布什政府的做法不能认同。但是，在多数情况下，他本人更愿意选择沉默。

在极个别情况下，老布什也会发表他的看法。有一次，他再也无法容忍那些“恶意中伤”他儿子的人。他在 2007 年一次接受采访时说：“那些批评伊拉克政策的人，难道他们想让萨达姆·侯赛因回来吗？难道他们认为，萨达姆仍然在那里，中东（人民）的生活就会更好吗？”[②] 老布什显然对那些“事后诸葛亮”的批评嗤之以鼻。他在伊拉克问题上比较克制，主要是出于家庭血缘关系。

比尔·克林顿对于伊拉克战争的态度有反复。伊拉克战争之前，克林顿支持小布什政府发动伊拉克战争。但是，到了 2005 年，克林顿开始将伊拉克战争视为“很大的错误”。“我们派兵永远都不够，我们没有足够的军队控制或者保护（伊拉克的）边境。”在克林顿看来，小布什政府也轻率、错误地“肢解了伊拉克的政权架构”。克林顿改变自己先前对伊拉克战争的看法，主要是出于家庭因素。在 2008 年总统大选民主党初选中，克林顿是在维护他的夫人希拉里·克林顿先前在伊拉克问题上的立场。因为 2003 年伊拉克战争前，作为纽约州联邦参议员，希拉里·克林顿支持小布什政府攻打伊拉克。但是在 2008 年总统大选民主党内初选中，希拉里·克林顿却对伊拉克战争提出了批评。

对此，克林顿辩解说，“把对（国会授权采取军事行动）投赞成票看做是想要发动战争，这种看法是不公平的。”事实上，在伊拉克战争爆发之前，包括希拉里·克林顿在内的许多国会议员都支持小布什政府对伊拉

---

① Mark K. Updegrove, *Second Acts: Presidential Lives and Legacies After the White House*, Guilford, Connecticut, The Lyons Press, 2006, p. 141.

② Leonard Benardo and Jennifer Weiss, *Citizen – in – Chief: The Second Lives of the American Presidents*, New York: Harper Collins, 2009, p. 225.

克采取军事行动。但是，随着美国在伊拉克越陷越深，美国国内反对伊拉克战争的声音日趋高涨，小布什政府的伊拉克政策也备受诟病。事实上，克林顿本人的看法也发生了改变，现在声称他“从一开始就反对伊拉克战争”。

在对待涉及战争与和平这样重大事件中，不是每一位卸任总统都遵循同样的标准。有些前总统明确支持现任总统的政策，有些反对现任总统的政策，有些甚至会提出他们自己的理念或倡议。作为普通公民，他们不需要对现任总统负责，也没有义务去支持现任总统的政策。但是，作为资深政治人物，他们前总统的身份，本身就决定了他们虽然没有总统的权力，但是却有公众人物的影响力。他们对战争与和平这些重大议题的看法无疑会受到社会的关注，当然也可能会影响到一些民众对于这些重大事件的态度。

第五章

政策咨询

作为资深政治家，卸任总统一般都愿意同现任总统分享自己的执政经验，也愿意在政治、外交，甚至个人事务上为现任总统提供帮助。现任总统经常也会在政治和外交事务事务上向卸任总统请教，征询他们的意见。在有些情况下，卸任总统甚至会主动向现任总统提供帮助，帮助他们应对一些复杂敏感的议题。虽然这些帮助并一定是确切的政策建议，但可以归为广义的咨询范畴。本章拟从政治和外交两个方面探讨卸任总统在一些重大议题上给予现任总统的帮助和支持。

第一节 提供政治支持

卸任总统向现任总统提供政治支持主要表现在5个方面：

一是应现任总统邀请直接担任一定的职务。例如乔治·华盛顿应约翰·亚当斯请求，临危受命，出任美国陆军总司令，应对可能发生的美法战争。威廉·塔夫脱应伍德罗·威尔逊之邀，出任战时劳工委员会共同主席。赫伯特·胡佛应哈里·杜鲁门之邀，先是担任“饥荒救济委员会”主席，后来又主持行政部门改组工作。这些例子在前文已有详细阐述，本节就不再赘述。

二是应现任总统请求，就人事任命等内政问题给现任总统建言献策。例如，威廉·塔夫脱应哈里·哈丁请求，就陆军部长、司法部长等内阁人事任命问题提出自己的意见。乔治·布什应儿子乔治·沃克·布什请求，就副总统搭档人选、国务卿、国防部长等人事任命提出自己的看法。

三是卸任总统主动为现任总统的政策辩护。例如，詹姆斯·麦迪逊主动在报纸上撰文，帮助现任总统安德鲁·杰克逊化解由南方一些州宣布联邦法律在本州内无效引起的争议。德怀特·艾森豪威尔帮助肯尼迪和约翰逊缓解重大外交事件在美国国内造成的负面影响。例如，他在肯尼迪处理“猪湾事件”后续影响期间，同肯尼迪一起召开记者会，呼吁民众坚定支持肯尼迪。他还呼吁共和党政治人物不要把对“猪湾事件”失败的调查变成一场对肯尼迪的“政治迫害”。在肯尼迪应对“古巴导弹危机”期间，他主动接受美国广播公司的采访，支持肯尼迪在危机期间采取的政策。在越战期间，他联合杜鲁门以及几位退役将军，成立“争取越南自由和平公民委员会”，接受美国全国广播公司采访，向美国民众解释时任总统林登·约翰逊的对越政策。

四是促成现任总统或者当选总统同政治对手达成和解。这个问题表面上看来似乎不是政治议题。但是，只要看到政治对手的身份，我们就会自然把他归结为重要的政治议题。例如，托马斯·杰斐逊促成了时任总统詹姆斯·麦迪逊同昔日好友詹姆斯·门罗之间的和解。赫伯特·胡佛应当选总统约翰·肯尼迪的请求，促成了肯尼迪同大选对手理查德·尼克松的和解。

五是关注政治改革和国内政治议题。例如，拉瑟福德·海斯在卸任后关注政府人事任命制度改革及其他政治议题等。

以下就举例说明。

一、应邀就人事任命建言

（一）塔夫脱在内阁人选上给候任总统哈丁的建议

1920 年 11 月，共和党人沃伦·哈丁成功当选为第 29 任美国总统。哈丁在 1921 年 3 月 4 日就职。那时，美国卸任总统有两位：一位是身患重病、深居简出的第 28 任总统、民主党人伍德罗·威尔逊；一位是正在耶鲁大学法学院任教的第 27 任总统、共和党人威廉·塔夫脱。塔夫脱在 1920 年大选中，坚定地支持哈丁。在哈丁当选后，塔夫脱在圣诞节前一天前往俄亥俄州马里恩市（Marion，Ohio）拜访当选总统哈丁。哈丁希望就未来政府政府人事任命的议题听一听塔夫脱的想法。

在讨论中，哈丁提到，他打算让查尔斯·埃文斯·休斯（Charles Evans Hughes）出任国务卿。塔夫脱表示，休斯志在最高法院首席大法官。他建议，国务卿一职由伊莱休·鲁特担任。但哈丁以伊莱休·鲁特年龄太大为由拒绝了塔夫脱的提议，坚持任命休斯为国务卿。塔夫脱建议由查尔斯·希尔斯（Charles Hills）出任财政部长，但哈丁最终还是选择了安德鲁·梅隆。[①]

哈丁说他考虑让查尔斯·盖茨·道威斯（Charles Gates Dawes）和赫伯特·胡佛（Herbert Hoover）分别主政内政部和商务部。不过，在最终内阁名单中，艾伯特·福尔取代查尔斯·道威斯成为内政部长。塔夫脱又建议由哈里·纽（Harry S. New）担任陆军部长，由哈里·多尔蒂（Harry Dougherty）担任司法部长。哈丁表示，选择多尔蒂任司法部长是合适的。其实，塔夫脱知道，哈丁和多尔蒂是多年好友。在最终内阁名单中，多尔蒂确实出任了司法部长。他因保守立场以及对工会的敌视遭到司法委员会弹劾，但是，由于哈丁的信任，司法委员会对他的弹劾没有成功。至于陆军部长人选，哈丁最终选择由约翰·威克斯出任。关于菲律宾总督的人选，塔夫脱提议由查尔斯·福布斯（Charles R. Forbes）担任。

在讨论完主要内阁人事任命议题后，哈丁突然问塔夫脱："你愿不愿意接受在最高法院任职？如果你愿意的话，我将把你放在最高法院。"塔夫脱感到非常诧异，但是，他头脑非常冷静。他回答说，成为最高法院的一员，是他一生的梦想和追求。但是，因为他在当总统期间，已经任命了三位法官，这些法官仍然在任。况且，他坚决反对任命最高法院陪审法官路易斯·德莫比茨·布兰代斯（Louis Dembitz Brandeis）担任大法官。所以，如果要进最高法院的话，他只接受首席大法官的职位。[②] 塔夫脱说，时任首席大法官爱德华·怀特年事已高，耳不聪，目不明，疾病缠身，也在考虑辞职。因此，这个职位不久就会空出来。听完塔夫脱的话后，哈丁沉默了一会儿，开始转向其他话题。[③] 1921 年 6 月，塔夫脱终于如愿以偿，时任总统哈丁任命他为最高法院首席大法官。

（二）乔治·沃克·布什在人事任命上征求父亲、前总统乔治·布什的建议

乔治·布什（简称老布什）在人事任命上给予乔治·沃克·布什（简

---

① ［美］威廉·德格雷戈里奥著，周凯等译，《美国总统全书》，北京：社会科学文献出版社，2001 年版，第 464 页。

② Burton I. Kaufman, *The Post-Presidency from Washington to Clinton*, Lawrence, Kansas: University Press of Kansas, p. 255.

③ Marie B. Hecht, *Beyond the Presidency: The Residues of Power*, New York: Macmillan Publishing Co., Inc., 1976, pp. 165 – 166.

称小布什）的帮助主要体现在两个方面：一是帮助小布什搭建竞选团队，二是在阁僚任命方面给予他建议和支持。例如，2000 年秋，在小布什第一次参加总统竞选时，老布什请自己昔日得力助手詹姆斯·贝克担任小布什的法律顾问和公共事务发言人。在竞选进入胶着状态，特别是在佛罗里达州选票计算出现分歧时，贝克建议，由最高法院介入，重新开展计票工作。这个建议对于小布什最后获胜起到了关键作用。①

在阁僚人选方面，小布什在《第 41 任总统：我的父亲的画像》一书中明确谈到，他和父亲有时确实谈论正事。其中一个共同的话题就是人事任命。第一个是副总统搭档人选，第二是国务卿人选，第三个是国防部长人选。老布什对迪克·切尼的评价是“坦率、可靠”，对科伦·鲍威尔的评价是“在世界上广受尊重，他会成为一个出色的国务卿”，对鲍勃·盖茨的评价是“会出色地完成工作”。小布什说，在白宫的 8 年中，切尼从未让自己失望。鲍威尔工作勤勤恳恳，但是由于他同时任国防部长拉姆斯菲尔德分歧严重，最终决定辞职。鲍勃·盖茨是一个出色的国防部长。奥巴马入主白宫后，盖茨连任国防部长。他也是唯一一位担任来自不同政党的两位总统的国防部长。②

小布什在回忆录《抉择时刻》中详细披露了他在用人方面如何得益于父亲的帮助。从他的讲述中可以看出，小布什在人事任命方面有两大特点：一是启用父亲当年政府中的核心幕僚，二是在一些人事任命决定之前，会征求父亲的意见。小布什说，作为总统，他用人的基本原则是诚实正直，值得信赖，工作能力强，有奉献精神，能够承受压力。小布什坦承，他有时候也用人失策，有时碍于下属对自己的忠诚，未能及时换将，结果给政府工作带来损失。③

小布什说，在第一项重要的人事任命，也就是挑选参选搭档时，他同竞选团队成员多次商议，确定了多个可能的人选。虽然这些人选各有优势，但他还是不太满意。他心中的理想人选是曾经在父亲政府中担任国防部长的迪克·切尼。在难以决断的时候，他给父亲打电话，征求父亲的意见。老布什对选择切尼作为副总统候选人非常支持。他说，“迪克是一个

---

① Leonard Benardo and Jennifer Weiss, *Citizen – in – Chief*: *The Second Lives of the American Presidents*, New York: Harper Collins, 2009, pp. 222 – 223.

② George W. Bush, *41*: *A Portrait of My Father*, New York: Crown Publishers, 2014, pp. 268 – 269.

③ George W. Bush, *Decision Points*, New York: Crown Publishers, 2010, p. 66.

很好的人选。他会给你提出坦率、中肯的意见。你永远也不用担心他在你背后做出什么事。”[①] 小布什说，10 年过去了，他从来没有后悔过选择切尼做他的竞选伙伴。切尼和他的执政理念一致，在国家出现危机的时候总是坚定地支持他。[②]

在第一次参加竞选胜利后，小布什首先确定了白宫办公厅主任和国家安全事务助理的人选。他任命父亲执政时期白宫办公厅副主任安迪·卡德作办公厅主任，任命父亲执政时期国家安全委员会苏联问题专家康迪莉扎·赖斯作国家安全事务助理。关于国务卿人选，他认为，父亲执政时期参谋长联席会议主席科伦·鲍威尔是理想的人选。在赖斯的建议下，小布什选择拉姆斯菲尔德担任国防部长。但是，在第一任期，鲍威尔和拉姆斯菲尔德之间的矛盾很深，两人的私下争论甚至出现在媒体上，这让小布什感到非常难堪。小布什说，国家安全团队之间存在内部分歧是在所难免的，但是，争论的公开化无疑会损害政府的形象。于是，在 2004 年第二次大选结束后，他决定进行人事改组。国务卿鲍威尔性格敏感，在政府内部纷争中受到伤害，在 2004 年春提出辞职。在小布什的挽留下，鲍威尔同意留任到选举结束。在第二任期，布什任命赖斯担任国务卿，拉姆斯菲尔德留任国防部长。[③]

小布什说，在他的人事任命中，撤换国防部长拉姆斯菲尔德和白宫办公厅主任安迪·卡德是他在 2006 年做出的两项极其艰难的决定。布什说，两人都对自己都非常忠诚。但是，由于伊拉克局势在不断恶化，教派冲突愈演愈烈，小布什政府需要新人采用新的战略稳定伊拉克的局势。事实上，拉姆斯菲尔德自己也意识到了这个问题，也曾向布什提出“换新人”的想法。在撤换拉姆斯菲尔德的时机问题上，小布什可谓煞费苦心。他选择在 2006 年中期选举结束后宣布这个决定，目的是避免给外界留下“为了达到帮助共和党赢得中期选举的政治目的，让拉姆斯菲尔德承担伊拉克乱局的责任”的印象。小布什的做法令拉姆斯菲尔德非常感动。[④]

安迪·卡德曾在老布什政府时期担任白宫办公厅副主任。他在小布什政府中担任办公厅主任长达 6 年之久。但是，到小布什政府第二任期，卡德也意识到自己的工作不尽人意。他自己也曾在 2006 年初向小布什表示自

---

① George W. Bush, *Decision Points*, New York: Crown Publishers, 2010, p. 68.

② George W. Bush, *Decision Points*, New York: Crown Publishers, 2010, p. 70.

③ George W. Bush, *Decision Points*, New York: Crown Publishers, 2010, p. 93.

④ George W. Bush, *Decision Points*, New York: Crown Publishers, 2010, p. 94.

己可能会离职。小布什本人也注意到，白宫各部门之间权责并不是十分明确，已经影响到了政策的协调和执行，也决定更换白宫办公厅主任。小布什说，他同意了卡德提出离职的请求，但这个决定让他感到非常痛苦。在他看来，卡德为人忠诚，品德高尚，在他非常困难的情况下管理着白宫的工作人员。他说，自己在去往戴维营的路上，专程到保龄馆去看望卡德夫妇，对卡德的辛勤工作表示感谢。卡德却打断了他的话，不让他再说下去，并且和总统拥抱，表示自己接受他的决定。①

二、为现任总统政策辩护

（一）詹姆斯·麦迪逊为安德鲁·杰克逊政府政策辩护

卸任总统詹姆斯·麦迪逊以匿名的形式发表公开信，帮助时任总统安德鲁·杰克逊处理“南卡宣布联邦法律无效案”。在安德鲁·杰克逊第一任期，发生了南卡来罗纳州宣布“联邦政府法律无效”，史称“废止联邦法律争议案”。这个争议在杰克逊执政后愈演愈烈，最终演变成总统安德鲁·杰克逊和副总统约翰·卡尔霍恩之间的公开分歧，挑战了联邦的权威，甚至威胁到联邦的统一。

事情的起因是这样的。在1828年，时任总统约翰·昆西·亚当斯向国会提议，提高从欧洲进口的工业商品的关税，目的是保护集中在新英格兰地区的国内制造业的利益。这项提案得到了来自新英格兰各州国会议员的大力支持，却遭到来自南部国会议员的强烈反对。他们认为，由于南部主要以种植园农业经济为主，提高进口工业商品价格无疑会增加他们的负担。

这种反弹在南卡罗来纳州表现得最强烈，主要原因是，由于多年的耕种，南卡罗来纳州的土地已经老化，根本无法同新开垦的西部各州竞争。况且，当时，南卡罗来纳州正在经历经济衰退。所以，在国会通过了《1828年关税法》后，南卡罗来纳州议会宣布，这部法律违法了宪法，在该州“没有法律效力”。南卡罗来纳州一些激进的政治人物甚至以反对联邦政府《1828年关税法》为由，主张脱离联邦。这就是轰动一时的“废止联邦法律争议案”。②

---

① George W. Bush, *Decision Points*, New York: Crown Publishers, 2010, p. 95.

② Alan Brinkley, *American History: A Survey*, New York: McGraw－Hill Inc., 1995, p. 245.

为了从理论上支持南卡罗来纳州反对国会通过的法律的正当性，时任副总统、来自南卡罗来纳州的约翰·卡尔霍恩提出了一个他认为比脱离联邦更加温和的主张。他援引詹姆斯·麦迪逊 1798 年起草的《弗吉尼亚决议》和托马斯·杰斐逊 1799 年起草的《肯塔基决议》中的观点称，由于联邦政府是由各州组成的，所以，只有各州才能裁定联邦法律是否符合宪法。联邦最高法院和国会无权为联邦法律提供宪法层面的合法性。他说，假如某个州认为，国会通过的法律违背宪法精神，那么，该州可以召开特别会议，宣布联邦法律在该州无效。等这部法律成了宪法修正案（也就是得到了四分之三州的批准）后，宣布该法无效的州可以自行决定，是遵守这项法律，还是脱离联邦。这就是“废止联邦法律”理论。①

由于卡尔霍恩引述詹姆斯·麦迪逊和托马斯·杰斐逊当年起草的决议为自己背书，特别是为拒绝执行联邦法律，甚至脱离联邦寻找理由，所以，当时年事已高、疾病缠身的麦迪逊决定在华盛顿和纽约的主流媒体上发表匿名公开信，引用详实的历史资料，驳斥卡尔霍恩的立场，支持时任总统安德鲁·杰克逊为维护联邦统一所做的努力。当时麦迪逊年事已高，疾病缠身，经常卧床。对此，安德鲁·杰克逊也非常感动。

詹姆斯·麦迪逊在这份题名《评反对关税的怨言》（*The Great Complaint against the Tarrif*）的文章中承认，《1828 年关税法》确实给南方种植园各州带来了“不平等的负担”。他建议对于各州应该就承担的责任做出合理“平等”的安排。但他强调，“在责任承担和收益分享方面要做到绝对公平是不可能的。要解决这个问题，就需要合理评估和相互让步。”他说，主张“废止联邦法律”的人士，引述他和杰斐逊当年起草的《弗吉尼亚决议》和《肯塔基决议》来为自己拒不执行联邦法律进行背书，是对两份文件精神的误读。

詹姆斯·麦迪逊指出，他和托马斯·杰斐逊当年起草那两份决议的背景是反对国会通过的极富争议的《外侨和煽动叛乱诸法》。但他们并未主张以此为由鼓吹脱离联邦的危险行为。他说，“值得注意的是，拒绝执行联邦法律的人，罔顾事实，曲解杰斐逊先生的主张，为他们疯狂的、歇斯底里的行为背书。殊不知，杰斐逊先生已经在《肯塔基决议》中非常明确、有效地表达自己的看法。因此，现在非常有必要通过舆论来压制这种

---

① Alan Brinkley, *American History*: *A Survey*, New York: McGraw - Hill Inc. , 1995, p. 246.

企图自行脱离联邦的行为。”①

当然，这个争议的最终解决还是要靠双方的妥协。国会通过了由肯塔基州联邦参议员亨利·克莱恩提出的《1833 年关税妥协法案》，结束了这场危机。但麦迪逊在这场辩论中澄清事实，不仅为安德鲁·杰克逊政府政策做了有力的辩护，也强烈反驳了卡尔霍恩提出的所谓“废止联邦法律”主张的理论基础，从而有效维护了联邦的权威和国家的统一。

（二）艾森豪威尔在处理“猪湾事件”后续影响中给予肯尼迪的宝贵支持

1961 年 4 月 17 日发生的“猪湾事件”本来是一件外交事务。但是，当这次事件引发了共和党人对肯尼迪政府的责难和批评时，如何处理这个事件引发的后续影响，就成为一个棘手的政治问题。肯尼迪迫切希望在共和党内享有崇高威望的前总统艾森豪威尔能够帮助自己缓解来自共和党的压力。4 月 23 日，肯尼迪邀请德怀特·艾森豪威尔前往戴维营商讨应对之策。肯尼迪政府清楚，中情局在艾森豪威尔政府时期就得到授权，训练、武装古巴流亡分子。他也承认，“猪湾事件”是一次惨败，他在决策中使用了不准确的情报，他愿意为此次失败承担全部责任。②

艾森豪威尔指出，肯尼迪在决策中有三大失误：一是未能召集国家安全委员会全体成员，辩论此次任务到底能给美国带来什么好处；二是在整个登陆行动中，美国未及时给进攻古巴的流亡分子提供必要的空中支援；三是肯尼迪政府试图在不进行空中掩护的情况下让古巴流亡分子在猪湾登陆。但艾森豪威尔也明白，肯尼迪在当选总统之前，处理国家安全和外交事务方面经验有限，所以，出现类似的低级错误，他也不感到奇怪。他说，“猪湾事件”对肯尼迪是个教训。肯尼迪虚心地接受了艾森豪威尔的批评。③

肯尼迪和艾森豪威尔的会谈持续了一个半小时。在会谈中，肯尼迪的一些助理声称，艾森豪威尔是知道入侵古巴的计划的。对此，艾森豪威尔

---

① Marie B. Hecht, *Beyond the Presidency: The Residues of Power*, New York: Macmillan Publishing Co., Inc., 1976, pp. 157 – 158.

② Mark K. Updegrove, *Second Acts: Presidential Lives and Legacies After the White House*, *Guilford, Connecticut*: The Lyons Press, 2006, p. 38.

③ Leonard Benardo and Jennifer Weiss, *Citizen – in – Chief: The Second Lives of the American Presidents*, New York: Harper Collins, 2009, p. 142.

表示，有这个计划，并不意味着要马上付诸实施。他说，在自己执政时期，中情局确实在训练古巴流亡分子，也曾考虑推翻卡斯特罗政权。但是，他从未授权入侵古巴，因为他认为当时时机仍然不成熟。他也不认为，在肯尼迪执政时期，入侵古巴的时机就已经成熟，因为即使想在古巴搞军事政变，古巴也没有一个强有力的反对党领导人能够代替卡斯特罗执掌古巴政权。会谈后，艾森豪威尔同意在“猪湾事件”惨败后支持肯尼迪就维护国家团结所做的努力。①

在随后的记者会上，肯尼迪告诉媒体，他邀请艾森豪威尔来戴维营，是向他通报古巴形势发展近况。他说，艾森豪威尔的思想和经验也给了他很大启示。肯尼迪虚心接受教训，勇于承担责任，也得到了艾森豪威尔的认可和支持。他对在场的媒体表示，“尽管遭遇了这样的惨败，我仍要支持这位承担我们国家外交事务责任的人。”

在接下来的几周时间里，有共和党政治人物借题发挥，要求调查肯尼迪在“猪湾事件”中的责任。这给肯尼迪带来了不小的压力。在这个关键的时刻，艾森豪威尔出面为肯尼迪解围。他警告说，对“猪湾事件”失败原因的调查不应该成为一场“政治迫害”。他建议在国家出现危机的时候，民主共和两党应该团结起来支持总统，因为他在应对“当今世界最重要的问题，也就是防止（苏联）把古巴变成一个强有力的共产主义堡垒”。

4 月底，肯尼迪到纽约市沃尔多夫大厦公寓拜访了另一位前共和党总统赫伯特·胡佛。胡佛表示，他支持肯尼迪为了保护美国安全而采取的任何行动。胡佛说，“在我们国家边境 90 英里处存在一个共产党国家，这对美国安全是一个无法容忍的威胁；它是阴谋暴力推翻西半球所有自由国家的中心。”肯尼迪感谢这位年事已高的前总统对自己的支持，也感谢他与自己“分享他对当今国际危机的看法”。

艾森豪威尔和胡佛在处理“猪湾事件”后续影响这个问题上的宝贵支持，帮助肯尼迪平息了共和党人对他发起的“恶毒”攻击。盖勒普民调也显示，“猪湾事件”后，有 82% 的美国人都支持肯尼迪的古巴政策。由此可见，在处理“猪湾事件”后续影响中，前共和党总统艾森豪威尔的作用非常关键。当然，肯尼迪政府也向前总统、民主党人哈里·杜鲁门寻求支

① Mark K. Updegrove, *Second Acts: Presidential Lives and Legacies After the White House*, *Guilford*, *Connecticut*: The Lyons Press, 2006, pp. 37 – 38.

持。但是，这个任务是由副总统林登·约翰逊完成的。①

三、促成政治对手之间和解

（一）杰斐逊促成了詹姆斯·麦迪逊和詹姆斯·门罗的和解

卸任总统托马斯·杰斐逊在促成时任总统詹姆斯·麦迪逊和美国前驻法公使詹姆斯·门罗和解方面发挥了重要的作用。麦迪逊和门罗本来是好友。在杰斐逊执政时期，麦迪逊是国务卿，主管外交事务；门罗曾任美国驻法、驻英公使。在担任驻法公使期间（1803—1806 年），门罗主持了同法国就《路易斯安那购地条约》谈判，成绩斐然。但是，在担任驻英公使期间（1806—1807 年），门罗在同西班牙就“路易斯安那购地”边界问题的谈判、同英国就续订《杰伊条约》的谈判并不成功。在同西班牙的谈判中，门罗的使命是要求西班牙放弃《路易斯安那购地条约》中涵盖的西部和南部地区，放弃佛罗里达。但西班牙拒绝让步。西班牙仍然控制着“路易斯安那”西部和南部大片地区，也控制着佛罗里达地区。

门罗同英国的谈判也不顺利。在同英国的谈判中，门罗的使命是要求英国“禁止强征美国海员、确保美国商船在拿破仑战争中的中立权、开放英国在西印度群岛的市场”等。但是，门罗和副手威廉·平克尼同英国谈判后签署的《门罗—平尼克条约》（1806 年）虽然迫使英国在贸易问题上做出了一些让步，但英国仍然坚持“以寻找英国海员逃兵为借口强行搜查美国船只、逮捕美国海员，扣押美国商船”。杰斐逊在 1807 年 3 月收到这个条约，了解到条约未包括“禁止英国强征美国海员”的条款。杰斐逊认为门罗忽视了自己的训令，一怒之下，将他从英国召回。杰斐逊知道，参议院不会批准这个条约，所以，也未将条约提交参议院。②

也正是因为门罗在同英国谈判中表现不佳，时任国务卿麦迪逊对门罗感到失望，两人嫌隙开始产生。特别是门罗回到美国后，同时任众议院筹款委员会主席、来自弗吉尼亚州的国会众议员约翰·兰道夫（John Ran-

---

① Marie B. Hecht, *Beyond the Presidency*: *The Residues of Power*, New York: Macmillan Publishing Co., Inc., 1976, p. 177.

② Robert A. Nowlan, *The American Presidents*, *Washington to Tyler*: *What They Did*, *What They Said*, *What Was Said About Them*, Jefferson, North Carolina: McFarland & Company, Inc., Publishers, 2012, p. 196.

dolph）关系密切，结果引起了麦迪逊的不快，他也因此疏远了门罗。[1] 兰道夫是弗吉尼亚贵族，是杰斐逊的表弟，共和党内保守派代表。他在1799年当选联邦众议员，在杰斐逊第一任期给予他充分的支持。但是，从1805年开始，由于兰道夫同杰斐逊在美国对西班牙政策，特别是在有关购买佛罗里达地区的方式上存在分歧，两人关系开始疏远。[2] 当时已经担任众议院筹款委员会主席的兰道夫认为，杰斐逊已经背离了共和党人坚持的传统共和主义价值观念。在兰道夫开始反对总统杰斐逊的时候，他也成了国务卿麦迪逊的敌人。[3] 门罗在1807年从英国返回美国后，未在联邦政府担任任何职务。他回到家乡弗吉尼亚，在1810年当选弗吉尼亚州众议员，11个月后当选州长。由于兰道夫在联邦议会的巨大影响力，门罗同兰道夫关系密切实属正常。

杰斐逊在卸任后一直在考虑如何促成麦迪逊和门罗恢复他们昔日的友谊。在门罗1807年从英国回到美国后，杰斐逊一直在想给门罗谋个职位。他认为，刚刚从法国买来的路易斯安那州州长的职务是最合适不过的了。杰斐逊在1809年3月4日卸任后，也希望时任总统詹姆斯·麦迪逊能够在条件成熟的时候帮助詹姆斯·门罗谋到这个职位。1809年10月，时任路易斯安那州州长梅里韦瑟·刘易斯（Meriwether Lewis）自杀身亡。麦迪逊就请门罗出任该州州长。但是，门罗却拒绝了。1810年初，门罗当选弗吉尼亚州议会议员，一年后，门罗当选弗吉尼亚州州长。[4]

事实上，在杰斐逊卸任后不久，他就给时任总统麦迪逊写信，在信中说，门罗正在离开里士满，准备回他的农场。作为和解的第一步，杰斐逊安排，邀请门罗参加在弗吉尼亚州首府里士满举行的一场祝贺麦迪逊当选总统的宴会。门罗参加了宴会，在宴会向麦迪逊致敬。门罗说，“国家的荣誉是国家的财产，保护国家的荣誉是自由人的责任。”作为回应，麦迪逊也对门罗主动示好。他表示，自己曾听说，如果提出让门罗担任路易斯安那州州长的话，门罗愿意接受这个职位。麦迪逊请杰斐逊把这个想法告

---

① Merrill D. Peterson, *Thomas Jefferson & the New Nation: A Biography*, London: Oxford University Press, 1970, p. 930.

② Merrill D. Peterson, *Thomas Jefferson & the New Nation: A Biography*, London: Oxford University Press, 1970, pp. 814 – 816.

③ David Johnson, “John Randolph of Roanoke”, the Book Event of the Heritage Foundation, July 26, 2012, http://www.heritage.org/events/2012/07/john-randolph-of-roanoke.

④ Merrill D. Peterson, *Thomas Jefferson & the New Nation: A Biography*, London: Oxford University Press, 1970, p. 930.

诉门罗，征求他的意见。杰斐逊给门罗写信谈了此事，门罗回信明确表示，他只接受总统的领导，不接受其他任何人的领导。当杰斐逊提到，汉普顿（Hampton）将军去世后，在军队有一个职位，问他愿不愿去。门罗回信说，他“宁愿死”，也不愿在詹姆斯·威尔金森（James Wilkinson）手下任职。杰斐逊给麦迪逊回信说，“我想他希望在内阁或军队任职，或者公使，总之是他只接受行政首长领导。”1811年后，麦迪逊邀请门罗做内阁最高的职位，也就是国务卿，门罗接受了。①

（二）卸任总统胡佛帮助当选总统肯尼迪和大选对手、时任副总统尼克松实现和解

在1960年大选中，民主党总统候选人约翰·肯尼迪以微弱优势战胜共和党总统候选人、时任副总统理查德·尼克松。美国社会也因这次选举呈现分裂状态。肯尼迪知道，要弥合大选给社会造成的裂痕，维护国家的团结，他就需要同尼克松实现和解。但是，由于大选失利，尼克松感到失落，对大选期间来自民主党的攻击心怀不满。为了解开尼克松的心结，肯尼迪请父亲约瑟夫·肯尼迪委托前总统、共和党保守派资深政治家赫伯特·胡佛从中牵线搭桥。

肯尼迪知道，在共和党保守派阵营中，前总统胡佛具有很高的声望。加上胡佛本人前总统的身份，由他来说服同属保守共和党人的尼克松同自己和解，是再合适不过的了。况且，由于肯尼迪的父亲约瑟夫·肯尼迪同前总统赫伯特·胡佛曾在国会成立具有跨党派性质的“行政机构改组委员会”（也就是“胡佛委员会”）中一起共事，两人私交不错。由父亲出面委托胡佛说服尼克松，也顺理成章。肯尼迪一直在寻找机会，时机终于来了。②

在1960年11月大选尘埃落定后，肯尼迪及家人前往佛罗里达州棕榈滩（Palm Beach）度假。当肯尼迪得知尼克松和家人也在佛罗里达州度假时，他就委托父亲请胡佛帮忙联系尼克松，说当选总统约翰·肯尼迪想和他见个面。胡佛立即应允。他给尼克松打电话说，肯尼迪的父亲约瑟夫·

---

① Marie B. Hecht, *Beyond the Presidency*: *The Residues of Power*, New York: Macmillan Publishing Co., Inc., 1976, pp. 154－155.

② Marie B. Hecht, *Beyond the Presidency*: *The Residues of Power*, New York: Macmillan Publishing Co., Inc., 1976, pp. 174－175.

肯尼迪大使给他打过电话，建议尼克松能够同当选总统约翰·肯尼迪见个面。尼克松对于胡佛的电话和建议感到惊讶，但还是有些不太愿意同肯尼迪见面。他问胡佛自己应该怎么办。胡佛立即回答说，在当时的国际环境下，尼克松有必要同肯尼迪一起，来“展现国家的团结”。

在胡佛的劝说下，尼克松别无选择，只能表示，愿意跟肯尼迪见个面。挂完胡佛的电话后，尼克松立刻给时任总统德怀特·艾森豪威尔打电话，征求他的意见。艾森豪威尔说：“你同他见面后，气就会消一些的。”尼克松刚挂断电话，电话铃就响了，是肯尼迪打来的。肯尼迪既没有提他的父亲，也没有提胡佛，他只是谈安排两人见面具体事宜。事后，尼克松陷入了思考。在不到10分钟的时间里，他已经同“一位卸任总统、一位现任总统和一位当选总统”进行了交谈。想到这里，他心里终于感到了一些安慰。①

四、关注政治改革和国内政治议题

（一）拉瑟福德·海斯关注政府人事任命制度改革

卸任后，尽管有朋友和下属不断提请海斯谋求再任一届总统或者参选其他公职，但都遭海斯谢绝。海斯仍然关注政治，是个政治观察家。他和继任者詹姆斯·加菲尔德保持着密切联系。当加菲尔德在任职6个月遇刺身亡时，他感到非常震惊。暗杀加菲尔德的凶手名叫查尔斯·吉提。吉提在1880年大选中支持过加菲尔德。在詹姆斯·加菲尔德当选总统后，查尔斯·吉提来到华盛顿，希望能够谋求一个外交官职位作为回报，但遭到加菲尔德拒绝。于是，吉提就萌生了报复的念头。

在海斯看来，加菲尔德无疑是共和党内分赃政治的受害者。事实上，在海斯执政期间，他就反对共和党领袖对政府官员任命横加干涉，在处理纽约海关人事任命的问题上不屈从于政党领袖的压力，采取了公正合理的考试选拔程序，为公务员制度改革奠定了基础。在任期间，海斯多次呼吁国会全面改革公务员制度，拨款建立公务员委员会，但国会未付诸行动。尽管如此，海斯执政时期，内政部和邮政部就已经开始采取公平考试的方

① Richard M. Nixon, *Six Crises*, New York: Doubleday & Company, 1962, pp. 404－405.

式选拔官员。[①]

加菲尔德去世后，海斯多次促请继任总统切丝·艾伦·亚瑟采取坚定立场结束政党“分肥制度”（指将政府公职委派给获胜政党忠实支持者的一种制度），实行公务员选拔制度改革。加菲尔德的惨剧也激起了民愤，国会不得不迅速采取行动。1883年，在亚瑟推动下，国会通过了《彭德尔顿法案》，规定申请政府公务员职务的人必须参加选拔性考试，禁止任何党派和个人向公务员强索政治经费或逼迫他们为政党效劳，禁止酗酒成性的人担任公职，杜绝裙带关系等。[②] 尽管海斯对亚瑟对待摩门教的态度感到失望，亚瑟在建立现代公务员制度上的勇敢作为令海斯感到自豪。[③]

（二）拉瑟福德·海斯关注国内政治议题

海斯一直关注政治发展动向，但他的角色是观察家，不是参与者。作为共和党人，他始终支持共和党总统候选人。在1884年芝加哥举行的共和党全国代表大会上，海斯支持亚瑟连任。由于亚瑟摒弃了保守路线，倒向政府改革派，结果失去了保守派支持。更糟的是，改革派并不信任亚瑟，结果亚瑟在第四轮投票中败给了詹姆斯·詹宁斯·布赖恩。海斯不喜欢布赖恩，认为他“善于蛊惑民众，自私、冲动”。海斯也不喜欢民主党候选人格罗弗·克利夫兰，因为克利夫兰隐瞒了10年前有一个私生子的经历。在竞选中，民主党人攻击布赖恩在担任国会议员时曾收取铁路部门的贿赂；共和党人则攻击克利夫兰行为不端。[④]

1884年大选，民主党人克利夫兰胜选，入主白宫。海斯转而支持克利夫兰，他在1885年称克利夫兰在货币、关税和公务员制度改革方面政策得当。但是，海斯并不认同克利夫兰反对扩大内战退伍士兵伤残抚恤金范围的做法。海斯在执政时期签署了《养老金拖欠法》（1879年），规定联邦政府给内战伤残士兵发放抚恤金的时间应该从士兵伤残退伍之日算起，而不是从《养老金拖欠法》生效之日起算起。作为内战老兵，这位退休总统

---

① ［美］威廉·德格雷戈里奥著，周凯等译：《美国总统全书》，北京：社会科学文献出版社，2007年版，第309页。

② ［美］威廉·德格雷戈里奥著，周凯等译：《美国总统全书》，北京：社会科学文献出版社，2007年版，第337页。

③ Burton I. Kaufman, *The Post-Presidency from Washington to Clinton*, Lawrence, Kansas: University Press of Kansas, 2012, p. 172.

④ Burton I. Kaufman, *The Post-Presidency from Washington to Clinton*, Lawrence, Kansas: University Press of Kansas, 2012, p. 173.

不断呼吁政府和国会增加对内战老兵的抚恤金。

作为共和党人，海斯坚定支持共和党总统提名人。在1888年总统大选中，海斯热情支持印第安纳州联邦参议员本杰明·哈里森参选，称他“坚定、理性、个性鲜明、品德高尚”。在1891年俄亥俄州州长竞选中，海斯力挺共和党人威廉·麦金利，麦金利成功当选州长。在这个过程中，海斯的支持起到了重要作用。海斯曾两次出任俄亥俄州州长（1868—1872年，1876—1877年），并在第二次就任州长后不久当选第19任总统。威廉·麦金利曾是海斯的下属，在美国内战中归海斯指挥。1892年总统大选中，海斯支持共和党提名人本杰明·哈里森。哈里森在大选中败给对手、民主党人格里弗·克利夫兰。海斯认为哈里森之所以败北，是因为失去了底层工人的支持。

在他晚年时，海斯逐渐形成了“初步的进步主义思想”，他开始尖锐地批评严重的贫富分化。他对于“镀金时代”社会精英的不满是非常明显的。他说，“民有、民治、民享的政府”已经沦落为“大企业的政府，由大企业管理，为大企业服务的政府”。这也反映出他对于冷漠无情、自由放任的资本主义的不满。海斯开始将快速发展的资本积累视为美国社会的祸根，敦促要抑制恶意的财富积累。尽管海斯不愿支持后来进步主义人士宣扬的集体主义思想，但是，他强烈支持政府规范商业，特别是企业行为，并在诸如遗产继承等领域做出限制。①

第二节　参与外交决策

作为资深的政治家，在现任总统提出请求时，卸任总统一般都会乐于分享他们对一些重大问题的看法，提出他们的一些非正式建议。詹姆斯·门罗在发表《门罗宣言》前就曾经征询前总统托马斯·杰斐逊和詹姆斯·麦迪逊的意见。约翰·肯尼迪在处理“猪湾事件”后续影响和应对“古巴导弹危机”时也曾征询前总统德怀特·艾森豪威尔的意见。林登·约翰在应对越南战争时也多次向艾森豪威尔请教。乔治·沃克·布什在发动伊拉克战争前也曾试图了解父亲、前总统乔治·布什的看法。从这些事例中可

① Burton I. Kaufman, *The Post-Presidency from Washington to Clinton*, Lawrence, Kansas: University Press of Kansas, 2012, p. 176.

以看出，卸任总统在一定程度上已经成为现任总统外交决策顾问体系中的一员，参与到外交决策当中。但是，作为非正式顾问，他们在总统顾问体系体现中处于边缘位置，在外交决策中的角色象征意义大于实质意义，对外交决策的影响也受到多方因素制约。

在美国历史上，卸任总统参与重大外交决策时有发生。但是，迄今为止，中国国内尚无系统研究美国卸任总统参与外交决策的论文或专著。在国际上，对于美国卸任总统参与外交决策的研究主要体现在两个方面：

一是包含在美国卸任总统研究的著作和论文中。例如，玛丽·赫切特（Marie B. Becht）在《白宫之后：权力的残渣》第五章“现任总统的工具”中讲述了前总统杰斐逊和麦迪逊应门罗总统请求对“神圣同盟”干涉美洲事务发表他们的看法，前总统艾森豪威尔应肯尼迪总统请求，就应对“猪湾事件”和古巴导弹危机提出自己的建议等。① 博尔顿·考夫曼（Burton I. Kaufman）在《总统的卸任生活：从华盛顿到克林顿》中在讲述卸任总统退休生活时也偶尔谈到了肯尼迪就上述事件处理向艾森豪威尔请教事宜。② 伊凡·摩根（Iwan Morgan）的论文《现代美国卸任总统》概括地介绍了卸任总统为现任总统提供政策建议的情况。③

二是包含在总统传记、日记和回忆录中。例如，史蒂芬·安布罗斯（Stephen E. Ambrose）在《艾森豪威尔传：第二部，总统》中分别介绍了肯尼迪就应对“猪湾事件”和古巴导弹危机，约翰逊就应对越南战争征询艾森豪威尔的意见。④ 这一点在罗伯特·法瑞尔（Robert H. Ferrell）主编的《艾森豪威尔日记》中也有详细记录。⑤ 小布什在《第41任总统：我的父亲的画像》中谈到了自己在人事任命问题上征询父亲老布什意见的情

① Marie B. Hecht, *Beyond the Presidency: The Residues of Power*, New York: Macmillan Publishing Co., Inc., 1976, pp. 154–184.

② Burton I. Kaufman, *The Post-Presidency from Washington to Clinton*, Lawrence, Kansas: University Press of Kansas, 2012, p. 361.

③ Iwan Morgan, "After the White House: The Modern US Post-Presidency," in Kevin Theakston and Jouke de Vries, *Former Leaders in Modern Democracies*, New York: Palgrave Macmillan, 2012, pp. 21–24.

④ Stephen E. Ambrose, *Eisenhower, Voulume Two: The President*, New York: Simon & Schuster, 1984, pp. 637–643; pp. 655–665.

⑤ Robert H. Ferrell, *The Eisenhower Diaries*, New York: W·W·Norton, 1981, pp. 385–393.

况。[1] 他在回忆录《抉择时刻》中也谈到了父亲对伊拉克问题的看法。[2]

在目前有关影响美国外交决策关键因素的学术研究中，学者们着力的重点仍集中在总统个人因素（如价值观念、性格特点、心理因素、认知差异，甚至个人情感）[3]，决策机制因素（如总统权力、国会特权、官僚政治）[4]，以及社会因素（如利益集团、大众传媒、公共舆论）等[5]，却忽略了卸任总统这个重要角色。在美国外交决策理论范式的学术研究中，无论是总统模式、政治模式、行政模式，以及次政府模式，[6] 都未看到卸任总统这个变量。

按常理来说，最有可能探讨卸任总统在外交决策中扮演角色的研究应该出现在研究总统决策顾问体系的成果中。但是，在目前有关总统决策顾问体系的专门研究中，侧重点仍在国务卿、国家安全事务助理、国防部长等行政部门内部核心幕僚身上。[7] 尼克松与基辛格，卡特与布热津斯基和万斯，里根与乔治·舒尔茨，乔治·布什与布伦特·斯考克罗夫特，克林顿与安东尼·雷克、沃伦·克里斯托弗，乔治·沃克·布什与副总统切尼、国务卿鲍威尔、国防部长拉姆斯菲尔德、国家安全事务助理赖斯等，

---

① George W. Bush, *41: A Portrait of My Father*, New York: Crown Publishers, 2014, pp. 268 – 269.

② George W. Bush, *Decision Points*, New York: Crown Publishers, 2010, pp. 234 – 235.

③ Steven J. Rubenzer and Thomas R. Faschingbauer, *The Presidential Character, and Leadership in the White House*, Washington D. C.: Brassey's Inc., 2004; Fred I. Grenstein, *The Presidential Difference: Leadership Stlye from FDR to Obama*, Princeton and Oxford: Princeton University Press, 2009; John T. Rourke, et al, *Making American Foreign Policy*, Guilford, Connecticut: The Dushkin Group, Inc., 1994, pp. 123 – 141; James M. McCormic, *American Foreign Policy and Process*, Itasca, Illinois: F. E. Publishers, Inc., 1992, pp. 1 – 156.

④ Bruce W. Jentleson, *American Foreign Policy: The Dynamics of Choice in the 21st Century*, New York: W. W. Norton & Company, 2014, pp. 27 – 55; Graham T. Allison, *Essence of Decision: Explaining the Cuban Missile Crisis*, Boston: Little & Brown, 1971.

⑤ John J. Mearsheimer and Stephen M. Walt, *The Israel Lobby and U. S. Foreign Policy*, New York: Farrar, Straus and Gioux, 2007; Jeffrey S. Lantis, *US Foreign Policy in Action: An Innovative Teaching Text*, Malden, MA: Wiley – Blackwell, 2013, pp. 163 – 242; Henriette M. Rytz, *Ethnic Interest Groups in U. S. Foreign Policy – Making: A Cuban – American Story of Success and Failure*, New York: Palgrave Macmillan, 2013; Francesco Olmastroni, *Framing War: Public Opinion and Decision – Making in Comparative Perspective*, New York: Routledge, 2015.

⑥ John T. Rourke, et al, *Making American Foreign Policy*, Guilford, Connecticut: The Dushkin Group, Inc., 1994, pp. 142 – 164.

⑦ Bruce W. Jentleson, *American Foreign Policy: The Dynamics of Choice in the 21st Century*, New York: W. W. Norton & Company, 2014, pp. 27 – 55.

都是鲜明的例子。①

但不可否认的是，尽管有时候现任总统征询卸任总统的意见时，象征意义大于实质意义。但是，在总统外交决策过程中，一些现任总统确实是把卸任总统作为一个重要的决策顾问来看待，卸任总统也因此确实参与了外交决策，他们的一些建议也在一定程度上受到现任总统的重视。所以，从总统外交决策顾问体系框架的视角，结合总统决策模式，研究卸任总统参与一些重大外交决策过程，对于推动卸任总统顾问角色研究和美国外交决策研究，都具有重要意义。

一、总统顾问体系决策框架的意涵

在目前总统顾问体系理论研究中，有两种分类方式备受学界关注：一是乔治—约翰逊顾问决策模式；二是戴维·米切尔顾问体系决策框架。所谓“乔治—约翰逊顾问决策模式”，指的是由理查德·特纳·约翰逊在1974年提出、由亚历山大·乔治在1980年完善而形成的一套理论体系。他们认为，总统决策顾问模式可以分为三类，分别是总统主导型决策模式、共同责任型决策模式和幕僚竞争型决策模式。

顾名思义，总统主导型决策就是总统主导的自上而下的决策模式，他强调总统的主导角色，突出决策目标的明确性和决策过程的有序性，目的是为了找到“最佳”方案。共同责任型决策虽然也强调总统在决策中的领导作用，但是，它突出了集体决策，强调总统的协调功能，凸显了顾问的重要性。在这种模式下，决策程序更加灵活，目的是为了找到“最可行的”方案。幕僚竞争型决策也强调总统的主导作用，但突出行政部门各个机构之间的竞争关系，总统的职责在于管理和协调决策团队内部的冲突意见。②

戴维·米切尔提出的“顾问体系决策框架”是对“乔治—约翰逊顾问决策模式”的一个修正。米切尔认为，“乔治—约翰逊顾问模式”忽视了一个关键的变量，那就是，总统在决策过程中的能动性，对提出各类意见

---

① David Mitchell, *Making Foreign Policy: Presidential Management of the Decision – Making Process*, Burlington, VT: Ashgate, 2005, p. 201; Ivo H. Daalder and I. M. Destler, *In the Shadow of the Oval Office: Profiles of the National Security Advisers and the Presidents They Served — From JFK to George W. Bush*, *New York*: *Simon & Schuster*, 2009.

② David Mitchell, *Making Foreign Policy: Presidential Management of the Decision – Making Process*, Burlingtong, VT: Ashgate, 2005, p. 14.

的“集中”程度，也就是“总统控制行政部门各机构之间意见冲突和信息流动的程度”。[①] 换言之，总统在多大程度上既能汇聚各方意见，又能在关键时候发挥主导作用，就成为决策成败的关键。

米切尔说，由于在总统主导型决策模式和共同责任型决策模式中，总统同顾问之间的关系不同，所以，总统在关键时候发挥“集中”作用的表现形式也有差异。在总统主导型决策模式中，所谓“集中”，就意味着总统牢牢控制着决策主动权，决策的权威和决策的结果来自于决策体系中的最高层。但是，在共同责任型决策模式中，总统位于决策的中心，积极参与决策讨论，共同做出决策。[②]

米切尔在构建“顾问体系决策框架”时，引入了“（决策）集中”这个变量。他根据总统发挥决策“集中”的程度将顾问决策体系分成四大类型：一是集中程度高的总统主导型决策模式；二是集中程度低的总统主导型决策模式；三是集中程度高的共同责任型决策模式；四是集中程度低的共同责任型决策模式。

在集中程度高的总统主导型决策模式中，最高决策者牢牢控制着整个决策过程，从而确保决策讨论的有序进行，为提出“最佳”政策奠定基础。在这个过程中，决策“集中”体现在幕僚长严格审核各类信息，将一些无关信息，或者可能妨碍总统政策议程的信息过滤掉。同时，幕僚长也负责向顾问们传达最高决策者的政策倾向，并在这个过程中排除同最高决策者意见相左的看法。这样一来，幕僚长就在决策过程中很好地执行了目标明确的程序，并借此指导和控制决策顾问们之间的互动，避免意见相左的顾问之间发生冲突。这种决策模式的典型代表是尼克松政府在同北越谈判问题上的外交决策。[③] 相反，集中程度低的总统主导型决策模式则可能会引发决策顾问们之间的冲突，从而干扰策决策程序的正常运转。这种决策模式的典型代表是里根政府在战略武器削减条约谈判问题上的外交决策。[④]

---

① David Mitchell, *Making Foreign Policy: Presidential Management of the Decision - Making Process*, p. 23.

② David Mitchell, *Making Foreign Policy: Presidential Management of the Decision - Making Process*, p. 24.

③ David Mitchell, *Making Foreign Policy: Presidential Management of the Decision - Making Process*, pp. 26, p. 48.

④ David Mitchell, *Making Foreign Policy: Presidential Management of the Decision - Making Process*, pp. 26, p. 115.

在集中程度高的共同责任型决策模式中，最高决策者身处一群通晓各类专业知识的专家中间，指导和影响政策辩论的过程。最高决策者抛出议题，提出问题，促进决策顾问拿出更多或不同的方案。这种决策体系要求团队内部不断协调立场，定期召开会议，帮助最高决策者了解最新动态，促使决策顾问评估新的政策选择及其影响。这种协调有助于在顾问中间达成共识，共同承担决策责任。这种决策模式的典型代表是卡特政府在战略武器削减条约谈判问题上的外交决策。① 相反，集中程度低的共同责任型决策模式不仅容易引发顾问之间的冲突，还会增加决策的随意性。这种决策模式的典型代表是克林顿政府在应对波斯尼亚危机问题上的外交决策。②

二、卸任总统在外交决策顾问体系中的位置

在外交决策过程中，无论是具有丰富外交工作经验还是缺少外交事务历练的总统，都会倚重外交政策顾问。通常情况下，参与总统外交决策的三大核心机构是国家安全委员会、国务院和国防部。这样一来，参与总统外交决策的核心幕僚就是国家安全事务助理、国务卿和国防部长。③ 同时，由于情报工作在处理外交事务（特别是在应对涉及国家安全的重大议题）中的极端重要性，作为行政部门中唯一独立的情报网络，中情局的重要性就不言而喻了。④ 所以，中情局局长也就自然成为总统外交决策顾问体系中能同国家安全事务助理、国务卿、国防部长比肩的第四大核心幕僚。

在总统决策顾问体系中，卸任总统的位置比较特殊。他们既不属于正式顾问，也不隶属于任何一个行政部门。但是，在遇到具体重大外交决策时，现任总统有时会给他们写信、打电话、邀请他们面谈或者派遣核心幕僚同他们联系，征询他们的意见。

例如，门罗在发表《门罗宣言》前，就直接给前总统托马斯·杰斐逊和詹姆斯·麦迪逊写信，就应对“神圣同盟”干涉美洲独立运动事宜征求他们的意见。在应对二战后欧洲粮食危机时，哈里·杜鲁门就曾寻求前总

---

① David Mitchell, *Making Foreign Policy: Presidential Management of the Decision – Making Process*, pp. 26, p. 88.

② David Mitchell, *Making Foreign Policy: Presidential Management of the Decision – Making Process*, p. 27, p. 151.

③ Bruce W. Jentleson, *American Foreign Policy: The Dynamics of Choice in the 21st Century*, New York: W. W. Norton & Company, 2014, pp. 48 – 50.

④ Jeffrey S. Lantis, *US Foreign Policy in Action: An Innovative Teaching Text*, Malden, MA: Wiley – Blackwell, 2013, p. 137.

统赫伯特·胡佛的帮助。杜鲁门首先在1946年5月24日写信给胡佛，希望能够跟胡佛讨论欧洲粮食救济问题。在胡佛到达华盛顿后，杜鲁门给他打电话，邀请他前往白宫。[①]

在“处理猪湾”事件后续影响时，约翰·肯尼迪邀请前总统德怀特·艾森豪威尔前往戴维营面谈。在应对古巴导弹危机时，肯尼迪多次派中情局局长约翰·麦孔（John McCone）给艾森豪威尔介绍情况，他也亲自给艾森豪威尔打电话，询问艾森豪威尔的意见。在应对越南战争时，林登·约翰逊不仅邀请艾森豪威尔到白宫内阁会议室，参加由国防部长罗伯特·麦克纳马拉、国家安全事务助理乔治·邦迪、参谋长联席会议主席厄尔·惠勒、总统特别顾问安德鲁·古德帕斯特等核心幕僚参加的战情分析会议，还专门委派古德帕斯特定期给艾森豪威尔做简报，征询他的意见。

理查德·尼克松在执政初期扩大对老挝和柬埔寨越军的轰炸前，也曾征询前总统林登·约翰逊的意见。他派人给约翰逊简报战况，有时也亲自给约翰逊打电话，谈论越战问题。罗纳德·里根在1985年11月参加美苏日内瓦峰会前，曾就如何同苏联谈判征询尼克松的意见。在1989年中美关系处于低谷时，尼克松在获取中方同意后访问中国。尼克松回国后，布什在白宫接待了尼克松，听取了他的访华汇报。

在斡旋海地危机时，前总统吉米·卡特得到了时任总统比尔·克林顿的批准。卡特在海地同军政府领导人塞德拉斯谈判过程中，始终同白宫保持着密切联系。对于谈判协议的内容，卡特也时刻同白宫保持沟通。协议得到克林顿政府的认可后，卡特才在协议上签字。可以看出，卡特在海地斡旋过程中，实际上直接参与了由时任总统克林顿领导的决策过程。[②]

在应对伊拉克问题时，小布什也试图了解自己的父亲老布什的看法。在发展美俄关系时，小布什也曾就是否邀请俄罗斯总统弗拉基米尔·普京前往自己的私宅访问，讨论美国在波兰和捷克部署导弹防御系统事宜征求父亲的意见。老布什不仅完全支持，他甚至还亲自前往新罕布什尔机场迎

---

① Nancy Gibbs and Michael Duffy, *The Presidents Club*: *Inside the World's Most Exclusive Fraternity*, New York: Smon & Schuster, 2012, pp. 22 - 25.

② Jimmy Carter, *Beyond the White House*: *Waging Peace*, *Fighting Disease*, *Building Hope*, New York: Simon & Schuster, 2007, pp. 43 - 52.

接普京，陪同普京乘坐私人专机飞往自己的私宅“沃克小岛”。[①]

从这些事例中都可以看出，作为决策顾问体系中的一员，卸任总统直接同现任总统以及决策顾问团队中的重要幕僚接触。在决策过程中，担任现任总统和卸任总统之间的联系人，如古巴导弹危机期间的中情局局长约翰·麦孔，越战期间的总统特别事务助理古德帕斯特，都属于典型的信息传递者。他们直接将现任总统的问题告诉卸任总统，也将卸任总统的意见汇报给现任总统。至于是不是要采纳卸任总统的意见，完全是由现任总统根据实际情况来决定。换言之，就是现任总统提出需要解决的问题，作为“编外”顾问的卸任总统提出自己的解决方案，直接或者间接地汇总到现任总统那里，现任总统根据实际情况“集中”，并制定出自己认为的最优方案。

这里有所不同的是，卸任总统不是总统的内阁成员。他们虽然有机会直接同现任总统会谈或者同总统核心幕僚接触，但他们的位置实际上仍处于决策圈外围。现任总统可以选择采纳他们的意见，也可以选择不采纳他们的意见。在多数情况下，现任总统咨询他们的意见，象征意义大于实质意义。例如，在古巴导弹危机中，时任总统肯尼迪也同前总统胡佛和杜鲁门保持着电话沟通，两位前总统也都表示支持肯尼迪处理危机的方式。但是，他们二人并未给肯尼迪提出任何实质性的建议。[②] 肯尼迪确实同前总统艾森豪威尔沟通得比较频繁，也非常重视他的意见。但是，肯尼迪对艾森豪威尔的建议并非照单全收，也带有选择性。由此可以看出，在多数情况下，卸任总统在外交决策中只起辅助作用。现任总统会重视他们的意见，但是他们的意见对外交决策未必都能够起到决定性作用。

三、卸任总统参与外交决策案例分析

（一）杰斐逊和麦迪逊在《门罗宣言》酝酿过程中发挥了间接的作用

在建国之初，如何处理同欧洲大国之间的关系，是美国外交面临的核

---

① George W. Bush, *41*: *A Portrait of My Father*, New York: Crown Publishers, 2014, pp. 268 - 269.

② Leonard Benardo and Jennifer Weiss, *Citizen - in - Chief*: *The Second Lives of the American Presidents*, New York: Harper Collins, 2009, p. 144.

心问题。华盛顿在1796年9月19日发表的《告别演说》中曾警告国人勿卷入欧洲事务。① 在第5任总统詹姆斯·门罗执政期间，“神圣同盟”（也就是沙俄、奥地利、普鲁士）试图干涉拉美独立运动。如何应对“神圣同盟”对拉美事务的干涉，就成为摆在门罗政府面前一个非常棘手的问题。门罗在同幕僚商议此事的同时，也先后分别给前总统托马斯·杰斐逊和詹姆斯·麦迪逊写信，征求他们的意见。

在写给杰斐逊的信中，门罗说，英国外交大臣乔治·坎宁（George Canning）写信告知美国驻英公使理查德·拉什（Richard Rush），“神圣同盟”计划干涉拉美独立运动。坎宁建议英美合作，共同支持拉美国家，反对“神圣同盟”的干涉。在表明自己的立场后，门罗写道：“但是，我清楚这个问题的复杂性，因此希望能听听您和麦迪逊先生的看法。”②

杰斐逊很快给门罗回信，说这个问题是“美国独立以来最重要的问题”。他建议美国“绝不能卷入欧洲各国的争端，但也绝不允许欧洲各国干涉大西洋此岸的事务”。他说，必须建立一套可行的美洲制度，禁止任何欧洲国家干涉美洲国家内部事务。为此，如果需要分化欧洲，美国应该考虑英国提出的美英合作的问题。③

随后，门罗把杰斐逊的回信和坎宁写给拉什的信一同寄给了麦迪逊。麦迪逊在回信中指出，基于对拉美“反殖民斗争的革命力量”的同情和友谊，美国有必要“挫败‘神圣同盟’正在考虑的镇压拉美革命的计划”。他说，英国提出联合美国对抗“神圣同盟”的动机同美国的政策目标不同。但是，这并不妨碍双方的合作。他甚至说，美英合作“不仅有利于我们，也有利于世界”。可以看出，麦迪逊的看法同杰斐逊的看法是非常相似的。④

可以推测，杰斐逊和麦迪逊对拉美革命的支持坚定了门罗的决心，门罗1823年12月2日在国会发表的演说中指出，“未来不允许欧洲各国在美

---

① W. B. Allen, *George Washington: A Collection*, Indianapolis: Liberty Classics, 1988, p. 525; Ralph K. Andrist (ed.), The Founding Fathers: *George Washington, A Biography in His Own Words*, New York: Harper & Row, Publishers, INC., p. 373.

② Marie B. Hecht, *Beyond the Presidency: The Residues of Power*, New York: Macmillan Publishing Co., Inc, 1976, p. 154.

③ ［美］梅利尔·彼得森主编，刘祚昌、邓红风译：《杰斐逊集》，北京：三联书店，1993年9月第1版，第1744—1745页。

④ Marie B. Hecht, *Beyond the Presidency: The Residues of Power*, New York: Macmillan Publishing Co., Inc, 1976, p. 156.

洲开拓殖民地，由于美国不会卷入欧洲各国之间的战争，欧洲各国也不应该干预其他国家的成长和发展。”① 可见，《门罗宣言》的措辞同杰斐逊和麦迪逊期待的一样强硬。但是，由于国务卿约翰·昆西·亚当斯的坚决反对，宣言并没有提到同英国联盟的问题。② 杰斐逊感到高兴，《门罗宣言》包含了他提出的“不再允许欧洲国家在美洲开拓殖民地”的建议。麦迪逊在给门罗的信中说：“有一点是确定的，宣言的内容将会受到各方的密切关注，它对大家都有好处。”③

门罗在酝酿《门罗宣言》的决策过程具有集中程度高的共同责任型决策模式的特点。门罗在考虑如何应对“神圣同盟”干涉拉美独立运动的过程中，征询杰斐逊和麦迪逊的意见，实际上就已经把他们两位纳入了这一决策体系，把他们看作了自己的决策顾问。门罗同时也召集内阁核心幕僚商议，商讨应对之策。杰斐逊和麦迪逊的意见有两条：一是反对欧洲干涉美洲事务；二是联合英国制衡“神圣同盟”。门罗的核心幕僚，国务卿约翰·昆西·亚当斯认同“反对欧洲干涉美洲事务”这一条，但反对“在这个问题上同英国合作”。作为总统，门罗综合了前总统杰斐逊和国务卿亚当斯的意见，在《门罗宣言》中既强调了“反对欧洲各国干涉美洲事务”的立场，也未提及美英两国在这个问题上的合作事宜。杰斐逊和麦迪逊提出了他们的建议，亚当斯也坚持了自己的立场。不论是“编外”决策顾问杰斐逊、麦迪逊，还是核心内阁幕僚，都在这个问题上发挥了应有的作用。

（二）艾森豪威尔在“古巴导弹危机”中给肯尼迪政府提出了中肯的建议。

在 1962 年 10 月发生的“古巴导弹危机”期间，肯尼迪同艾森豪威尔、杜鲁门、胡佛保持着密切的电话沟通。事实上，由于艾森豪威尔在处理军事安全议题上具有丰富的经验，他的意见也备受肯尼迪的重视。在危

---

① William Fiddian Reddaway, *The Monroe Doctrine*, Cambridge: Cambridge University Press, 1898, p. 80. Robert A. Nowlan, *The American Presidents, Washington to Tyler*, Jefferson, North Carolina: MaFarland & Company, Inc., Publishers, 2012, p. 205.

② Dexter Perkins, *A History of the Monroe Doctrine*, Boston · Toronto: Little, Brown and Company, 1963, p. 29.

③ Marie B. Hecht, *Beyond the Presidency: The Residues of Power*, New York: Macmillan Publishing Co., Inc, 1976, p. 157.

机爆发之初，肯尼迪就指示中情局局长约翰·麦孔在10月20日邀请艾克到华盛顿，向他简报苏联在古巴部署导弹事宜。麦孔谈到了肯尼迪政府计划采取的三个应对方案：一是派轰炸机摧毁苏联在古巴境内修建的导弹发射设施；二是在轰炸导弹设施的同时，派重兵进行两栖登陆，攻占古巴；三是对古巴进行封锁。第二天，肯尼迪亲自给艾森豪威尔打电话，征求他的意见。艾森豪威尔回答说，他认为第一个方案是不合适的。由于他对事件的背景仍不太清楚，所以对于第二套和第三套方案之间一时无法做出选择。但他也强调，无论是肯尼迪选择哪套方案，他都坚决支持。肯尼迪告诉艾森豪威尔，他决定采取第三套方案，并打算在当晚通过电视向公众宣布自己的决定。①

一周后，也就是10月28日，肯尼迪再次给艾森豪威尔打电话，就美苏解决导弹危机协议的内容征求艾森豪威尔的意见。肯尼迪向艾森豪威尔通报了苏联对于解决这场危机的建议：苏联可以拆除在古巴修建的所有导弹发射设施；作为交换，美国必须确保不会入侵古巴。艾森豪威尔说，苏联这个建议基本可行。但是他觉得，美国的承诺不应该是无条件的。假如形势发生了变化，例如卡斯特罗攻击关塔那摩美军基地，或者在拉美国家从事间谍或者破坏活动，美国就有必要占领古巴。② 在11月5日的日记中，艾森豪威尔讲述了他前一天晚上同麦孔电话谈话的内容。他强调，美苏关于解决危机的协议必须包括两点：一是确保苏联从古巴撤走所有导弹；二是如果卡斯特罗在拉美制造颠覆、破坏活动，那么美国就有权随时对古巴采取军事行动。③

由此可见，肯尼迪在应对古巴导弹危机的决策过程中，“编外”决策顾问艾森豪威尔的贡献至少有两点：第一，对肯尼迪政府提出三套应对方案中，艾森豪威尔否决了第一套方案，同意支持第三套方案，主要是因为第一套方案不仅会引发美古的直接军事冲突，也会造成美苏直接对抗。然而，第三套方案风险要小得多。第二，在从肯尼迪那儿了解到苏联对于解决这场危机的建议（也就是以苏联拆除导弹换取美国不入侵古巴）后，艾

---

① Stephen E. Ambrose, *Eisenhower: Volume Two, The President*, New York: Simon & Schuster, 1984, p. 641.

② Robert H. Ferrell (ed.), *The Eisenhower Diaries*, New York · London: W · W · Norton & Company, 1981, p. 391.

③ Stephen E. Ambrose, *Eisenhower: Volume Two, The President*, New York: Simon & Schuster, 1984, p. 642.

克认为，苏联并不想将事态扩大。苏联只是想从同美国的谈判中获取更多的利益。于是，他提出了对苏谈判的两个条件：一是要求苏联撤走全部导弹，二是不在古巴安全问题上做过多承诺。

经过13天的讨价还价，美苏达成口头协议：苏联同意在联合国和美国的监督下撤走在古巴的导弹，美国承诺不会入侵古巴，主要原因是肯尼迪认为入侵古巴“在军事上风险太大”。特别是在国防部长罗伯特·麦克纳马拉告诉他，入侵古巴可能会给美军造成四五万人的伤亡代价后，肯尼迪基本放弃了入侵古巴的想法。① 关于苏联同意撤走导弹事宜，美国方面也做出了妥协。约翰·肯尼迪曾派他的弟弟、司法部长罗伯特·肯尼迪前往苏联驻美使馆，以口头方式答应了时任苏联驻美大使阿纳托利·多勃雷宁（Anatoly Dobrynin）提出的要求美国从土耳其撤走“丘比特”导弹的问题，但前提是多勃雷宁必须对此保密。1963年4月，美国从土耳其撤走了这些导弹。②

当然，在应对古巴导弹危机时，肯尼迪不仅征求了前总统艾森豪威尔的意见，更重要的是，他建立了“国家安全委员会执行委员会”这样一个相对“松散、开放、动态性强”的决策体系。③ 委员会成员既包括国家安全委员会核心幕僚（如副总统约翰逊、国务卿腊斯克、财政部长狄龙、国防部长麦克纳马拉、国家安全事务助理邦迪、参谋长联席会议主席泰勒、中央情报局局长麦孔和司法部长罗伯特·肯尼迪），也包括副国务卿乔治·鲍尔、美国驻苏大使托马森、国防部副部长盖尔帕特里克（Galpatric）、前国务卿迪安·艾奇逊（杜鲁门政府时期）、中情局情报处主任克莱恩、国家影像解读中心主任亚瑟·兰达尔（Arthur Lundahl）等20多人。④

肯尼迪亲自参加讨论，要求幕僚坦率地表达自己的意见。同时，肯尼迪又将这些幕僚分成不同小组，分别在国务院、国防部、白宫召开小组会议，并亲自参加其中一些重要会议。在整个决策过程中，肯尼迪听取了包括艾森豪威尔在内的各方意见，综合分析，做出了“最可行”的政策选

---

① Robert Dallek, *An Unfinished Life: John F. Kennedy, 1917 – 1963*, Boston: Little, Brown and Company, 2003, p. 572.

② Thomas G. Paterson (ed.), *Kennedy's Quest for Victory: American Foreign Policy, 1961 – 1963*, New York: Oxford University Press, 1989, pp. 147 – 148.

③ David Mitchell, *Making Foreign Policy: Presidential Management of the Decision – Making Process*, Burlington, VT: Ashgate, 2005, p. 10.

④ Akex Roberto Hybel, *US Foreign Policy Decision – Making from Truman to Kennedy*, New York: Palgrave Macmillan, 2014, pp. 158 – 160.

择，充分反映了“既发扬民主，又善于集中”的决策原则，是典型的“集中程度高的共同责任型决策模式”。当然，肯尼迪咨询艾森豪威尔的意见，一方面，体现了他对这位前总统的尊重，另一方面，也是借此争取这位隶属于共和党的前总统对自己这个民主党政府的支持。

（三）艾森豪威尔在越战期间给约翰逊政府的建议

在越战升级后，约翰逊定期向一批专家咨询如何能打赢越战，前总统艾森豪威尔就是其中之一。约翰逊特别看重艾森豪威尔的意见，希望能借助他结束朝鲜战争的经验，打赢越南战争。约翰逊明白，得到了这位隶属于共和党的前总统对越南战争的认可，将有利于赢得美国公众对越战的支持。历史档案显示，约翰逊在越南战争的每一次重要军事部署，都会征询艾森豪威尔的建议，也会深受他的影响。

约翰逊是 1965 年初开始正式征询艾森豪威尔的意见。当时美国已经卷入越战，唯一的问题是如何打赢这场战争。1965 年 2 月 17 日，约翰逊邀请艾森豪威尔到白宫内阁会议室，同国防部长麦克纳马拉、国家安全事务助理迈克邦迪、参谋长联席会议主席惠勒和总统特别顾问古德帕斯特开会。在会谈中，约翰逊开门见山，询问艾森豪威尔如何应对当时越南形势。艾森豪威尔重点谈了如下几点：一是建议约翰逊政府寻求北约盟友支持美国在越南的军事行动；二是由美国军队保障南越的安全；三是由南越设法阻止外界向北越提供补给；四是持续加大旨在惩戒北越的空袭；五是强化南越的政治治理；六是私下里警告中国或苏联不要介入越战；七是在军事上占据主动后再开始同北越谈判。①

在艾森豪威尔讲完后，约翰逊问道：“《北部湾决议案》② 是不是足以应对北越的局势?”艾森豪威尔说，这个决议具有相当的灵活性，也给总统留下了很大的操作空间。国防部长麦克纳马拉问道：“有没有必要扩大对北越的空袭？有没有必要向越南派遣地面部队?”艾森豪威尔说，美国应该让北越明白，美国将采取一切必要措施，确保南越、甚至东南亚的“自

---

① Leonard Benardo and Jennifer Weiss, *Citizen - in - Chief*: *The Second Lives of the American Presidents*, New York: Harper Collins, 2009, pp. 145 - 148.

② 《东京湾决议案》是美国国会在 1964 年 8 月 7 日通过的一项法案。它授权总统“采取所有必要措施击退任何针对美国军队的攻击，阻止（北越的）进一步侵略行为”。这项法案为约翰逊政府扩大越南战争的提供了基础。Matthew T. Downey et al, *United States History*: *In the Course of Human Events*, New York: West Publishing Company, 1997, p. 895.

由”，因为这事关美国的国家信誉。在会谈结束前，艾森豪威尔表示，美国必须向世界发出一个明确的信号，那就是，美国对盟友的支持坚定不移。在这次会议后，约翰逊政府开始了对北越长达八个月之久的大规模轰炸行动，也就是“滚雷行动”。①

在接下来的三年里（1965 年 4 月初至 1968 年 3 月底），约翰逊每两周就派安德鲁·古德帕斯特（后来担任参谋长联席会办公室主任、驻越美军副司令等职）前往艾森豪威尔家中，向他详细汇报战况，征求他的建议。这些会面每一次一般会持续两到三个小时。在开始的会面中，艾森豪威尔告诉古德帕斯特说，自己强烈建议取消对战地指挥官的一切限制。他认为，多数情况下，出现贻误战机，都是因为华盛顿对战地指挥官干涉过多。他请古德帕斯特转告约翰逊不要“束缚驻越美军司令威廉·威斯特摩兰的手脚”，应该给威斯特摩兰提供一切必要补给，然后放手让他去做。他认为，这是取得战场胜利的“基本要求”。②

1965 年 5 月 18 日，美军对北越的大规模轰炸刚停下来，约翰逊就希望能够借此同北越开始谈判。他想了解艾森豪威尔对这次轰炸间歇的看法。艾森豪威尔说，如果北越没有正面回应美方提出谈判的要求，美军应该恢复轰炸，并加大轰炸力度。10 月，随着约翰逊将大批地面部队开始派往越南，艾森豪威尔感到非常兴奋。他对古德帕斯特说，“现在我们必须部署压倒性的战斗力量，震慑敌人，减少伤亡，争取胜利。”③

1966 年 9 月，艾森豪威尔对约翰逊政府推行的“渐进式战略”越来越感到不耐烦。他建议约翰逊进一步加大对北越的轰炸力度，争取尽快结束战争。1967 年 4 月，他请古德帕斯特转告约翰逊，“采取所谓‘渐进主义的策略’注定是无法达到预期效果的。”7 月，艾森豪威尔在一次接受记者采访时表示，他反对采取所谓的“渐进主义”，他敦促国会对北越宣战。④

1968 年春，北越发动了规模空前的“春节攻势”。面对这种情势，威斯特摩兰在 3 月初请求总统约翰逊在年内分三批向越南增兵 20 万。约翰逊

---

① Stephen E. Ambrose, *Eisenhower: Volume Two, The President*, New York: Simon & Schuster, 1984, p. 657.

② Stephen E. Ambrose, *Eisenhower: Volume Two, The President*, New York: Simon & Schuster, 1984, p. 658.

③ David Eisenhower, *Going Home to Glory: A Memoir of Life with Dwight D. Eisenhower*, New York: Simon & Schuster, 2010, p. 167.

④ Stephen E. Ambrose, *Eisenhower: Volume Two, The President*, New York: Simon & Schuster, 1984, p. 663.

不仅未答应他的请求，反而在3月23日撤销了他的职务。[①] 3月25日至27日，约翰逊政府核心幕僚就是否要继续增兵越南及是否要真正同北越开始谈判等问题进行了密集的讨论，讨论的结果是：增兵越南、再次扩大战争规模不符合美国的国家利益。约翰逊对于这个结论并不满意，但已经无可奈何。[②] 3月31日，面对国内反战运动的压力和党内同仁的挑战，心力交瘁、不堪重负的约翰逊正式宣布美国停止对北越大部分地区空袭，他个人也不寻求连任。得知约翰逊的决定后，艾森豪威尔大发雷霆，两人也因此分道扬镳。[③]

纵观艾森豪威尔在越战问题上给予约翰逊的建议和支持，可以看出，约翰逊是把他当作了自己非常重要的军事顾问。在这个过程中，艾森豪威尔实际上已经深度参与到了越战的作战部署中。约翰逊也非常重视艾森豪威尔提出的意见和建议。可以说，在希望打赢越战这个问题上，约翰逊和艾森豪威尔的目标是一致的。艾森豪威尔主张无限扩大地面战和空袭力度，主张给予驻越最高指挥官威斯特摩兰充分的指挥权，以便在军事上争取主动。

但是，作为政治人物，约翰逊希望能够尽量维持越南南北分治的局面。这也就是他希望争取同北越进行谈判的主要原因。面对国内越来越强烈的反战运动，作为现任总统的约翰逊不可能熟视无睹。这也正是约翰逊总统和他的“编外”军事顾问艾森豪威尔将军的最大区别。这也正是为什么在艾森豪威尔将军不断地敦促约翰逊政府全力支持驻越最高军事指挥官威斯特摩兰将军时，约翰逊总统并没有采纳这个建议。因为在艾森豪威尔看来，越战更像一场军事战役；但是，在约翰逊总统看来，越战不仅是军事仗，更是政治仗。

（四）约翰逊在越南战争问题上对尼克松的支持

越战是尼克松和约翰逊共同关心的一个话题。约翰逊在1968年初宣布不再参选连任，主要是受越战拖累；尼克松在1968年11月顺利当选，在

---

① Alex Roberto Hybel, *US Foreign Policy Decision - Making from Kennedy to Obama*, *Responses to International Challenges*, New York: Palgrave Macmillan, 2014, p. 42.

② Richard H. Immerman, "'A Time in the Tide of Men's Affairs': Lyndon Johnson and Vietnam," in Waren I. Cohen and Nancy Bernkopf (eds.), *Lyndon Johnson Confronts the World*: *American Foreign Policy*, *1963 - 1968*, New York: Cambridge University Press, 1994, p. 78.

③ Stephen E. Ambrose, *Eisenhower*: *Volume Two*, *The President*, New York: Simon & Schnster, 1984, p. 665.

一定程度上得益于越战。但是，就任总统后，尼克松也意识到，一个总统在越战问题上面临的两难。“多米诺骨牌理论”的魔咒迫使约翰逊政府做出越战升级的决策。在战场胜利无望，国内反战运动日益高涨的背景下，约翰逊政府声望严重受损。尽管约翰逊政府在国内政策上交出了靓丽的答卷，但却毁在了越战升级上。[①] 尼克松打着反越战的旗帜入主白宫。但是，在执政初期，尼克松加大了对北越的空袭力度，就是希望能“以实力换取和平”。尼克松知道，在冷战背景下，如果失去南越，他在政治上就会陷入被动。军事胜利又无望，如何体面撤出，就是尼克松面临的困境。

每个周五，尼克松都会派一架飞机，带着基辛格办公室准备的外交政策简报，飞往约翰逊居住的牧场。尼克松政府内阁成员有时会给约翰逊打电话，解释简报中谈到的事宜。偶尔，尼克松也会给约翰逊打电话，讨论相关事宜。基辛格也会亲自前往，与约翰逊讨论同北越进行和谈的问题。1970 年 9 月，时任副总统阿格纽·狄奥多拉也曾飞往田纳西州约翰逊城向前总统林登·约翰逊简报自己刚刚结束的亚洲五国之行。

尼克松政府给外界留下的印象是，尼克松和他的顾问团队在越战问题上重视约翰逊的意见。当然，约翰逊也感觉到，他自己了解到的信息也只是尼克松和他的团队希望自己了解的信息。刚好在约翰逊去世前几周，尼克松给他打电话，告诉他，离越战停火时间非常接近了。听到这个消息，约翰逊立刻请他的讲话撰稿人贺拉斯·巴斯比（Horace Busby）起草声明。声明主题是“没有人比我更加努力地争取和平，也没有人比我更希望和平”。1973 年 1 月 22 日，约翰逊去世。他去世两天后，美越宣布越战停火。约翰逊的声明也未能及时发布。[②]

（五）尼克松给卡特、里根、乔治·布什和克林顿的建议

作为一个国际问题专家，因“水门事件”黯然辞职的尼克松并没有一蹶不振。他撰写论文、接受访谈、出版专著、评论时事，希望借此挽回他因“水门事件”在公众心目中受损的形象。无论是在杰拉夫德·福特、吉米·卡特执政，还是罗纳德·里根、乔治·布什执政时期，尼克松都希望以不同的形式发挥自己的专长，向现任总统提出自己对处理外交事务的见

① Robert Dallek, *Flawed Giant: Lyndon Johnson and His Times, 1961 – 1973*, New York: Oxford University Press, 1999.

② Marie B. Hecht, *Beyond the Presidency: The Residues of Power*, New York: Macmillan Publishing Co. Inc., 1976, pp. 183 – 184.

解。但是，在福特执政时期，尼克松想给福特提建议恐怕也很难。受到“水门事件”的影响，尼克松已经成了共和党的“负资产”。

在卡特执政期间，尼克松批评卡特政府推行的价值观外交“空洞无物”。但卡特并没有计较。在邓小平访美期间，卡特答应中国代表团的请求，邀请尼克松回到白宫，参加欢迎邓小平的国宴。他还特地向公众解释说，“‘水门事件’现在已经成为历史，邀请尼克松来白宫理所当然。”①

尼克松真正参与外交决策是在罗纳德·里根、乔治·布什和比尔·克林顿执政时期。1981 年 10 月，里根委托尼克松、卡特和福特三位前总统代表他前往埃及，参加埃及总统安瓦尔·萨达特的葬礼。这也为尼克松公开发挥政治影响力提供了机会。尼克松对里根政府、乔治·布什政府和比尔·克林顿政的政策建议主要体现在美国对苏（俄）和对华政策上。

第一，尼克松对里根政府倡导的“星球大战计划”的看法。在 20 世纪 80 年代初，里根政府内部开始辩论讨论“战略防御倡议（也就是‘星球大战计划’）”的可行性和必要性。对此，尼克松认为，“如果对方有一万颗核弹，你是无法防御的。”他认为，谋求在战略上的防卫优势存在极大的风险。他建议，美苏双方应该开展合作研究，把如何避免双方走到核战争边缘作为首要问题加以研究。

尽管里根和尼克松在这个问题上存在分歧，但是，在参加 1985 年 11 月在日内瓦举行的美苏领导人峰会前，他还是请尼克松为自己出访做准备。他甚至逐字逐句引用尼克松有关超级大国游戏的论述：“我们想要和平。苏联需要和平。”至此，细心的听众就已经猜到，里根在一年前会见苏联外长安德烈·葛罗米柯（Andrei Gromyko）前，就曾秘密征询过尼克松的意见。

第二，劝里根政府谨慎处理同中国的关系。尼克松在执政期间，多次同他的国家安全事务助理和国务卿亨利·基辛格一起讨论国际政治的均势问题。尼克松认为自己掌握了大国外交的精髓。他劝里根谨慎处理同中国的关系。在谈到中国的社会和政治现实时，尼克松建议里根政府不要把发展美中关系称为所谓的“打中国牌”，这种说法会让中国人感到没有受到足够的尊重。尼克松说：“没有人想成为别人手中的牌，（我们）要让他们（中国人）明白，即使没有（苏）俄因素，我们也要发展同中国的关系。”②

---

① Leonard Benardo and Jennifer Weiss, *Citizen - in - Chief*: *The Second Lives of the American Presidents*, New York: Harper Collins, 2009, p. 149.

② Leonard Benardo and Jennifer Weiss, *Citizen - in - Chief*: *The Second Lives of the American Presidents*, pp. 153 - 159.

第三，建议乔治·布什政府谨慎处理中美关系。在1989年中美关系非常困难的情况下，尼克松决定访问中国。在出访中国之前，他拜访了时任总统乔治·布什和国家安全事务助理布伦特·斯考克罗夫特。[①] 在访华期间，他呼吁美中两国重新开始合作关系。在同中国国务院总理李鹏会谈时，尼克松说，“我们之间在文化、政治、意识形态等方面存在很大差异，你是中国共产党人，信仰列宁主义，我是美国保守派人士，我信仰资本主义和民主。但是，中美两国应该超越目前的争议，重启我们两个伟大民族珍视的进步与合作。”尼克松回到美国后，布什于11月5日在白宫设宴招待尼克松，听取他的访华汇报。在叙说了中国对美国的不满之后，尼克松强调了中国希望美国采取主动，改善中美关系的愿望。[②] 在了解到布什总统已经决定从长远角度来处理中美关系，尼克松对此表示完全支持。[③]

第四，建议比尔·克林顿政府增加对俄罗斯经济援助，无条件给予中国“最惠国贸易待遇”。在1992年期间，尼克松注意到，克林顿在外交方面经验严重不足，这令他“非常不安”。大选落幕后，尼克松试图想方设法影响克林顿的外交政策。当然，由于尼克松同克林顿分属不同党派，年龄差距也较大，尼克松对于能否影响克林顿的外交政策也“未抱太大希望”。尽管如此，他还是在克林顿当选总统当天，给克林顿写了一封亲笔信，名为表示祝贺，实为投石问路，希望同克林顿建立直接沟通管道。[④]

尼克松认为，在冷战结束后，世界的未来在于太平洋地区的繁荣，而太平洋地区的未来将取决于四个国家，美国、俄罗斯、中国和日本。他呼吁克林顿政府增加对俄罗斯的经济援助，帮助俄罗斯走上自由市场经济道路。在他看来，只有叶利钦才能带领俄罗斯实现这一目标，所以，他反复强调克林顿应该支持叶利钦。为此，尼克松1992年11月6日公开接受媒体采访，11月19日在《纽约时报》撰文，甚至在1993年2月7日至22日对俄罗斯进行了为期两周的私人访问。访问期间，尼克松在莫斯科同叶利钦会面。回到美国后，尼克松从媒体上了解到，克林顿已经决定4月4日在加拿大温哥华召开的“七国集团峰会”上同叶利钦举行会面，同时向

---

① Stephen E. Ambrose, *Nixon: Ruin and Recovery, 1973 – 1990*, New York: Simon & Schuster, 1991, p. 568.

② 陈永祥主编：《布什与中国》，南京：南京大学出版社，2002年版，第118页。

③ Stephen E. Ambrose, *Nixon: Ruin and Recovery, 1973 – 1990*, New York: Simon & Schuster, 1991, p. 573.

④ Monica Crowley, *Nixon in Winter*, New York: Random House, 1998, pp. 103 – 104.

国会申请对俄3亿美元的经济援助。得知这个消息后，尼克松曾私下表示，他希望克林顿在同叶利钦会面之前能够咨询他的建议。

尼克松终于如愿以偿。3月2日，尼克松接到好友、参议员鲍勃·多尔（Bob Dole）的电话，说克林顿总统希望能够给他打电话，就外交事务征询他的意见。几个小时后，尼克松接到了克林顿的电话。在这次40分钟的谈话中，克林顿只用了三分之一的时间讨论外交议题，主要是关于俄罗斯，也谈到了中国。[①] 3月8日，克林顿在白宫会见尼克松，这次私人会谈持续了一个多小时。克林顿希望从尼克松那里多了解一些俄罗斯的情况，为他即将于4月3日至4日在加拿大温哥华同俄罗斯总统叶利钦举行首脑会谈做准备。[②] 3月23日，克林顿再次致电尼克松，两人交谈大约20分钟，主要议题仍然是关于美俄首脑会晤。克林顿就对俄政策提出了四个方案。尼克松随后给克林顿发了一份传真，详细阐述了他对这些方案的看法。他建议克林顿明确表示支持叶利钦推动俄罗斯市场化改革，并为此向俄罗斯提供经济援助。[③] 4月26日，克林顿又一次致电尼克松。克林顿谈到：第一，他非常感谢尼克松在对俄经济援助方面提出的宝贵意见；第二，叶利钦对于美国提出的促进俄罗斯经济改革的援助项目表示感谢；第三，他对于前一天（4月25日）俄罗斯全民公决支持叶利钦继续推行改革的表决结果表示满意。当然，此次克林顿致电尼克松主要是想征询他如何应对波斯尼亚危机。[④]

尼克松不仅试图影响克林顿政府对俄政策，他也希望影响克林顿对华政策。在3月2日两人进行的第一次电话交谈中，克林顿询问尼克松，为什么中国能实现10%的经济增长。尼克松表示，有三个原因：一是中国改革始于农村；二是中国政治稳定；三是中国人不仅勤奋，而且有故土情结，特别是海外华人在中国大陆的大量投资，为中国经济增长注入了活力。[⑤]

尼克松试图影响克林顿政府对华政策的事例主要体现在美国政府是否应该给予中国最惠国贸易待遇这个问题上。尼克松说，4月3日克林顿同叶利钦在“七国集团峰会”上会面前，时任国家安全事务助理安东尼·雷克（Anthony Lake）曾致电尼克松。雷克曾在尼克松政府中担任总统国家

---

① Monica Crowley, *Nixon in Winter*, New York: Random House, 1998, pp. 127 – 128.

② 何慧著：《尼克松与中国：半个世纪的不解之缘》，郑州：河南人民出版社，2005年版，第247页。

③ Monica Crowley, *Nixon in Winter*, New York: Random House, 1998, pp. 135 – 136.

④ Monica Crowley, *Nixon in Winter*, New York: Random House, 1998, pp. 137 – 138.

⑤ Monica Crowley, *Nixon in Winter*, New York: Random House, 1998, pp. 184 – 185.

安全事务特别助理（1969—1970 年）。雷克主要谈俄罗斯问题，他也提到了尼克松非常关注的中国问题，特别是最惠国贸易待遇问题。[①]

4 月 8 日至 14 日，尼克松对中国进行了为期一周的访问。访问期间，尼克松同中国领导人就中美合作等问题进行了深入交谈。尼克松说，他之所以在 1972 年访华，是因为他认识到，中国在未来世界中会扮演关键的角色，中美合作对于保障 21 世纪的和平是必不可少的。在谈到美国国会反华势力可能借助人权问题向克林顿政府施加压力时，尼克松也劝喻中国领导人在人权问题上做出一些姿态，以避免反华势力在这个问题上做文章，要求克林顿政府在给予对华最惠国贸易待遇时附件条件。[②]

4 月 21 日，尼克松在自己的总统图书馆召开的一次会议上发表演说，再次谈到了美国应该支持俄罗斯的民主化运动，但他讲话的重点仍然是中国。他呼吁克林顿政府无条件给予中国最惠国贸易待遇。他甚至为克林顿政府支招，反击那些试图将最惠国贸易待遇同人权议题挂钩的人士。尼克松说，“在我们同中国人打交道时，我们应该在外交上强调（人权）这个问题，但是，我们不应在这个问题上做得太过，以至于损害了我们私营部门（的商业利益），因为中国的经济增长是实现政治自由最好的方式。”[③]

随着 6 月 3 日（也就是克林顿政府向国会递交是否延长下一年度对华最惠国贸易待遇的时间）的临近，尼克松非常担心克林顿可能会取消对华最惠国贸易待遇。尽管尼克松愿意在这个问题上为克林顿辩护，但是，克林顿并没有征询他的意见。5 月 12 日，尼克松在同研究助理莫尼克·克劳利（Monica Crowley）的谈话中表示，“如果他（克林顿）仍未下决心，或者已经下了决心（不给予中国最惠国待遇），他是不会来征求我的意见的。假如他决定给予中国最惠国待遇，他会给我打电话的。他还没有给我打电话，寻求我给他拉票支持。这说明，他要么决定不给予中国最惠国待遇，要么还没有下决心（给予中国这个待遇）。”

5 月 20 日，尼克松仍然很担心。他说，“如果让（反对给予中国最惠国待遇、要求将最惠国待遇同人权议题挂钩的加利福尼亚联邦众议员）南希·佩洛西（Nancy Polosi）来控制外交政策，那克林顿会面临一团糟的局面。如果（克林顿）政府倾向于将人权问题同最惠国待遇挂钩，那是很危

① Monica Crowley, *Nixon in Winter*, New York: Random House, 1998, p. 136.
② Monica Crowley, *Nixon in Winter*, New York: Random House, 1998, p. 200.
③ Monica Crowley, *Nixon in Winter*, New York: Random House, 1998, p. 210.

险的。给最惠国待遇附加条件将是一个严重的错误。如果他（克林顿）这么做的话，我将会公开表达这样的看法：人权问题是政治问题，应该把它和贸易问题分开。”最终的结果是，克林顿宣布将最惠国待遇问题同人权问题“脱钩”，尼克松对此深感欣慰。[①]

（六）老布什在应对伊拉克问题和发展美俄关系上给小布什的建议

小布什在描写父亲的传记《第41任总统：我的父亲的画像》中说，在自己担任总统期间，他和父亲很少谈论政策。因为父亲比任何人都了解，总统周围是对各种重大议题都了解深入的专家。如果小布什确实需要父亲在某个政策议题上给他提建议的话，老布什会说：“把你的简报人员派过来，让我了解一下具体议题。”小布什说，父亲知道，总统幕僚和学界专家会给总统提供各种专业性很强的建议；作为总统的父亲，他能给小布什提供的是家人的关心和支持。[②]

小布什在回忆录《抉择时刻》中讲到了自己同父亲谈论伊拉克问题。他说，他想了解一下父亲对伊拉克问题的想法。他希望能够通过和平手段解决同萨达姆之间的分歧，不过也在准备做出另外的选择。老布什表示，自己也希望外交手段能奏效。他告诫儿子，做出战争的决定是非常艰难的。他希望儿子能尽一切努力避免战争。不过，他也谈到，如果萨达姆不遵守协议，那小布什也别无选择。[③]

小布什说，在下达了攻打伊拉克的命令后，他的心情无法平静。他完全知道这个命令将带来的后果。阿富汗战争给美军带来的伤亡让他感到痛苦，他也不想再把美国士兵派上战场。但是，为了“保卫美国”，他不得已而为之。从当时小布什写给父亲的一封简短的信中，读者可以体会到布什当时的心境。在信中，小布什说[④]：

亲爱的父亲：

上午9点半左右，我向国防部长下达了执行“伊拉克自由行动”

---

① Monica Crowley, *Nixon in Winter*, New York: Random House, 1998, p. 211.

② George W. Bush, *41: A Portrait of My Father*, New York: Crown Publishers, 2014, p. 268.

③ George W. Bush, *Decision Points*, New York: Crown Publishers, 2010, p. 243.

④ George W. Bush, *Decision Points*, New York: Crown Publishers, 2010, pp. 224 – 225.

计划。尽管前一段时间，我已经做出了在必要情况下使用武力解放伊拉克、解除伊拉克的大规模杀伤性武器的决定，但是，此时此刻，下令执行这个命令，我心情仍然难以平静。

我知道，我目前所做的一切都是对的。我也祈祷上帝尽量减少伤亡。伊拉克将获得自由，世界也因此更加安全。忐忑不安的瞬间过去了，秘密的行动已经开始，我现在正在等待从前方传回的消息。

现在我知道您曾经历的一切是什么滋味了。

爱您的，

乔治

几个小时后，小布什收到了父亲用传真发来的回信。在信中，他父亲说：①

亲爱的乔治：

我刚收到你的亲笔信，我心里很有感触。你所做的一切是对的。你刚才做出的决定，是你迄今为止最艰难的决定。但是，带着（对美国军人和伊拉克人民的）关爱，你勇敢地做出了这个决定。担心无辜的生命受到伤害——不管是伊拉克人还是美国人——是对的。但是，你也只是做了分内之事。

林肯②之后的所有总统，都要面对一系列棘手的难题，也许下面这句话能让你心里好受一些：你坚强且有风度地担起了重任。

记住罗宾说过的话：“我对你的爱无法用言语表达。”

是的，我就是这样。

爱你的，

父亲

通过讲述自己在做出出兵伊拉克的决策时的心里感受，小布什在回忆

---

① George W. Bush, *Decision Points*, New York: Crown Publishers, 2014, pp. 224 - 225.

② 亚伯拉罕·林肯（Abraham Lincoln）是美国第 16 任总统，在任期间发生了美国内战（1861—1865 年），这也是美国历史上最惨烈、伤亡最严重的战争。在林肯就任总统之前，南方七个州宣布独立，成立了“邦联”。为了阻止南方各州脱离联邦，林肯在就任总统一个月后决定以武力方式维护国家统一。老布什在此所说的“棘手的问题”，就指的是类似于林肯面对事关战争与和平的重大问题。

录中展示了总统在面临艰难抉择时承受的沉重的心里压力。通过父子之间的私人书信往来，小布什讲述了父亲在他面临艰难抉择时给予他的支持和力量。[①] 老布什的传记作家乔恩·米切姆（Jon Meacham）在《命运与权力：乔治·赫伯特·沃克·布什的人生探索》中指出，伊拉克战争结束十多年后，当乔治·沃克·布什再次看到当年父亲写给他的这封信后，禁不住热泪盈眶。在那一刻，他不仅感受到了父亲的慈爱，也体会到了一位前总统在一个艰难的时刻对他做出的决策的认同。[②]

在评价老布什在政策方面对儿子的影响时，美国总统研究学者麦克斯·司吉德莫尔（Max J. Skidmore）认为，对于伊拉克战争，老布什对儿子的影响非常有限。即使老布什心里认为小布什政府有些政策“不明智”，他也不愿意公开质疑儿子的判断力。司吉德莫尔援引 2003 年曾采访过老布什的《时代周刊》记者休·西迪（Hugh Sidey）的话说，老布什承认，最终做出战争决策的人只有一个，那就是总统本人。当时已经年过八旬的老布什，并不愿意评论这场战争是不是“一项正义的事业”。他关心的是自己的儿子承受的压力。他说，在伊拉克问题上，自己的儿子“正孤单地在一条充满荆棘的道路上艰难前行”。[③]

美国学者马克·厄普德葛罗夫（Mark K. Updegrove）也认为，从他对老布什本人和小布什政府办公厅主任安德鲁·卡德（Andrew Card）等人的采访可以看到，虽然小布什每周会有几个早晨在总统办公室给父亲老布什打电话，但是他们的谈话内容并不包括政策分析。老布什也说，他在同儿子的电话交谈中“不讨论彼此有分歧的议题”。他给小布什提供的是“父亲的支持”，不是“（前）总统的建议”。他们之间一般“不深入讨论政策议题”。[④]

老布什在外交事务方面给予小布什的帮助还体现在发展美俄关系上。小布什在《第 41 任总统：我的父亲的画像》中指出，老布什非常感兴趣的一个领域是“私人外交”，也就是同外国领导人发展紧密的私人关系。小布什说，他曾经目睹了父亲多次有效使用这种方法。小布什说，他本人（同外国领导人）举行过几百次会谈，也进行过很多次电话交谈。他不仅

---

① George W. Bush, *Decision Points*, New York: Crown Publishers, 2014, p. 230.

② Jon Meacham, *Destiny and Power: The American Odyssey of Heorge Herbert Walker Bush*, New York: Random House, 2015, p. 574.

③ Max J. Skidmore, *After the White House: Former Presidents as Private Citizens*, New York: Palgrave Macmillan, 2004, p. 161.

④ Mark K. Updegrove, *Second Acts: Presidential Lives and Legacies After the White House*, Guilford, Connecticut: The Lyons Press, 2006, pp. 230 – 231.

邀请各国领导人到白宫，而且到度假胜地戴维营，私人牧场克劳福德，甚至私宅“沃克小岛”。

2007 年初，小布什给父亲打电话，问他能否邀请俄罗斯总统普京到沃克私宅，讨论导弹防御系统问题。小布什觉得，同普京谈论美国准备在波兰和捷克部署导弹防御系统的问题，在自己家里最合适。当普京在 2007 年 7 月 1 日到达美国时，老布什亲自前往新罕布什尔场迎接普京，陪他乘坐直升机飞往沃克私宅。已经是 83 岁高龄的老布什带着小布什和普京坐上他的快艇，开足马力，游览海上的风景。第二天，小布什和普京就导弹防御系统的部署问题进行了长谈，达成了一定的共识。①

综上所述，可以看出，现任总统在涉及国家安全的外交政策议题上主动征询卸任总统的意见，寻求他们的支持，一是源于他们之间友好的私人关系；二是出于对卸任总统的尊重；三是由于现任总统在处理外交事务方面经验不足；四是因为他们对美国外交政策面临的重大议题有一定的共识。门罗寻求杰斐逊和麦迪逊的支持，属于第一种情况。肯尼迪寻求杜鲁门和胡佛的支持，属于第二种情况。肯尼迪和约翰逊寻求艾森豪威尔的支持，属于第三种情况。但在多数情况下，无论现任总统同卸任总统之间私人关系如何，也无论他们来自同一党派还是不同党派，出于对国家的责任感和在一些事关国家安全议题上的共识，卸任总统都愿意同现任总统分享他们的看法，提出他们的意见。对于卸任总统的意见，现任总统多数会尊重，甚至重视，但是有些情况下也只是礼貌性尊重，甚至忽略，在极端情况下，还会出现故意冷落。出现极端情况，主要是个人因素作怪。

例如，建国之初，杰斐逊、麦迪逊和门罗都认识到，当时美国面临的主要压力来自于欧洲。所以，美国需要在坚持华盛顿倡导的孤立主义的同时，将欧洲强国拒于美洲之外。在冷战期间，无论是处理“猪湾事件”的后续影响、应对古巴导弹危机，还是扩大越南战争、遏制苏联、稳定中美关系，尽管有时来自不同政党，但是，现任总统会在外交议题上向卸任总统请教，并能得到他们的积极回应，主要原因是两党在事关美国国家安全的议题上有着基本的共识。尼克松在对俄、对华政策上给乔治·布什和比尔·克林顿建言，主要是出于他对外交事务的强烈兴趣和政治人物强烈的责任感。小布什在涉及国家安全议题上征询老布什的意见，主要还是因为

---

① George W. Bush, *41*: *A Portrait of My Father*, New York: Crown Publishers, 2014, pp. 268 – 269.

父子亲情。当然，也有现任总统故意冷落卸任总统，如从威尔逊在一战期间冷待西奥多·罗斯福，富兰克林·罗斯福在二战期间冷待胡佛，艾森豪威尔在任期间冷待杜鲁门等，主要原因是个人恩怨。

四、卸任总统参与外交决策影响评估

如何评估卸任总统对外交决策的影响？一般可行的指标是，卸任总统的建议同现任总统的政策选择是否一致？如果一致，说明现任总统和卸任总统在特定议题上看法相同。如果并不一致，说明卸任总统同现任总统在特定议题上的看法存在差异。作为现任总统的顾问之一，卸任总统虽然具有丰富的执政经验。但是，作为“编外”总统顾问，他们对实际情况的了解毕竟有限，所以，他们的政策建议也带有一定的局限性。

况且，由于卸任总统不在其位，对于特定议题的敏感性，特别是这些问题可能带来的政治影响，未必像现任总统体会得那么深刻。例如，艾森豪威尔对国内反战情绪的感受显然不像约翰逊那么深刻。艾森豪威尔建议国会对北越宣战，不惜一切代价赢得军事胜利，甚至不惜牺牲约翰逊政府推行的一系列国内项目。这显然是约翰逊不愿意看到的。[①]

现任总统有时不一定会完全采纳卸任总统提出的建议，主要有三个原因。第一，可能同这些建议的可行性不强有关。例如，在古巴导弹危机期间，艾森豪威尔同肯尼迪保持了密切的沟通，也对肯尼迪政府采取的措施给予了全力支持。但是，在解决危机的最后协议中，对于艾森豪威尔提出的两条建议（一是确保苏联从古巴撤走所有导弹，二是声明，如果卡斯特罗在拉美制造“颠覆、破坏”活动，美国有权对古巴采取军事行动。）肯尼迪政府并未采纳。[②]

在肯尼迪同赫鲁晓夫谈判的过程中，苏联给出的条件是用拆除导弹换取美国不入侵古巴。这一点肯尼迪基本接受。但艾森豪威尔希望的不仅是拆除导弹，还要求把这些导弹从古巴撤走。同时，他希望能够约束古巴的行为，不允许苏联利用古巴在拉美其他国家从事共产主义活动。在双方最后达成的口头协议中，肯尼迪没有坚持这两条，但并不意味美苏在这两个问题上没有默契。

---

① Stephen E. Ambrose, *Eisenhower*: *Volume Two*, *The President*, New York: Simon & Schuster, 1984, p. 663.

② Stephen E. Ambrose, *Eisenhower*: *Volume Two*, *The President*, New York: Simon & Schuster, 1984, p. 643.

第二，现任总统同卸任总统对特性议题设定的目标不同，也会影响前者是否会采纳后者提出的建议。例如，在越战升级后，艾森豪威尔反复强调给予美国驻越最高军事指挥官威斯特摩兰充分作战指挥权这个问题。约翰逊不仅没有采纳，反而始终控制着战争的具体进程。在 1967 年，艾森豪威尔不断敦促约翰逊继续扩大越战规模。迫于国内舆论压力，约翰逊不仅未采纳，反而大规模减少了对北越的轰炸。①

为什么“非常珍视”艾森豪威尔意见的约翰逊并没有完全采纳前者的意见？主要原因是，约翰逊对于美国能否取得越战的胜利心里没有把握，这一点反映在 1965 年 7 月 2 日他同艾森豪威尔的电话交谈中。② 约翰逊的目标是，在美军取得阶段性军事优势时，迫使北越谈判。所以，不惜一切代价赢得军事胜利不是约翰逊的最终目标。约翰逊的策略是，争取完全胜利，但如果不能完全取胜，那就以打促谈。在 1968 年 1 月“春节攻势”后，当威斯特摩兰提出增兵计划时，约翰逊解除了他的职务，因为约翰逊已经考虑降低战争的强度和缩减战争的规模了。

第三，现任总统是否采纳卸任总统的建议，还会受到现任总统核心幕僚（也就是官僚政治）的影响。例如，门罗在发表《门罗宣言》前征求了托马斯·杰斐逊和詹姆斯·麦迪逊的意见。两人都建议“反对欧洲神圣同盟介入美洲事务”和联合英国制衡“神圣同盟”。国务卿约翰·昆西·亚当斯虽然认同“反对欧洲介入美洲事务”，但是，他并不赞成美英合作。事实证明，《门罗宣言》虽然强调美国反对欧洲国家干涉拉美事务，反对欧洲进一步在拉美开拓殖民地。但是，宣言中并未包括联合英国制衡“神圣同盟”，这既反映出现任总统在决策过程中的“集中”管理，也体现了总统核心幕僚在决策中的关键作用。

由此可见，在外交决策中，现任总统会征求卸任总统的意见，也会尊重他们的建议。他们的想法也会给现任总统很多启迪，他们的积极参与和公开支持不仅会为政策辩论注入活力，也有助于现任总统赢得民意支持。但是，必须看到的是，由于诸多因素制约，作为“编外”外交决策顾问，特别是在以官僚政治为核心的决策体系中，卸任总统一般处于决策圈的外围，他们的角色多是辅助性和象征性的。

---

① Alex Roberto Hybel, *US Foreign Policy Decision – Making from Kennedy to Obama*, *Responses to International Challenges*, New York: Palgrave Macmillan, 2014, p. 43.

② Stephen E. Ambrose, *Eisenhower*: *Volume Two*, *The President*, New York: Simon & Schuster, 1984, p. 660.

第六章

社会公益

卸任总统参与社会服务主要体现在三个方面，一是关心教育和社会改革，二是从事慈善事业，三是关注民生。在关注教育和社会改革方面，第1任总统乔治·华盛顿去世前立下遗嘱，希望用自己在波托马克公司的股份在哥伦比亚特区建立一所国立大学。几经周折，“哥伦比亚学院”于1821年成立，学院于1904年改名为乔治·华盛顿大学。第2任总统托马斯·杰斐逊卸任后创办弗吉尼亚大学，担任第一任校长。第4任总统詹姆斯·麦迪逊、第5任总统詹姆斯·门罗也都是校董事会董事。第19任总统拉瑟福德·海斯卸任后回到家乡纽约州布法罗市，从事教育，特别是非洲裔美国人教育。第23任总统本杰明·哈里森卸任后在斯坦福大学教授“宪法学”，第24任总统克利夫兰在第二任期结束后在普林斯顿大学任教，第27任总统威廉·塔夫脱卸任后从1913年到1921年在耶鲁大学法学院教授“宪法学”，第33任总统哈里·杜鲁门卸任后在总统图书馆接待来访学生，给学生讲课，回答他们提出的问题。杜鲁门在1958年担任耶鲁大学客座教授，1961年制作了一部讲述他执政时期重要事件的电视系列节目。第41任总统乔治·布什在总统图书馆也建立了“布什公共政策研究生院”，第42任总统比尔·克林顿在总统图书馆建立了“克林顿公共服务研究生院”。

在从事慈善事业方面，卡特和克林顿是当今健在的最活跃的卸任总统。第39任总统吉米·卡特帮助家乡改善社区环境，参与“仁人家园”项目建设；克林顿关心青少年健康，致力于国际艾滋病防治事业。[1] 卡特在卸任后，在家乡佐治亚州亚特兰大市成立了卡特中心，中心设立“亚特兰大项目”，目的在于改善社区生活环境，应对诸如“未成年人怀孕、吸

---

① Burton I. Kaufman, *The Post-Presidency from Washington to Clinton*, Lawrence, Kansas: University Press of Kansas, 2012, pp. 519 – 520.

毒、青少年犯罪、学生辍学、无家可归、失业”等问题。

克林顿在卸任后创办“克林顿基金会”。基金会下设“健康一代联盟”项目，旨在帮助肥胖儿童减肥。以“健康一代联盟”为平台，克林顿联合美国心脏协会，呼吁在学校取消软饮料，提高学校午餐营养，鼓励学生参加体育锻炼，引导医疗机构和保险公司帮助儿童养成健康的生活方式。[①] 克林顿和老布什两位卸任总统紧密合作，为卡特里娜飓风灾区民众筹集善款，并前往灾区访问，创造了来自不同党派、甚至昔日是政敌的两位卸任总统为推动国际国内慈善事业开展真诚合作的典范。

第一节 关心教育和社会改革

一、华盛顿和杰斐逊梦想建立公立大学

美国首任总统乔治·华盛顿是第一个考虑设立国立大学的卸任总统。他在遗嘱中，将自己在波托马克公司拥有的50份股票留下来，希望在哥伦比亚特区建立一所国立大学。[②] 由于波托马克公司的财政状况不佳，这笔资金最终并未兑现。浸信会牧师路德·赖斯（Luther Rice）募集资金，在首都华盛顿大学山（College Hill）购买了一块地皮，建立校舍，为华盛顿特区的年轻人提供接受高等教育的机会。1821年2月9日，第5任总统詹姆斯·门罗批准了一项国会授权，创办“哥伦比亚学院”。1824年，学院迎来了第一批毕业生，詹姆斯·门罗、陆军部长约翰·卡尔霍恩、众议院议长亨利·克莱等政府要员参加。1904年，“哥伦比亚学院”同乔治·华盛顿纪念协会达成协议，在校园内建一所大楼，纪念已故总统乔治·华盛顿。从此，“哥伦比亚学院”就改名为乔治·华盛顿大学。[③]

第3任总统托马斯·杰斐逊一生关心教育。1802年，时任总统托马斯·杰斐逊在给著名画家查尔斯·威尔逊·皮尔（Charles Wilson Peale）的信中，说他希望在弗吉尼亚州创办一所公立大学。这所大学要提供适应环境变化、时代要求的广泛、自由的知识。它不仅能要满足弗吉尼亚州学

---

① Leonard Benardo and Jennifer Weiss, *Citizen - in - Chief: The Second Lives of the American Presidents*, New York: Harper Collins, 2009, p. 285.

② W. B. Allen, *George Washington: A Collection*, Indianapolis: LibertyClassics, 1988, p. 670.

③ George Washington University, http://en.wikipedia.org/wiki/The_George_Washington_University.

生的需求，也要能吸引来自其他州的优秀学生。当时弗吉尼亚州已经有一所大学，也就是托马斯·杰斐逊的母校“威廉—玛丽大学”。这所大学不仅宗教意味太浓，还抑制科学方面的课程。①

杰斐逊卸任后，决定创办弗吉尼亚大学。他说，创办大众教育的目的就是“让每一个人都有能力来判断什么会保障或者危害他的个人自由”。大学董事会从时任总统詹姆斯·门罗手上买下了一块私人地皮（也就是现在“中心学院”的位置），开始建立校舍。校舍1817年底奠基，校董事会在1819年1月25日获得弗吉尼亚州议会颁发的特许证。杰斐逊任第一任校长。他亲自设计课程大纲，设计校舍大楼，聘请教职员工。②

大学从1825年3月7日正式开班上课。前总统詹姆斯·麦迪逊和詹姆斯·门罗等人担任校董事。在杰斐逊去世后，詹姆斯·麦迪逊继任校长。在当时其他大学，学生只能学习医学、法律或者神学。但是，弗吉尼亚大学开设了医学、法律、数学、化学、古代语言、现代语言、自然哲学、道德哲学等8个专业，供学生选择。弗吉尼亚大学另外一个创新之处在于主张大学教育独立于宗教之外。当时多数大学具有宗教背景，但弗吉尼亚大学不设神学院。③

杰斐逊卸任后，把相当多的时间都放在办好弗吉尼亚大学上，他在自己的墓碑上这样评价自己的一生：“《独立宣言》的作者，弗吉尼亚《宗教自由法案》的起草人，弗吉尼亚大学的创立者。”他说，自己希望人们能够记得他在这些方面的贡献。④ 很明显的是，他没有写自己曾经担任过美国总统。由此可见，创办弗吉尼亚大学在杰斐逊本人心目中的具有重要的地位。

二、拉瑟福德·海斯关心南方非洲裔美国人教育

（一）海斯为什么在卸任后特别关注南方非洲裔美国人教育？

海斯之所以关心南方非洲裔美国人教育，有三个主要原因：一是海斯

---

① University of Virginia, http://en.wikipedia.org/wiki/University_of_Virginia.

② Merrill D. Peterson, *Thomas Jefferson and the New Nation: A Biography*, London: Oxford University Press, 1970, p. 962.

③ Merrill D. Peterson, *Thomas Jefferson and the New Nation: A Biography*, London: Oxford University Press, 1970, p. 972.

④ Max J. Skidmore, *After the White House: Former Presidents as Private Citizens*, New York: Palgrave Macmillan, 2004, p. 26.

一直非常重视教育。他在担任俄亥俄州州长（1868—1872 年，1876—1877 年）和美国总统（1877—1881 年）期间，就大力提倡普及教育。他认为教育是推动经济发展和社会进步的基础。他呼吁联邦政府支持各级各类公立学校教育改革。由于美国宪法规定，教育属于各州管辖范畴，南方各州拒绝向非洲裔美国人提供公立教育服务。所以，卸任后的海斯希望能够通过非政府组织改善这种状况。

二是海斯认为，教育是帮助非洲裔美国人获得种族平等的重要手段。只有扩大教育机会，才能有效地纠正剥夺他们公民权利的社会不公。他表示，公立学校应该在向非洲裔美国人提供教育中扮演关键角色。①

三是弥补自己执政期间推行的政策给南方非洲裔美国人带来的伤害。为了赢得 1876 年总统大选，海斯向南方民主党人做出妥协，承诺将联邦军队完全撤出南方。联邦军队撤出南方，中断了南方的社会改革。结果，南方前邦联势力重新控制了南方，种族问题越来越突出，非洲裔美国人的权益遭到严重践踏。②

事实上，在经历南方社会重建的 3 位总统中，第 18 任总统尤利西斯·格兰特在任期间（1869 年 3 月 4 日至 1877 年 3 月 4 日）强势推行联邦政府主导的南方重建，在打击南方前奴隶主、帮助黑人获得自由方面做得非常彻底。他严厉打击臭名昭著的“三 K 党”，力推《宪法第十五条修正案》，意在摧毁奴隶制度，确保黑人自由和民权。卸任后的格兰特主要是去海外旅行，撰写回忆录，基本很少关注黑人生存状况。

第 17 任总统安德鲁·约翰逊在担任总统期间（1865 年 4 月 15 日—1869 年 3 月 4 日）对南方实行宽容政策，导致前邦联势力卷土重来，严重伤害了非洲裔美国人的权益，内战中获得自由的非洲裔美国人重新陷入受歧视的境遇中。约翰逊之所以要对南方实行宽容政策，是因为在他看来，维护联邦统一远比解放奴隶重要；为了维护联邦统一，可以牺牲非洲裔美国人的利益。卸任后的安德鲁·约翰逊更关注的是如何争取参选田纳西州联邦参议员，在改善非洲裔美国人社会地位和生活方面没有任何作为。

第 19 任总统拉瑟福德·海斯在任职期间（1877 年 3 月 4 日—1881 年 3 月 4 日）也曾向南方旧势力妥协，也给非洲裔美国人社会地位和生存状

---

① Burton I. Kaufman, *The Post-Presidency from Washington to Clinton*, Lawrence, Kansas: University Press of Kansas, 2012, p. 163.

② Leonard Benardo and Jennifer Weiss, *Citizen - in - Chief: The Second Lives of the American Presidents*, New York: Harper Collins, 2009, pp. 260 - 262.

况的改善蒙上了阴影。在1876年大选中，海斯赢得的普选票少于民主党人塞缪尔·蒂尔登（Samuel J. Tilden）。在南卡来罗纳、路易斯安那和佛罗里达3个州两人的普选票也存在争议。最后，国会成立了一个15人组成的选举委员会解决争端，最终海斯以8:7赢得大选。为了安抚南方民主党人，海斯承诺在当选后从南方撤出所有联邦军队，结果，前邦联势力恢复了其在南方各州的统治，非洲裔美国人面临新的种族歧视。

海斯之所以在卸任后关注南方非洲裔美国人教育，当然同他一贯重视教育有关。但是，这里面有没有道德层面，特别是心理补偿的因素，是可以探讨的。总之，海斯用具体行动努力弥补自己的失误，在一定程度上弥补了因1867年大选幕后交易造成的心理缺憾，也有助于改善他受损的声誉。

（二）海斯如何推动南方非洲裔美国人教育？

海斯卸任后，担任凯斯西储大学、俄亥俄州立大学和俄亥俄维斯里安大学校董事。他也是“乔治·皮博迪教育基金会”（Peabody Education Fund）（1867年起）和“约翰·施雷特基金会”（John Slate Fund）（1882年起）董事，积极促进教育事业，特别是非洲裔美国人教育。前者基金总额达到310万美元，后者基金总额是100万美元。在接受基金奖学金的学生中，就有W. E. B. 杜波伊斯。杜波伊斯是第一位从哈佛大学取得博士学位的非洲裔美国人，他在1909年创建全国非洲裔美国人促进联合会，致力于推动非洲裔美国人民权事业。[①]

三、拉瑟福德·海斯关心社会改革

卸任后的海斯不仅关注教育，也关注其他一些迫切解决的社会议题，特别是监狱改革和政教分离。观察到美国监狱中恶劣的生活条件后，海斯决定把刑法改革视为职业教育中天然的补充。海斯认为，只有体力劳动，才能是遏止犯人出狱后重新走上犯罪道路；监狱恶劣的生活环境本身也是犯罪发生的发源地。[②]

基于此，海斯从1883年至1892年，海斯担任全美监狱协会主席，这

① Homer F. Cunningham, *The Presidents' Last Years: George Washington to Lyndon B. Johnson*, Jefferson, North Carolina: McFarland & Company, 1989, pp. 145 – 146.

② Leonard Benardo and Jennifer Weiss, *Citizen – in – Chief: The Second Lives of the American Presidents*, New York: Harper Collins, 2009, p. 263.

个协会是由一群社会改革者组成的一个公民团体，致力于改革惩罚体系，加强对犯人进行职业培训，鼓励犯人改过自新。协会认为，通过接受适当的技术和就业培训，犯人有可能会变成对社会有用的人。海斯也强烈主张禁酒。他认为，禁酒有利于降低犯罪率。[①]

在1888年，全美监狱改革协会在波士顿召开大会，海斯在大会上发言指出，贫穷的生活环境和财富日渐集中到少数人手中，这些因素也是导致犯罪发生的因素。他开始意识到，特别是在许多人缺少机会改善自身生活条件的情况下，要解决结构性的贫富分化问题，仅强调提高个人道德素质是不够的。[②] 由于当时很少有人关注监狱生活环境的改善，所以，海斯在这方面的努力本身就体现了他非凡的政治勇气。

在社会改良方面，海斯承认宗教在帮助人们改过自新方面有价值，他也经常随夫人露西一起去教堂，但他从来未明确表示他是一个基督教徒，也未明确表示信奉基督教的哪个教派。他年轻的时候听过牧师布道，也深受感动，但他不认为宗教洗礼或者皈依能够拯救一个人的灵魂。在他看来，耶稣·基督是一个温和的社会改革者。海斯对于任何形式宗教信条或组织都持怀疑态度，他坚信在一个国家必须实行政教分离。正是基于这种认知，海斯对摩门教的批评异常严厉。

摩门教是19世纪70年代和80年代在犹他州兴起的一个宗教派别。海斯反对摩门教主要有两个原因：第一，海斯认为摩门教实行神权政治，教会领袖不仅对信徒实行严格控制，也不把犹他地区政府官员放在眼里；第二，海斯反对摩门教实行的一夫多妻制，认为这种制度违反联邦宪法；在他看来，这也是妇女道德堕落的标志。海斯执政期间，解除了犹他地区行政长官的职务，因为海斯认为他和摩门教上层关系过于密切。他敦促国会通过法令，禁止摩门教徒参加地方政府。他还提出，在犹他地区建立一个新政府，规定只有那些不参与、不支持一夫多妻制的人才有资格参加选举、在政府中任职或参加陪审团。退休后，海斯对摩门教的批评言辞更加激烈。他建议时任总统切斯特·阿瑟应该更加严格地执行反对一夫多妻制的法律。当国会采纳拉瑟总统的建议，通过了《1882年埃德蒙兹法》，只是加大了对实践一夫多妻制的人员的逮捕力度，却未采取进一步措施要求

① Burton I. Kaufman, *The Post-Presidency from Washington to Clinton*, Lawrence, Kansas: University Press of Kansas, 2012, pp. 168 – 169.

② Leonard Benardo and Jennifer Weiss, *Citizen – in – Chief: The Second Lives of the American Presidents*, New York: Harper Collins, 2009, p. 263.

废除一夫多妻制时，海斯感到非常失望。直到1890年摩门教宣布放弃一夫多妻制，海斯才停止了对摩门教的批评。①

第二节　从事慈善事业

一、卡特帮助社区改善环境

卡特中心在改善生活环境、提高健康水平方面的活动不仅限于在海外（如在非洲推动传染病防治）的一系列项目，也包括在自己家乡的活动。卡特中心在1991年秋成立了"亚特兰大项目"，目的在于为家乡做贡献。按卡特自己的话说，就是帮助改善社区生活环境，帮助应对诸如"未成年人怀孕、吸毒、青少年犯罪、学生辍学、无家可归、失业"等问题。卡特中心同当地居民一起，讨论亚特兰大贫困社区存在的问题，探讨解决之道，目的是帮助他们"寻找改善生活的途径"。为了实现这个目标，卡特中心同联邦政府机构合作，给社区提供切实的服务。②

卡特中心利用当地企业（包括特纳广播集团、可口可乐公司、达美航空公司）和个人（如时任总统老布什和众议院议长纽特·金里奇）捐助的2000万美元资金，目的是要为面临类似问题的其他美国城市打造一个样板。这个项目主要依靠志愿者开展服务项目，已经有大约10万人参与了这个项目。在项目开展初期，有些学者从改善项目运营、提高项目社会效益的角度也提出了一些问题。例如，埃默里大学（Emory University）一位教授在采访了2000多位志愿者和社区活动组织者之后，撰写了一份调查报告对项目的推广做了评估。他得出的结论是："到目前（1995年）为止，相对于投入的人力和资金量，亚特兰大项目取得的实际效果有限。"究其原因，主要有两条：第一，项目涉及面广，但资金有限，因此，每个具体项目能够获得的资金支持不足；第二，这个项目也反映出了亚特兰特存在的种族隔阂问题。项目执行委员会大多数成员以及90%的志愿者都是白人，因此，一些人认为这个项目反映了"白人的自负"。但是，项目本身最大的贡献在于，它表明，当地企业和居民愿意团结一致，深入探讨如何应对

---

① Burton I. Kaufman, *The Post-Presidency from Washington to Clinton*, Lawrence, Kansas: University Press of Kansas, 2012, pp. 173 – 174.

② Rod Troester, *Jimmy Carter as Peacemaker: A Post – Presidential Biography*, Westport: Praeger, 1996, pp. 155 – 159.

亚特兰大存在的一些根本性的问题。①

二、卡特参与“仁人家园”建设

“仁人家园”是一个非盈利基督教机构慈善，旨在帮助那些生活困难、低收入家庭实现拥有自己房子的梦想。② 这个机构为申请者提供无息贷款，捐赠建筑材料和志愿劳动。这个项目的发起人是米拉德·富勒（Millard Fuller）。他出生于亚拉巴马州，曾经是一位成功的律师和企业家。后来，在妻子的劝说下，富勒放弃了生意和财产，成为非常虔诚的基督教徒，帮助那些需要帮助的人。这个组织的总部设在佐治亚州中部城市阿梅里克斯（Americus）。富勒通过自己的努力，在20多岁就成为一位百万富翁。他把自己的财产捐出来，成立了这个组织。

卡特卸任后回到家乡佐治亚州亚特兰大市后不久，了解到了这个组织的情况。他在同富勒会见之前，对这个组织的情况知之甚少。卡特的家乡普兰斯（Plains）离阿梅里克斯仅有10英里的路程。卡特了解到这个项目后，在1982年10月16日到阿梅里克斯第一长老会教堂参加了“仁人家园”志愿者大会。在当年圣诞节这一天，卡特夫妇向这个组织捐助了500美元，然后开始参加这个组织的活动。③

卡特早年曾经是一位出色的木匠，卡特利用自己的技能，帮助修建房屋。卡特戴着头盔，抡着锤子，参与“仁人家园”项目建设，帮助那些贫困家庭整修或者建造房屋。正是通过参与这个项目，卡特在卸任后第一次引起公众的注意。

1984年8月，卡特、富勒和一些来自佐治亚州的朋友租了一辆公共汽车，从阿梅里克斯出发，经过25个小时的行程，来到纽约市东区第六街第742号，帮助整修C大道和D大道之间一座六层高的废弃旧楼。经过一周的艰苦工作，他们把这栋缺楼顶、门窗、甚至地板的旧楼整修成可以居住

---

① Mark K. Updegrove, *Second Acts: Presidential Lives and Legacies After the White House*, Guilford, Connecticut: The Lyons Press, 2006, pp. 169 – 170.

② “仁人家园”是个慈善机构，它的英文名称是“Habitat for Humanity”。中国学者对这个组织名称的翻译并不一致。目前的译名有“人类家园”、“人类安居工程”、“仁人家园”、“爱心屋”等。每个翻译都有一定的特点，也体现出了这个慈善组织的特点。在本书中，为统一起见，基本采用“仁人家园”的译法，有时也会根据上下文语境使用“爱心屋”这个词。

③ Douglas Brinkley, *The Unfinished Presidency: Jimmy Carter's Journey Beyond the White House*, New York: Viking, 1998, pp. 149 – 150.

的公寓。[1]

烈日炎炎之下，在艰苦的环境中，在纽约最差的一个贫民区里，卡特夫妇和其他志愿者一道，钉钉子，刷油漆，清理垃圾。这中间还包括一些即将会在此居住的人。这个机构有一个规定，希望取得无息贷款，或者希望能够在建设或修缮的房子中居住的人，也可以通过参加志愿劳动，来“偿付”房子的费用。

在辛苦工作一天后，卡特夫妇同志愿者一起在纽约大都会浸信会教堂提供的宿舍里休息。宿舍只有硬板床。卡特夫人罗莎琳惊讶地发现，自己同好几位室友共住一间房子，同 20 多位女士共用一个卫生间。卡特参与“仁人家园”这个项目立刻引起了媒体的广泛关注。

所有主要媒体的早间新闻和主要版面都对此次活动给予了详细报道。《纽约时报》在头版报道了这个消息。许多纽约市民站在这栋大楼前面，大喊：“加油！吉米，加油！”卡特作为一位人道主义建筑工人的形象给人们留下了深刻的印象。他们从未见过哪位卸任总统能够像卡特这样，和普通人一样辛苦劳动。卡特的形象同里根时代的精神形成了鲜明的对比：享乐主义，消费至上，以及华尔街的贪婪。正如吉米・卡特是一个不同的总统一样，他也将是一个不同的卸任总统。

在纽约的经历，无论是对于卡特，还是“仁人家园”这个机构而言，都是不同寻常的。“仁人家园”这家慈善机构得到的捐款数量和志愿者服务也大幅增加。到 1985 年，卡特自己也成为这个项目董事会董事，并在接下来的两年间为这个项目募集了 1000 万美元。在纽约项目之后，卡特夫妇通过“吉米・卡特工作项目”参与“仁人家园”志愿活动。

每年，卡特夫妇会抽出一周时间参加劳动。至今为止，卡特夫妇已经先后在费城南区、南非、南卡罗纳州、韩国等地参加劳动。“仁人家园”机构在上述地区已经建造了 294 所房子。正如在纽约参加活动一样，每天早晨，卡特肯定是第一个到达工地，也是最后一个离开。20 多年来，前总统卡特穿着满是灰尘、油漆的工作服，用长满茧子的手、递给新入住的居民一本亲自签名的《圣经》的形象，给人印象深刻。[2]

在解释为什么要参与“仁人家园”，帮助贫困家庭修建“爱心屋”时，

---

① Mark K. Updegrove, *Second Acts*: *Presidential Lives and Legacies After the White House*, Guilford, Connecticut: The Lyons Perss, 2006, pp. 156 – 157.

② Mark K. Updegrove, *Second Acts*: *Presidential Lives and Legacies After the White House*, Guilford, Connecticut: The Lyons Perss, 2006, pp. 156 – 157.

卡特用了两个字做出了概括："感恩"。在卡特看来，这种感恩来自于上帝的教诲。卡特来自美国南方一个虔诚的基督教家庭，是一个虔诚的基督教徒。他在《永活的信仰》（Living Faith）一书中指出，耶稣在传道时宣告，"要将福音给穷人"。他要"让自己的行事为人，合乎耶稣基督的教导"。也就是说，卡特参与"爱心屋"建设的动力源泉，来自于他的基督教信仰。

但是，卡特并不是一个宗教人士，多年的从政经历也让他看到了美国社会一直存在的贫富差距的问题。他也想借此来唤起人们对于贫困问题的关注。正如他在《永活的信仰》中指出的那样，"这种贫与富、强与弱之间的差距，就是导致我们国家出现最糟糕问题的根源。"

在谈到贫困问题时，卡特特别强调在非洲裔美国人中间存在的贫困问题。卡特说，他对于种族问题的关注，源于他的人生经历，其中更多的是一种个人承诺，不是一种政治姿态。卡特说，在1976年总统大选中，多亏了国会中22位非洲裔国会议员的支持，他获得了85%的非洲裔选票。参与"爱心屋"建设，也是他对非洲裔美国人的回馈和感恩。[①]

"仁人家园"项目从美国扩展到世界其他地区，设立了亚太、非洲—中东、欧洲—中亚、拉美—加勒比海、美加5个分部。[②] 1984年10月的一天，卡特夫妇飞往秘鲁普诺省，参加当地社区的志愿活动。卡特也拜会了秘鲁总统费尔南多·贝朗德·特里（Fernando Belaunde Terry），同他讨论在秘鲁扩大"仁人家园"事宜。"仁人家园"项目在普诺省主要是帮助当地民众修一条水渠，将山上干净的泉水引入社区。卡特和志愿者们一起，同当地民众一起劳动。在回忆这次经历时，卡特说："他们从早到晚的工作，看到有清洁的饮用水和自己的家，他们心里会多么感激！"[③]

作为"仁人家园"的志愿者，卡特不仅参与志愿劳动，也帮"仁人家园"工程募捐。1984年10月11日，"仁人家园"在得克萨斯北部城市阿马里洛召开第一次董事会。卡特同意做为期两年的董事会主席，承诺为工程募集1000万美元善款。为了推动项目的启动，卡特自己首先承诺向"仁人家园"捐资几万美元。在两年主席任期结束时，卡特共捐助了二百

---

① ［美］吉米·卡特著，赵正祥译：《永活的信心》，北京：世界知识出版社，2008年版，第92—95页。

② The official website of Habitat for Humanity, http://www.habitat.org/.

③ Douglas Brinkley, *The Unfinished Presidency: Jimmy Carter's Journey Beyond the White House*, New York: Viking, 1998, p. 156.

多万美元。1985 年 2 月 21 日，卡特邀请佐治亚州 12 位工商界领袖担任“千万筹款活动委员会”委员，包括戴斯投资公司董事长迪恩·戴·史密斯（Dean Day Smith）和时任亚特兰大市长安德鲁·杨（Andrew Young）。史密斯向筹款委员会捐助 100 万美元。筹款委员会想尽办法争取富人对这个项目的支持。他们拍摄了海地生活困难的一些穷人生活的照片，把这些照片拿到一些公司总裁的桌前，呼吁他们关注穷人的生活。

为了引起国际社会对“仁人家园”项目的关注，卡特还呼吁国际知名人士支持这项工程。项目得到了英国前首相詹姆斯·卡拉汉（James Callaghan），南非大主教、1984 年诺贝尔和平奖得主戴斯蒙德·图图（Bishop Desmond Tutu），时任联合国秘书长哈维尔·培雷兹·德奎利亚尔（Javier Pérez de Cuéllar），罗马教皇约翰·保罗二世（Pope John Paul II）等国际名流的支持。事实上，罗马教皇约翰·保罗二世在 1987 年访问美国期间，卡特邀请教皇前往位于佐治亚州阿梅里克斯“仁人家园”总部和卡特的家乡普兰斯镇参观访问。[①]

三、克林顿关注儿童肥胖问题

克林顿基金会设立了“健康一代联盟”这个项目，旨在帮助肥胖儿童减肥。克林顿曾经说过，自己小时候就是个胖孩子，一生中喜欢吃快餐食品，患有心脏病，2004 年做过心脏绕道手术，这些因素综合起来，使得克林顿成为应对儿童肥胖这个社会问题最具说服力的代言人。以“健康一代联盟”为平台，克林顿联合美国心脏协会一起，呼吁在学校取消软饮料，提高学校午餐营养，鼓励学生参加体育锻炼，引导医疗机构和保险公司帮助儿童养成健康的生活方式。心脏病防治专家，“南滩饮食项目”创始人亚瑟·阿加斯顿博士（Arthur Agaston）说，“大部分政治人物对于肥胖给孩子健康带来的长期影响认识不足”，但克林顿“是一个例外”。[②]

为进一步推动这个事业，克林顿同多家公司和非盈利机构建立了合作伙伴关系，如美国国家篮球协会、儿童电视网络、电视厨师瑞吉尔·雷伊（Rachael Ray）等。食品产业巨头也加入了克林顿发起的帮助儿童减肥计划，一些快餐公司也支持克林顿基金会“健康一代联盟”的基本理念。在

---

① Douglas Brinkley, *The Unfinished Presidency: Jimmy Carter's Journey Beyond the White House*, New York: Viking, 1998, pp. 156 – 160.

② Leonard Benardo and Jennifer Weiss, *Citizen – in – Chief: The Second Lives of the American Presidents*, New York: Harper Collins, 2009, p. 285.

一份“里程碑的协议”中，主要食品巨头，如卡夫、百事、金宝、玛氏等食品公司承诺，在学生在校期间，他们给学生出售的食品一定会达到一定的营养标准。①

就像克林顿基金会建立的“艾滋病防治倡议”一样，在纠正目前儿童食品开发和销售企业带来的问题方面，克林顿基金会只是其中一个角色。多个政府机构（如健康与人类资源部、联邦贸易委员会等）实际上早已考虑要修改食品广告法规，一些食品生产企业也开始致力于让儿童食品更加天然，热量更少。一些营养专家质疑克林顿基金会在减少儿童肥胖问题上采取的方式并不恰当。例如，哥伦比亚大学教育学院营养教育项目前主席琼·佳素（Joan Gussow）就是这样一位。她这样评价克林顿：“我注意到，他和大家一样，都在赶时髦。”尽管克林顿基金会在促进儿童减肥方面作出的努力，远远不足以解决目前美国社会面临的与食品相关的问题，因为导致美国儿童肥胖的因素是多重、复杂的，特别是贫困社区缺少高质量的粮食、很方便在快餐店里就能抓到食品、儿童看电视、玩电脑却不去到户外锻炼身体等。但是，克林顿呼吁人们关注儿童肥胖问题，无论会产生什么样的影响，也至少会激发人们对于如何养成良好、健康的饮食习惯的辩论，从而更好地帮助年轻一代过上健康的生活。②

① Leonard Benardo and Jennifer Weiss, *Citizen – in – Chief*: *The Second Lives of the American Presidents*, New York: Harper Collins, 2009, p. 286.

② Leonard Benardo and Jennifer Weiss, *Citizen – in – Chief*: *The Second Lives of the American Presidents*, New York: Harper Collins, 2009, pp. 287.

第七章

国际角色

在当今西方世界，作为国际上的公众人物，卸任国家元首和政府首脑参与国际事务比较常见。[①] 南非前总统纳尔逊·曼德拉（Nelson Mandela）、英国前首相托尼·布莱尔（Tony Blair）、芬兰前总统马尔蒂·阿赫蒂萨里（Martti Ahtisaari）都在此列。曼德拉在总统卸任后积极从事抗击艾滋病和改善贫困儿童教育。布莱尔在首相卸任后担任中东问题四方特使，为中东和平奔走。阿赫蒂萨里在总统卸任后致力于和平谈判解决国际争端。他先后参与了对爱尔兰共和军的武器核查，促成了印尼“自由亚齐运动”同印尼政府的和平谈判，担任联合国科索沃问题特使等。[②]

美国卸任总统以私人身份参与国际事务有4位代表，第31任总统赫伯特·胡佛、第39任总统吉米·卡特、第41任总统乔治·布什和第42任总统比尔·克林顿。作为前总统，他们特殊的名人身份和广泛的国际人脉关系为他们从事国际事务提供了便利。他们以私人的名义，从事环球公益、参与选举监督，开展冲突斡旋，赢得了广泛的尊重。例如，胡佛在第二次世界大战期间曾经向德国占领的一些西欧国家提供粮食援助；卡特在非洲开展疾病防治，参与转型国家的选举监督，开展一些地区热点冲突斡旋；克林顿在世界范围内开展艾滋病防治，参与应对自然灾害的国际人道主义救助，担任特使前往朝鲜解救遭受朝鲜扣押的两名美国记者等。

目前，国内学术界对于美国卸任总统国际角色的研究主要散落在总统传记和总统研究专著里的个别章节中。例如，褚大军编著的《卡特·传》简要地介绍了卡特卸任之后在非洲、拉美从事疾病防治，在海地开展冲突

---

① Kevin Theakston and Jouke de Vries（eds.），*Former Leaders in Modern Democracies：Political Sunsets*，New York：Palgrave Macmillan，2012，pp. 2 – 4.

② Andrew F. Cooper，*Diplomatic Afterlives*，Cambridge：Polity Press，2015，p. 17.

斡旋，在美国及世界各地参与为弱势群体义务建房活动。① 何慧所著的《尼克松与中国》和程永祥主编的《布什与中国》分别介绍了第 37 任总统理查德·尼克松和第 41 任总统乔治·布什卸任后对促进中美关系稳定发展做出的积极贡献，但是，这两本著作本身是研究中美关系的著作，不是关于卸任总统国际角色的研究。②

在国际学术界，对于美国卸任总统国际角色的研究主要体现在三个方面，一是包含在总统的自传或传记中；二是有关卸任总统退休生活的历史研究和专题研究；三是关于卸任总统国际角色的专门研究。

在总统传记中，美国作家尤金·里昂（Eugene Lyons）撰写的《赫伯特·胡佛传》、罗德·特罗伊斯特（Rod Troester）所著的《和平的缔造者吉米·卡特》、道格拉斯·布林克利（Douglas Brinkley）所著的《未竟的事业：吉米·卡特白宫之后的人生旅程》、吉米·卡特本人撰写的《白宫之后：缔造和平、战胜疾病、孕育希望》、乔治·沃克·布什撰写的《第 41 任总统：我的父亲的画像》等是其中的代表作。③

在《赫伯特·胡佛传》中，尤金·里昂用专门的章节介绍了胡佛在卸任后开展的人道主义救助活动，如成立"波兰救济委员会""全美救助欧洲民主小国委员会"，担任哈里·杜鲁门政府"饥荒紧急救助委员会"主席等。④ 在《和平的缔造者吉米·卡特》《未竟的事业：吉米·卡特白宫之后的人生旅程》和《白宫之后：缔造和平、战胜疾病、孕育希望》中，几位作者都详细介绍了卡特在从事国际慈善、参与选举监督、开展冲突斡旋方面做出的贡献。在《第 41 任总统：我的父亲的画像》中，小布什在本书的结尾一章简要地介绍了他如何委托自己的父亲、前总统老布什和前总统克林顿在 2004 年底和 2005 年初为印度洋海啸灾区募捐，并亲自前往灾

① 褚大军著：《卡特·传》，北京：当代世界出版社，2008 年版，第 271—274 页。

② 何慧著：《尼克松与中国》，郑州：河南人民出版社，2005 年版，第 195—268 页；陈永祥主编：《布什与中国》，南京：南京大学出版社，2002 年版，第 136—185 页。

③ Eugene Lyons, *Herbert Hoover: A Biography*, New York: Doubleday & Company, Inc., 1964; Rod Troester, *Jimmy Carter as Peacemaker: A Post-Presidential Biography*, Westport: Praeger, 1996; Douglas Brinkley, *The Unfinished Life: Jimmy Carter's Journey Beyond the White House*, New York: Viking, 1998; Jimmy Carter, *Beyond the White House: Waging Peace, Fighting Disease, Building Hope*, New York: Simon & Schuster, 2007; George W. Bush, *41: A Portrait of My Father*, New York: Crown Publishers, 2014.

④ Eugene Lyons, *Herbert Hoover: A Biography*, New York: Doubleday & Company, Inc., 1964, pp. 356-396.

区慰问的过程。①

在有关卸任总统政治和社会生活的历史研究中，马克·尤普德格罗夫（Mark Updegrove）所著的《第二次生命：白宫之后的总统生活和遗产》和博尔顿·高夫曼撰写的《卸任总统：从华盛顿到克林顿》尤其值得关注。两位作者从不同的角度分别介绍了美国卸任总统的退休生活。在介绍胡佛、卡特、老布什和克林顿时，他们都用一定的篇幅讲述这四位卸任总统从事国际人道主义救助活动的情况。②

在有关卸任总统政治和社会生活的专题研究中，美国学者伦纳德·博纳多和詹妮弗·维斯合著的《第一公民：美国总统的第二次生命》在"大善：公共服务和人道主义救助"一章中重点讲述了胡佛、卡特、老布什、克林顿等卸任总统在社会公益，特别是在国际人道主义救助、非洲疾病防治、世界艾滋病防治方面做出的贡献。③

在有关卸任总统国际角色的专题研究中，有两本专著值得关注，一是加拿大滑铁卢大学政治学教授安德鲁·库珀（Andrew F. Cooper）撰写的学术专著《前政要的外交活动》；二是英国利兹大学教授凯文·迪克斯顿（Kevin Theakston）和荷兰莱顿大学教授尤克·德·维利斯（Jouke de Vries）主编的《现代民主国家中的前政要：政治夕阳红》。确切来说，这两本专著并不是专门研究美国卸任总统的著作，它们研究范围涉及多个西方国家的前政要。美国卸任总统国际角色只是其中一小部分内容。在谈到美国卸任总统国际角色时，作者关注的重点是卡特和克林顿。④

本章从身份和观念的视角，通过具体案例研究，阐述卸任总统在国际事务中扮演的具体角色，分析他们参与国际事务的动因、特点及其对国际事务的影响。本章认为，作为前总统，他们的名人身份和价值观念在一定

---

① George W. Bush, *41: A Portrait of My Father*, New York: Crown Publishers, 2014, pp. 269 - 270.

② Mark K. Updegrove, *Second Acts: Presidential Lives and Legacies After the White House*, Guilford, Connecticut: The Lyons Press, 2006, pp. 145 - 178, 207 - 267. Burton I. Kaufman, *The Post-Presidency from Washington to Clinton*, Lawrence, Kansas: University Press of Kansas, 2012, pp. 289 - 523.

③ Leonard Benard and Jennifer Weiss, *Citizen - in - Chief: The Second Lives of the American Presidents*, New York & London: Harper Collins, 2009, pp. 257 - 287.

④ Iwan Morgen, "After the White House: The Modern US Post-Presidency", in Kevin Theakston & Jouke De Vries (eds.), *Former Leaders in Modern Democracies: Political Sunsets*, London & New York: Palgrave Macmillan, 2012, pp. 12 - 32; Andrew F. Cooper, *Diplomatic Afterlives*, Malden, Maryland: Polity, 2015.

程度上决定了他们在参与国际事务时会把关注点放在从事环球公益、参与选举监督、开展冲突斡旋等相关议题上。在评估他们对国际事务的影响力时，需要看到的是，作为普通公民，他们对国际事务的影响力是有限的。但是，由于他们在参与国际事务中往往会得到美国政府的认可甚至支持，所以，在一些关键问题上，他们的努力对于冲突的缓解也会发挥积极作用。

第一节 从事环球公益

美国卸任总统从事环球公益事业主要体现在三个方面，一是人道主义救助，二是疾病防治，三是扶贫帮困。胡佛主持的美国对西欧粮食援助，克林顿和老布什赴印度洋海啸灾区慰问，赴海地地震灾区慰问，卡特在非洲开展的疾病防治和农业技术改良项目，克林顿倡议的全球艾滋病防治和扶贫计划，都属于慈善公益活动。从观念的角度来看，参与这些人道主义救助和国际慈善活动，既体现了这些卸任总统扶危济困的人道主义精神，也体现了美国社会推崇的慈善理念。

一、赫伯特·胡佛开展全球粮食救济活动

从事国际人道主义救助是卸任总统国际角色的重要组成部分。胡佛自1914年就开始参加国际人道主义救助活动。当时他出任“美元救济委员会”主席，向欧洲大战阴云笼罩下的大约12万美国人提供食品援助。在第一次世界大战期间，胡佛担任美国民间慈善组织“比利时救济委员会”主席。面对德国入侵、英国海上封锁的严峻局面，向依靠进口食品生存、可能会面临大规模饥荒的比利时提供粮食援助。在同“比利时国家委员会”的合作中，胡佛很快就熟悉了食品进口和发放的整个程序。在两年半时间里，胡佛领导下的“比利时救济委员会”成功把食品发放到比利时和法国北部900万人手中。①

胡佛的成就在国际上获得了广泛赞誉，也得到了时任美国总统威

① Leonard Benardo and Jennifer Weiss, *Citizen－in－Chief*: *The Second Lives of the American Presidents*, New York: Harper Collins, 2009, p. 264; Eugene Lyons, *Herbert Hoover*: *A Biography*, New York: Doubleday & Company, 1964, pp. 84－97.

尔逊的赏识。在一战后期，威尔逊政府成立了美国食品管理局，请胡佛担任局长。在此期间，胡佛鼓励美国民众为前线士兵节约粮食。他提出了类似“周二无肉日”“周一、周三无粮日”等口号，支援前线。一战结束后，胡佛主管战后欧洲救济，负责欧洲大陆整体食品发放工作。

在20世纪20年代，在俄罗斯“十月革命”之后，胡佛曾经指示美国联邦救济委员会协助俄罗斯应对饥荒问题；1927年，美国密西西比河泛滥，造成大量人员流离失所，胡佛也领导了对灾民的救济。一战期间在欧洲出色的工作给胡佛赢得了“伟大的慈善家”的美称。1928年11月大选，胡佛当选为美国总统。

1930年和1931年，美国南部发生大旱灾。胡佛不愿意将救济变成联邦政府的责任。他希望美国红十字会能够承担起监督救济的责任。但是，在大萧条期间，作为民间机构的红十字会根本无法承担如此艰巨的任务。结果，救济力量分散，组织不力，效率低下，成千上万的人无家可归，贫困交加，无衣无食。胡佛也因此备受指责。

胡佛对南方大旱的应对措施只是他应对经济大萧条的一个缩影而已。他僵化地坚持人人应该自力更生，应该志愿奉献的信条。美国学者理查德·霍夫斯达特（Richard Hofstadter）轻蔑地称之为“忠诚于美国民间传说中的自力更生”。他说，这是胡佛在一个亟需联邦政府强势作为、提供大规模救助的历史阶段采取的一项完全错误的战略。

胡佛担任总统期间推行的错误政策，严重损害了他的声誉。但是，这毫不影响他在离开白宫后继续从事国际人道主义工作的热情。

在第二次世界大战爆发之际，胡佛在为西欧一些国家筹措粮食方面做出了贡献。例如，在1939年9月德国入侵波兰后，作为普通公民的赫伯特·胡佛成立了民间慈善组织“波兰救济委员会”，筹措善款，向大量无家可归的波兰家庭发放食品和衣物，向波兰流亡政府提供粮食援助。对于1939年到1941年德国占领波兰期间成千上万的波兰人来说，“波兰救济委员会”提供的人道主义援助是至关重要的。①

在第二次世界大战期间，胡佛还成立了民间慈善机构“全美救助欧洲民主小国委员会”，目的是向德国占领的一些欧洲小国，如挪威、比利时、

---

① Leonard Benardo and Jennifer Weiss, *Citizen - in - Chief: The Second Lives of the American Presidents*, New York: Harper Collins, 2009, pp. 265 - 267.

芬兰和荷兰等国提供粮食救助。由于美英等盟国以孤立德国的名义，对德国占领地区实行了海上封锁，所以，来自外部的粮食援助要运抵这些国家非常困难。在这种情况下，胡佛建议，由“全美救助欧洲民主小国委员会”介入，保护上述国家国内粮食供应，并确保运往这些国家的粮食援助能够顺利到达这些国家。胡佛的提议赢得了许多国会议员和公众的支持，但是遭到时任总统富兰克林·罗斯福和英国首相温斯顿·丘吉尔反对。他们认为，向德国占领国家的平民提供粮食援助将会拖延战争的进程。由于两人的联合抵制，胡佛的计划终未实施。①

对此，胡佛表示坚决不能认同。他说：“我不认为，向欧洲民主国家中四千万儿女提供他们亟需的粮食，就会延缓打败希特勒的进程。相反，饥肠辘辘的士兵怎么能打败希特勒?”丘吉尔和罗斯福反对胡佛建议的原因是，如果要实施向挪威等国平民提供粮食援助的计划，就需要英国解除对德国占领下的这些国家的海上封锁。这显然是丘吉尔不愿意考虑的。丘吉尔认为，盟军在欧洲的优先目标是在军事上打败希特勒，救济平民的任务显然居于其次。富兰克林·罗斯福认同丘吉尔的看法。② 从本质上讲，这反映了慈善家胡佛同政治家罗斯福和丘吉尔的不同。

第二次世界大战结束后，时任总统哈里·杜鲁门邀请胡佛出面，主持美国对西欧的粮食援助项目。已是71岁高龄的胡佛担任“饥荒紧急（救助）委员会”主席。他在1946年春，用3个月时间，访问了欧洲38个国家，评估欧洲面临饥荒的程度，为美国对西欧粮食援助提供参考依据。③

1947年2月，受杜鲁门总统委托，胡佛前往德国和奥地利，调查美英占领区德国的粮食需求和经济状况。胡佛先后到法兰克福、柏林、汉堡、斯托加特和维也纳等地开展调查。经过20天密集调查，胡佛向杜鲁门政府提交了多份报告和备忘录，包括《关于德国农业和食品（援助）需求》《关于奥地利农业和食品（援助）需求》《关于采取必要措施促进德国出口，减轻美国纳税人负担的报告》等，这些报告都受到杜鲁门政府的重视。④

---

① Eugene Lyons, *Herbert Hoover: A Biography*, New York: Doubleday & Company, Inc., 1964, pp. 384 - 394.

② Leonard Benardo and Jennifer Weiss, *Citizen - in - Chief: The Second Lives of the American Presidents*, New York: Harper Collins, 2009, pp. 268 - 270.

③ Leonard Benardo and Jennifer Weiss, *Citizen - in - Chief: The Second Lives of the American Presidents*, New York: Harper Collins, 2009, p. 267.

④ Timothy Walch and Dwight M. Miller (eds.), *Herbert Hoover and Harry Truman: A Documentary History*, Worland, Wyoming: High Plains Publishing Company, 1992, pp. 97 - 126.

在担任“饥荒紧急（救助）委员会”主席期间，胡佛也通过无线电广播向美国民众发出呼吁，希望他们为解决欧洲粮食危机提供帮助。胡佛说：“假如你们的邻居和他们的孩子面临饥饿，你们会很快请他们到你们家吃饭。这些饥饿贫困的女人和孩子们在外国，他们在挨饿——他们也是你们的邻居。难道你们不会请他们到你们家饭桌旁吃饭吗?”胡佛还试图从激发美国民众爱国情感的角度呼吁民众帮助欧洲难民。他说，“我们不想看到美国国旗飘扬在遍布全国、充满饥饿和贫困的布痕瓦尔德上空。”①

杜鲁门请胡佛主持美国政府的粮食救助项目，结束了胡佛在美国不受欢迎的角色。胡佛对于能够有此机会施展他的才能，心存感激。在胡佛去世前两年，他在给杜鲁门的一封信中这样写道：“当珍珠港事变爆发时，我立刻支持（富兰克林·罗斯福），表示愿意以任何方式为国家服务。由于我以前有担任这种职务的经验，……我想，我对国家可能会有用，但是，我没有收到任何回应……当你入主白宫后，在一个月里，你就给我提供了机会，让我做我一生中唯一擅长的工作——公共服务。是你给我提供了证明自己能力、挽回自己声誉的机会。”② 从胡佛给杜鲁门的信中，可以看出，这位卸任总统多么希望能够有机会向美国民众证明，自己对于国家仍然有用。时任总统罗斯福多年来对胡佛的冷落令他伤心，时任总统杜鲁门给了他证明自己能力、挽回自己声誉的机会。

杜鲁门在《公民先生》一书中描述了自己如何请求退休总统胡佛帮助自己。当时，因为胡佛的夫人卢·亨利刚去世（1944 年 1 月 7 日），胡佛精神受到很大打击。1945 年 4 月 12 日，胡佛的“死对头”，富兰克林·罗斯福总统去世，副总统哈里·杜鲁门继任。胡佛对罗斯福的愤怒也转向了杜鲁门。但是，杜鲁门认为，罗斯福不应该冷落前总统胡佛。于是，杜鲁门在就任总统后邀请胡佛到白宫做客。这也是胡佛 1933 年 3 月 4 日卸任后

① 布痕瓦尔德（Buchenwalds）是位于德国中部，靠近魏玛的一村庄，第二次世界大战期间纳粹集中营所在地。胡佛在此借用这个村庄，意思是说，由于纳粹的残酷对待，上百万犹太人生活在类似于布痕瓦尔德这样的集中营。集中营里充满了杀戮、恐惧、饥饿和贫困。虽然二战已经结束，在类似布痕瓦尔德这样的集中营的犹太人也已经获得了自由。但是，他们仍然面临贫困、饥饿的痛苦。美国及其盟国在军事上打败了纳粹德国，但是，并没有真正帮助获得解放的人民解决他们面临的饥饿问题。所以，当美国的国旗飘扬在类似布痕瓦尔德的上空时，这代表了盟国战胜纳粹德国。但是，令人尴尬的事情是，美国国旗飘扬的地方却备受饥饿和贫困的煎熬。所以，美国需要为帮助这些刚刚获得解放的人解决饥饿、贫困的问题。Eugene Lyons，*Herbert Hoover：A Biography*，New York：Doubleday & Company，1964，pp. 384 – 394.

② Nancy Gibbs and Michael Duffy，*The Presidents Club：Inside the World's Most Exclusive Club*，New Yor：Simon & Scuster，2013，p. 53.

第一次重返白宫。杜鲁门就任后，恢复了胡佛作为总统非正式顾问的角色，胡佛也因此重返政界。在1964年去世之前，胡佛积极参与政府活动，做出了应有的贡献。①

在杜鲁门卸任后不久，他描述了如何邀请胡佛参观白宫的情景。那是在1945年他刚就任总统后不久。杜鲁门发现欧洲发生的严重的粮食短缺问题触目惊心。他在日记中道，“我知道自己该怎么办。我知道我想找谁来帮忙。我在华盛顿的报纸上看到一个消息，说前总统胡佛在华盛顿，住在肖利汉姆宾馆（Shoreham）。”于是，杜鲁门拿起电话，告诉接线员说，他想接通胡佛房间电话。当胡佛拿起电话的时候，杜鲁门说，“您好吗？总统先生？”胡佛沉默了片刻，问：“您是谁？”当他回答说自己是哈里·杜鲁门时，胡佛说，“哦，总统先生，您好！”然后，杜鲁门说，“我打电话是想问您，您是否愿意来看看您以前的家。”胡佛回答说，“我并不想给您添麻烦。”但杜鲁门接着说，“那我去拜访您吧。”后来，胡佛接受了杜鲁门的邀请。②

杜鲁门说，他和胡佛见面谈得“非常愉快”。然后，他就开始和胡佛谈起了欧洲的形势，希望胡佛“为了世界人民的福祉”，帮助应对欧洲出现的粮食严重短缺问题。杜鲁门谈到了欧洲的饥荒和南非、南美、印尼等地粮食歉收的问题。杜鲁门问胡佛能否组织一批力量来帮助那些处于饥饿状态的人们筹措粮食。杜鲁门说，胡佛立刻表示愿意帮忙来做，他也确实做到了。杜鲁门写道：“赫伯特·胡佛为美国，也为其他国家做了一件漂亮的工作，帮助成千上万的人们，防止了饥饿的发生。当这项工作启动，并最终由相关政府部门接管后，胡佛先生表示，他随时准备承担其他方面我认为可以为美国政府做的任务。”像往常一样，胡佛表现出了随时施展他在人道主义援助方面的才能为他的国家利益而工作的愿望。③

二、比尔·克林顿和乔治·布什开展应对自然灾害的国际人道主义救助

克林顿在国际上的人道主义善举始于2001年。当时刚刚总统卸任的克

① Harry Truman, *Mr. Citizen*, New York: Bernard Geis Associates, 1960, pp. 118 – 119.

② Nancy Gibbs and Michael Duffy, *The Presients Club: Inside the World's Most Exclusive Fraternity*, New York: Simon & Schuster, 2012, pp. 22 – 23.

③ Max J. Skidmore, *After the White House: Former Presidents as Private Citizens*, New York: Palgrave Macmillan, 2004, p. 116.

林顿，正在考虑如何安排自己的退休生活。他仔细研究前任卸任总统选择的不同生活道路后，决定追随卡特的脚步，从事公益活动和国际人道主义救助工作。这样的机会很快来了。2001 年 4 月，印度古吉拉特邦发生强烈地震，造成 2 万人丧生。在印裔美国社团“美印基金会”的邀请下，克林顿同意担任基金会会长，为印度古吉拉特邦地震灾民筹款，帮助地震灾区重建家园。他为灾区筹集了 5000 万美元的善款，并亲赴古吉拉特邦慰问灾民。① 在为期一周的访问中，克林顿走访了受灾地区以及孟买、加尔各答、新德里等城市。克林顿每到一处，都受到当地民众的热烈欢迎。在一座遭受地震摧毁的村庄校舍前面，克林顿把一束玫瑰放在一个曾经塌方的巷子旁边。在这里，埋葬了 150 名在地震中丧生的小学生。每到一处，克林顿都会向当地民众说，他会定期回到地震灾区。② 克林顿的善举在印度、乃至国际上得到了广泛赞誉，也开启了他从事国际人道主义救助事业的步伐。

2005 年初，应时任总统乔治・沃克・布什（小布什）之邀，比尔・克林顿同他的前任乔治・布什（老布什）共同为印度洋海啸灾区募捐，并赴灾区慰问。小布什在介绍父亲生平的传记作品《第 41 任总统：我的父亲的画像》中详细披露了其中的细节。他说，在 2004 年 12 月发生的印度洋特大海啸中，泰国、印尼、斯里兰卡等几个亚洲国家遭受重创。100 多英尺的巨浪，冲上海岸，导致 20 万人丧生。他在派遣美国军舰前往救灾的同时，致电父亲老布什和前总统克林顿，希望他们能够一起领导救灾筹款活动。小布什说，由老布什和克林顿这两位昔日的政敌领导筹款赈灾活动，可以向美国民众传达一个重要的信号，那就是，美国会全力支持不幸的灾民。小布什的提议立即得到了父亲和克林顿的积极回应。③

老布什和克林顿建立了“布什—克林顿海啸救济基金”，一起上电视，呼吁民众为海啸受灾地区捐款。在他们的共同努力下，“海啸救济基金”筹措了 10 亿多美元善款，全部分发到各个救济机构手中。④ 作为救灾计划的一部分，老布什和克林顿乘坐飞机，飞往印度洋受灾国家，出席公开活

---

① Leonard Benardo and Jennifer Weiss, *Citizen – in – Chief*: *The Second Lives of the American Presidents*, New York: Harper Collins, 2009, pp. 276 – 277.

② Burton I. Kaufman, *The Post-Presidency from Washington to Clinton*, Lawrence, Kansas: University Press of Kansas, pp. 518 – 520.

③ George W. Bush, *41*: *A Portrait of My Father*, New York: Crown Publishers, 2014, p. 270.

④ Burton I. Kaufman, *The Post-Presidency from Washington to Clinton*, Lawrence, Kansas: University Press of Kansas, 2012, p. 496.

动，慰问灾民。事实上，这次亚洲之行也改变了这一对昔日宿敌对彼此的看法。由于他们搭乘的军用飞机只有一张床，年仅59岁克林顿很慷慨地让已是80岁高龄的老布什睡在床上。克林顿的体贴让老布什非常感动，他们的友谊也开始加深。小布什后来说，这是他最初没有预料到的。① 两位卸任总统在开展国际人道主义救助活动中的合作，曾一度传为佳话。当时美国一份报纸这样评价，"昔日政敌冰释前嫌，成为朋友，为共同的事业努力，这是典型的美国精神。"②

克林顿和老布什两位卸任总统紧密合作，为印度洋海啸灾区民众筹集善款，并前往灾区访问，创造了来自不同党派、甚至昔日是政敌的两位卸任总统为推动国际慈善事业开展真诚合作的典范。

三、卡特在非洲开展疾病防治和扶贫帮困

卡特卸任后，以卡特中心为依托，多年来一直帮助非洲一些欠发达国家开展疾病防治、健康教育和扶贫工作。卡特夫妇组织医疗专家，帮助非洲民众治疗麦地那龙线虫病、河盲症、象皮病、血吸虫病、沙眼、疟疾等疾病，组织农业专家，帮助非洲农民改善农业技术、开展扶贫减贫活动。

麦地那龙线虫是分布在亚洲热带和非洲的一种长的线状丝虫，这种寄生物经由污水中的水蚤携带，传染给人或其他哺乳动物，一般会引起腿和脚上皮肤溃烂。1986年，在非洲和亚洲20多个国家里，有大约350万人患麦地那龙线虫病。卡特同相关国家卫生部、美国企业和国际上的一些医疗卫生组织合作，在非洲多国发放家庭饮水过滤器和杀幼虫剂，清除水中携带幼虫的微小水蚤。经过多年努力，麦地那龙线虫病例已经下降了99.5%。到2005年，仅有1.2万个此类病例。麦地那龙线虫病也成为继天花之后，人类几乎能够根除的第二大疾病。③

河盲症，也称盘尾丝虫症，是由盘尾丝虫感染所致、可能引起慢性皮肤疾病、甚至可能导致失明的眼睛病变。这种疾病主要发生在西非河川沿岸，是全球仅次于沙眼、可造成失明的第二大感染症。世界上已经有1800万人感染河盲症，50万人视力受损，27万人已经失明。目前，要在全球

---

① George W. Bush, *41: A Portrait of My Father*, New York: Crown Publishers, 2014, p. 271.

② Leonard Benardo and Jennifer Weiss, *Citizen - in - Chief: The Second Lives of the American Presidents*, New York: Harper Collins, 2009, p. 258.

③ Jimmy Carter, *Beyond the White House: Waging Peace, Fighting Disease, Building Hope*, New York: Simon & Schuster, 2007, pp. 158 - 184.

范围内根除这种疾病可能性不大。但是，如果感染地区 85% 人群能够做到每年两次用药，就可以大幅降低患河盲症的几率，甚至根除这种疾病。从 1996 年到 2002 年，卡特中心在 11 个非洲和拉美国家提供了 7000 万次治疗。这些成就在非洲和拉美有广泛报道，但美国媒体对此却报道很少，主要原因是，美国早已根除了这些疾病，所以，也很难引起美国媒体的兴趣。①

2007 年，卡特中心在埃塞俄比亚发起了一个疟疾防治项目，向当地民众发放了 300 万顶含有杀虫剂的蚊帐，用以防治疟疾。在埃塞俄比亚，疟疾是导致死亡的首要原因。卡特中心联合埃塞俄比亚卫生部及其他合作伙伴，争取实现向埃塞俄比亚提供 2000 顶万类似蚊帐的目标。同时，卡特中心还利用当地社区医疗诊所开展健康卫生教育。②

卡特中心也参与了改善非洲农业条件，改进生产方法，提高粮食产量，减少饥饿和贫困。卡特本人小时候在家庭农场种植花生，对农业生产情有独钟。中心同日本筱川基金会非洲项目部合作，在非洲 15 个国家培训了 400 多万名小农场主，帮助他们改进农业生产方法，小麦、大米、玉米等粮食产量增加了三到四倍，玉米的质量也大幅提升。③

卡特在公共健康领域做出的贡献得到各界一致赞赏。当卡特开展疾病防治、农业可持续发展等项目时，没有人怀疑卡特的动机。当他开展健康医疗和扶贫活动时，没有人怀疑他的真诚。在卡特看来，民间外交和人道主义工作从根本上是相互联系的，它们都属于卡特中心广义民生改善项目。④

四、克林顿从事国际艾滋病防治工作

克林顿卸任后致力于国际艾滋病防治，特别是在撒哈拉沙漠以南非洲和其他一些欠发达国家的防治工作。2001 年，克林顿担任国际艾滋病信托董事会主席。通过这个平台，克林顿开始将一系列慈善活动结合起来：抗

---

① Jimmy Carter, *Beyond the White House*: *Waging Peace*, *Fighting Disease*, *Building Hope*, New York: Simon & Schuster, 2007, pp. 185 - 192.

② Jimmy Carter, *Beyond the White House*: *Waging Peace*, *Fighting Disease*, *Building Hope*, New York: Simon & Schuster, 2007, pp. 207 - 210.

③ Rod Troester, *Jimmy Carter as Peacemaker*: *A Post - Presidential Biography*, Westport, Connecticut: Praeger, 1996, pp. 125 - 126.

④ Leonard Benardo and Jennifer Weiss, *Citizen - in - Chief*: *The Second Lives of the American Presidents*, New York: Harper Collins, 2009, pp. 271 - 276.

击艾滋病，扶贫帮困，促进种族、部族、宗教和解。克林顿意识到，仅依靠政府，是无法有效应对这些问题的。艾滋病防治需要依靠民间力量，特别是那些实力雄厚的非盈利机构和企业领袖。克林顿利用一流的讲坛和广泛的人脉关系，每年八月在纽约举行筹款聚会。参加聚会有 100 多位社会名流，包括地产大亨唐纳德·特朗普、娱乐大亨哈维·温思坦、生物科技巨头塞缪尔·魏克塞、太阳国际副总裁杰里·尹赛里陆等人。①

为了应对艾滋病防治领域中“资金不足”和“组织能力不强”两大难题，克林顿从 2002 年起就开始思考运用商业模式来应对像艾滋病这样的社会问题。克林顿基金会艾滋病倡议项目执行官伊拉·玛加兹奈指出，在当年 7 月参加完西班牙艾滋病大会后，克林顿酝酿成立了一个艾滋病药物“购买俱乐部”。克林顿认为，世界很多国家都有购买艾滋病治疗药物的需求。如果能够将这些购买方联合起来，就可以有效说服制药企业大幅降低药物价格。这样一来，艾滋病患者就可以负担得起治疗费用。②

克林顿基金会起初在巴哈马群岛尝试这一理念。随后，克林顿基金会帮助组织 65 个国家成立了药物采购联盟。由于药物采购量大幅增加，治疗艾滋病的一线药物和二线药物（包括儿童抗艾滋病药物）的价格大幅下降。目前，克林顿基金会已经同非洲、亚洲、加勒比海地区 20 多个国家建立了合作伙伴关系，基金会在宣传艾滋病治疗方法的同时，也开始提供技术支持、人员培训和资金援助。

克林顿基金会首席执行官布鲁斯元·林赛称，药物采购联盟大幅降低了艾滋病的治疗成本，将药物人均每年药费从 700 美元降低到 140 美元。同时，儿童艾滋病治疗费用每人每年从 500 美元下降为 200 美元。随着越来越多的人能够负担得起治疗费用，这也挽救了无数人的生命。③

对于克林顿基金会在降低艾滋病药物费用方面的贡献，有些专家提出质疑。他们说，随着艾滋病制药技术的快速发展，艾滋病治疗药物费用早在克林顿基金会设立之前就已经大幅下降。例如，印度知名企业西普拉药业早已经开始通过生产价格低廉的普通艾滋病治疗药物，挑战大型医药公

① Burton I. Kaufman, *The Post-Presidency from Washington to Clinton*, Lawrence, Kansas: University Press of Kansas, 2012, pp. 518 – 520.

② Mark K. Upgrove, *Second Acts: Presidential Lives and Legacies After the White House*, Guilford, Connecticut: The Lyons Press, 2006, p. 261.

③ Leonard Benardo and Jennifer Weiss, *Citizen – in – Chief: The Second Lives of the American Presidents*, New York: Harper Collins, 2009, p. 279.

司的市场垄断地位。像“无国界医生组织”、“国际健康行动机构”等国际组织多年来一直抗议高价艾滋病治疗药物，甚至美国总统乔治·布什，至少从资金上，早就开始致力于帮助非洲和加勒比海国家抗击艾滋病。对此，克林顿基金会的回应是，不否认其他人在促进药物价格下降方面做出了巨大的贡献，但也不能抹杀基金会在促进了艾滋病治疗一线药物价格下降方面的努力。

对于有些人质疑克林顿从事国际艾滋病防治的动机，克林顿的回应是，自己从事国际艾滋病防治不是沽名钓誉，也不是争取媒体关注。他是要弥补自己担任总统8年间在推动艾滋病防治方面乏善可陈的缺憾。他说，他的前任、第41任总统乔治·布什4年任期内在艾滋病防治方面投入高达150亿美元，自己执政8年，在这方面的投入仅有5.4亿美元。况且，在他执政期间，美国政府不愿意在药物专利权问题上挑战制药企业，政府禁止使用联邦资金来扶持旨在帮助戒毒人员免费更换药品注射器项目，政府在抗击全球艾滋病方面没有表现出强有力的领导等。对此，克林顿表示，他深感不安。于是，在总统卸任后，他决定以吉米·卡特为榜样，把更多的精力放在从事国际慈善事业上。他选择的工作重点就是国际艾滋病防治。他说，“我从事艾滋病防治，是因为我确实关心政治，关心人民，也关心公共政策。”① 无论有什么样的质疑，有一点是肯定的，从2002年开始关注艾滋病防治以来，克林顿基金会确实在国际艾滋病防治领域中取得了令人瞩目的成就。

第二节　参与选举监督

吉米·卡特在卸任后积极参与转型国家的选举监督。他以卡特中心为依托，在巴拿马、尼加拉瓜、圭亚那、赞比亚、委内瑞拉、巴勒斯坦、印度尼西亚、尼日利亚、刚果（金）、玻利维亚、科特迪瓦、多米尼克、厄瓜多尔、埃塞俄比亚、加纳、危地马拉、海地、牙买加、肯尼亚、黎巴嫩、马达加斯加、马里、莫桑比克、缅甸、尼泊尔、突尼斯等近40个国家

① Leonard Benardo and Jennifer Weiss, *Citizen – in – Chief*: *The Second Lives of the American Presidents*, New York: Harper Collins, 2009, p. 280.

和地区开展了选举监督工作。① 到 2015 年 5 月，卡特中心已经参与过 100 次选举监督活动。②

一、卡特在巴拿马开展选举监督

1989 年 5 月，巴拿马之行是卡特中心开展的首次海外选举监督。巴拿马 1903 年在美国的支持下脱离哥伦比亚宣布独立，成立共和国。在 1968 年大选中，“国民联盟”领导人阿里亚斯·马德里（Arias Madrid）获胜，并在 10 月 1 日就职。但是，10 天后，巴拿马发生军事政变，政变领导人奥马尔·托里霍斯（Omar Torrijos）担任总统。卡特执政时期，大力推行人权外交和民主推广，这也给巴拿马执政的托里霍斯带来了巨大压力。托里霍斯承诺在巴拿马进行民主选举，但他在 1981 年 7 月发生的一次飞机失事中丧生。托里霍斯身亡后，曼纽·诺列加（Manuel Noriega）继任。在各方的压力下，特别是在认定自己选定的总统候选人一定能够当选，诺列加最终同意在 1989 年 5 月举行大选。在反对派的压力下，诺列加同意由美国前总统吉米·卡特和杰拉福德·福特率领国际观察团监督选举。

在选举前，卡特中心就巴拿马大选制定了严格的选举程序，诺列加勉强接受。在选举前两天，卡特夫妇同诺列加见面。诺列加本人并不参加总统竞选，但是他自己钦定了总统和两位副总统候选人。③

在选举当日，初步计票结果显示，诺列加支持的候选人以 1∶3 落后反对党候选人。选举当日午夜时分，卡特得到报告，说一些身着便衣的持枪人冲进许多投票站，强行拿走了选票和选票登记表。卡特走访了几处投票站，发现情况属实。④ 第二天上午，卡特同几位反对党候选人会面，并多次给诺列加打电话，试图劝说他接受选举结果。诺列加起初对此不置可否，后来干脆回避。尽管存在很大争议，巴拿马选举委员会还是宣布诺列

---

① The Carter Center, “Democracy Program,” http://www.cartercenter.org/peace/democracy/index.html.

② The Carter Center, “Carter Center Celebrate 100 Elections,” May 2015. http://www.cartercenter.org/video/Default.aspx? youtube_id = drWAwUxSg - k&category = Peace&filter = Democracy.

③ Jimmy Carter, *Beyond the White House: Waging Peace, Fighting Disease, Building Hope*, New York: Simon & Schuster, 2007, p. 93.

④ Rod Troester, *Jimmy Carter as Peacemaker: A Post - Presidential Biography*, Westport, Connecticut: Praeger, 1996, p. 104.

加支持的候选人以 2∶1 获胜。①

卡特回到宾馆后召开新闻发布会，谴责选举舞弊，呼吁美洲国家领导人联合起来抵制选举结果。记者会后，卡特驱车前往机场，乘坐飞机离开巴拿马，回到美国。美洲国家组织也对此次选举中存在的舞弊行为表示谴责。虽然诺列加未让自己支持的候选人就任总统，但是，他宣布选举结果无效，致使真正获胜的候选人无法宣示就职。由于诺列加拒不承认民选结果，特别是因为他参与和支持国际贩毒、洗钱等非法活动，布什政府在 1989 年底派兵进入巴拿马，逮捕了诺列加，并把他带到美国受审。在此后历次巴拿马选举中，卡特中心都参与了选举监督工作。②

二、卡特在尼加拉瓜开展选举监督

1989 年 10 月，在尼加拉瓜参与的选举监督活动是卡特中心成立以来开展的第一次成功的选举监督。1989 年 5 月，时任尼加拉瓜总统、左翼政党桑地诺民族解放阵线领导人丹尼尔·奥尔特加（Daniel Ortega）邀请卡特前往尼加拉瓜监督 1990 年 2 月举行的大选。奥尔特加和桑地诺民族解放阵线高层坚信，他们能够在 1990 年大选中获胜。

当时，由于美国政府在政治上支持尼加拉瓜反政府武装，在经济上对尼加拉瓜实行制裁，这对于经济凋敝、国家四分五裂的尼加拉瓜无疑是雪上加霜。在这种情况下，当奥尔特加提出来请卡特中心和联合国参与 1990 年 2 月大选监督时，得到了它们的积极回应。尽管当时布什政府仍然拒绝同尼加拉瓜桑地诺左翼政权接触，但是，时任总统乔治·布什和国务卿詹姆斯·贝克（James Baker）还是批准了卡特前往尼加拉瓜监督选举的请求。③

在大选前，尼加拉瓜发生了一系列危机，直接威胁即将到来的大选的正常举行。特别是在 1989 年 10 月，尼加拉瓜反政府武装从洪都拉斯向尼加拉瓜北部城市发起进攻，严重干扰了北部地区的选民登记工作。卡特中心同联合国有关方面和美洲国家组织选举监督团进行了调解。卡特本人甚

---

① Douglas Brinkley, *The Unfinished Presidency: Jimmy Carter's Journey Beyond the White House*, New York: Viking, 1998, pp. 284 – 285.

② Jimmy Carter, *Beyond the White House: Waging Peace, Fighting Disease, Building Hope*, New York: Simon & Schuster, 2007, p. 95.

③ Douglas Brinkley, *The Unfinished Presidency: Jimmy Carter's Journey Beyond the White House*, New York: Viking, 1998, pp. 298 – 299.

至亲自 4 次前往，说服尼加拉瓜政府允许米斯基托印第安人参加选举投票。他要求桑地诺政权和反对派都承诺，在选举委员会宣布最终结果前，任何人不得单方面宣布自己一方获胜。

在大选中，时任总统奥尔特加代表桑地诺民族解放阵线参选；“国家反对党联盟”推举弗奥勒塔·查默洛（Violeta Chamorro）夫人为总统候选人。投票结束后，选举监督员前往监票点，监督计票工作。初步计票结果显示，桑地诺民族解放阵线落后反对派至少 12 个百分点。但是，桑地诺民族解放阵线高层军官拒绝接受选举结果。当天午夜时分，奥尔特加给卡特打电话，请他和来自联合国及美洲国家组织选举监察团的领导人，前往桑地诺解放阵线总部，说服桑地诺解放阵线高层军官和平地接受选举结果。

卡特对在场的桑地诺民族解放阵线军方高层说，自己也曾在大选中失利，但是，他现在非常“享受”自己的卸任生活。卡特向他们做出两项承诺，一是大选后，桑地诺解放阵线仍然可以在尼加拉瓜未来政治中扮演重要角色；二是会尽力说服美国政府约束尼加拉瓜反政府武装的行为，要求他们不再攻击桑地诺民族解放阵线。他说，在这些承诺兑现之前，他会一直待在尼加拉瓜。卡特的表态得到了桑地诺民族解放阵线高层军官和总统奥尔特加的认可。①

同时，卡特建议奥尔特加上午六点发表电视讲话，大度地承认败选。他也建议反对派总统候选人查默洛夫人告诉自己的支持者耐心等待尼国家选举委员会正式公布选举结果。卡特回到宾馆时已经凌晨四点。他给美国国务卿詹姆斯·贝克打电话，建议贝克发表一个积极正面的声明，不要谴责桑地诺政权，或者至少称赞他们进行了一场公平诚实的选举，接受了选举结果。贝克同意在奥尔特加和查默洛发表声明的同时，发表声明。

大选结束后，卡特在尼加拉瓜多待了几天，确保自己提出的几项承诺得以执行。一是美国将同美洲国家组织协调，在允许尼加拉瓜反政府武装人员回到尼加拉瓜之前解除武装；二是在确保不解散桑地诺民族解放阵线武装力量的基础上把它的功能转为国家军队，由奥尔特加的弟弟领导，接受查默洛夫人节制等。在 1996 年和 2001 年大选中，桑地诺民族解放阵线在大选中失利，但奥尔特加和他的同事们在尼加拉瓜政府中继续扮演重要角色。在 2006 年大选中，桑地诺民族解放阵线获胜。在 1990 年以来尼加

---

① Rod Troester, *Jimmy Carter as Peacemaker: A Post - Presidential Biography*, Westport, Connecticut: Praeger, 1996, p. 106.

拉瓜举行的 4 次大选中，卡特中心都积极参与了选举监督工作。[①]

三、卡特在圭亚那开展选举监督

圭亚那是南美洲北部海岸的一个小国。在圭亚那，9% 的人口是印第安人，他们主要生活在茂密的森林里。80% 的人口是当年英国殖民统治时期来自印度的契约奴和来自非洲的奴隶的后裔。圭亚那的主要政党、职业都是以种族划线。在圭亚那人口中，印度裔人口占微弱多数。但是，自 1966 年独立以来，在英国政府和美国中情局的支持下，非洲裔圭亚那人及其政党人民民族党基本上控制着政府。在东西方冷战对峙的年代，英美都认为圭亚那的反对党，人民进步党领袖切迪·贾根（Cheddi Jagan）是一个马克思主义者，是西方的敌人。

1990 年，切迪·贾根到卡特中心拜访卡特，称以前的大选都曾有舞弊现象。他希望卡特中心能够在 1992 年大选中监督选举，确保选举公平公正。卡特表示同意，条件是需要获得执政党人民民族党的许可。时任圭亚那总统德斯蒙德·霍伊特（Desmond Hoyte）对卡特中心监督圭亚那选举表示反对。最后迫于舆论压力，霍伊特在大选时间确定前一个月终于同意卡特中心前往圭亚那监督选举。卡特中心选举监督项目主任鲍勃·帕斯特（Bob Pastor）制定了选举标准，要求选举必须满足三项基本原则，一是要有准确的选民名册，二是选举委员会成员政党比例必须均衡，三是必须在投票站进行计票。这些基本条件在圭亚那已经争论了有几乎 30 年了，但是，执政的人民民族党始终不接受这些标准。在卡特宣布自己不参加大选监督，并且要离开圭亚那回美国之际，总统霍伊特才接受了卡特中心提出的所有条件。大选一直推迟到 1992 年 10 月才举行。圭亚那政府同时也邀请同圭亚那政府关系密切的一些英联邦的选举观察员参加选举监督。[②]

在大选前一天，卡特中心按照惯例向每一个投票点派出了两名观察员。卡特本人则乘坐小型飞机前往圭亚那同委内瑞拉交界的一些阿拉瓦克印第安人投票点视察。在返回圭亚那首都乔治城机场时，卡特的飞机立刻遭到一些安全人员包围。他们告诉卡特说，首都乔治城全城发生骚乱，要求他们一行人前往美国使馆暂避。卡特没有去美国使馆，他径直回到宾

① Jimmy Carter, *Beyond the White House: Waging Peace, Fighting Disease, Building Hope*, New York: Simon & Schuster, 2007, pp. 96 – 99.

② Rod Troester, *Jimmy Carter as Peacemaker: A Post – Presidential Biography*, Westport, Connecticut: Praeger, 1996, p. 110.

馆，然后给霍伊特打电话。霍伊特向卡特保证，警察已经控制了局势，形势很快会恢复正常。卡特中心选举监督项目主任鲍勃·帕斯特告诉卡特，人民民族党在大选中明显失利，一些人民民族党的支持者在破坏选举进程。卡特决定，选举必须尽可能继续下去。他通知所有选举监督员时刻监控局势的发展。在投票结束后，立即赶往指定计票地点，获取初步计票结果。卡特中心高级选举监督员詹妮弗·麦克库伊（Jennifer McCoy）告诉卡特，说一群暴徒正在冲击选举中心。一些人甚至说，他们被剥夺了投票的权利。她曾经前往选举中心大楼，试图同人民民族党领袖商谈解决办法，但是，骚乱还在持续。

选举中心放置了所有通信设备和登记选举结果的计算机。为了保证这些计算机的安全和计票工作的正常进行，卡特给霍伊特打电话，要求他确保计票工作的顺利进行。卡特说，骚乱正在威胁自己的人身安全。他甚至还说，如果霍伊特不能尽快处理骚乱，他自带的便衣警察将不得不同白宫联系。一小时后，局势得到了控制，一切归于平静。到午夜时分，所有具有计票结果的电脑也都安全地运回选举中心。当时的初步计票结果显示，执政党比反对党落后 14 个百分点。在凌晨时分，卡特去拜访了两位总统候选人。他们同意保持克制，答应在选举最终结果宣布之前不做任何公开讲话。三天后，选举结果揭晓。卡特认为，这是圭亚那历史上第一次自由、公平的大选。在 1996 年、2001 年和 2006 年举行的大选中，卡特中心也参与了选举监督工作。①

四、卡特在印度尼西亚开展选举监督

卡特中心同印尼之间的关系可以追溯到 1997 年。时任印度科技部部长优素福·哈比比计划在美国东南部佐治亚州或亚拉巴马州建一座中型飞机制造厂。卡特在自己家中接待了哈比比。他向哈比比介绍佐治亚州的优势，希望哈比比能考虑把工厂设在佐治亚州。几个月后，哈比比出任印尼副总统。1998 年 5 月 21 日，时任总统苏哈托辞职，哈比比继任印尼总统。

哈比比担任总统后给卡特打电话，询问卡特中心是否愿意帮助印尼安排 1999 年 6 月的选举事宜，并参与选举监督工作。1999 年 3 月，卡特中心一些人员访问了印尼。他们同印尼政府官员、国家选举委员会成员、主

---

① Jimmy Carter, *Beyond the White House: Waging Peace, Fighting Disease, Building Hope*, New York: Simon & Schuster, 2007, pp. 100 - 102.

要政党领袖、印尼军方和印尼国内选举监督团体进行了接触，发现各方都欢迎卡特中心组团参加印尼选举监督工作。于是，卡特接受了印尼方面的邀请。

参加印尼选举监督是卡特中心参与过的规模最大、选举程序最复杂的选举监督活动。卡特中心同美国民主学会一起，共同参与印尼的选举监督。印尼国家选举委员会制定了详细的选举计划。首先，由选民选出462位议会议员，另外有38位来自军方的代表，各省代表135位，社会名流代表65位。这700人组成人民协商会议，负责制定法律，并选举下一届总统。

在1999年6月进行的大选中，有48个政党有资格参加选举，他们共推出了13800位代表，竞选地方、省级、国家级机构职位。在选举中，共有30万个投票站。在大选前，亚洲协会、卡特中心等国际机构在印尼培训了大约30万名国内选举监督员，建立了一套选举结果汇报系统，从9000多个有代表性的投票站汇报初步计票结果。

在选举前几天，卡特夫妇到达印尼，近距离观察印尼选举。在印尼参与选举监督的国际观察员有100位，分别来自23个国家。印尼政府就选举工作的准备和流程给这些监督员做了简报。然后，这些监督员就前往印尼不同省份监督选举工作。选举监督员召开了各种新闻发布会，并且同印尼总统哈比比、内阁成员、国内选举监督员、主要政党领袖、国家选举委员会成员会面。

在选举当天，卡特前往首都雅加达边上的一个指定投票站。在投票站，选举过程严格遵循投票程序，投票率达到90%。投票于下午2点结束。计票工作有序进行。卡特认为，这是印尼50多年来第一次真正意义上的公民自由选举。尽管选举正式结果在几周之后才宣布。但是，从9000个有代表性的投票站初步计票结果显示，梅加瓦蒂领导的民主斗争党在大选中获得36%的选票，哈比比领导的戈尔卡党获得23%的支持，三个宗教政党各获得10%的选票。1999年9月，印尼议会选择瓦希德为总统，梅加瓦蒂为副总统。2001年7月，印尼议会弹劾、罢黜了瓦希德的总统职务，并选举梅加瓦蒂为总统，2004年任期结束。在任期间，梅加瓦蒂敦促议会修改了选举法，允许印尼直选总统。①

---

① Jimmy Carter, *Beyond the White House: Waging Peace, Fighting Disease, Building Hope*, New York: Simon & Schuster, 2007, pp. 126 - 133.

在2004年印尼大选中，卡特夫妇再次前往印尼监督大选。在大选前，卡特中心就在印尼做了细致的调研，了解印尼大选准备情况以及面临的问题。6月25日，卡特中心发表声明，就印尼选举准备过程中存在的问题提出了几点建议：一是要解决印尼全国选举委员会和选举监督委员会之间的矛盾；二是要处理好“政治捐款”和“政治献金”之间的关系；三是要督促印尼有关部门做好安全保障，创造有助于选举平稳进行的和平环境。

在7月5日的选举中，卡特中心向印尼17个省派出了60名国际观察员，监督了投票、开票、计票、向村组选举委员会运送投票箱的过程。美国大使馆派出了65名观察员监督了此次选举。他们分赴26个省，观摩了约400个投票站的投票和计票过程。选举制度国际基金会向印尼各地派出了34名观察员，监督了158个投票站的投票过程。美国选举观察团对印尼首轮总统选举评价积极，认为选举是和平有序地进行的，没有威胁和操纵现象发生。投票和计票工作未受到干扰，投票人也未受到限制。①

在第二轮总统选举期间，美国驻印尼大使馆向印尼22个省派出了60名观察员，从20日到23日，观摩了大约400个投票点的投票和计票工作。选举制度基金会派出了31位观察员，在印尼10个省观摩监督了投票、计票过程。美国选举监督员认为，第二轮选举投票和计票过程是和平、有序的，选民投票未受到干扰和限制；选举准备和选举管理比以前的选举有了很大的提高。卡特中心发表声明也对该轮投票也做出了积极的评价，认为这些复杂的选举是有序、成功的。②

五、卡特在巴勒斯坦开展选举监督

巴以问题是卡特中心持续关注的议题。卡特在任期间，促成了埃以和解的《戴维营协议》。以色列同意给予巴勒斯坦人完全自治的权利，并从埃及西奈半岛、约旦河西岸、加沙地带撤军。卡特卸任后，经常访问中东，寻找机会力促阿以、巴以和平。卡特中心中东事务研究员肯尼兹·斯坦恩（Kenneth Stein）和卡特的助理法耶·普尔度（Faye Perdue）多次陪同卡特前往中东，特别是访问约旦河西岸和加沙地带。

1990年4月，卡特在巴黎第一次见到巴解组织领导人阿拉法特。阿拉

---

① Jimmy Carter, “President Carter's Trip Report on Indonesia, June 30 — July 7, 2004,” *The Carter Center*, July 9, 2004, http://www.cartercenter.org/news/documents/doc1764.html.

② 仇朝兵：“选举援助与民主发展：美国的选举援助对印度尼西亚民主化进程的影响”，《哈尔滨工业大学学报（社会科学版）》，2010年11月，第12卷，第6期，第45—46页。

法特知道，卡特支持巴勒斯坦人拥有自己的家园。他说，实现民主是巴勒斯坦人拥有自己家园的第一步。他希望卡特考虑，将来有一天能帮助巴勒斯坦人选举他们的政府。卡特说表示，如果能够得到以色列政府的支持，在巴勒斯坦人决定选举自己的政府时，卡特中心愿意提供技术方面的支持。1993 年 8 月 20 日，在挪威的撮合下，以色列总理拉宾和巴解领导人阿拉法特在挪威首都秘密会谈后达成和平协议，史称《奥斯陆协议》。协议允许巴勒斯坦人建立自己的政府，选举自己的领导人。协议规定，巴勒斯坦在 1996 年举行第一次选举。

在得到以色列政府和美国政府的同意后，卡特中心着手组建巴勒斯坦选举观察团。观察团成员在选举开始前接受培训，掌握选举法规，熟悉候选人情况，了解以色列官员同巴勒斯坦人之间的敏感关系。由于以色列的限制，巴勒斯坦选举委员会在大选前四周才部署到位，参选人也只有 3 周的时间开展竞选活动。700 位候选人争夺巴勒斯坦议会 88 个席位，阿拉法特和另外一位不太有名的女性萨马哈・卡哈里尔通过了总统参选资格。

当时，以色列几乎完全控制了约旦河西岸和加沙地带巴勒斯坦人的政治和经济生活。他们在巴勒斯坦人行人和车辆通过的道路上，共设置了大约 500 个检查站，这当然给巴勒斯坦人的生活带来了诸多不便。为此，卡特专门去找以色列总理佩雷斯和负责约旦河西岸和加沙地带安全事务的将军尤里・达彦商量。佩雷斯和达彦向卡特保证，在大选投票当天，所有重要的检查站都将向巴勒斯坦人开放，以色列军人不会进入巴勒斯坦人投票站，也不会恐吓前去投票的选民。

在卡特看来，整个大选过程近乎于完美。约旦河西岸和加沙地带投票率非常高。阿拉法特获得 88.1% 的选票，以绝对优势当选为巴勒斯坦总统，法塔赫赢得 75% 的席位，在巴勒斯坦立法会中占绝对优势。[①] 选举结束后，以色列总统佩雷斯宣布，巴勒斯坦立法会所有议员都可以自由出入约旦河西岸和加沙地带，参加立法会会议。所有国际选举监察员对于选举的公正性都非常满意。他们认为，这是巴勒斯坦绝大多数民众授权成立的政府，也是巴以和解的基础。他们当然也很清楚，巴以问题要真正解决，还有很多敏感的难题需要克服。

2004 年 11 月，阿拉法特去世。根据巴勒斯坦法律，需要在几周内尽

① Douglas Brinkley, *The Unfinished Presidency: Jimmy Carter's Journey Beyond the White House*, New York: Viking, 1998, p. 468.

快选出巴勒斯坦领导人。这一次，巴勒斯坦方面再次邀请卡特中心监督整个选举过程。卡特在 2005 年 1 月 6 日到达以色列，同以色列总理沙龙会面。沙龙说，在巴勒斯坦大选期间，以色列的检查站将会由荷枪实弹的士兵守卫，但他们不会阻碍交通。以色列军队也会从主要城市撤出。不过，以色列不允许巴勒斯坦官员或者选举监督员进入投票站，这些投票站将由全副武装的以色列士兵把守。

卡特在大选投票当天，视察各地的投票站。他在视察东耶路撒冷的投票站时发现，由于进入投票站来投票的选民的姓名同以色列士兵手上拿到的选民名单不一致，所以，以色列办事员在检查完巴勒斯坦选民的证件后，一个一个地把他们打发走了。结果，截止中午时分，几乎没有人进投票站投票。投票站外面挤满了愤怒的巴勒斯坦人。了解到这个情况后，卡特给以色列总统办公室打电话，用威胁的口吻说，如果以色列不允许在东耶路撒冷的巴勒斯坦人进投票站投票的话，他就要举行记者会，向国际媒体公布此事。在卡特的坚持下，以色列总理办公室最终同意先把选民登记册放在一边，允许在耶路撒冷登记的所有选民在国际观察员的监督下，在东耶路撒冷任何投票站投票。

第二天早上，卡特中心的选举监督员对各投票站的投票情况做了初步评估。然后，卡特本人给以绝对优势当选的法塔赫温和派领导人马哈茂德·阿巴斯写了一封亲笔信。卡特希望阿巴斯能够一如既往地支持巴以和谈。这次巴勒斯坦之行，卡特也注意到，以色列正在修建隔离墙，目的是为了阻止巴勒斯坦人袭击以色列。但这种做法严重地限制了巴勒斯坦人同外界的联系，也几乎完全阻断了巴以达成和平协议的可能性。回到美国后，卡特前往白宫，亲自向总统乔治·沃克·布什汇报了中东之行的情况。卡特强调，他对于以色列修建隔离墙一事感到担忧。他也向布什转达了阿巴斯希望尽快同以色列启动全面和平谈判的愿望。布什重申了自己支持中东和平进程的承诺。

2006 年 1 月，巴勒斯坦举行第三次大选。巴勒斯坦激进派哈马斯在议会大选中赢得了 42% 的选民支持，获得了 74 个席位，占有明显优势。卡特在大选后同阿巴斯会面，他试图劝说阿巴斯同意和哈马斯组建联合政府，但遭到阿巴斯拒绝。法塔赫内阁成员全部辞职。由于美国和以色列均认为哈马斯是恐怖组织，所以，哈马斯当政，遭到来自美国和以色列的经济制裁。阿巴斯仍然是巴勒斯坦民族权力机构主席。法塔赫也是以色列、联合国和美国承认的巴勒斯坦唯一合法机构。后来，哈马斯和法塔赫组成了联合政府。但是，由于哈马斯和法塔赫在加沙地带发生冲突，不久联合政府解散。巴勒斯坦内部矛盾重重，巴以和平举步维艰。卡特中心在约旦河西岸设立了专职办公室，一直关注着巴勒斯坦发生的一切。[①]

第三节 开展国际冲突斡旋

以私人身份化解地区冲突、开展国际斡旋、担任总统特使也是卸任总统参与国际事务的主要途径。在这方面，卡特和克林顿是典型的代表。卡特先后在朝鲜、海地、波黑、布隆迪、刚果（金）、爱沙尼亚、圭亚那、卢旺达、坦桑尼亚、乌干达、利比里亚、叙利亚、巴以之间、南北苏丹等国展开斡旋，为地区稳定和世界和平做出了贡献。[②] 克林顿也曾担任特使，访问朝鲜，解救在押的两名美国记者。正如卡特所说的那样，“作为普通公民，我可以以私人身份做许多美国总统无法做到的事情。”[③]

一、卡特斡旋朝核危机

（一）事件背景

在20世纪90年代初，朝鲜因核查问题同国际原子能机构发生冲突。国际原子能机构从1992年5月到1993年1月对朝鲜核设施进行了6次不定期核查，发现核查结果同朝鲜在1992年5月4日提交的核材料和设备申报单不相符，要求依据国际原子能机构“特别核查”的新规定，对朝鲜两处未申报的可疑核废料储存设施进行“特别核查”，但朝鲜以军事设施为由拒绝开放。朝鲜在1993年3月12日宣布退出《核不扩散条约》，引发第一次朝核危机。

为缓和危机，朝美曾于1993年6月初和7月中旬进行过两轮会谈，但未取得实质性进展。由于朝鲜不顾国际原子能机构的反对，从其最大的核

① Jimmy Carter, *Beyond the White House*: *Waging Peace*, *Fighting Disease*, *Building Hope*, New York: Simon & Schuster, 2007, pp. 113 – 121.

② Jimmy Carter, *Beyond the White House*: *Waging Peace*, *Fighting Disease*, *Building Hope*, New York: Simon & Schuster, 2007, pp. 15 – 89.

③ Leonard Benardo and Jennifer Weiss, *Citizen – in – Chief*: *The Second Lives of the American Presidents*, New York: Harper Collins, 2009, p. 1.

反应堆中取走了8000颗乏燃料棒，引发了美国对朝鲜制造核武器的严重担忧。1994年3月和6月，朝核危机两次升级，美国也两次在联合国寻求对朝制裁。美国国防部长威廉·佩里（William Perry）在1993年3月30日对媒体说，美不排除对朝发动“先发制人”的军事打击。6月上旬，朝核危机剑拔弩张，战争有一触即发之势。6月6日，美国暗示要对朝鲜核设施进行外科手术式打击，国防部长佩里宣布对朝进行“先发制人”打击并非不可能。也就是在这样的背景下，前总统卡特于6月15日访朝，与朝鲜领导人金日成会晤。[①]

（二）卡特赴朝前的准备工作

由于卡特中心20世纪80年代后期在国际危机斡旋方面已经闻名遐迩。时任朝鲜领导人金日成从1990年起，就多次邀请卡特访问朝鲜。但美国国务院两次拒绝了卡特的申请。随着紧张程度不断升级，在卡特的紧急请求下，克林顿同意卡特前往朝鲜。克林顿强调，卡特是作为“普通公民”的身份访问朝鲜。卡特夫人以记录员的身份一同前往，随行的还有美国有线新闻网的记者。朝鲜方面也同意美国记者报道此事。卡特一行于1994年6月13日访问了韩国，拜会了时任韩国总统金泳三。6月15日，代表团穿过非军事区进入朝鲜。[②]

（三）卡特同金日成会谈

在访问期间，卡特同金日成进行了两次长时间的会谈。在第一次会谈取得进展后，卡特向金日成表示，白宫已经“停止了提请联合国对朝鲜制裁的要求”。卡特接受美国有线新闻网采访，敦促白宫“切勿采取其他任何导致局势恶化的行动”。卡特的表态令白宫非常不满。白宫不仅没有放弃寻求联合国对朝制裁，也不知道有美国有线新闻网记者随行，更不知道卡特会通过美国有线新闻网来向世界、向克林顿政府表达自己的观点。对此，白宫官员迅速做出反应，澄清他们的立场：美国政府将继续推动对朝

---

① 孙茹著：《朝核问题地区合作进程研究》，北京：时事出版社，2009年版，第35—51页；王俊生著：《朝核问题与中国角色：多元背景下的共同管理》，北京：时事出版社，2012年版，第5—9页。

② Douglas Brinkley, *The Unfinished Presidency: Jimmy Carter's Journey Beyond the White House*, New York: Viking, 1998, pp. 399 – 400.

制裁，直到朝鲜让步为止。①

第二天，卡特在同金日成会谈结束时表示，此次访问取得了成功。他在随后接受美国有线新闻网采访时表示，他相信，金日成已经放弃了制造核武器的意图。在得到金日成承诺，允许国际原子能机构核查人员重返朝鲜，并仅使用轻水反应技术后，卡特启程回国。作为交换，朝鲜要求美国提供轻水反应堆建设所需的资金和技术，并确保不会对朝鲜发动核战争。②

（四）卡特赴朝斡旋效果评价

尽管卡特的朝鲜之行确实有助于缓解美朝紧张关系，帮助克林顿政府避免了一场危机，但是，他处理这个问题的方式令白宫非常不满，白宫也因此疏远了他。克林顿曾公开表示，他不认同卡特在朝核问题上的乐观态度。他对朝鲜是否有诚意放弃核武研制表示怀疑。虽然卡特主动提出愿意就赴朝之行向克林顿政府进行简报，但国务院婉拒了他的提议。③

卡特返回美国后不久，金日成意外去世（7 月 8 日）。但后来事实证明，卡特访朝之旅是成功的。朝美达成关于核问题的框架协议，第一次朝核危机缓和。随着媒体对卡特访朝正面报道越来越多，克林顿本人也改变了先前的看法。他在 6 月 22 日的媒体简报会上对卡特的朝鲜之行给予肯定。他说，“在此，我要感谢卡特总统在帮助实现这一步骤中发挥的重要作用。”④

二、卡特斡旋海地危机

（一）事件背景

海地危机起因在于陆军中将拉乌尔·塞德拉斯（Raoul Cédras）在 1991 年 9 月罢黜了海地第一位民选总统简—贝特朗·阿里斯蒂德（Jean -

① Jimmy Carter, *Beyond the White House: Waging Peace, Fighting Disease, Building Hope*, New York: Simon & Schuster, 2007, pp. 23 - 36.

② Burton I. Kaufman, *The Post-Presidency from Washington to Clinton*, Lawrence, Kansas: University Press of Kansas, 2012, p. 456.

③ Mark K. Updegrove, *Second Acts: Presidential Lives and Legacies After the White House*, Guilford, Connecticut: The Lyons Press, 2006, p. 163.

④ Peter G. Bourne, *Jimmy Carter: A Comprehensive Biography from Plains to Post-Presidency*, New York: Scribner, 1997, p. 504.

Bertrand Aristide)，任命 81 岁高龄的最高法院大法官埃米尔·诺纳桑（Eacutemile Jonassaint）担任临时总统，自己掌握军政大权。政变导致3000多人丧生，阿里斯蒂德被迫流亡美国。1994 年 9 月 15 日，时任美国总统比尔·克林顿向海地军政府发出最后通牒，要求其在 9 月 19 日交出政权，否则将面临军事打击。但是，塞德拉斯拒不接受美国的条件。在这种情况下，美国出兵海地迫在眉睫。

由于担心不必要的军事干预会导致流血事件，卡特决定前往海地同塞德拉斯面谈。卡特在参与海地事务的过程中同塞德拉斯曾经有过接触。他恳请克林顿允许自己开展斡旋。卡特还邀请佐治亚州联邦参议员萨姆·纳恩（Sam Nunn）和前参谋长联席会议主席的科伦·鲍威尔（Colin Powell）一同前往。尽管克林顿对卡特赴朝斡旋中发表的一些言论不太满意，但是，在最后一刻，他还是同意了卡特的请求。①

（二）斡旋过程：卡特同塞德拉斯的艰苦谈判

卡特一行在 9 月 17 日上午离开美国，下午 1 点抵达海地首都太子港。对于此次斡旋，克林顿的要求非常明确，不管能不能达成协议，卡特必须在 18 日中午 12 点离开海地。在海地的 36 个小时中，卡特等人密集会见了海地军方代表、议会议员和企业界代表。卡特还在当天下午和晚上两次同塞德拉斯会谈，但均告失败。②

事实上，在卡特同塞德拉斯谈判时，美国海军陆战队正赶往海地。在克林顿规定的最后期限到来时，卡特请求克林顿给他更多的时间，讨论一份协议。克林顿勉强同意把最后期限从中午 12 点延长到下午 3 点。但是，当时卡特不知道的是，美军第 82 空降师已经从北卡罗来纳州布雷格空军基地起飞，正向海地飞来。同时，美国军舰也已抵达太子港。只要克林顿一声令下，他们就会立刻展开登陆。正是在这种紧张气氛中，卡特同塞德拉斯进行了长达 11 个小时的艰苦谈判，终于商定了一份措辞谨慎的协议。在得到克林顿政府的认可后，在包括海地总统诺纳桑、海地政府内阁成员、塞德拉斯等人在场的情况下，卡特在协议上郑重签名，然后要求在场的海

① Rod Troester, *Jimmy Carter as Peacemaker: A Post - Presidential Biography*, Westport, Connecticut: Praeger, 1996, p. 84.

② Jimmy Carter, *Beyond the White House: Waging Peace, Fighting Disease, Building Hope*, New York: Simon & Schuster, 2007, p. 43.

地领导层签字。至此，海地危机得以化解。①

（三）卡特赴海地斡旋效果评价

卡特带着这份协议于19日凌晨3点半回到华盛顿，临时住在白宫。他和克林顿商定在第二天一起召开记者会，介绍海地之行的经过。但是，在早饭前，卡特利用最后一分钟，安排了有线新闻网记者的采访。在采访中，卡特强调，塞德拉斯留在海地，是协议的一部分。他还赞扬塞德拉斯有“荣誉感”。

卡特不顾个人安危，赴海地斡旋，在紧急关头化解了可能出现的流血冲突，为地区和平做出了贡献。但是，他抢在克林顿之前向媒体披露谈判内容，特别是强调塞德拉斯在谈判中的作用，显然令克林顿政府不快。卡特之所以这么做，目的是为了突出卡特中心在化解地区冲突中的角色。当然，卡特赴海地斡旋得到了美国民众的认可。根据有线新闻网所做的民调显示，70%的受访者认为，海地危机得以和平解决，功在卡特。②

三、卡特斡旋波斯尼亚和黑塞哥维那危机

（一）事件背景

波斯尼亚和黑塞哥维那（以下简称“波黑”）原为前南斯拉夫共和国一部分，主要由塞尔维亚人、波斯尼亚人和克罗地人组成。1992年2月19日，波黑在境内塞尔维亚人抵制的情况下举行独立公投，成立波黑联邦。波黑议会在塞族议员抵制缺席的情况下脱离南斯拉夫宣布独立，致使民族矛盾激化。波黑塞族人随即宣布成立塞尔维亚共和国，独立于波黑联邦之外，但仍留在南斯拉夫联邦之内。塞尔维亚人的行动立即遭到波黑联邦政府的镇压，战火从首都萨拉热窝逐渐蔓延到全国。

为了应对波斯尼亚危机，美、俄、英、法、德组成“国际联络组”，同联合国波斯尼亚问题代表团一道，居中调解双方的冲突。国际联络组提出了“停火四个月，塞族撤出占领波斯尼亚人领土，以塞族占49%、波斯

① Douglas Brinkley, *The Unfinished Presidency: Jimmy Carter's Journey Beyond the White House*, New York: Viking, 1998, pp. 432－433.

② Mark K. Upgrove, *Second Acts: Presidential Lives and Legacies After the White House*, Guilford, Connecticut: The Lyons Press, 2006, p. 167.

尼亚人和克罗地亚人占51%的比例划分双方领土范围”等建议。由于塞族已经占领了72%的领土，它希望永远停火，以固化自己所占领土范围。波斯尼亚人不承认塞族武力夺取的领土，希望联合国和国际社会向塞族施加压力，迫使塞族做出让步。[①]

（二）冲突双方邀请卡特斡旋

为应对境内塞族和波斯尼亚人近两年的冲突，南斯拉夫联邦总统米洛舍维奇于1994年6月委托美国新罕布什尔州议会前议长克里斯·斯皮洛（Chris Spiro）带领南联盟驻美大使米兰·米卢蒂诺维奇（Milan Milutinović）拜访卡特，向卡特转交自己的亲笔信，希望他能够居中斡旋。同年12月初，塞族武装领导人，也就是波黑塞尔维亚共和国总统拉多万·卡拉季奇（Radovan Karadžić）也派私人代表拜访卡特，希望借助他的影响力，促进塞族武装同国际联络组和联合国波斯尼亚问题代表团之间的沟通。

在会面中，卡拉季奇的私人代表表示，如果卡特愿意亲自前往佩尔（Pale）和萨拉热窝同卡拉季奇本人和波黑联邦政府会谈的话，卡拉季奇愿意当面给卡特做出必要的让步，以促进冲突和平解决。随后，卡特通过电话同卡拉季奇进行了交谈。在交谈中，卡拉季奇做出了五点承诺：一是允许联合国救济特使自由出入波斯尼亚；二是允许联合国代表自由出入波斯尼亚；三是释放所有19岁及以下穆斯林战俘，同时要求穆斯林主导的波斯尼亚政府释放所有塞族战俘，在此基础上，塞族方面可以释放其他所有穆斯林战俘；四是承诺在萨拉热窝（控制在穆斯林主导的波斯尼亚政府手中）周围停火，开放萨拉热窝机场（控制在卡拉季奇手中）；五是承诺确保不侵犯人权。[②]

（三）卡特前往波黑斡旋前的准备工作

由于卡特在朝核危机和海地危机斡旋中的高调表现曾经招致克林顿政府的不满，所以，在斡旋波斯尼亚危机时，卡特表现得格外低调、谨慎。在同卡拉季奇电话交谈结束后，卡特立即就此向时任总统克林顿做了详细

① Douglas Brinkley, *The Unfinished Presidency: Jimmy Carter's Journey Beyond the White House*, New York: Viking, 1998, p. 446.

② Jimmy Carter, *Beyond the White House: Waging Peace, Fighting Disease, Building Hope*, New York: Simon & Schuster, 2007, pp. 65 -67.

汇报。尽管克林顿对卡拉季奇的承诺表示怀疑，但他还是对卡特居中斡旋表示支持。当天晚上，卡拉季奇接受美国有线新闻网记者朱迪·伍德拉夫（Judy Woodruff）的电视采访。在采访中，卡拉季奇重申了他对卡特做出的五点承诺，说塞尔维亚人需要一位德高望重、值得信赖的人同他们进行沟通。卡特给美国国务院打电话说，如果卡拉季奇能够遵守承诺，他将会以私人身份，代表卡特中心前往波斯尼亚。

时任国家安全事务助理桑迪·伯格（Sandy Berger）、助理国务卿彼得·塔诺夫（Peter Tarnoff）和国务卿沃伦·克里斯托弗（Warren Christopher）先后给卡特打电话表示，美国恢复同卡拉季奇谈判的前提一是全面停火，二是接受国际联络组提出的领土分配方案（按人口比例，塞族只能得到全国49%的领土）等条件。在卡特临行前，来自白宫、国家安全局、中情局、国务院、联合国的代表就广泛的议题向卡特做了介绍，目的是确保他熟悉克林顿政府在处理这个问题上的立场，这也是国际联络组的意见。他们也强调，卡特波黑之行要会见冲突各方的领导人，要尽量淡化同卡拉季奇的会谈。①

（四）斡旋中的三个阶段

第一阶段：会见双方领导人。

在前往波黑前，卡特明确表示，他去萨拉热窝，只代表卡特中心，不代表美国政府。卡特一行人乘坐美国政府提供的军用飞机，于12月18日飞往波黑首都萨拉热窝。在会见卡拉季奇前，卡特会晤了克罗地亚总统弗拉尼奥·图季曼（Franjo Tudjman）、波黑联邦总统阿利雅·伊泽特贝戈维奇（Alija Izetbegović）和总理哈里斯·西拉伊季奇（Haris Silajdžić）。在会面中，卡特强调，国际联络组提出的建议是各方谈判的基础。12月19日，卡特一行人驱车前往萨拉热窝郊外塞族总部会见卡拉季奇。在会谈中，卡特表示，接受国际联络组的提议是开启谈判的基础。经过长达8个小时的艰苦谈判，卡特促使卡拉季奇接受了自己提出的一系列建议，双方最终达成了一份协议。

第二阶段：商讨协议并说服冲突双方代表在协议上签字。

12月20日，卡特会见波黑联邦总统阿利雅·伊泽特贝戈维奇，征求

---

① Rod Troester, *Jimmy Carter as Peacemaker: A Post - Presidential Biography*, Westport, Connecticut: Praeger, 1996, p. 92.

他对九点协议的意见，主要内容如下：一是双方立即停火，接受联合国维和部队监督；二是各方于 1994 年 12 月 27 日开始谈判讨论完全停火的问题，谈判结束之日是 1995 年 1 月 15 日；三是在停火期间，各方开始商讨制定一个全面和平协议，谈判的基础是五国联络小组计划内容；四是不限制救济特使履行人道主义救助活动，允许使用萨拉热窝机场；五是禁止双方使用任何可能会危害民众生命财产安全的武器装备；六是根据国际标准保护人权，接受联合国人权记录员监督；七是在国际红十字会的帮助下交换战俘；八是承诺遵守上述条款；九是未尽事宜，由国际联络组或联合国代表处理。①

当天，在卡特的见证下，阿利雅·伊泽特贝戈维奇在上述文件上签字。然后，卡特又回到佩尔，把这份协议交给卡拉季奇。在卡拉季奇的坚持下，卡特对这份协议做了两处修改：一是停火在 1994 年 12 月 23 日开始，由联合国维和部队监督，双方在 1995 年 1 月 1 日达成全面停火协议；二是在确保人道主义救济特使和人道主义救助物资自由流动的同时，波黑联邦穆斯林军队在协定第一条生效前撤出非军事区。12 月 21 日，在卡特的见证下，卡拉季奇在修改后的协议上签了字。至此，卡特的斡旋工作接近尾声。到机场后，卡特给波黑联邦总统阿利雅·伊泽特贝戈维奇打电话，告知他修改的两条，得到了他的认可。

第三阶段：卡特向各方通报斡旋结果。

随着冲突双方在协议上签字并认可后续修改内容之后，卡特向早已等候的媒体记者宣布了调解结果。卡特离开波黑后，先去克罗地亚首都萨格勒布，向联合国特使明石康做了简单汇报，然后飞往贝尔格莱德，同米洛舍维奇会面。米洛舍维奇承诺会尽快敦促南斯拉夫联邦议会投票支持卡特提出、冲突双方签字接受的“九点方案”。回到美国后，卡特给国务卿克里斯托弗打电话，向他汇报了斡旋经过。克里斯托弗表示，美国政府认可这份协议。卡特回到美国后第二天上午，就接到明石康的电报。明石康说，冲突双方停火、谈判等事宜正按协议有序进行。美国国务院也给卡特打电话说，停火执行协议将于 12 月 30 日签署，这也比原来计划提前了 2 天。②

① Jimmy Carter, *Beyond the White House: Waging Peace, Fighting Disease, Building Hope*, New York: Simon & Schuster, 2007, p. 69.

② Jimmy Carter, *Beyond the White House: Waging Peace, Fighting Disease, Building Hope*, New York: Simon & Schuster, 2007, p. 71.

遗憾的是，在接下来的 5 个月（在原定 4 个月的基础上延长了 1 个月）停火中，尽管塞族人愿意以国际联络组提出的条件为基础，前往日内瓦，开始商讨实现波黑永久和平的解决方案，但是，他们的提议遭到国际联络组拒绝。国际联络组仍拒绝同塞族领导人接触，他们坚信米洛舍维奇能在军事上打败卡拉季奇。结果，1995 年春末夏初，波黑安全形势急剧恶化，武装冲突似乎有升级的态势。卡特再次呼吁各方重启和谈。

（五）卡特为落实协议做出的后续努力

1995 年 6 月，卡特罕见地在参议院军事委员会作证，他说，“我们在波黑面临非常糟糕的悲剧。在我们进一步采取措施之前，请美国和联合国先强迫各方开展善意对话。”卡特说，塞族已经给他提交了一个以国际联络组提议为基础的妥协性建议，那就是，在要求获得领土的比例上做出让步，他们的军队实际上占领了波黑 72% 的领土，但是，现在他们同意把自己宣称占有领土的面积下降到 53%。作为交换，他们要求波黑政府满足他们的一些具体要求，如获得前往亚得里亚海的通道，控制萨拉热窝部分地区，占据波斯尼亚东部一些城市和波斯尼亚北部走廊。塞族希望以此让步为基础重启谈判。塞族保证，只要国际社会解除对他们的经济制裁，他们就同意另一轮的停火安排，允许人道主义援助物资进入，不限制联合国维和人员的行动。卡特在参议院军事委员会作证后召开的一次记者会上表示，“波斯尼亚的形势可能已经没有什么希望了。如果不尝试（塞族提出的）新建议，那将是一个真正的悲剧。因为，失败的原因在于未尝试解决问题的办法。”①

1995 年夏，波黑双方的冲突和谈判仍在继续。随着秋季的到来，北约部队再次开始对塞族武装进行空袭，试图给塞族施加压力。正如他在 1994 年 12 月所做的那样，卡特再次促成了卡拉季奇同联合国、北约以及国际联络小组之间的意见交换。尽管不像 1994 年 12 月那么高调，卡特还是在私下里继续参与冲突的解决。在 1995 年 9 月 8 日北约对塞族进行空袭后，各方在日内瓦重启谈判，达成了最终解决双方冲突的框架协议。②

卡特在波黑危机调解过程中展现的公正立场和调解技巧，促使卡拉季

---

① Rod Troester, *Jimmy Carter as Peacemaker: A Post – Presidential Biography*, Westport, Connecticut: Praeger, 1996, p. 96.

② Douglas Brinkley, *The Unfinished Presidency: Jimmy Carter's Journey Beyond the White House*, New York: Viking, 1998, p. 453.

奇和伊泽特贝戈维奇达成了“九点协议”，这在一定程度上缓解了波黑危机前期剑拔弩张的局面。但是，由于五国联络组和美国政府已经决定通过军事手段压服卡拉季奇，他们拒绝同塞族领导人接触，所以，卡特努力的效果大打折扣。事实上，《戴顿协定》中所规定的塞族得到49%的领土面积同卡拉季奇向卡特提出的愿意把塞族所占72%的领土面积缩减到53%的建议相差不多。当五国联络组和美国政府决定坚决支持波黑联邦政府，通过北约军事力量打击卡拉季奇领导的塞族武装时，他们也就是忽略了卡特提出的通过对话和接触解决波黑危机的建议。这也在一定程度上说明，卸任总统开展危机斡旋成功与否，美国政府的态度非常关键。

四、克林顿赴朝鲜解救两名美国记者

2009年8月4日，克林顿赴朝解救两名美国记者，凌志美（Laura Ling）和李丽娜（Euna Lee）。朝鲜指控两人从中国境内非法越境进入朝鲜，宣布对其判处12年的劳动改造。朝方公开表示，只有一位高级别美国人“亲自呼吁（对两人进行）宽大处理”，赴朝洽谈，朝方才会考虑释放她们。克林顿同意回应朝方的要求，决定亲赴平壤。①

朝方扣押美国记者具有偶然性，但这无疑给刚执政的奥巴马政府出了个难题。摆在奥巴马政府面前有两个选择：一是发表威胁声明，要求朝鲜立刻放人；二是采取克制、理性的方式，派遣一位高级别人士前往。② 奥巴马政府选择了后者，同意派前总统克林顿前往平壤。克林顿在平壤同朝鲜领导人金正日会谈，确保朝方赦免了两位美国记者，并由他亲自带回美国。③

克林顿访朝定性是“私人访问”，目标明确单纯，就是要带回两名遭朝鲜扣押的美国记者。访问由白宫国家情报总监办公室朝鲜事务情报官约瑟夫·德特拉尼（Joseph R. DeTrani）安排，奥巴马政府顾问约翰·波德斯塔（John Podesta）也跟代表团随行，以帮助克林顿应对不时之需。克林顿带着遭扣押记者返美后，前往白宫会见总统奥巴马，就访朝事宜进行简

---

① Burton I. Kaufman, *The Post-Presidency from Washington to Clinton*, Lawrence, Kansas: University Press of Kansas, p. 521.

② Douglas H. Paal, “The Clinton's High - Return Diplomacy,” *The New York Times*, August 6, 2009.

③ Burton I. Kaufman, *The Post-Presidency from Washington to Clinton*, Lawrence, Kansas: University Press of Kansas, pp. 522 - 523.

报。两人在白宫的会面有很强象征意义。会面中，奥巴马感谢克林顿帮助两位记者成功获释。①

朝鲜为什么要选择邀请前总统克林顿访朝？首先，朝美之间没有外交关系，记者扣押一事很难通过正常外交途径解决。由于朝鲜进行第二次核试验，严重挑战国际不扩散体系，美国也已经拒绝了朝鲜就解决扣押记者一事展开双边外交谈判的要求。② 第二，朝鲜希望借此开展国际公关，吸引国际舆论关注，向美国传递"愿意对话"的信号，试图缓解卫星发射及核试验招致的国际压力。

第三，克林顿对于朝鲜来讲是最佳人选。一是因为在克林顿执政最后一年，美朝关系出现改善的迹象，时任国务卿马德琳·奥尔布赖特也曾于2000年年底访问朝鲜。二是克林顿身份特殊。他的夫人希拉里·克林顿担任奥巴马政府国务卿，朝鲜选择邀请克林顿访朝，委婉地表达了改善朝美关系的愿望。

奥巴马政府为什么同意克林顿赴朝洽谈释放遭扣押的美国记者？克林顿访朝是朝鲜方面的要求，也是美方的最佳选择。根据《纽约时报》记者马克·兰迪乐2009年8月18日报道，白宫一位官员解释说，邀请克林顿赴朝，是朝鲜人提出来的，这也是朝鲜继向韩国做出和解姿态后采取的又一措施。③ 由于朝鲜发射卫星及进行核试验，奥巴马政府已经拒绝了朝鲜提出的恢复朝美双边外交谈判、解决"记者遭扣押"一事的要求。④ 奥巴马政府同意克林顿以"私人身份"开展访朝斡旋，既能实现争取"遭扣押记者"回美的目标，也没有违反美方"拒绝同朝鲜进行双边谈判"的原则。⑤

总而言之，克林顿访朝的目的就是解救两名遭受朝鲜扣押的美国记者。但是，也不能排除奥巴马借此向金正日传话，表达对朝鲜核试验的立

① Mark Landler and Mark Mazett, "In North Korea, Clinton Helped Unveil a Mystery," *The New York Times*, August 18, 2009.

② Douglas H. Paal, "The Clinton's High – Return Diplomacy," *The New York Times*, August 6, 2009.

③ Mark Landler and Mark Mazett, "In North Korea, Clinton Helped Unveil a Mystery," *The New York Times*, August 18, 2009.

④ Douglas H. Paal, "The Clinton's High – Return Diplomacy," *The New York Times*, August 6, 2009.

⑤ Mark Landler and Mark Mazett, "In North Korea, Clinton Helped Unveil a Mystery," *The New York Times*, August 18, 2009.

场。从朝鲜的角度来看，金正日希望借此来缓和同奥巴马政府的关系。克林顿以私人身份访朝，美国实现了既定目标，朝鲜也维护了自己的尊严，双方似乎都达到了各自的目的。

第四节　关心中美关系发展

在美国的卸任总统中，同中国关系非常密切的有三位，第37任总统理查德·尼克松、第39任总统吉米·卡特和第41任总统乔治·布什，他们在卸任后仍然关心中美关系的发展。尼克松在任期间于1972年2月访华，打破了中美20多年冷战对峙的坚冰。因“水门事件”辞职后的尼克松仍然关注着中美关系。他卸任后多次访华，特别是在1989年中美关系非常困难的情况下访问中国，回到美国后支持时任总统乔治·布什改善中美关系。在当时美国政界、学界、新闻界、甚至社会对华不利的政治环境下，作为一个政治人物，公开主张改善中美关系的政治勇气是非常难能可贵的。卡特在任期间实现了中美建交，卸任后以卡特中心为依托，促进中美关系发展，特别是推动中美民间交流，为增进两国相互了解做出了重要贡献。布什在任期间因受到中国国内因素的影响，中美关系曾一度出现困难。但是，布什随时保持着同中国领导人的沟通，在中美关系困难的情况下为稳定双边关系做出了不懈努力。他在卸任后仍为促进中美关系发展四处奔波。他在20世纪90年代美国国内对华政策辩论中旗帜鲜明地反对“中国威胁论”，这在美国政治人物中是绝无仅有的。他在任和卸任十多年间，坚持推动美国对华贸易正常化，这在美国政治人物中也是独一无二的。

一、理查德·尼克松

（一）尼克松辞职后在1976年2月访华

1972年访华无疑是尼克松执政时期的辉煌成就。在辞职后，尼克松一直考虑在适当的时候访问中国。在尼克松办公室的墙上，挂着一张他同毛泽东和周恩来的照片。尼克松用东方的风格装饰了他的家和办公室。辞职后他一直在阅读中国历史。毛泽东曾经给尼克松写信，邀请他在方便的时候访问中国。据尼克松的传记作家史蒂芬·安布罗斯介绍，在尼克松生病住院期间，毛泽东给尼克松打电话，说他是历史上最伟大的政治家之一，并欢迎他随时访问中国。①

1974 年 8 月 30 日，时任中国驻美联络处主任黄镇专程拜访尼克松，向他赠送了一套在纽约举行的中国出土文物展览会的图片集和其他礼物，以示对他的同情和关心。直到 1975 年 6 月，辞职 10 个月后，尼克松的健康才渐渐恢复。此时，他开始撰写回忆录，同时，也考虑再次访华。虽然尼克松执政时期，中美关系正常化进展并不顺利。但是，如果尼克松继续留在白宫，他应该会兑现自己的诺言，实现中美关系正常化。尼克松虽然也希望福特能够继续推进中美关系，但是，由于福特政府在国际上热衷于美苏缓和，在国内遭到国会的反对，所以，在福特第一任期，实现中美关系正常化不是他的优先考虑。不过，他也承诺，如果能够连任，他将在第二任期实现中美关系正常化这个目标。②

1975 年 7 月，中国政府向尼克松发出访华邀请，请他方便时访华。尼克松给基辛格打电话，说他希望能够获准接受邀请访华，时间或许可以安排在 9 月。但基辛格对此表示反对，他说，总统福特尚未访华，尼克松先于总统访华，将会让福特政府感到难堪。尼克松虽然感到失望，但也无可奈何，只好同意等待一段时间，并答应在做出任何计划前，会征求基辛格的意见。③

1975 年 11 月，福特总统访华。12 月 30 日到 1976 年 1 月 3 日，尼克松的女儿朱莉和女婿戴维·艾森豪威尔访问了中国。他们不仅拜会了中国外交部长乔冠华和国务院副总理邓小平，也拜会了毛泽东。毛泽东告诉尼克松的女儿和女婿，他欢迎尼克松再次访华。之后，中国政府正式向尼克松发出邀请，尼克松接受了邀请，但他并未马上告诉福特和基辛格。他决定到启程去中国的最后一刻再告诉他们。

2 月 2 日，基辛格前往尼克松的家乡拉·卡萨·帕西菲卡去拜访尼克松。尼克松提到将来有一天，他希望能够再次访华，但他的口气并未表明访华行程即将进行。2 月 5 日，中国政府宣布，尼克松将于 21 日，也就是尼克松访华的第四个纪念日，乘坐中国的专机飞往北京。得知这一消息，

---

① Stephen E. Ambrose, *Nixon: Ruin and Recovery, 1973 - 1990*, New York: Simon & Schuster, 1991, p. 488.

② 何慧著：《尼克松与中国》，郑州：河南人民出版社，2005 年版，第 196—198 页。

③ Stephen E. Ambrose, *Nixon: Ruin and Recovery, 1973 - 1990*, New York: Simon & Schuster, 1991, p. 488.

福特、基辛格非常不悦。共和党党内初选将在24日举行，福特担心尼克松访华会给自己争取党内提名带来负面影响。福特的国家安全事务助理布伦特·斯考克罗夫特、白宫办公厅主任迪克·切尼、共和党参议员巴里·戈德华特、甚至一些媒体人（如《国家评论》专栏作家威廉·巴克利、《华盛顿邮报》专栏作家约瑟夫·克拉夫特）都对此反应强烈。

尼克松对于共和党内的强烈反应感到惊讶，但他并未打算取消这次访问。不过，他觉得需要向公众解释一下。他授权自己的朋友、《纽约时报》专栏作家萨菲尔发表了一份声明。声明指出："在1972年我访问中国，因为我断定，同中华人民共和国发展新的、建设性的关系是必不可少的。我认为，现在，这一对关系比四年前更加重要。我期待有机会再次见到中国领导人。"①

2月20日，尼克松乘坐中方提供的波音727客机飞往北京。尽管没有电视直播，但是各大报纸仍派了记者随行。《纽约时报》及其他报纸在头版刊登了尼克松的照片，在新罕布什尔州进行竞选拉票的福特总统夫妇的照片却登载在第11页。新罕布什尔州最大的报纸《曼彻斯特联盟领袖报》也刊登了尼克松访华的系列报道。记者们纷纷询问正在争取共和党提名的福特怎么看待尼克松的访华行程。福特表示，尼克松是普通公民，他有权决定自己什么时候去哪儿。他坚持说，尼克松在访华前未得到政府的任何简报，也未给中国政府捎带任何信息，返回美国后也不会对政府进行汇报。②

在尼克松访华的一周时间里，美国各大报纸进行了详细报道。尼克松又成为公众关注的中心。尽管他已经不再是总统，但是，中方仍然给予他高规格接待。尼克松在钓鱼台国宾馆18号下榻，这也是他1972年访华时曾经住过的地方。中国新任总理华国锋、外交部长乔冠华，甚至毛泽东本人亲自接见尼克松。《纽约时报》2月24日在头版用标题的形式报道了福特成为共和党总统参选人、吉米·卡特成为民主党总统参选人的新闻，但在头两版都以大幅图片的形式报道了尼克松在中国参观访问的情景。在离开北京前往广西桂林、广东广州参观之前，中国方面在人民大会堂给尼克松举办了隆重的欢送晚宴。晚宴规格同他4年前访华时规格相同，这也是

---

① Stephen E. Ambrose, *Nixon: Ruin and Recovery, 1973 - 1990*, New York: Simon & Schuster, 1991, pp. 489 - 490.

② Stephen E. Ambrose, *Nixon: Ruin and Recovery, 1973 - 1990*, New York: Simon & Schuster, 1991, p. 491.

中国方面第一次为一位卸任国家元首举行的如此高规格的欢送晚宴。在晚宴上，尼克松引用毛泽东的诗句开始他的祝酒词："世上无难事，只要肯攀登。"尼克松说："我们确实攀登过高峰，但是现在仍然有很多的事情要做。我们不会失败。为了我们的青年一代，我们也不能失败。"《纽约时报》2 月 26 日的社论指出，尼克松这个发言是批评福特和基辛格未能积极采取措施，继续推动中美关系向前发展。①

离开北京后，尼克松一行人前往中国南方访问，受到中国民众的热烈欢迎。在广州的大街上，成千上万的中国民众在街道两旁为尼克松喝彩。在一个拖拉机厂，尼克松登上一辆脚踩打谷机，但他一个人蹬不动。一位中国工人走上前去，帮助尼克松蹬脚踏板。在两人一起蹬脚踏板时，尼克松兴致勃勃地开玩笑说，"啊，中国人和美国人在一起干活。"

在当天的晚宴上，尼克松回顾了白天在拖拉机厂的经历，说，"当我们俩的脚放在脚踏板上的时候，（打谷机轮子的转动）速度增加了一倍。"尼克松接着说，"中华民族是一个伟大的民族，美利坚民族也是一个伟大的民族。我们一起合作，可以做很多了不起的事，甚至可以做更了不起的事。"

2 月 29 日，尼克松告别中国，回到洛杉矶。这次访问非常成功。尼克松又回到了公众的视线。这是一次正面的形象。这似乎在提醒美国人，无论他们怎么看待他，他在国外受到人们的尊敬。尼克松回到美国几天后，时任国务卿基辛格给尼克松打电话。基辛格说，他很抱歉，不能亲自来看望尼克松，因为这样会让福特总统感到难堪。尼克松没有说什么。然后，基辛格请尼克松写一份完整的访华报告，尼克松同意了，这也成为尼克松日后的惯例。②

（二）1989 年尼克松访问中国

继 1976 年 2 月访华后，尼克松在卸任后也曾于 1982 年和 1984 年两度访华。在每次访华回到美国后，尼克松都同里根政府讨论了访华体会，提交了访华政策备忘录。在乔治·布什执政时期，中美关系曾一度受到中国国内政治因素的困扰。也正是在中美关系非常困难的时候，应中国政府的

---

① Stephen E. Ambrose, *Nixon: Ruin and Recovery, 1973 – 1990*, New York: Simon & Schuster, 1991, p. 492.

② Stephen E. Ambrose, *Nixon: Ruin and Recovery, 1973 – 1990*, New York: Simon & Schuster, 1991, p. 493.

邀请，尼克松开始了卸任后的第 4 次访华。在访华期间，尼克松同邓小平等中国领导人进行了深入的会谈。回到美国后，时任总统布什和国家安全事务助理伦特·斯考克罗夫特在白宫宴请尼克松，了解他的访华感受。也正是在这个场合，尼克松坚定支持布什希望改善中美关系的愿望和努力。

事实上，1989 年中美关系的状况令尼克松深感不安。当时美国国会要求乔治·布什政府“惩罚中国：断绝交往，实施制裁，孤立中国”。尼克松希望（布什政府）“恢复同中国的交往，将同中国的关系提升到最重要的双边关系之一这个层次上”。时任总统乔治·布什也有此想法。他在 7 月秘密派国家安全事务助理布伦特·斯考克罗夫特率团前往北京，去修复中美关系。当然，布什并没有征询尼克松的意见，他甚至没有告诉尼克松。①

同时，尼克松也决定自己去中国。尼克松说，尽管美国国内很多人并不赞成他在中美关系非常敏感的时刻访问中国，但他仍然坚持自己的做法。在去中国之前，尼克松拜访了时任总统乔治·布什和国家安全事务助理布伦特·斯考特罗夫特。②

在中美关系处于低谷时刻，尼克松于 1989 年 10 月 28 日开始了他对中国的第 5 次访问。在中国，尼克松花了 20 个小时同中国主要领导人一一交谈。他说，自己来到中国，就是要向邓小平等中国领导人表明，他想为改善中美关系做一些事情。③

在会见邓小平时，尼克松表示自己对中美关系现状感到担忧，希望中美两国能够共同努力，“使两国的正常关系得到恢复和继续发展”。邓小平则表示，‘结束严峻的中美关系，要由美国采取主动。”④

尼克松回到美国后，时任总统布什于 11 月 5 日在白宫设宴招待，听取他的访华汇报。在叙说了中国对美国的不满之后，尼克松强调了中国希望美国采取主动，改善中美关系的愿望。他还向布什特别指出，中国政府力图避免指责布什个人的做法说明，中国政府仍然愿意与布什打交道，布什

---

① Stephen E. Ambrose, *Nixon: Ruin and Recovery, 1973 - 1990*, New York: Simon & Schuster, 1991, p. 568.

② Stephen E. Ambrose, *Nixon: Ruin and Recovery, 1973 - 1990*, New York: Simon & Schuster, 1991, p. 568.

③ Stephen E. Ambrose, *Nixon: Ruin and Recovery, 1973 - 1990*, New York: Simon & Schuster, 1991, p. 569.

④ 邓小平著：《邓小平文选（第三卷）》，北京：人民出版社，1993 年 10 月第 1 版，第 330—332 页。

个人的信誉成为美国在中国不可多得的资产。[1]

在了解到布什总统已经决定从长远角度来处理中美关系，尼克松对此表示完全支持。尼克松在正在撰写《角斗场》一书中解释了自己支持布什政府改善美中关系的原因。他说，中国是个核大国，是应对亚太和中东地区冲突的重要角色，是美国潜在的贸易伙伴，也是应对全球环境问题的关键因素等。尼克松的传记作家史蒂芬·安布罗斯对此发表评论说，尼克松提出的这些观点并无新奇之处。但是，在 1989 年中美关系出现严重困难的时候，有勇气公开发表这样看法的政治人物并不多。正如当时一位现实主义学派的学者指出的那样，“不管我们喜欢不喜欢，我们都要接受这样一个事实，即我们同其他国家的关系主要取决于他们的外交政策，而不是内政。”他说，“当我们在惩罚中国领导人的时候，我们对中国人民的伤害更大。”

尼克松给国会跨党派工作组领导人提交了一份研究报告。《时代》杂志发表了报告的部分内容。尼克松写道，中国领导人是不会屈服于外部压力的。但是，现实政治要求美国必须改善同中国的关系。这里既有地缘政治因素，也有经济因素。尼克松说，“中国将为发达工业国家提供巨大的市场。难道我们要自绝后路，把这个潜在的市场留给日本和欧洲吗?”他敦促美国撤销对中国的经济制裁，恢复给那些希望在中国投资的美国人提供政府财政援助，恢复向世界银行在中国的投资项目提供财政支持，恢复政府间的高层交往。尼克松的结论是，中国对美国非常重要。[2]

1990 年 3 月 8 日，尼克松回到华盛顿，在众议院共和党党团会上发表讲话，会见寻求连任的共和党参议员，为他们提供咨询建议。在随后的记者会上，尼克松谈笑风生，回答了在场记者提出的诸多外交政策议题。在谈到中美关系时，尼克松表示，他支持布什政府对华务实政策。他说：“假如美国不接触中国，那么，留给哪个大国来做这个事的？苏联和日本会填补这个真空。问题是，你觉得苏联会向中国输出人权吗？你觉得日本会向中国输出民主吗?”[3]

---

① 陈永祥主编：《布什与中国》，南京：南京大学出版社，2002 年 2 月第一版，第 118 页。

② Stephen E. Ambrose, *Nixon: Ruin and Recovery, 1973 - 1990*, New York: Simon & Schuster, 1991, p. 569.

③ Stephen E. Ambrose, *Nixon: Ruin and Recovery, 1973 - 1990*, New York: Simon & Schuster, 1991, p. 573.

尼克松卸任后5次访华①，不仅加深了对中国的了解，也在关键的时候对发展中美关系发挥了建设性作用。

二、吉米·卡特

（一）卡特卸任后受邀第一次访问中国

卡特卸任后，在1981年8月受邀对中国进行了为期10天的访问，知名中国问题专家迈克尔·奥克森伯格（Michael Oksenberg）陪同卡特访华。在访华期间，卡特夫妇骑着自行车，悠闲地穿越在北京的大街小巷。据卡特回忆，当时北京的汽车并不多，市民出行的主要交通工具是自行车。卡特骑着自行车一路走走停停，有时候停下来买些茶水喝，或者买些刚烤好的面包吃，或者加入路边打太极拳晨练的人们。他们甚至受邀到一个普通家庭做客。

卡特说，他们一行人到达中国前几周，就听说中国的电视台在反复播放中美关系正常化、邓小平和夫人卓琳访美以及同卡特夫妇在华盛顿会面的场景。卡特发现，他们无论是在北京大街小巷骑车、散步，还是到商店里买点小礼物时，每到一处，几乎都成了市民关注的中心。有时候会有几百个市民在距离他们不远的地方恭敬地看着他们，鼓掌对他们表示欢迎。

在同邓小平的正式会谈中，他们两人都回忆起邓小平同卡特夫妇在得克萨斯州、佐治亚州和华盛顿特区访问的经历。他们的谈话时常被爽朗的笑声打断。卡特说，邓小平希望卡特能够参观中国的农村。当时邓小平刚开始启动农村经济改革。他计划在乡村开展村民自治，允许村民选举村委会。卡特说，到农村后，他发现中国正在迈向一个“令人惊叹的革命性的制度改革”。农村开始实行包产到户，允许农民种植经济作物，开展商品买卖。

（二）关注中国的村民选举

卡特中心对中国基层村级选举的关注始于1996年。卡特中心负责民主推广事务的主任罗伯特·帕斯特（Robert Pastor）建立了“中国村级选举

① 尼克松一生中六次访华。第一次是1972年2月，堪称是“改变世界的一周”。尼克松在1974年8月辞去总统职务后先后五次访华，第一次是1976年，第二次是1982年，第三次是1984年，第四次是1989年，第五次是1993年。

项目”。卡特说，这个项目影响到了中国75%的人口。2005年，“中国村级选举项目”改名为“中国项目”，这个项目现在由刘亚伟主管。在2007年出版的《白宫之后：争取和平、战胜疾病、孕育希望》一书中，卡特讲述了观察村民选举的一个事例。他说，“观察村民选出5位村级领导是一次非常有趣的经历。”在村里，达到18岁的公民会自动登记为选民。在选举当日，候选人会有相当大的压力。选举委员会不要求村委会候选人必须是共产党员。全村人带着小凳，来到村头的广场，认真聆听每一位候选人简短的“竞选演说”。村民在选票上划出自己支持的候选人，小心翼翼地把选票折起来，放进票箱。当所有的选民投完票后，计票人把选票倒出来，高声唱票。他们把候选人的得票结果记录在一块很大的黑板上。当选举结果出来后，成功当选的村委会委员正式就任。村委会委员任期一般是3年，他们可以争取连任。在他们争取连任的时候，广播上会播放他们前一任期竞选时给村民的承诺。这些承诺一般同村民的经济活动相关，例如种植多少棵梨树，增加玉米产量等。[①] 在卡特后来多次访问中国期间，也都特别关注中国的乡村选举。例如，2001年9月初，应中国民政部邀请，卡特访问中国，专程考察中国乡村选举。[②]

（三）促进中美相互了解，呼吁双方加强合作

卡特卸任后一直关注中美关系发展。1997年7月，卡特访问中国。这是他卸任后第4次访问中国。卡特把此访的目标确定为“尽可能了解中国”。他还希望同中国领导人讨论“西藏问题、宗教议题、人权议题、朝鲜半岛问题、扩大中国的乡村选举”等议题。这次访问还有一个重要的任务，也可以称为“私人外交”，就是“帮助中国领导人更好地了解中美之间的分歧，为江泽民主席10月访美做准备”。访华期间，国家主席江泽民、国务院总理李鹏、全国人大委员长乔石、中央军委副主席刘华清、外交部长钱其琛、国防部长迟浩田等中国国家领导人会见了卡特一行。[③] 从2001年起，卡特多次应邀访问中国，为促进中美关系发展做出了重要

---

① Jimmy Carter, *Beyond the White House: Waging Peace, Fighting Disease, Building Hope*, New York: Simon & Schuster, 2007, pp. 111 – 112.

② The Carter Center, Trip Report: China, Mongolia Trip, Sept. 1, 2001, http://www.cartercenter.org/news/documents/doc12.html.

③ The Carter Center, Trip Report: Visit to China, July 23, 1997, http://www.cartercenter.org/news/documents/doc16.html.

贡献。

2015 年 9 月 22 日在国家主席习近平访美之际，卡特在美国《赫芬顿邮报》撰文，呼吁美中加强合作。他在文中强调了如下几点。第一，中美两国在解决当今世界一些冲突方面扮演着重要的角色。第二，无论在美国还是在中国，确实有一些有发展潜力的政治领袖，为了达到自己的目的，不惜把自己国家的内部问题归咎于他国，不惜恶化彼此之间存在已久的分歧。但是，这种做法对发展中美关系是不利的。第三，中国的经济影响力在不断增强。对此，美国官员“必须避免阻止中国在经济领域取得成功”。第四，中国必须明白，“美国希望看到一个和平、繁荣、自由的中国，美国并不希望损害中国的崛起”。同样，美国也必须明白，“中国同冷战期间我们所面对的苏联是不一样的。”第五，中美在环境和气候变化议题上的合作为其他国家树立了榜样。第六，在目前地区冲突不断、全球经济依然脆弱的背景下，每一个国家都必须“捍卫有利于和平和发展的全球秩序”。在文章结尾，卡特呼吁中美两国元首在即将举行的高层会面中不能仅仅停留在“求同存异”的层次，而是要加强双方在诸多议题上的合作。①

（四）促进中美民间交流

卡特在卸任后，以卡特中心为依托，开展中美民间交流。自从 1981 年卸任后第一次访华以来，在过去 35 年间，卡特多次访问中国，为促进两国相互了解和中美关系的稳定和发展做出了积极贡献。特别是在 2009 年以来，卡特中心同中国人民对外友好协会合作，举办“中美关系论坛”，有效促进了中美民间交流。

2009 年，中国人民对外友好协会和卡特中心在北京共同组织了庆祝中美建交 30 周年系列活动。时任国家副主席习近平在活动开幕式上发表讲话，称赞卡特中心在促进中美两国相互了解、推动双边关系方面做出的贡献。2012 年 12 月，在中国人民对外友好协会的邀请下，卡特夫妇和卡特中心代表团在中共十八大后访问中国。中共中央总书记习近平会见了卡特一行。这是卡特同习近平第 4 次见面。习近平表示，希望卡特中心能够在改善中美关系方面投入更多的资源。也正是在这次北京之行期间，举行了首届卡特中心“中美关系论坛”。中国人民政治协商会议前副主席徐光迪、

① Washington（CNN）：“Jimmy Carter Urges U. S. – China Cooperation,” September 22，2015，http：//www. cnn. com/2015/09/22/politics/jimmy – carter – chinese – partnerships/.

中国人民对外友好协会会长李小林、美国驻华大使骆家辉、时任政协副主席董建华、时任外交部长杨洁篪同中外知名国际问题专家一起，参加了首届“中美关系论坛”。

卡特中心在2013年11月11日和12日举行第二届“中美关系论坛”。卡特在论坛开幕式上发表讲话，前国家安全事务助理兹比格涅夫·布热津斯基和中国驻美大使崔天凯在大会致辞。大会邀请了多位中美知名国际问题专家发言。美方专家有亚洲协会中国项目主任夏伟、卡内基国际和平基金会研究副总裁包道格（Douglas Paal）、约翰斯·霍普金斯大学高级国际问题研究院中国研究中心主任戴维·蓝普顿（David M. Lampton）、美中贸易全国委员会前主席柯白（Robert A. Kapp）等人。中方参会代表有中国人民对外友好协会会长李小林、复旦大学美国研究中心主任吴心伯、中国现代国际关系研究院副院长袁鹏、上海社会科学院副院长黄仁伟等。

会议讨论的议题有“中美关系35周年：回顾与展望”“重塑中美关系：私营部门的观点”“中美两国眼中的对方”“中美在非洲：适应变化的规则与寻找合作的道路”和“中美关系的未来：增进两国青年领导人之间的沟通与合作”。论坛还邀请与会中美专家做讲座，议题有“新型大国关系‘新’在哪里?”“中国在非洲的再思考”“如何衡量全球对‘中国崛起’的看法”“‘中国与世界’课题的教学与研究”等。[①]

2014年9月4日，卡特中心第三届“中美关系论坛”在北京举行。美国驻华大使马克斯·鲍克斯、中国人民对外友好协会会长李小林同多位中美知名专家与会。[②] 2015年5月6日到7日，卡特中心举办“世界中国学论坛”。论坛主题有“中国高等教育创新”“中美关系”“中国政治改革”“中国经济改革”“中国社会治理”“中美跨文化交流”等。也正是在这次论坛上，美国约翰斯·霍普金斯大学高级国际问题研究院中国研究中心主任戴维·蓝普顿提出了“中美关系正走向临界点”的观点，对中美关系中出现的分歧表示忧虑。[③]

卡特中心还重视中美青年交流。例如，2014年9月6日和7日，卡特

---

① The Carter Center Forum on U. S. – China Relations, Nov. 11 – 12, 2013, http: //www. uscnpm. org/2013forum/#dp_ lightbox/0/.

② The Carter Center Forum on U. S. – China Relations, Sept. 4, 2014: The Third Carter Center Forum on U. S. – China Relations, Beijing, PRC, http: //www. uscnpm. org/2014forum/.

③ China's Reform: Opportunities and Challenges, May 6 – 7, 2015, http://forums. uscnpm. org/schedule/.

中心和《环球时报》公益基金会在西安交通大学举办首届中美青年学者论坛。论坛的主题是“在当今充满不确定的全球背景下谋划中美关系的未来：青年一代的声音”。[①] 2015 年 10 月 16 日，在亚特兰大埃默里大学举行第二届中美青年学者论坛。大会讨论的主题包括“构建中美关系新框架”“中美在地区和全球议题上的协作”“网络安全与军事交流”和“软实力竞争与文化摩擦”。论坛增设辩论环节，辩论主题是“中美能友好相处吗？相向而行”。[②]

三、乔治·布什

乔治·布什同中国的不解之缘始于 1974 年担任美国驻华联络处主任期间。在担任副总统 8 年和总统 4 年期间，布什也多次访问中国。在担任总统期间，中美关系因中国国内政治因素跌至低谷。即使在美国国会和社会的压力下，布什也在努力避免中美关系破裂。在国会通过对华制裁后不久，布什就派密使访华，努力保持中美高层沟通。客观地讲，乔治·布什对于中美关系的发展做出了巨大的贡献。在卸任后，布什也多次访华。[③] 事实上，2008 年 8 月应邀参加北京奥运会，是布什卸任后第 22 次访问中国。

同在任期间一样，布什在卸任后也为中美关系的发展做出了巨大贡献。他在多次公开演说中，敦促美国战略界从长远的角度看待中美关系，驳斥 20 世纪 90 年代美国对华政策辩论中甚嚣尘上的“中国威胁论”，提醒克林顿政府谨慎处理香港问题和台湾问题。不仅如此，布什还在促进中美经贸文化交流方面做出了重要贡献。例如，1998 年 6 月 17 日，布什联合前任总统卡特、福特以及 19 位前内阁高级官员在美国主流媒体上发表公开信，呼吁国会延长对华最惠国待遇。2000 年 5 月中旬，在美国众议院即将表决有关是否给予中国永久性正常贸易关系待遇的议案前夕，布什再次联合福特和卡特两位前总统致函国会，呼吁国会议员批准这一重要议案。

（一）敦促美国战略界人士维护中美战略关系的稳定

1994 年是中美关系非常紧张的一年。时任总统克林顿提出要将中国的

① The Inaugural Carter Center——Global Times Foundation for Young Chinese and American Scholars, http://www.uscnpm.org/papers/.

② 2015 Young Scholars Forum, http://ysf.uscnpm.org/events/2015-young-scholars-forum/.

③ Peter Schweizer and Rochelle Schweizer, *The Bushes: Portrait of A Dynasty*, New York: Doubleday, 2004, pp. 441-442.

人权状况同美国对中国的“最惠国待遇”挂钩，结果遭到中方的强烈反对。美国国内“唱衰中国”的声音不绝于耳，“中国崩溃论”甚嚣尘上。但是，中国不仅没有像一些学者所预言或者期待的那样垮掉，相反，在邓小平南巡讲话的激励下，中国经济迎来了新一轮高速发展。也正是在这种背景下，作为普通公民的卸任总统乔治·布什携夫人于 1994 年 1 月 13 日抵京，开始了卸任后第一次访华。

在访华期间，时任国务院总理李鹏会见了布什，对布什在担任总统期间为维护中美关系稳定所做的努力，特别是在给予中国最惠国贸易待遇问题上所做的大量工作，表示赞赏。时任国家主席江泽民在中南海会见布什，两人在花园中散步，欣赏冬日景色。江泽民同布什的会见表明，中国新一代领导人非常重视布什来访。江泽民强调，中美双方在维护世界和平与稳定，以及争取共同发展和繁荣方面有着共同利益。布什对此表示赞同。他说，美中关系非常重要，维护和加强这种关系符合中美双方的共同利益。①

布什夫妇在北京参观游览了雍和宫和国子监，前往前门老舍茶馆听戏，还同全国人大前委员长万里打了一个半小时网球。布什还访问了西安和上海，参观了浦东开发区和上海证交所。这次访华之行无疑给布什留下了深刻的印象。布什在接受美国媒体专访时指出：美国需要重新确定同中国的战略关系。布什的讲话是在提醒美国战略界，从战略高度看待和发展中美关系，对美国、乃至世界都至关重要。因为在当时美国学界对华政策的辩论中，所谓“中国对美国已经失去了战略意义”的观点不绝于耳。布什要提醒美国战略界，中美合作对于维护国际秩序的稳定与和平意义重大。②

1996 年 4 月，布什应中国国际信托投资公司董事长王军邀请访问中国。访华期间，时任国务院总理李鹏和时任国家主席江泽民先后会见了布什。布什在同江泽民的会见中强调，保持和发展稳定的中美关系符合双方的利益。他对中美关系发展前景表示乐观。布什回到美国后，先后在多个场合强调，美中关系是世界上最重要的双边关系，维护这种关系对于 21 世纪的世界和平与稳定非常重要，也符合两国人民的利益。布什的这个表态有力回击了 1996 年上半年美国国内对华政策辩论中极力主张“遏制中国”

---

① 方堃编著：《布什与中国》，北京：华夏出版社，2007 年版，第 212—216 页。

② 陈永祥主编：《布什与中国》，南京：南京大学出版社，2002 年版，第 144—148 页。

的鹰派观点。9 月，布什在一次讲话中强调，美中应该加强接触，扩大正在进行的战略对话。他认为，中美战略对话不仅应该包括经济和贸易事务，也应该包括地区安全事务、武器扩散问题、环境问题及双方交往中的其他议题等。①

1997 年，时任国家主席江泽民对美国成功进行了国事访问。1998 年，美国国会及媒体不断攻击克林顿政府的对华政策，试图阻止克林顿对中国的访问计划。当年 6 月 17 日，布什与前总统卡特和福特、以及美国 19 位前国务卿、前国防部长、前财政部长、前总统国家安全事务助理一起致函国会，呼吁两党一致维护中美战略关系的稳定。公开信指出，1972 年尼克松访华以来，同中国建立牢固持久的关系一直是美国对外政策的首要目标，并得到以后历届政府和两党的一致支持。克林顿访华是这一政策的延续，也是在亚洲处于关键时刻（这一时期的经济难题是亚洲金融危机，安全挑战是印巴相继进行核试验）对建立建设性的美中战略伙伴关系的肯定。公开信强调，亚洲最新事态的发展，特别是印巴核武试验，都使得美中发展战略关系变得更为重要。这封公开信同时发表在《华盛顿邮报》《纽约时报》《华尔街日报》等美国主流媒体上，在公众中产生了重大影响，也推动了克林顿访华的顺利进行。②

（二）批驳所谓“中国威胁论”

在冷战后美国对华政策辩论中，一些保守派国会议员、学者、新闻评论员称，随着中国经济力量的不断上升，中国将会推行扩张性对外政策，中国军事现代化会对邻国乃至世界安全构成威胁，这就是所谓的“中国威胁论”。③ 这些保守人士对克林顿政府施加压力，希望改变克林顿政府对华接触政策，使世界陷入一场新的冷战中去。这股反华浪潮不仅毒化了中美关系，对亚洲地区的国际气氛也造成了消极影响。

在这一时期，布什坚持不懈地向公众传达正面的信息和正确的理念。他在 1995 年访问中国时说，美中之间存在着广泛的共同利益，保持良好的中美关系对于维护世界和平与稳定至关重要。他表示，美中关系现在处在一个关键时期，他愿意为两国关系的改善和恢复尽己所能。例如，1996 年

---

① 陈永祥主编：《布什与中国》，南京：南京大学出版社，2002 年版，第 149 页。

② 陈永祥主编：《布什与中国》，南京：南京大学出版社，2002 年版，第 150 页。

③ 乍胜奇：“冷战后美国学界关于中国威胁论的辩论”，《同济大学学报》，2012 年第 6 期，第 60 页。

9 月，布什在香港发表演说时表示，美国政界、学界、新闻界一些人炒作“中国威胁论”不会改变中国坚持和平发展的战略选择。同月，布什出席在泰国曼谷举行的一个国际会议时强调，为了维护亚洲地区的稳定，美国应该与中国进行接触，而不是同中国对抗。美国应该从大局着眼，应该尊重中国，应该同中国开展广泛的、具有全局性意义的对话。

1997 年 3 月，为了褒奖布什在促进东西方文明交流方面的贡献，“美国志愿者协会”在洛杉矶授予他“马可波罗奖”。布什在颁奖典礼上发表演说指出，美中关系是当今世界上最重要的双边关系，不能正確地认识中国就有可能破坏这种关系。他说，无论哪个政党当选，都必须认识到中国的重要性。1997 年秋，布什在香港同一些大企业家座谈时强调，中国正在崛起成为经典的地缘政治意义上的大国。中国的迅速发展并不意味着，至少不肯定意味着中国将成为一种威胁。

在 1999 年 5 月，共和党众议员克里斯托弗·考克斯领导的一个国会特别委员会提出了一份报告，指责中国对美国进行“持续的间谍活动”，“窃取了大量的美国核武器机密资料。”这就是所谓的《考克斯报告》。报告宣称，“中国的间谍活动已经对美国的国家安全构成了威胁。”《考克斯报告》引用所谓的“情报”根本经不起推敲。报告的发表立即遭到了美国情报部门和科技界的强烈批评。对于“中国威胁论”再次泛起，布什也进行了驳斥，他希望美国人民不要从这个所谓“间谍案”中得出错误的结论。

1999 年 10 月，布什在香港出席一次活动时再次批驳了所谓“中国威胁论”。他说，现在就说中国是美国的“战略伙伴”可能为时尚早，但是，“说中国是一个新的敌人也很荒谬”。10 月 24 日，布什在接受美国福克斯电视台的采访时十分肯定的说，中国不会对美国构成威胁。他说：“中国没有寻求霸权。我看不出有任何证据可以证明中国在寻求霸权。我想请共和党和民主党中对中国持批评态度的先生们告诉我，为什么他们会认为中国在寻求霸权。”作为卸任总统，布什理直气壮地为中国辩护，这在美国政治家和学者中，可以说是绝无仅有的。①

（三）推动中美经贸文化交流

布什在卸任后不仅帮助美国各界正确认识中国，也在推动中美经贸文

① 陈永祥主编：《布什与中国》，南京：南京大学出版社，2002 年 2 月第 1 版，第 152—155 页。

化交流方面做出了很大贡献。布什对中美经贸关系的贡献主要体现在两大方面，一是敦促美国国会延长对华最惠国待遇，二是敦促美国国会议员批准美中永久性正常贸易关系的议案。在文化交流方面，布什借助“艾森豪威尔学术交流委员会”的平台，资助中国高级学者访美学习。布什还兼任约翰斯·霍普金斯大学—南京大学中美文化研究中心委员会名誉主席，促进中美文化交流。

最惠国待遇是1979年中美建交后签订的《中美贸易关系协议》的一部分。在1989年政治风波后，美国一些国会议员要求政府取消对华最惠国待遇。布什在任期间，每年都要同国会在给予中国最惠国贸易待遇问题上进行斗争。他曾多次否决了国会在给予中国最惠国待遇时附加条件。布什卸任后，最惠国待遇这个问题仍然存在。虽然克林顿政府在1994年成功使得对华贸易最惠国待遇问题同“人权问题”脱钩，但是，国会还是试图借此向中国施加压力。

布什卸任后，仍然为建立中美正常贸易关系四处奔走。他支持克林顿政府对华“接触政策”，强调应该坚持无条件给予中国最惠国贸易待遇。布什在1996年6月访问上海时说，“很清楚，保持这一政策不仅符合中国的利益，也符合美国的利益。”他指出，美国每年都要为中国的最惠国待遇问题争吵，这种局面不应该继续发生。9月，布什在访问北京时说，为了一劳永逸地解除对华最惠国贸易待遇的障碍，“美国可以给予中国永久性最惠国待遇”。

1997年6月，在美国国会表决是否延长中国贸易最惠国待遇前，布什、前总统福特和卡特等一大批前政府高级官员纷纷发表公开信，表示支持克林顿政府延长给予中国最惠国待遇的决定。布什在公开信中强调："取消最惠国待遇不是解决我们分歧的理智做法，恰恰相反，取消最惠国待遇，或者在给予最惠国待遇时附加条件，都只能事与愿违。"

1998年8月，当中美“入世”谈判到最后阶段时，布什表示希望中国能够尽快加入世界贸易组织。2000年5月，在美国国会众议院即将表决有关给予中国永久性正常贸易关系待遇的议案前夕，布什不仅向新闻界发表谈话，还同前总统福特和卡特联合致函国会，呼吁国会议员批准这一协议。正是在美国朝野有识之士的共同努力下，众议院才以237票赞成、191票反对的表决结果通过了这个议案，为中美经贸关系正常化奠定了坚实的基础。应该说，像布什这样，无论是在朝在野，不间断地呼吁中美贸易关系正常化，在美国政界也是独一无二的。

在促进中美文化交流方面，布什最突出的贡献是参与约翰斯·霍普金斯大学南京中美文化研究中心的筹建和发展。布什卸任后兼任南京大学中美文化研究中心委员会名誉主席。南京大学中美研究中心成立于1984年。时任副总统乔治·布什也参与了这个项目的筹建工作。当年南京大学代表团访问约翰斯·霍普金斯大学、洽谈两校合作、落实中美研究中心项目期间访问了华盛顿。布什破例在白宫会见了南京大学代表团。他赞扬这个项目是两国教育交流活动中“最激动人心和最具有开拓性的项目”，表示愿意全力支持这个项目取得成功。中美研究中心的蓬勃发展也见证了中美文化交流的丰硕成果。

为了表彰布什在推动中美文化交流方面做出的贡献，1998年，南京大学决定授予他南京大学名誉博士学位。10月，布什亲自到南京大学参加学位授予仪式。事实上，布什是南京大学历史上第一位获得名誉博士学位的美国政治家，也是第一位获得中国大学颁发的名誉博士学位的美国总统。布什在致辞中表示，南京大学—约翰斯·霍普金斯大学中美研究中心“在年轻一代的思想中播下了理解的种子。这项事业的确不同寻常”。布什说，这个中心“已经名扬四海，才华横溢的年轻人聚集在一起，在这一独特的气氛中相互学习，一起工作，然后进入政界、学界、商界发挥他们的才能”。他高度评价了中心在推动中美合作和文化交流中发挥的作用。

在讲话中，布什还谈到了当时的中美关系。他说：“我相信我们已经进入了一个新的地缘政治时代。在这一时代里，中美两国的双边关系将在21世纪上半期权力结构的形成中起到日益重要的作用。”布什批评一些西方人对中国了解甚少，更不了解中国为养活十多亿人所做出的努力。他说：“这些人在媒体上恣意丑化中国，以此来掩盖他们的孤立主义和保护主义的观点。”他还高度评价了当年江泽民主席和克林顿总统举行的首脑会议，认为这有助于中美热烈坦诚地交换意见，确定双方的合作范围，了解分歧点并找到存在分歧的原因。这些正是两个大国关系健康发展的特点。①

2008年8月北京奥运会期间，布什作为美国体育代表团名誉团长，应邀出席奥运会开幕式。这也是他在1993年1月20日总统卸任以来第22次访问中国。布什在2007年10月给《乔治·布什的中国日记：一位全球总统的形成》一书的序言中写道，他非常期待再次访问中国。他说，那将是

① 陈永祥主编：《布什与中国》，南京：南京大学出版社，2002年版，第165—176页。

非常激动人心的时刻。他很高兴代表他长期以来一直挚爱、崇敬、尊重的、自己的国家（美国）参加奥运会。他也热爱中国人民。他的一个梦想就是看到美中两个强大的巨人能够继续致力于发展全面伙伴关系和友谊，这将给世界带来和平与繁荣。①

四、美国卸任总统参与国际事务动因、特点及影响

美国卸任总统参与国际事务主要有三个原因，一是对国际事务有强烈的兴趣，希望把从事国际事务作为丰富人生经历和追求历史定位的一个重要途径；二是带着一种强烈的使命感，认为参与国际事务是自己执政时期未竟事业的延续；三是要为自己正名，弥补连任受挫或执政期间的政策缺憾，挽回自己受损的声誉。

例如，胡佛在第二次世界大战期间积极为德国占领的西欧国家筹粮筹款，二战后主持美国对西欧粮食援助项目，既有个人兴趣的因素，也是希望借此来挽回自己因应对“大萧条”不力而受损的声誉。

卡特开展的国际慈善、选举监督和冲突斡旋，不仅是个人兴趣所在，也是在延续自己执政时期推行的民主推广政策，实现自己未竟的理想。②卡特在争取连任失利时年仅57岁，他的人生理想仍未完全实现。他在任期间发生的“伊朗人质危机”淹没了他在外交领域中取得的重要成就，特别是在促进中东和平、埃以和解、实现中美建交等方面的贡献。在多数美国人眼中，卡特政府是软弱的代名词。卸任后，卡特要为自己正名，挽回自己因政绩不佳而受损的声誉，他成功了。

乔治·布什卸任后参与人道主义慈善活动，也是在延续自己担任总统期间关注国际慈善的传统。在2005年为印度洋海啸灾区筹款并赴灾区慰问的老布什已经年过八旬。克林顿卸任时不到55岁，精力充沛，思想活跃。他关注国际事务，是希望能够效仿卡特的榜样，在国际慈善方面做出自己的努力。克林顿特别谈到他选择从事国际艾滋病防治的原因，他说，自己从事艾滋病防治不是沽名钓誉，也不是争取媒体关注，他是要弥补自己担任总统八年间在推动艾滋病防治方面乏善可陈的缺憾。他强调，乔治·H.布什四年总统任期内在艾滋病防治方面的投入高达150亿美元，但是，自

① Jeffrey A. Engel (ed.), *The China Diary of George H. W. Bush: The Making of a Global President*, Princeton & Oxford: Princeton University Press, 2008, pp. xii – xv.

② Max J. Skidmore, *After the White House: Former Presidents as Private Citizens*, New York: Palgrave Macmillan, 2004, p. 148.

己执政八年，在这方面的投入仅有5.4亿美元。[①]

美国卸任总统从事国际人道主义救助有三大特点：一是受美国民间团体或者美国政府的委托，二是依托自己建立的智库或基金会等非政府组织开展活动，三是有公民社会的智力支持和知名企业的财力支持。卡特在非洲开展疾病防治就得到可口可乐公司、盖茨基金会等知名企业和慈善机构的财力支持。克林顿依托“克林顿基金会”，每年定期召开筹款大会，受邀参加的人士多是世界各国的政商名流。截止2015年初，克林顿基金会募集善款已经接近20亿美元。[②]

卡特参与选举监督具有以下特点：一是得到所在国家政府的邀请和当事国各政党领导人及政党候选人的配合；二是在选举前基本要做周详的计划，特别是在选举规则制定、程序设计、人员培训、观察员选派、初步计票结果统计等制度建设和能力建设方面都有细致的安排；三是在出现选举争议时，卡特都会亲临现场，利用自己的人脉关系和政治影响力，居中协调，努力化解争议，在极端情况下，他会求助于美国政府；四是选举监督活动基本上都具有可持续性，长期跟踪一些国家的选举活动；五是选举监督活动坚持公平、公正的原则，确保选举监督的公信力，得到参选各方及国际社会的认可；六是秉持开放性原则，在选举监督过程中也同联合国选举观察团、美洲国家组织、亚洲协会、甚至美国驻外使馆等机构合作，对确保选举顺利进行做出了贡献。

卡特参与地区冲突斡旋具有如下特点：一是受当事方的邀请，二是得到美国政府的批准或者支持，三是居中协调的冲突都是当时国际上非常棘手的问题，四是发生冲突各方基本都愿意接受卡特居中斡旋，五是斡旋过程中坚持公开、中立的原则。当然，卡特在斡旋过程中也在逐渐总结经验，从起初的高调行事到后来逐渐转为低调行事。例如，无论是在斡旋朝核危机、海底危机、波斯尼亚危机前，当事方（如朝鲜、海地、波黑塞族武装）领导人都事先向卡特发出邀请，希望他能够帮助缓解、甚至化解危机。这三次斡旋也都得到了克林顿政府的批准。朝核危机、海地危机、波黑危机都是当时国际上的难题，也都引发了当事双方的激烈对抗。由于朝鲜进行第一次核试验，克林顿已经敦促联合国对朝进行制裁；海地军事政

① Leonard Benardo and Jennifer Weiss, *Citizen - in - Chief*: *The Second Lives of the American Presidents*, p. 280.

② Rosalind S. Helderman, Tom Hamburger, and Steven Rich, “Clinton’s foundation has raised nearly $2 billion — and some key questions,” *The Washington Post*, February 18, 2015.

变已经引发了美国出兵，战争一触即发；波黑冲突双方已经导致大量伤亡，美国和北约也在部署对塞族武装的军事行动。无论是朝鲜的金日成、海地的塞德拉斯，还是波斯尼亚塞族领袖卡拉季奇，都愿意接受卡特居中斡旋。卡特在斡旋中也都及时地向随行记者介绍斡旋情况，做到了公开、透明。

美国卸任总统参与国际事务的影响主要体现在冲突斡旋方面。国际斡旋在一定程度上体现了卸任总统化解冲突、争取和平的愿望。卡特在朝核危机和海地危机中开展的斡旋起到了化解危机的作用，但是波斯尼亚斡旋结果并不尽人意，主要原因在于克林顿政府基本接受了卡特就处理朝核危机和海地危机提出的建议，但是，在处理波斯尼亚危机时并未完全接受卡特提出的持续同卡拉季奇接触的建议。在斡旋朝核危机期间，卡特未经克林顿政府授权，在平壤发表不认同美国政府制裁朝鲜的声明。在斡旋海地危机后，他显然吸取了教训，未在斡旋期间向媒体发表评论。但是，由于不满克林顿在自己斡旋期间就命令美军开赴海地首都太子港，从而将自己和参与斡旋的萨姆·纳恩和科伦·鲍威尔至于危险的境地，卡特在同克林顿共同会见记者前，抢先向媒体发布有关海地斡旋的信息。当然，卡特也想突出卡特中心在冲突调解中的角色。在波斯尼亚危机斡旋中，卡特格外低调谨慎，时刻同克林顿政府保持着密切沟通，在召开记者会前也知会了白宫。

美国卸任总统参与国际事务，既有它的特殊性，也有一定的普遍性。特殊性体现在他们充分利用美国开放的社会环境，充分利用自己前总统的名人身份，充分利用自己在世界各地的人脉关系，在从事环球公益，推广自身价值观念，化解地区冲突，在追求自己“第二次政治生命”过程中取得了辉煌的成绩。胡佛赢得了“救济沙皇”的美称，卡特获得了诺贝尔和平奖，老布什因多次参与人道主义救助中广受尊敬，克林顿在国际艾滋病防治领域中也成绩斐然。这个特殊性还体现了他们在关注议题上的兴趣差异。卡特关注疾病防治、选举监督和冲突斡旋，克林顿关注艾滋病防治、气候变化和扶贫帮困。

同时，作为知名公众人物，美国卸任总统参与国际事务的做法在西方世界也有一定的普遍性。但是，无论是在西方还是东方，关心环球公益、确保选举公正、维护地区稳定与世界和平这些理念都具有普遍性。例如，中国政府在国际上开展人道主义救助，在第三世界国家开展医疗援助，向转型国家派遣选举观察团，参与地区冲突斡旋（如朝核、伊核、巴以冲突等），维护世界和平（如向联合国派遣维和部队等）等方面也都做出了重要贡献。随着中国实力不断增强，国际影响力不断扩大，中国的社会精英在为世界提供公共产品方面力度会不断增强。有朝一日，世界也可能看到中国的前政要，在中国民间机构的支持下，出现在世界舞台上，向国际社会展示中国服务世界人民的风采。

第八章

著书立传

著书立传是美国卸任总统退休生活中的一个重要内容。他们的作品既有记述自己生平的自传，也有回顾在执政期间重大事件的回忆录，还有关注社会民生的政论著作。这些作品涵盖的主题涉及内政外交、战争和平，社会民生等多个方面。例如，在历任总统中，第15任詹姆斯·布坎南和第18任尤利西斯·格兰特谈美国内战，第33任哈里·杜鲁门和第34任德怀特·艾森豪威尔谈朝鲜战争，第36任林登·约翰逊和第37任理查德·尼克松谈越南战争，第41任乔治·布什谈冷战结束和海湾战争经过，第42任比尔·克林顿谈科索沃战争，第43任乔治·沃克·布什谈阿富汗战争和伊拉克战争，第39任吉米·卡特谈中东和平。

在社会民生方面，吉米·卡特关注美国面临的道德危机和世界范围内的妇女问题，克林顿关注美国的就业和经济问题。在美国外交政策方面，杜鲁门主义、马歇尔计划、艾森豪威尔主义、尼克松主义、卡特主义、超遏制战略、克林顿主义、布什主义、美国实力地位与国家未来战略等都属于卸任总统关注的主要议题。由于二战结束后，中美关系的曲折发展，纵论中美关系也是卸任总统回忆录和政论专著中无法回避的议题。当然，解释执政期间的内政外交政策，捍卫自己的政治遗产，特别是在一些有争议的议题上为自己辩护，仍然是卸任总统专著（特别是回忆录）的主要功能。此外，卸任总统著作中也有一些休闲娱乐的话题，如亲友书信、牧场生活、狩猎旅行、诗歌文论、钓鱼乐趣等。

卸任总统著作中既有自传，也有回忆录。两者都是作者本人记述自己的生活经历，但自传侧重写人，回忆录侧重叙事。自传一般从作者的童年写起，贯穿一生；回忆录主要讲述作者的职业生涯，特别是执政时期发生的重大事件。不是每一位退休总统都撰写自传或回忆录。那些撰写了自传或回忆录的卸任总统给后世留下了研究他们人生经历、性格特征、执政风格、历史事件的珍贵史料。那些未写自传或（和）回忆录的卸任总统，原因是多重的。一些事因为卸任后不久就去世了，无法撰写；也有一些是不愿意撰写，大有功过是非任凭后人评说的心态。

在美国历史上，第 2 任总统约翰·亚当斯是第一位尝试撰写自传的卸任总统。自传分为三部分，第一部分讲述亚当斯的童年和青年时代，特别是他在哈佛大学求学的日子。第二部分讲述他早年参加美国独立战争的经历，特别是参与起草和签署《独立宣言》的经过。第三部分讲述他 1779 年出任美国驻法公使期间发生的一些事件。亚当斯并未讲述他政治生涯中最辉煌的 20 年，也就是 1781—1801 年，特别是他担任副总统（1789—1797 年）和总统（1797—1801 年）的 12 年，主要原因是他不愿意回顾自己担任总统期间出现的各种争议和争取连任失利的痛苦经历。[1]

一个世纪以后，第 26 任总统西奥多·罗斯福成为第二位撰写自传的卸任总统。罗斯福思维敏锐，兴趣广泛，著作颇丰。他卸任时 50 岁出头，精力充沛，创作热情不减。在卸任后的 10 年中，罗斯福出版了近 20 本书。内容涉及政治、宗教、文学、自然、休闲等多个方面。在 1913 年，他出版了《西奥多·罗斯福自传》，讲述了自己的成长经历和从政经历。罗斯福之后，只有第 40 任总统罗纳德·里根在卸任后曾经撰写过自传。里根的自传《美国生活：自传》是在 1990 年出版的。

相对于自传，撰写回忆录的卸任总统要多一些。第 8 任总统马丁·范布伦是第一位成功完成回忆录的卸任总统。他撰写回忆录《南北战争前夕布坎南先生的政府》，目的是在为自己执政时期推行的政策进行辩护。第 18 任总统尤利西斯·格兰特的回忆录《格兰特将军回忆录》生动形象地再现了美国内战中的历史场景。第 31 任总统赫伯特·胡佛著有《赫伯特·胡佛回忆录》，第 33 任总统哈里·杜鲁门著有《决策年代》和《考验和希望的年代》，第 34 任总统德怀特·艾森豪威尔著有《白宫岁月》《受命改革，1953—1956》和《缔造和平，1956—1961》，第 36 任总统林登·约翰逊撰写了《优势地位：评述 1963—1969 年任期》，第 37 任总统理查德·尼克松撰写了《理查德·尼克松回忆录》，第 39 任总统吉米·卡特撰写了《保持信心：一个总统的回忆录》，第 41 任总统乔治·布什同自己任期的国家安全事务助理布伦特·斯考克罗夫特一起撰写了《变化了的世界》，

---

① Marie B. Hecht, *Beyond the Presidency*: *The Residues of Power*, New York: Macmillan Publishing Co. Inc., 1976, pp. 289 – 291.

第 42 任总统比尔·克林顿在出版了回忆录《我的生活》，第 43 任总统乔治·沃克·布什在卸任后撰写了自己的回忆录《抉择时刻》。

第一节　思考战争与和平

作为重大战争的亲历者和决策者，战争与和平是美国卸任总统回忆录中常见的议题。作为美国第 1 任总统，乔治·华盛顿在卸任后未来得及系统记录美国独立战争就去世了。第 2 任总统约翰·亚当斯卸任后撰写自传，讲述了自己早年参加独立战争的经历，弥补了华盛顿留下的缺憾。第 4 任总统詹姆斯·麦迪逊和第 11 任总统詹姆斯·波尔克虽然分别经历了 1812 年美英战争（1812—1814 年）和美墨战争（1846—1848 年），但是，他们并未著书记录这些事件，究其原因，前者因卸任后并未撰写回忆录，后者在卸任后三个月后就去世。

到了 19 世纪 60 年代，美国经历了建国以来最为惨烈的内战（1861—1865 年）。这场战争在相当程度上改变的美国社会发展的历史轨迹，给美国社会的转型带来了深远的影响。亲历这场战争的总统有三位，分别是第 15 任总统詹姆斯·布坎南，后来担任第 17 任总统、内战期间田纳西州军政府首脑安德鲁·约翰逊和后来担任第 18 任总统、内战期间担任联邦军队总司令的尤利西斯·格兰特将军。詹姆斯·布坎南的回忆录主要是为自己未能及时阻止内战爆发进行辩护，安德鲁·约翰逊未写回忆录，只有尤利西斯·格兰特在生命的最后岁月，强忍着病痛的折磨，以坚强的毅力，撰写了《格兰特将军回忆录》，详细地记述了内战的经过以及他在内战中的角色，成为研究美国内战不可或缺的一手资料。但是，内战爆发时特兰特只是将军，不是总统。亚伯拉罕·林肯当时是总统，不幸的是，林肯在任期间遇害，没有机会亲自讲述他在内战期间的决策过程和心路历程。

第 28 任总统伍德罗·威尔逊、第 32 任总统富兰克林·罗斯福虽然经历了第一次世界大战和第二次世界大战，但是，由于疾病缠身或者在任期间病逝，均未亲自记述美国参加一战、二战的过程。哈里·杜鲁门在富兰克林·罗斯福去世后继任，那时第二次世界大战已经接近尾声。杜鲁门回忆录中对战争的记述，主要反映在朝鲜战争上。第 34 任总统德怀特·艾森豪威尔在回忆录中也记述了朝鲜战争，但是，同尤利西斯·格兰特相似，战争期间艾森豪威尔只是将军，不是总统。在他当选总统后，朝鲜战争也已经接近尾声。第36任总统林登·约翰逊在任期间扩大了越南战争，他本人也因为越战的争议宣布不寻求总统连任。在他的回忆录中，越战是一个关键的主题。第37任总统理查德·尼克松执政的6年时间里，越战边打边谈。在他因"水门事件"辞职时，越战实际上已经接近结束。所以，在他的回忆录中，越战也是无法回避的议题。第41任总统乔治·布什、第42任总统比尔·克林顿、第43任总统乔治·沃克·布什在任期间分别发动了海湾战争、科索沃战争、阿富汗战争和伊拉克战争，他们的专著或回忆录中也分别记录了这些重大历史事件。

第39任总统吉米·卡特是为数不多的畅谈和平的卸任总统。他在任期间促使埃以双方达成具有历史意义的《戴维营协定》，结束了埃以30多年的激烈对抗，开启了阿以和解的序幕。在卸任后，卡特仍然关注中东问题。他多次前往中东，在巴以之间展开斡旋，希望能够促进巴以和平。他在巴勒斯坦方面的邀请、美国政府和以色列政府同意的情况下，参与巴勒斯坦选举监督，为促进巴勒斯坦实现民主化做出了贡献。不仅如此，他还撰写了《亚伯拉罕的血：中东观察》（1993年）、《巴勒斯坦：要和平，不要种族隔离》（2006年）、《我们能在圣城实现和平》（2009年）等著作，呼吁各方，关注巴以冲突，促进中东和平。

一、杜鲁门笔下的朝鲜战争

（一）杜鲁门政府对朝鲜战争性质的判断

朝鲜战争始于1950年6月25日。它本来是一场国内战争，但是，在冷战背景下，却演变成了一场有限的国际冲突。当时的大国无一例外地直接或间接地卷入了这场发生在东北亚的热战。关于朝鲜战争的起因及美国的政策，杜鲁门在回忆录第二卷《考验和希望的年代》中有详细的阐述。他说，自己在1948年春同幕僚们讨论朝鲜问题的时候，就曾经估计，朝鲜半岛可能是西方世界同共产主义阵营爆发冲突的潜在地点之一。据当时美国方面的判断，凡是东西方两大阵营交汇的地方，从挪威、德国柏林、意大利里亚斯特到希腊、土耳其和伊朗，从北太平洋的千岛群岛到印度支那和马来西亚，都有可能成为双方发生冲突的焦点，朝鲜半岛也不例外。①

---

① Harry Truman, *Memoirs*, *Volume Two*: *Years of Trial and Hope*, New York: A Signet Book, 1956, p. 377.

因此，在美国东部时间1950年6月24日下午（也就是北京时间6月25日凌晨），当正在家乡密苏里州独立城度周末的哈里·杜鲁门听到朝鲜军队大规模越过“三八线”进攻韩国的时候，杜鲁门认为，这是苏联领导下的共产主义阵营在东亚向西方“自由世界”发起的挑战。如果不加以制止，那么处在东西方分界线上的共产党国家就会“肆无忌惮地”向对面“自由世界”的国家发动进攻。他说，“如果任凭韩国沦陷，那么，有哪个小国还有勇气来抵抗来自更加强大的共产主义邻国的威胁和入侵?”①

由于杜鲁门认为朝鲜向韩国发动进攻不是一个孤立事件，而是“柏林封锁”（1948年6月24日—1949年5月12日）更大规模的重演，是共产主义阵营向西方“自由世界”薄弱环节发出的进攻。② 所以，他在6月27日发表的针对朝鲜战争的《总统声明》中，除了强调美国海空部队给予韩国部队掩护和支持以外，还命令第七舰队进驻台湾海峡，目的是“防止冲突扩大到台海地区”。③

杜鲁门的声明一经发出，就遭到海峡两岸中国人的一致反对。杜鲁门在《总统声明》中为什么在谈朝鲜问题的时候，却用了几乎一半的篇幅来谈台湾问题，根本原因在于，他认为朝鲜问题不是东西方两大阵营在东亚冲突的唯一焦点。台湾海峡冲突可能会是下一个“焦点”。④

朝鲜战争在很大程度上强化了杜鲁门政府对于东西方两大阵营对抗的认知。杜鲁门认为，如果共产党人在朝鲜半岛成功“挑战”了西方，那他们也一定会以类似的方式在很多地方“挑战”西方。更严重的是，如果他们决定做出选择，他们也会将西方和世界拖入另外一场“更加可怕的世界大战”。所以，在做决策时，他心中有这样一个目标：防止第三次世界大战爆发，防止这样的战争给人类文明带来严重破坏。因此，美国的政策是加强“自由世界”防卫中的薄弱环节。伊朗、希腊、柏林、北约都站在“对抗共产主义的前沿”。同样，美国增加对法属印度支那和菲律宾的援助，派遣第七舰队封锁台湾海峡，也都意在加强“自由世界对共产主义”

---

① Harry Truman, *Memoirs*, *Volume Two*: *Years of Trial and Hope*, New York: A Signet Book, 1956, p. 379

② Harry Truman, *Memoirs*, *Volume Two*: *Years of Trial and Hope*, New York: A Signet Book, 1956, p. 384.

③ Harry Truman, *Memoirs*, *Volume Two*: *Years of Trial and Hope*, New York: A Signet Book, 1956, p. 380.

④ Harry Truman, *Memoirs*, *Volume Two*: *Years of Trial and Hope*, New York: A Signet Book, 1956, p. 389.

的抗压能力。①

（二）美国在朝鲜战争中的军事目标

关于确定美国在朝鲜的军事目标这个问题上，时任国防部长路易斯·约翰逊在草拟的一封要发给联合国军总司令麦克阿瑟的指示中，最后一段似乎在暗示，美国在拟定对苏作战计划。杜鲁门明确指出，他不希望看到任何有关这方面打算的暗示。美国的目标是迫使朝鲜退回“三八线”以北。美国不想在朝鲜战争中卷入过深，以至于没有精力关注其他地方可能发生的类似事件。他说，对于在“三八线”以北的军事行动，应该仅限于破坏军事补给。他想让世界知道，美国在朝鲜的军事行动，“是要恢复和平，恢复原来的疆界”。②

事实上，杜鲁门早在6月27日朝鲜战争爆发第三天召开国家安全委员会会议期间就曾指示国防部长约翰逊电告麦克阿瑟，命令麦克阿瑟用他所指挥的空军和海军支援韩国，但作战范围仅限于“三八线”以南地区。③对杜鲁门而言，朝鲜战争不仅是一场军事战争，更是一场政治战。所以，当麦克阿瑟一再违反杜鲁门的命令，公开发表同总统政策相左的言论和声明时，杜鲁门显然不能原谅麦克阿瑟的所作所为。杜鲁门在回忆录中详细介绍了他同麦克阿瑟在朝鲜战争目标上的分歧，阐述了他召回麦克阿瑟的原因。

概括来说，杜鲁门解除麦克阿瑟联合国军总司令职务有三个原因：一是麦克阿瑟公开发表同杜鲁门政府朝鲜政策相悖的声明；二是麦克阿瑟在向参谋长联系会议提出作战方案前有意将这些方案泄露给媒体，以迫使杜鲁门政府支持自己的方案；第三，麦克阿瑟要扩大朝鲜战争，鼓吹世界大战，这明显违背了杜鲁门政府希望将朝鲜战争限定在朝鲜半岛这个战略目标。

对于第一个原因，杜鲁门说，在1951年3月，随着联合国军收复汉城，联合国军再次越过“三八线”，战争形势逐渐对美方越来越有利。在

---

① Harry Truman, *Memoirs*, *Volume Two*: *Years of Trial and Hope*, New York: A Signet Book, 1956, p. 393.

② Harry Truman, *Memoirs*, *Volume Two*: *Years of Trial and Hope*, New York: A Signet Book, 1956, p. 388.

③ Harry Truman, *Memoirs*, *Volume Two*: *Years of Trial and Hope*, New York: A Signet Book, 1956, p. 384.

这个背景下，美国国防部和国务院认为，美方应该抓住这个机会重启停战谈判。杜鲁门之所以做出这样的决定，是因为他在朝鲜半岛发生军事冲突一开始就认为，朝鲜战争是苏联瓦解美欧合作的策略，目的是用亚洲的军事冲突拖住美国，让美国无暇西顾。他说，“苏联知道，只有美国参加欧洲防务，北约才会成功。阻止美国参加欧洲防务最简单的办法就是把它拖入亚洲的军事冲突。”①

在杜鲁门看来，苏联正在试图通过支持朝鲜进攻韩国，来削弱西方在远东地区取得的成就。美国不能陷入苏联设计的这个圈套。美国的政策是保持在亚洲的地位，促进欧洲的防务和团结，确保美国为此做好准备。这三个目标是相辅相成的，缺一不可。所以，“为了恢复朝鲜半岛的和平，美国愿意同中国谈判”，解决朝鲜问题。

正是基于这样的考虑，杜鲁门请参谋长联席会议于 1951 年 3 月 20 日给麦克阿瑟去电表示，鉴于联合国军已经收复了韩国大部分地区，现在可以讨论解决朝鲜问题的条件。杜鲁门认为，在大军向“三八线”挺进之前，应该为通过外交途径解决朝鲜问题做出努力。这就需要一定的时间来判断（对方）在外交上的反应，为可能重开谈判争取时间。鉴于“三八线”不具备军事意义，国务卿迪安·艾奇逊请参谋长联席会议询问麦克阿瑟，问他怎么样做才能在接下来的几个星期里，既能保障联合国军队安全，也能保持同“敌人”的接触。②

杜鲁门给麦克阿瑟发这个电报，就是想告诉麦克阿瑟，美国想利用军事上的优势，争取谈判解决朝鲜问题。麦克阿瑟在回电中建议不要限制他的指挥权。他说，以他现有的军队规模，如果在指挥权上对他加以限制的话，他无法清除朝鲜境内的“敌人”。③ 由于麦克阿瑟指挥的联合国军于 3 月 15 日夺回了汉城，中国人民志愿军和朝鲜人民军第一梯队先后转入“三八线”以北林区休整，第二梯队仍在“三八线”以南同联合国军作战。在这种情况下，麦克阿瑟请杜鲁门不要限制他的指挥权，参谋长联席会议和国防部并没有复电表示反对，而是同国务院开会，拟定总统声明的

① Harry Truman, *Memoirs*, *Volume Two*: *Years of Trial and Hope*, New York: A Signet Book, 1956, p. 496.

② Harry Truman, *Memoirs*, *Volume Two*: *Years of Trial and Hope*, New York: A Signet Book, 1956, p. 497.

③ Harry Truman, *Memoirs*, *Volume Two*: *Years of Trial and Hope*, New York: A Signet Book, 1956, p. 497.

细节。

声明草稿核心内容有两点：第一，鉴于联合国军已将“敌军”逼回“三八线”以北，可以考虑按照联合国安理会1950年6月27日决议的要求，“尽一切努力阻止战争蔓延，避免苦难的延长和生命的损失，恢复朝鲜半岛的和平与安全。”第二，联合国军已经准备做出停战部署，并保证不再挑起战端。停战部署为解决朝鲜问题开辟了更加广阔的道路，包括将一切外国军队撤出朝鲜半岛。杜鲁门说，声明的草稿不带任何威胁或者谴责性的语言，而是提议通过和平的方式来解决朝鲜问题。他期待，这样的声明会得到国际社会的积极回应。①

从草拟声明内容来看，杜鲁门在朝鲜的军事目标就是恢复“三八线”。况且，参谋长联席会议在给麦克阿瑟去电时已经讲得非常清楚，国务院在草拟一个声明，并把声明的大致内容已经告诉了他。杜鲁门说，对此麦克阿瑟应该是非常清楚的。但是，麦克阿瑟却赶在总统声明发表之前自己发表了一个声明。在杜鲁门看来，这个声明是向中国发出了“最后通牒”，恐吓说“盟国要用全部优势力量攻击中国”。杜鲁门说，这个声明同自己打算发表的声明中强调的希望用和平方式解决朝鲜问题的政策是背道而驰的。②

（三）杜鲁门解除麦克阿瑟联合国军总司令职务原因在于服务对朝作战军事目标

最令杜鲁门不能容忍的是，作为一个军事指挥官，麦克阿瑟完全漠视总统对他做出的“不得向外界发表任何有关外交政策声明”的指示。杜鲁门说，麦克阿瑟这么做，公然违抗他作为总统和最高统帅给麦克阿瑟发出的指示，公开挑战宪法赋予总统的权利，也公然藐视联合国的政策。况且，这已经不是麦克阿瑟第一次发表挑战总统权威的声明了。所以，他已经别无办法，只能解除这位将军的职务了。于是，杜鲁门当天指示参谋长联席会议向麦克阿瑟去电，提出总统的两项要求：（1）麦克阿瑟在以后发表声明之前必须经上级有关部门审核；（2）一旦共产党军事领袖要求停

---

① Harry Truman, *Memoirs*, *Volume Two*: *Years of Trial and Hope*, New York: A Signet Book, 1956, p. 497.

② Harry Truman, *Memoirs*, *Volume Two*: *Years of Trial and Hope*, New York: A Signet Book, 1956, p. 501.

战，麦克阿瑟应该立即就此向参谋长联席会议请示报告。[1]

从参谋长联席会议给麦克阿瑟发去的电文中可以看出，杜鲁门政府希望抓住联合国军在战场上暂时取得的有利地位开启停战谈判，但麦克阿瑟对此却不屑一顾。他要扩大战争。事实上，麦克阿瑟在 1950 年 12 月联合国在战场上处于节节败退的不利形势时，就曾提出要封锁中国海岸，轰炸中国大陆，并最大限度地使用国民党军队。这些主张都同杜鲁门政府政策是不相符的。[2] 也正是因为这个原因，杜鲁门特意在 1951 年 1 月 13 日给麦克阿瑟写了一封私人亲笔信。信中明确指出，“共产主义不仅会袭击亚洲，也可能袭击欧洲，因此，美国根本没有能力扩大在朝鲜半岛的军事冲突。”因此，杜鲁门主张在朝鲜恢复“三八线”后，就展开谈判，通过外交途径解决朝鲜停战问题。[3]

正当杜鲁门在纠结是不是要撤掉麦克阿瑟联合国军总司令一职时，4 月 5 日，众议院少数党领袖、众议员马丁在众议院宣读了麦克阿瑟写给他的一封信。这封信的内容更令杜鲁门感到愤怒。第一，在信中，麦克阿瑟在回应马丁提出的“在朝鲜战场不使用中国国民党军队简直是愚蠢透顶的事”时指出，马丁的意见既符合逻辑，也符合传统。杜鲁门说，早在 8 个月以前，他就向麦克阿瑟解释说，美国决定不使用在台湾当局的军队，就是为了避免朝鲜战争范围扩大至中国。对此，麦克阿瑟是认可的。在 8 个月后，当麦克阿瑟想法改变以后，杜鲁门再度通知他，不使用台湾当局的军队是总统的既定政策。这一点麦克阿瑟也是知道的。所以，杜鲁门说，在麦克阿瑟赞许马丁的意见时，实际上是在说自己的政策是不合逻辑和违背传统的。[4]

第二，在这封信的第三段中，麦克阿瑟说，“令人不可思议的是，有些人似乎很难意识到，共产党的阴谋家已经选择了亚洲这个地方来着手征服世界。我们也因此卷入了由此造成的争端。他们难以认识到，当外交家们在欧洲要嘴皮子的时候，我们在亚洲拿起武器为保卫欧洲而战。如果我

① Harry Truman, *Memoirs*, *Volume Two*: *Years of Trial and Hope*, New York: A Signet Book, 1956, p. 502.

② Harry Truman, *Memoirs*, *Volume Two*: *Years of Trial and Hope*, New York: A Signet Book, 1956, p. 470.

③ Harry Truman, *Memoirs*, *Volume Two*: *Years of Trial and Hope*, New York: A Signet Book, 1956, p. 493.

④ Harry Truman, *Memoirs*, *Volume Two*: *Years of Trial and Hope*, New York: A Signet Book, 1956, p. 506.

们在亚洲输给了共产主义，那么，欧洲的陷落就不可避免了。如果我们在这里赢得胜利，那么，我们就有可能在欧洲避免战争，维护自由。正如你所说的，我们必须赢得胜利。除了胜利，我们别无选择。”①

在评论麦克阿瑟第三段内容时，杜鲁门气愤地说：“我不知道这位将军是通过什么信息渠道了解到，共产党人（杜鲁门这里指的是共产主义阵营——笔者注）决定把力量放在亚洲，更明确地说是在他的辖区。他也许不知道，要阻遏在伊朗、希腊、柏林的‘共产主义狂潮’，需要付出多少努力和牺牲。他也许不知道，苏联是怎么不遗余力地阻挠西欧形成统一战线。当然，我在1月13日给他写的信中已经说得很明白，共产主义不但有能力在亚洲发动进攻，也有能力在欧洲发动进攻，也正因为这样，我们无法承担在朝鲜半岛战争规模扩大的风险。但是，麦克阿瑟却对我们外交努力做出那样轻蔑的评论，最后竟然还说什么‘除了胜利，我们别无选择’。”杜鲁门引用陆军上将奥马尔·布莱德雷将军的话说，“如果真要把战争扩大到亚洲大陆的话，那么，这就是在错误的时间、错误的地点、进行了一场错误的战争。”②

4月7—9日，杜鲁门同马歇尔、艾奇逊、布莱德雷等人多次会面，经过参谋长联席会议讨论，最后决定解除麦克阿瑟的职务。10日晚，布莱德雷找到杜鲁门说，解除麦克阿瑟职务的消息已经泄露，芝加哥一家报纸打算在11日上午刊登这个消息。别无办法，杜鲁门只好指示白宫新闻秘书约瑟夫·肖特（Joseph Short）在11日凌晨一点召开特别记者会，宣布解除麦克阿瑟的职务。③

11晚，杜鲁门发表全国广播讲话，向美国民众重申美国政策，阐述美国为什么要去朝鲜，为什么不能允许朝鲜战争演变成一场全面战争。杜鲁门解释说，美国希望根据3月份起草但未发表的一项声明，通过和平谈判的方式解决朝鲜问题；他还解释了解除麦克阿瑟职务的原因。在讲话的结尾，杜鲁门说，西方“自由世界”已经团结起来，在争取阻止第三次世界大战的爆发。他强调，“如果共产主义世界的领袖们想要挑起战争（杜鲁

① Harry Truman, *Memoirs*, *Volume Two*: *Years of Trial and Hope*, New York: A Signet Book, 1956, p. 505.

② Harry Truman, *Memoirs*, *Volume Two*: *Years of Trial and Hope*, New York: A Signet Book, 1956, p. 506.

③ Harry Truman, *Memoirs*, *Volume Two*: *Years of Trial and Hope*, New York: A Signet Book, 1956, p. 509.

门指‘第三次世界大战’）的话，战争可能会爆发。但是，那不是美国和西方盟友的责任。”①

随着演讲的结束，杜鲁门同麦克阿瑟之间的争议也就结束了。6 月 1 日，联合国秘书长赖伊发表声明，提出交战双方在“三八线”附近停火。6 月 7 日，美国国务卿艾奇逊发表了一项类似的声明。6 月 23 日，苏联驻联合国安理会代表马利克在联合国发表广播演说表示，苏联政府认为朝鲜战争交战双方应该开始谈判。25 日，中国政府发表声明，表示支持马利克的和平建议。自此，朝鲜战争进入马拉松式的谈判。②

二、乔治·沃克·布什笔下的反恐战争

乔治·沃克·布什在回忆录《抉择时刻》中记录了执政 8 年中如何面对棘手问题做出艰难抉择。回忆录围绕任内发生的重大事件，按照主题分别阐述，生动形象地再现了白宫决策过程中美国国家安全委员会在攸关国家安全的一系列重大问题上展开的激烈辩论，反映出了总统本人在当时复杂的国际国内环境中决策时面临的心里压力，展现的领导能力。布什在执政之初就遇到了震惊世界的“9·11”恐怖主义袭击事件。这次事件在相当程度上决定了布什政府国家安全战略的重心是反恐。

为此，布什政府先后发动了阿富汗战争和伊拉克战争，提出了旨在改造中东、推广“民主自由”的“大中东计划”。阿富汗战争获得了一定的国内和国际支持。但是，伊拉克战争却引发了相当大的争议。布什政府在中东推广的“自由议程”也受到挫折。在布什政府深陷阿富汗、伊拉克两场战争泥潭时，国内发生了“次贷危机”，进而引发了严重的金融危机。在布什离任时，反恐战争仍未结束，金融危机仍在蔓延。怀着复杂的心情，布什离开了白宫，开始普通的平民生活。

正如布什在本书《前言》中所写的那样，他撰写回忆录的目的，一是展现 8 年的总统生涯的历史画卷；二是帮助读者了解他本人在复杂环境中的决策过程。也许是认识到了自己总统任期一些议题的争议性，布什强调，要对他担任总统期间的是非功过做出定论，为时尚早。随着时间的流逝，人们对于一些议题的争论会逐渐归于平淡，结论将自有分晓。

---

① Harry Truman, *Memoirs*, *Volume Two*: *Years of Trial and Hope*, New York: A Signet Book, 1956, p. 510.

② Harry Truman, *Memoirs*, *Volume Two*: *Years of Trial and Hope*, New York: A Signet Book, 1956, pp. 516 –517.

回忆录从布什年轻时代戒除酒瘾开始，讲述了他竞选总统、内阁人事任命、经历恐怖袭击、发动阿富汗战争、攻打伊拉克、应对卡特里娜飓风灾害、推动非洲艾滋病防治、增兵伊拉克、推行“自由议程”、应对金融危机等重大历史事件。回忆录处处流露着作者的真情实感，既有面临重大挑战时表现出来的坚定果敢，也有面临艰难抉择时表现出的焦虑和踌躇；既有讲述对下属去职的惋惜，也有描述家人在一起的天伦之乐。尤其值得关注的是，布什在回忆录中记述了每一次重大决策时自己的所思所想，一种深感责任重大，但又不得已而为之的焦虑心理和矛盾心理。

（一）应对恐怖袭击

“9·11”恐怖袭击是布什政府经历的最严峻的考验。在回忆录中，小布什用“奇怪”“震惊”和“愤怒”来描述他听到世贸大楼遇袭时的反应。在恐怖袭击发生时，小布什正在埃玛·布克小学。当他走向教室的时候，卡尔·罗夫告诉他，一架飞机撞上了世贸中心。小布什说，他觉得听起来“奇怪”，他当时以为一架小型螺旋桨飞机失控撞上了世贸中心大楼。当赖斯给他打电话，告诉他，撞上世贸大楼的不是一架小型飞机，而是一架商用大型喷气式飞机，小布什说，他感到“震惊”，心想是不是飞行员“突发心脏病了”。当小布什在教室里看学生在做阅读练习时，白宫办公厅主任安迪·卡德悄悄告诉布什，“美国正在遭到袭击。”小布什的第一反应是“愤怒”。但是，为了不吓着教室里的孩子，小布什等到阅读课结束后，才平静地离开了教室。去了解情况，准备发表全国电视讲话。①

在前往空军一号的路上，布什接到赖斯的汇报，第三架飞机撞上了五角大楼。小布什在座位上心想：如果只是一架飞机，那有可能是一次事故，两架肯定是袭击，要是三架的话，那就是宣战。他感到愤怒到了极点。他要查出元凶，将其绳之于法！上了空军一号、进入总统座舱后，布什说他要求单独待一会儿。那一刻，小布什想到了遇难飞机上的乘客面临的恐惧，也想到了丧失亲人的家属们心里的悲痛。他说，自己向上帝祈祷，祈求上帝能够抚慰人们的伤痛，指引美国渡过难关。他不由地想起一首基督教圣歌，歌名是《优雅之神，荣耀之神》：“在此危难的时刻，请赐予我智慧和力量。”②

---

① George W. Bush, *Decision Points*, New York: Crown Publishers, 2010, p. 127.

② George W. Bush, *Decision Points*, New York: Crown Publishers, 2010, p. 129.

小布什说，面对这场灾难，他的心情和大多数美国人的心情是一样的，但是他的职责是不同的。他说，要成功应对危机，首先应该做的是安定民心。他的目标是，“在国家受到威胁的时候，保护人民，捍卫自由。”在飞往华盛顿的途中，小布什注意到，第一，空军一号上的通信系统并不理想。机上没有卫星电视，通讯信号时断时续。第二，总统收到的许多情报是自相矛盾的，有些甚至是错误的。① 小布什说，他希望在接下来的全国电视讲话中向民众传达以下信息。第一，告诉美国人民，美国正处于战争状态。第二，任何庇护恐怖分子的国家，都将为恐怖分子的行为负责。美国要迫使所有国家做出选择：如果不打击恐怖分子，下场就和恐怖分子一样。第三，在反恐战争中，美国必须主动出击，在恐怖分子再次袭击美国之前，就在海外将他们消灭。第四，从道义上谴责恐怖袭击：蓄意谋杀无辜的平民是彻头彻尾的罪恶行径。第五，也是最重要的信息，安抚民众的情绪，表达将恐怖分子绳之以法的决心。②

飞机在白宫南草坪降落后，小布什直奔椭圆形办公室。他读了一下讲话的草稿，并做了几处修改，然后就进入总统紧急行动中心。在地下战情室里，小布什见到了夫人劳拉。小布什说，他们没有多少时间说话。在这个时刻，他们无须言语，劳拉的一个拥抱胜过千言万语。小布什回到楼上，练习了他的讲话，然后进入椭圆形办公室，开始发表讲话。他说，恐怖袭击是破坏美国生活方式、攻击自由的一系列蓄谋已久、惨绝人寰的恐怖行为。美国将动用所有可能的资源，找到凶手，将其绳之以法。美国不仅会严惩那些实施恐怖行为的恐怖分子，也会严惩那些庇护恐怖分子的国家。③

小布什讲到，面对恐怖袭击，美国人的心态发生了动摇。家家户户都开始准备瓶装水和防毒面具。有人担心城市再次遭到攻击，就离开城市，赶往乡村。许多人甚至不敢回到大楼里工作，也不敢再坐飞机。面对躲在暗处的敌人，美国民众陷入恐慌。作为总统，如何帮助民众摆脱恐惧，就是摆在他面前的首要任务。小布什坦承，作为个人，他自己会面临巨大的心里压力。白宫国安团队表现出来的镇定，夫人劳拉、弟弟马文、妹妹多萝，还有父母都给予他支持，帮助他度过了那段非常难熬的日子。家人的

① George W. Bush, *Decision Points*, New York: Crown Publishers, 2010, p. 131.

② George W. Bush, *Decision Points*, New York: Crown Publishers, 2010, pp. 136 – 137.

③ George W. Bush, *Decision Points*, New York: Crown Publishers, 2010, p. 138.

支持，让小布什感到安慰，也让他的思路更加清晰。阅读《圣经》也给布什带来了慰藉。①

9 月 12 日，也就是恐怖袭击发生的第二天，小布什在召开国安会议后向媒体表示，“恐怖袭击是战争行为。”随后，小布什会见了国会两党领袖。在会见中，他提出了自己的两个隐忧：一是民众的自满情绪。布什说，尽管恐怖袭击给人们留下的痛楚仍然清晰可见。但是，人们终究会对此淡忘。但是，作为民选领袖，他有责任关注这些威胁，坚持战斗，直到最后胜利。二是民众对于阿拉伯裔和信奉伊斯兰教的美国民众的歧视。小布什说，他接到有报告称，有人开始对貌似来自中东的民众进行口头骚扰。这些让他想起了美国在一战期间故意冷落、甚至囚禁德裔美国人，二战期间将日裔美国人关进集中营的不光彩历史。布什说，对此，政府有责任保持冷静，反对歧视。他计划访问一座清真寺，传达这样的信息。②

9 月 14 日，小布什参加了在国家大教堂举行的“9 · 11”事件遇难者悼念仪式。前总统杰拉尔德 · 福特、吉米 · 卡特、乔治 · 布什、比尔 · 克林顿和他们的夫人，几乎所有国会议员、内阁成员、最高法院大法官、外交人员、遇难家属都参加了悼念仪式。在这一刻，在场的人心情都非常沉重。在悼念仪式接近尾声时，轮到小布什发表讲话。这次讲话是他刚担任总统以来最重要的讲话。小布什希望这次讲话能够达到三个目标：一是悼念遇难者，二是告诉听众上帝的爱与美国同在，三是清楚地表明，美国要将恐怖分子绳之以法。在讲到悼念死难者时，小布什说，他看到自己右边站立的三位士兵已经泪流满面。小布什说，他强忍着悲痛，没有让眼泪涌出眼眶。在全场有一个地方他不敢去看，那就是，父亲、母亲、妻子劳拉坐的位置。在演讲的结尾，小布什说：“上帝创造的世界是道德的世界。忧郁、悲剧和仇恨只是暂时的。善良、记忆和仁爱才会永恒。生命之主将会保佑所有罹难和悼念亲人的人们。”

小布什说，演讲结束后，他回到自己的座位，坐在夫人劳拉旁边。父亲老布什伸出手来，轻轻地捏了捏小布什的胳膊。小布什说，这一刻意味着火炬从老一辈人传给下一代。他觉得这是一个了解战争给总统带来挑战的父亲安慰孩子的一种方式。他从父亲的榜样和关爱中汲取了力量。他需要这种力量伴随他开始下一个行程，去纽约曼哈顿下城受害者遇难地点参

---

① George W. Bush，*Decision Points*，New York：Crown Publishers，2010，p. 140.

② George W. Bush，*Decision Points*，New York：Crown Publishers，2010，p. 142.

加悼念活动。①

（二）发动阿富汗战争

阿富汗战争是小布什政府反恐战争的第一步。在回忆录中，小布什坦承，在做出出兵阿富汗的决定时，他深感这个决定带来的压力。他深知，战争会带来伤亡和痛苦。但他觉得，阿富汗战争是不得已而为之的自卫战争。在向阿富汗塔利班政府宣战前，小布什政府做了两方面的战争准备：一是在外交上争取国际社会的广泛支持，二是确定具体军事作战部署。在外交上，英国、澳大利亚等国愿意提供军事支援，日本、韩国等国愿意提供人道主义援助和战争后勤支持，关键的阿拉伯国家（特别是约旦和沙特）愿意同美国分享有关“基地”组织的情报。

小布什说，在阿富汗战争中，争取巴基斯坦的支持至关重要。在世界范围内，承认塔利班政权的国家只有三个，一个是近邻巴基斯坦，另外两个是沙特和阿联酋。在恐怖袭击发生的第三天，国务卿科伦·鲍威尔就曾给巴基斯坦总统穆沙拉夫打电话，要求巴基斯坦谴责恐怖袭击、拒绝向“基地”组织提供庇护所、同美方分享有关塔利班的情报、向美军开放领空、断绝同塔利班的外交关系等。之后，小布什亲自同穆沙拉夫通话。他说：“我感谢你倾听一个伤心国家的要求，我盼望和你一起努力，将这些（恐怖分子）绳之以法。”小布什说，他可以理解，穆沙拉夫承受着巨大的国内压力，因为对于政府和情报部门的鹰派来说，从支持塔利班转向反对塔利班，这几乎是不可想象的事情。

在讨论完军事部署后，国家安全委员会触及到是否要扩大战争目标的问题。小布什说，国防部副部长保罗·沃尔福威茨曾一度建议，在推翻阿富汗塔利班政权的同时，考虑打击伊拉克萨达姆政权。沃尔福威茨的提议立刻引起了国安会成员的激烈讨论。国防部长拉姆斯菲尔德认为，打击伊拉克萨达姆政权应该成为美国反恐战争的一个重要承诺。但是，国务卿鲍威尔对此并不认同。他警告说，打击伊拉克将会导致美国失去联合国、伊斯兰国家和北约的支持。假如美国确实想一劳永逸地解决伊拉克问题，应该选一个适当的时机。在“9·11”事件发生后，打击伊拉克，时机不妥，因为美国没有掌握伊拉克同恐怖分子有关联的证据。中情局局长乔治·特纳特同意鲍威尔的看法。他说：“现在不要打伊拉克。如果这样做，那将

① George W. Bush, *Decision Points*, New York: Crown Publishers, 2010, pp. 145 – 147.

是一个错误。美国的首要目标应该是‘基地’组织。”副总统迪克·切尼说，他明白萨达姆的威胁，也认为应该推翻萨达姆政权。但是，他也明确表示，“现在对付萨达姆时机不妥。”小布什说，他很喜欢看到下属在相关议题上的辩论，认为，这有利于他做出正确的决策。[①]

在执政的8年时间里，小布什先后多次访问阿富汗。美国在阿富汗的反恐行动也由推翻塔利班政权、打击“基地”组织，转为支持阿富汗国内重建。2008年12月，小布什对阿富汗进行了最后一次访问。在访问中，小布什看望了美国驻阿部队，会见了阿富汗总统卡尔扎伊。在总结这次访阿行程时，布什说，他对阿富汗的民主制制度建设、学校规模扩大、社会保障成果和经济发展潜力感到很欣慰。但同时，他也对未能将本·拉登绳之以法感到遗憾。他说，截止2010年，阿富汗战争仍在继续，塔利班仍在活动，阿富汗政府仍未对国家实行行之有效的控制，阿富汗民主制度的完善尚待时日。尽管如此，小布什仍然坚信，美国在阿富汗的付出是值得的。他说，令他感到欣慰的是，2009年秋，奥巴马总统顶住压力，宣布增兵阿富汗，打击阿富汗反政府武装，同时向巴基斯坦政府施压，要求巴方打击境内部落地区的极端分子。小布什强调，美国必须吸取以往的教训，决不能放弃阿富汗。否则，类似“9·11”恐怖袭击事件的噩梦可能还会重演。[②]

（三）发动伊拉克战争

伊拉克战争是小布什政府最有争议的一场战争。小布什说，2003年3月19日，他在白宫作战室通过视频连线向驻扎在沙特苏丹王子空军基地美军将领汤姆·弗兰克斯将军下达了对伊拉克发动进攻的命令。当弗兰克斯将军向他敬军礼，自己回礼的那一刻，他顿时感到“巨大的压力向他袭来”。他说，自己完全知道自己的命令将带来的后果。他刚刚同阿富汗战争阵亡士兵的遗孀一起哭泣过，也刚刚抱过那些在战场上失去父亲或母亲的孩子。他也不想再把美国士兵派上战场。但是，在噩梦般的“9·11”恐怖袭击事件后，他发誓要尽全力保卫美国。

小布什说，在下达伊拉克战争命令后，他感到心情难以平静。他走出白宫作战室，上楼，穿过椭圆形办公室，一个人在白宫南草坪上散步，步

---

① George W. Bush, *Decision Points*, New York: Crown Publishers, 2010, pp. 187 – 190.

② George W. Bush, *Decision Points*, New York: Crown Publishers, 2010, pp. 218 – 221.

子缓慢，一言不发。他祈祷军人凯旋归来，祈祷国家安宁，祈祷在未来的日子上帝给予美国力量。他觉得，此时此刻，只有一个人能够理解他此刻的心境。那个人就是他的父亲，乔治·布什。于是，他回到白宫办公室，很快给父亲写了一封信。小布什在信中讲述了自己在做出出兵伊拉克的决策时承受的沉重的心理压力，父亲在回信中也给予小布什精神上的支持。

事实上，早在“9·11”事件发生之前，小布什就曾考虑应对来自伊拉克萨达姆政权的“威胁”。小布什在回忆录中讲到，对于伊拉克问题，他的首选是通过外交途径解决。他认为，由于萨达姆贪恋权力，所以，为了保住自己的权力，他什么条件都可以答应。因此，美国要让萨达姆明白，美国的态度是严肃认真的。如果萨达姆不放弃大规模杀伤性武器，不停止支持恐怖主义，不停止威胁邻国，不尊重伊拉克人民的人权，那么美国就要推翻萨达姆政权。同军事手段相比，外交途径值得尝试。但考虑到以往对伊外交成效不彰，小布什政府决定采取强制外交。对伊强制外交分为两个方面：一是组建国际联盟，警告萨达姆，公然违抗国际责任是不可接受的；二是拟定可靠的军事计划，如果萨达姆拒绝履行国际义务，那么，美国就通过军事手段解决。①

2002 年 1 月，小布什在国情咨文中谈到了伊拉克、伊朗、朝鲜三个国家给世界和平带来的“威胁”，称这三个国家是“邪恶轴心”。小布什说，媒体强调“邪恶轴心”这个表述，认为这三个国家已经结成同盟。其实，这种解读是一种误解。小布什说，他自己的本意是指恐怖分子可能会从这些研制大规模杀伤性武器的国家获得致命性武器。他强调，在国情咨文中，有一点是明确的，那就是，美国在对待伊拉克问题上的态度是严肃认真的。②

事实上，在“9·11”事件发生两个月后，小布什就请国防部长拉姆斯菲尔德评估已有的对伊作战计划，目的是完善强制外交中的军事准备。拉姆斯菲尔德要求汤米·弗兰克斯将军更新整个计划。2001 年圣诞节过后，弗兰克斯来到克劳福德牧场就攻打伊拉克的军事准备情况向布什做汇报。从 2001 年 12 月到 2002 年 8 月，布什先后十多次同弗兰克斯会面，讨论伊拉克问题的准备情况。从布什描述的这些细节可以看出，在轻松推翻塔利

---

① George W. Bush, *Decision Points*, New York: Crown Publishers, 2010, p. 230.

② George W. Bush, *Decision Points*, New York: Crown Publishers, 2010, p. 233.

班政权后，布什政府就已经开始着手攻打伊拉克的军事准备。[①]

2002 年 4 月，小布什同英国首相布莱尔在克劳福德牧场会面，共同探讨用强制外交消除伊拉克“威胁”的可能性。布莱尔建议布什政府先争取联合国通过决议，向萨达姆发出最后通牒：如果萨达姆不允许联合国核查人员重返伊拉克，那么，伊拉克将面临严重的后果。2002 年夏天，小布什政府得到一份情报：同“基地”组织有联系的恐怖分子扎卡维在伊拉克东北部地区的一个实验室进行生物武器试验。小布什说，他并不能确定萨达姆是否知道扎卡维在伊拉克，但是，有情报显示，扎卡维曾在巴格达待过两个月，接受医学治疗；同时，一些其他“基地”组织成员也正从阿富汗转移到伊拉克。正因为这样，布什认为，伊拉克对美国是一个严重的威胁，而且威胁程度在与日俱增。[②]

小布什说，也正是在这一段时间，有关战争可能性已经成为华盛顿一个相当热烈的新闻话题。记者们不断地询问他，问他的案头是不是有一份作战计划。恰恰就在这个时候，老布什政府国家安全事务助理布伦特·斯考克罗夫特在《华尔街日报》发表“别碰萨达姆”一文。文章说，伊拉克战争将会分散反恐战争的力量，会在中东引发大规模战争。他强调，应该向联合国安理会施压，要求对伊拉克随时进行有效核查。小布什说，他认为布伦特·斯考克罗夫特的建议是合理的。但是，小布什对于斯考克罗夫特的做法非常不满。他认为斯考克罗夫特应该把他的建议告诉自己，而不是选择在报纸上发表他的看法。小布什说，他给父亲老布什打了电话。老布什说，“布伦特是我的朋友。”这也许是真的，但是，小布什说，他也知道，如果外交手段失败，批评者会利用斯考克罗夫特的文章来跟他说事。小布什更加顾忌的是，在华盛顿，有些人会认为，斯考克罗夫特的这篇评论是他父亲在向他传达对伊拉克战争的看法。小布什认为这种看法是滑稽可笑的，因为在所有的人中，父亲是最了解这个事情的严重性的。假如父亲认为自己在处理伊拉克问题上处理的不妥，他早就告诉自己了。[③]

2002 年 9 月 7 日，小布什在戴维营召开国家安全委员会会议，讨论伊拉克问题。在会议上，副总统切尼提出给萨达姆 30 天到 60 天时间，处理大规模杀伤性武器的问题。如果萨达姆拒绝美国的要求，美国别无选择，

---

① George W. Bush, *Decision Points*, New York: Crown Publishers, 2010, p. 235.

② George W. Bush, *Decision Points*, New York: Crown Publishers, 2010, p. 236.

③ George W. Bush, *Decision Points*, New York: Crown Publishers, 2010, p. 238.

只能开战。但是，国务卿鲍威尔仍旧坚持通过联合国来解决伊拉克问题。小布什在听取了所有人的意见后表示：美国必须找到解决伊拉克问题的办法。国际社会对萨达姆看法有分歧，但美国要消除这些分歧。美国的政策是，如果萨达姆不交出大规模杀伤性武器，美国就动武。①

9月12日，小布什在联合国发表讲话指出："现在，全世界面临一个考验。联合国正处在一个艰难，但具有决定性的时刻。安理会的决议是能够得到尊重和执行？还是被毫无顾忌地扔到一边？如果联合国不能实现它成立的宗旨，那么，联合国还有什么意义呢？"②

小布什说，在争取联合国安理会授权的同时，政府也在游说国会，争取国会支持。2002年10月11日，参议院以77票赞成、23票反对的表决结果，授权小布什对伊动武。众议院的表决结果是296票赞成、133票反对通过了对伊拉克动武的决议。提案得到了知名民主党人的支持，包括众议院少数党领袖迪克·格普哈特（Dick Gephardt）、参议院多数党领袖汤姆·达施勒（Tom Dashle）、参议员希拉里·克林顿、约瑟夫·拜登、约翰·克里、哈里·雷德（Harry Reid）等人。多年后，小布什在撰写回忆录时不满地写道："一些国会议员后来说，他们当时投票支持提案，只是授权总统继续采取外交途径解决伊拉克问题，而不是授权总统发动战争。他们肯定是没有认真阅读那份决议。决议上明明白白地写着：'授权总统在自己觉得必要和适当的情况下，使用美国军队来保护美国国家安全不受由伊拉克引起的持续威胁，并执行联合国安理会通过的所有有关伊拉克问题的决议。'"③

小布什说，2002年底，他就伊拉克问题征求学者、伊拉克流亡人士以及其他不在政府任职的人士的意见。给他印象最深刻的是诺贝尔和平奖获得者埃利·维塞尔（Eli Wiesel）。维塞尔是著名作家，也是大屠杀的幸存者，他在同小布什的谈话中将萨达姆的残暴比作纳粹德国的大屠杀。维塞尔说，"总统先生，在道德层面，您有责任采取行动，对抗邪恶。"小布什说，维塞尔的话深深地打动了他。在回忆录中，小布什强调指出，那些批评伊拉克战争的人，鲜有人像维塞尔那样从道德层面阐述他们的意见。许多批评伊拉克战争的人士都长期致力于人权事业保护，但这些人却谴责他

① George W. Bush, *Decision Points*, New York: Crown Publishers, 2010, pp. 238 – 239.

② George W. Bush, *Decision Points*, New York: Crown Publishers, 2010, p. 239.

③ George W. Bush, *Decision Points*, New York: Crown Publishers, 2010, p. 241.

使用武力，推翻一个“用毒气杀死库尔德人、用武装直升机机枪扫射什叶派人士、屠杀居住在两河流域交汇处的阿拉伯人、把几万人埋进万人坑的独裁者”。小布什称，有些人可能并不认同“萨达姆会威胁美国”的观点，对此，他表示理解；但是，他觉得，没有人能否认，解放伊拉克推动了伊拉克人的人权事业。[①]

小布什在回忆录中特别讲述了他的执政团队，特别是国家安全委员会核心成员在伊拉克问题上的辩论。他说，在美国寻求联合国安理会通过决议加大对伊拉克大规模杀伤性武器核查力度的同时，小布什政府的国安团队也一直在讨论是否应该通过军事手段应对伊拉克问题。副总统切尼警告说，萨达姆可能会利用布什政府开展外交斡旋的时间制造、藏匿大规模杀伤性武器，甚至策划对美攻击。切尼甚至非常直截了当地问小布什：“你是真得要收拾这家伙呢？还是仅仅说说而已？”小布什说，切尼以这种方式表示，美国已经给运用外交手段处理伊拉克问题提供了足够的时间。

国防部长拉姆斯菲尔德仍在犹豫。他主要是在考虑战争的后勤补给问题。因为，要把15万人的军队派往伊拉克，并维持长期存在，后勤保障是关键。当然，他也表示，只要总统一声令下，部队就可以整装出发。赖斯在国安会上谨慎地保持中立，但是，在私下里给小布什谈了自己的想法。她说，她强烈支持联合国的核查行动。但是，在同联合国首席武器核查代表汉斯·布里克斯（Hans Blix）会谈后，赖斯得出的结论是，萨达姆不愿意采取任何实质性行动，他的策略就是拖延时间。她不情愿地发现，确保联合国决议有效执行的唯一办法就是对伊拉克采取军事行动。

国务卿鲍威尔一直对采取军事行动持保留意见。在2003年初同总统小布什的多次单独会面期间，他告诉布什美国可以通过外交手段应对伊拉克问题。他也对小布什说，他对国防部对伊作战计划并不是非常满意。小布什说，他对此并不感到惊讶。因为汤米·弗兰克斯将军拟定的作战计划，是要动用美国在海湾地区驻扎军队的三分之一来执行作战任务。这同所谓的“鲍威尔主义”——美国可以通过数量庞大、迅速果断的军事部署赢得战争——的主张不符。鲍威尔曾在1991年海湾战争“沙漠行动”期间担任参谋长联席会议主席。他也同汤米·弗兰克斯交换过意见。鲍威尔主张通过外交途径解决伊拉克问题，但是，他也表示，如果小布什在最后不得

---

① George W. Bush, *Decision Points*, New York: Crown Publishers, 2010, pp. 247 – 248.

已时诉诸军事手段，他也会全力支持总统。[①] 鲍威尔是这么说的，也是这么做的。

伊拉克战争推翻了萨达姆政权，美国着手建立民选政府。当然，伊拉克重建并非一帆风顺。教派冲突、反美暴力、政治分裂、民不聊生等诸多问题都困扰着新建的伊拉克政权，也损害了美国的国际形象。在回忆录中，小布什承认，推翻萨达姆政权后，伊拉克国内重建各种困难接踵而至。但是，小布什仍然坚信，推翻萨达姆政权是一个正确的决策，主要有四个原因：一是没有制造大规模杀伤性武器、支持恐怖主义的萨达姆，美国会更加安全；二是伊拉克年轻的民主制度可以成为其他国家效仿的榜样；三是伊拉克人民生活会更好；四是对类似萨达姆政权的国家具有震慑作用，利比亚卡扎菲在萨达姆被抓 6 天后主动提出放弃大规模杀伤性武器研制计划就是有力的证明。

小布什也坦率地谈到了伊拉克战争期间在战术层面出现的失误，一是在推翻萨达姆政权后，大幅削减了驻伊美军的数量，未能及时有效控制伊拉克国内的安全局势；二是有关伊拉克大规模杀伤性武器的情报错误。对于第一个失误，小布什解释说，在萨达姆倒台后，美国将驻伊部队数量从 19.2 万人削减至 10.9 万人，并专注于训练伊拉克军队和警察，寄希望于这些伊拉克军队和警察来维护社会治安，主要原因是美国担心伊拉克人会把美军看成占领军。小布什认为，具有不同民族和宗教背景、受过美军训练的伊拉克军队和警察才是保障伊拉克永久安全的力量。

对于情报失误的问题，小布什说，他没有料到，当时有那么多人都相信萨达姆拥有大规模杀伤性武器。无论是战争的支持者，还是反对者，甚至萨达姆政权中的很多人，都对此深信不疑。小布什坦承，任何情报都不可能百分百准确，因为情报的特点就是这样。但是，他自己相信，这个情报确凿无疑。因为如果萨达姆没有大规模杀伤性武器，他为什么不向联合国核查人员证实呢？小布什说，他看到所有有关萨达姆的心里分析都表明，萨达姆特别看重手中的权力。如果他那么看重自己手中的权力，那他为什么要假装拥有大规模杀伤性武器、甚至赌上自己的政权呢？小布什说，后来从联邦调查局对萨达姆的审讯中得知，萨达姆认为美国的一切表态都是威胁和恫吓。他从未想过美国会真正出兵。法国、德国、俄罗斯、甚至世界范围的反战活动也给萨达姆造成了错误的印象，认为美国不会出

① George W. Bush, *Decision Points*, New York: Crown Publishers, 2010, p. 251.

兵。对于情报的失误，小布什说，他没有追究情报部门的责任。他不想挫伤情报部门的士气，他希望情报部门之间能够加强协调，提高分析和收集情报的工作能力，为未来总统提供更为可靠的情报。

在总结伊拉克战争的所谓成果时，小布什强调，通过伊拉克战争，美国消除了一个最固执、最危险的敌人，也为世界上最动荡的地区铲除了暴力和动乱的祸源。世界上对美国怀有敌意的国家也看到了支持恐怖主义和发展大规模杀伤性武器必须付出的代价。伊拉克人民也摆脱了“独裁统治的阴影”，看到了“一个和平、有效的民主社会”的前景。小布什说，在2003年12月，伊拉克人民所处的环境离那个梦想仍然很遥远，但是，他们比以前更有机会实现那个梦想。①

伊拉克战争无疑是小布什政府外交遗产中最具争议的内容。这场战争打开了伊拉克这个“潘多拉的盒子”。随着时间的推移，人们对这场战争及其给美国外交政策、地区安全和世界和平带来的影响的认识会更加清晰。随着伊拉克国内教派纷争加剧，社会严重分裂，政府治理裹步不前，国家四分五裂，恐怖主义趁虚而入，趁势坐大，伊拉克的前景越来越暗淡。要真正弥合战争的创伤，实现真正的民族和解，国家稳定和繁荣，恐怕需要很长的时间。

三、吉米·卡特笔下的中东和平

卡特卸任后关注中东和平。他不仅多次前往中东，调解巴以冲突，监督巴勒斯坦选举，在80岁高龄时仍笔耕不辍，先后撰写了《巴勒斯坦：要和平，不要种族隔离》（2006年）、《我们能在圣城实现和平》（2009年），呼吁国际社会关注中东局势。卡特在任期间力促埃以达成《戴维营协议》。在卸任后，他希望能看到《戴维营协议》得以落实。卡特认为，中东和平的基础就是在约旦河西岸和加沙地带建立一个巴勒斯坦国。同时，以色列需要和阿拉伯国家就耶路撒冷未来地位问题取得共识。②

在《巴勒斯坦：要和平，不要种族隔离》一书中，卡特用备受争议、带有强烈种族歧视色彩的词语“种族隔离”来形容以色列在巴以居住区之间修建的隔离墙。卡特说，“以色列利用自己在政治和军事上的绝对优势，

---

① George W. Bush, *Decision Points*, New York: Crown Publishers, 2010, pp. 267 – 271.

② Burton I. Kaufman, *The Post-Presidency from Washington to Clinton*, Lawrence, Kansas: University of Kansas, 2012, p. 462.

对所占领土上的穆斯林和基督教徒强制推行一套部分撤出、封闭包围的种族隔离制度。”当然，卡特也指出，以色列将巴勒斯坦人和以色列人强行隔离的动机同南非在1991年前推行的“种族隔离”政策的出发点是不同的。以色列这么做的目的并不是推行种族主义，而是攫取土地，确保犹太人的安全。①

尽管卡特在书名中使用了“种族隔离”一词，但是，在正文中仅仅使用过一次。同卡特撰写的别的有关中东问题的书籍相似，卡特的观点是克制的。他认为，在阿以冲突中，确实各方都有责任，解决巴以冲突存在两大障碍：一是一些以色列人认为，他们有权没收巴勒斯坦人的土地，将巴勒斯坦变成殖民地，并试图为“继续征服和迫害日益绝望和愤怒的巴勒斯坦人”寻找借口。二是一些巴勒斯坦人的激烈反应。他们推崇自杀式袭击者为殉道烈士，宣扬“杀死以色列人就是胜利”的极端观点。面对巴勒斯坦人的激烈反应，以色列的回应是惩罚和压制。面对以色列的惩罚，激进的巴勒斯坦人拒绝承认以色列的合法性，誓言要摧毁以色列。这种不信任和暴力的恶性循环在继续，导致多次争取和平的尝试受挫。②

《巴勒斯坦：要和平，不要种族隔离》一书出版后，立刻引起了很大争议。美国犹太人和华盛顿以色列游说团对此表示严重关切。卡特中心第一任执行主任、埃默里大学教授肯尼斯·斯坦因（Kenneth Stein）甚至辞去了中心研究员之职。他批评这本书“论据错误百出、引文断章取义、甚至完全捏造事实”。卡特中心董事会里14位亚特兰特商业界和政界董事也辞职表示抗议。哈佛大学法学教授阿兰·德舒维茨（Alan A. Dershowitz）也称这本书“毫无历史根据”。他甚至要跟卡特进行辩论。

《巴勒斯坦：要和平，不要种族隔离》一书引起了强烈反应是卡特始料未及的。2007年1月底，卡特应邀前往犹太人创办的布兰德斯大学发表演讲。面对在场1700多名师生，卡特表示，他选择这个题目作为书名，本意并不是要批评以色列，而是在描述巴勒斯坦人在被占领领土上的生活状况。他并不是想要把犹太复国主义运动等同于种族歧视。他只是想指出，“（对巴勒斯坦人）这种残酷的压迫违背了犹太教宣扬的（和平）理念，也不符合以色列建国精神。”

---

① Jimmy Carter, *Palestine*: *Peace Not Apartheid*, New York: Simon & Schuster, 2007, pp. 189 - 190.

② Jimmy Carter, *Palestine*: *Peace Not Apartheid*, New York: Simon & Schuster, 2007, p. 206.

卡特的解释得到了多数师生的谅解和认可。许多学生后来发表评论说，他们认同卡特提出的以色列对待巴勒斯坦人过于残忍的看法，称以色列确实应该从巴勒斯坦被占领土中撤出。哈佛大学法学教授阿兰·德舒维茨在听完卡特的讲话后，也禁不住赞叹道，卡特讲得“太好了”。但他也说，不幸的是，卡特在其他地方发表的评论掩盖了他的光彩。

卡特在布兰德斯大学的演讲缓解了人们对于他使用“种族隔离”一词引起的争议。但是，2008 年，当卡特同意同南非前总统纳尔逊·曼德拉（Nelson Mandela）等资深退休政治家组成的“长者会”一起前往中东，帮助解决中东冲突时，卡特的行为又引起了新的争议。参与这次活动的资深政治家有南非大主教、诺贝尔和平奖获得者戴斯蒙德·图图（Desmond Tutu），爱尔兰前总统、后来的联合国人权委员会高级理事玛丽·罗伯逊（Mary Robinson）等人。许多犹太人认为，这个团体发表的“年长者代表团关于犹太复国宣言”备受“偏执狂和反犹太人团体的青睐”。他们不知道，卡特为什么要参与其中?

“长者会”建议，中东和平进程相关各方（包括巴解组织和哈马斯领导人）展开磋商，共同探讨“巴以和解的可能性”。尽管以色列时任总理埃胡德·奥尔默特（Ehud Olmert）明确表示，他不会同“年长者代表团”合作，但是，卡特还是在卡特中心的支持下前往中东。卡特在加沙地带会见了巴勒斯坦自治区领导人，在开罗会见了埃及总统穆巴拉克和哈马斯低级别官员，在大马士革会见了叙利亚总统巴沙尔·阿萨德，在以色列会见了几位前领导人及和平活动家，但是，时任以色列内阁成员仅有一人参加。

这次中东之行最具争议的问题是卡特在叙利亚首都大马士革会见了哈马斯领导人哈立德·马沙尔（Khaled Mashaal）。在回应卡特同哈马斯领导人的会面时，《美国新闻与世界报道》编辑莫尔特·扎克曼（Mort Zuckerman）充满讽刺意味地写道：“他又来了！前总统卡特在表现他那固执、自以为是的道德主义和令人震惊的虚荣心，不断地在为恐怖主义寻找合法性。”①

同时，民主党人决定在即将到来的全国代表大会上让卡特尽量保持低调。他们将卡特的发言安排在周一，因为那时台下的观众人数最少。民主党领导人也高调邀请了许多知名的犹太裔政治人物和宗教人士在大会上发

---

① Burton I. Kaufman, *The Post-Presidency from Washington to Clinton*, Lawrence, Kansas: University of Kansas, 2012, pp. 461 –462.

表演讲。民主党热门总统候选人公开表示，他们不认同卡特在以色列问题上的态度。在民主党全国代表大会召开前，民主党总统参选人巴拉克·奥巴马和希拉里·克林顿都表示，他们绝对不会同哈马斯领导人见面。

共和党人也开始攻击卡特。共和党犹太联盟攻击民主党人邀请卡特在民主党全国代表大会发言。他们批评说，卡特同哈马斯领导人会晤实际上传达了“令人不安的反以色列”偏见。他们还指责卡特的《巴勒斯坦：要和平，不要种族隔离》一书“错误百出、充满偏见”。小布什政府一位负责外交事务的官员甚至说：“卡特就是一个白痴的学者。但是，（民主党就）捧着他吧！”在共和党全国代表大会上，他们还号召了一批犹太裔代表，包括来自康涅狄格州的独立参议员约瑟夫·利伯曼（Joseph Liebermann）。利伯曼支持共和党总统参选人、来自亚利桑那州的参议员约翰·麦凯恩（John McCain）。①

尽管遭到来自民主党和共和党的批评，卡特仍然坚信，实现中东和平的最大障碍来自以色列，他继续公开批评以色列对占领区内巴勒斯坦人的不公正待遇。2009 年 6 月，卡特再次访问中东，并前往加沙地带同哈马斯领导人会面。尽管他敦促哈马斯努力解决同以色列的冲突，但是，他强调，以色列在 1 月份展开的为期三周的军事行动中给巴勒斯坦人的生命和财产安全带来了极大破坏。卡特说，“可悲的是，国际社会几乎无视巴勒斯坦人发出求援的呼吁，加沙地带的公民受到了非人的待遇。”卡特参观了在以色列空袭中被摧毁的美国国际学校。卡特说，自己对国际学校遭到空袭也负有一定的责任，因为这所学校是“被我的国家制造的 F-16 战斗机故意毁掉的”。

这时，卡特认为，开始和平进程的机会已经成熟。哈马斯对以色列和巴勒斯坦解放组织已经表现出了一定的灵活性，巴以和平在国际上也得到了广泛支持。尽管他仍在批评以色列政府，但是，他认为以色列人民和以色列政府是不一样的。他说，在以色列、巴勒斯坦、黎巴嫩、叙利亚、约旦、埃及，“绝大多数普通人都渴望和平与繁荣”。

卡特在 2009 年 5 月出版的《我们能在圣城实现和平》一书中也表达了上述观点。在这本书中，卡特对以色列的批评开始趋于温和。他甚至为自己先前使用“种族隔离”一词描述以色列的巴勒斯坦政策表示道歉。他

① Burton I. Kaufman, *The Post-Presidency from Washington to Clinton*, Lawrence, Kansas: University of Kansas, 2012, p. 463.

写道，“我想，当时我应该意识到，‘种族隔离’这个词已经挑动了美国许多以色列支持者的敏感神经，他们不认同将以色列同种族主义时代的南非相提并论。”[①]

在《我们能在圣城实现和平》中，卡特表示，以色列在中东面临的最大威胁是恐怖主义，是巴勒斯坦激进组织对以色列的恐怖袭击。他认为，巴以签署和平协议，以色列承认巴勒斯坦国，两国在圣城和平相处，是消除地区恐怖主义的良方。[②] 当然，卡特的观点在美国社会不属于主流。

2009 年 12 月，卡特给美国犹太人社团写了一封公开信，再次表示，自己说过什么话，或做过什么事，如果让美国犹太人感到伤心的话，他对此表示道歉。他同时希望，新的一年能够给以色列和它的邻国带来和平。他说，“我们绝不允许善意的批评污蔑以色列。在犹太人赎罪日这一天，我对自己曾经说过可能伤害以色列的话，或者做过的事表示真诚忏悔。”尽管如此，卡特在巴以冲突问题上的立场仍然受到许多美国人的质疑。美国犹太社团许多人仍然不信任卡特。[③]

第二节　关注社会民生

卸任总统对社会和民生议题的关注代表性著作有三本，一是吉米·卡特撰写的《我们濒危的价值观：美国的道德危机》（2005 年）；二是《她们的世界：来自卡特总统的呼吁》（2014 年），也是卡特所著；三是比尔·克林顿撰写的《重返工作：为什么强劲的经济增长需要一个开明的政府》（2011 年）。第一本书探讨了美国道德滑坡的主要因素；第二本书了探讨世界范围内，特别是欠发达国家和地区女性遭受歧视的问题；第三本书了探讨美国政府在促进经济复苏中已经和应该扮演的角色。在这三本书中，前两本侧重于社会问题，第三本侧重于民生议题。

---

① Burton I. Kaufman, *The Post-Presidency from Washington to Clinton*, Lawrence, Kansas: University of Kansas, 2012, p. 463.

② Jimmy Carter, *We Can Have Peace in the Holy Land: A Plan That Will Work*, New York: Simon & Schuster, 2009, p. 155.

③ Burton I. Kaufman, *The Post-Presidency from Washington to Clinton*, Lawrence, Kansas: University of Kansas, 2012, p. 464.

一、卡特对美国传统价值观受到侵蚀感到忧虑

《我们濒危的价值观：美国的道德危机》是卡特总统在卸任后出版第十八本书。该书出版发行之初几个月内销量就超过 100 万册。[①] 这本书之所以如此畅销，能够引起读者共鸣，关键在于作者在书中融入了宗教元素，结合自己的人生经历，揭示了 21 世纪美国社会面临的道德危机，特别是基督教右派思想对美国政治和社会的负面影响及对传统价值观的侵蚀。

卡特在书中探讨的议题都是一些在美国社会受到广泛关注、甚至有争议的话题，如党派纷争、政治极化、基督教原教旨主义对政治的影响、科学与宗教之争、同性恋、堕胎、死刑、小布什政府外交政策、美国的国际形象、反恐中损害人权、恐怖主义威胁、妇女权益保障、公民自由、核扩散、枪支泛滥、和平与战争、环境问题、贫困问题等。[②]

卡特认为，关于上述问题的争论给美国社会造成了前所未有的分裂。民主、共和两党相互攻击，国会议事活动党派特征趋势明显。造成这些分裂的最主要因素是原教旨主义在宗教和政府中势力坐大。这些力量把昔日“对事不对人”的国会议事传统变成了僵化的党派纷争。同时，宗教右派与政治保守派同流合污，在一定程度上削弱了政教分离的传统。在这种背景下，新保守派势力东山再起，开始在内政和外交领域推行他们的主张。这些发展趋势对美国的历史传统和道德理念都带来巨大冲击。在堕胎、同性恋等敏感社会议题上，由于强硬派固执己见，竭力将少数人的意见强加于温和的多数人身上，所以，双方在这些议题上的矛盾和分歧日益激化。在对外关系上，政党纷争表现地尤为明显。多数共和党人倾向于采用武力手段解决国际争端，但多数民主党人则倾向于外交手段。在反恐问题上，共和党人支持军事反恐，但民主党反对过度使用武力。[③] 在卡特讨论的诸多议题中，有三个议题尤为重要。一是宗教右派对政教分离传统的侵蚀，二是基督教原教旨主义对美国外交政策的影响，三是当今世界面临的日益扩大的贫富差距。

---

① Burton I. Kaufman, *The Post-Presidency from Washington to Clinton*, Lawrence, Kansas: University of Kansas, 2012, p. 460.

② Jimmy Carter, *Our Endangered Values: America's Moral Crisis*, New York: Simon & Schuster, 2005, p. 2

③ Jimmy Carter, *Our Endangered Values: America's Moral Crisis*, New York: Simon & Schuster, 2005, pp. 2 -4, pp. 9 -10.

关于第一个问题，卡特在第六章“教会对政府的影响”中开宗明义地指出，“在过去 20 年中，基督教原教旨主义不断公开挑战耶稣的训诫：‘是该撒的物品就给该撒，是上帝的物品就给上帝。’”① 卡特引用这句话意在说明，教会管好教会的事，政府管好政府的事。政府不干涉教会事务，教会也不应该干涉政府的事务。这正是美国建国之初就确立的政教分离的基本原则。但是，在现实社会中，基督教原教旨主义屡屡试图违反政教分离的原则。

例如，美国基督教电视网络《700 俱乐部》节目主持人帕特·罗伯逊（Pat Robertson）公开宣称，《宪法》中不存在“政教分离”这个条款，所以，人们无需接受这个原则。他还接二连三地攻击公立学校，称要以宗教学校取而代之。鉴于《700 俱乐部》在政治问题上的保守倾向，罗伯逊发表类似言论也就不足为奇了。但是，作为美国最高法院首席大法官威廉·伦奎斯特②违背政教分离的原则，就令卡特感到遗憾。伦奎斯特认为，政教分离对法律判决毫无意义，应该公开、明确地抛弃它。卡特说，幸运的是，伦奎斯特在最高法院属于少数派。

基督教右派对政治的干预还体现在他们对联邦法院体制的攻击。在小布什政府时期，民主党控制的参议院否决了布什总统提名的一些极端保守的联邦法院法官人选，结果遭到基督教右派势力的责难。一个基督教原教旨主义团体在一次电视转播的活动中攻击那些投反对票的民主党人，说他们“攻击有信仰的人”。这个宗教团体的领袖称，一个自由的司法体系“对代议制政府的威胁胜过恐怖组织”。活动主办人詹姆斯·多布森（James Dobson）博士甚至说最高法院是“独裁的寡头”，“限制宗教自由”。在后来的记者会上，布什总统作出澄清，说民主党参议员反对自己的法官提名同宗教信仰没有关系。③

关于第二个问题，卡特说，美国外交政策出现扭曲，根源原因在于基督教原教旨主义在作祟。美国政府孤立古巴、敌视朝鲜、拒绝接触叙利亚、攻打伊拉克、在巴以冲突中偏袒以色列等都是有力的证据。他对于小

---

① Jimmy Carter, *Our Endangered Values: America's Moral Crisis*, New York: Simon & Schuster, 2005, p. 53.

② 威廉·伦奎斯特（William Rehnquist）是美国知名保守派律师，他从 1972—1986 年担任最高法院大法官，1986—2005 年担任最高法院首席大法官。

③ Jimmy Carter, *Our Endangered Values: America's Moral Crisis*, New York: Simon & Schuster, 2005, pp. 61 - 63.

布什政府拒绝同古巴、朝鲜、叙利亚、巴勒斯坦进行对话颇有微词。卡特认为，小布什政府应该放宽对美古交流的限制，开启同朝鲜和叙利亚对话，反对以色列在约旦河西岸建设定居点。①

卡特谈到，自己在2002年访问古巴时，古巴政府允许自己用西班牙语通过广播和电视直接向古巴人民发表讲话，并触及敏感的政治议题。这本身就说明古巴在进步。但是，小布什政府却不断限制美古民间交流和贸易往来。在朝鲜问题上，卡特反对小布什政府给朝鲜贴上"邪恶轴心"的标签。卡特回顾了自己1994年访问朝鲜的情形，也谈到了知名南亚和东亚问题专家塞利格·哈里森（Selig Harrison）2005年第9次访问朝鲜后的感受。卡特认同塞利格·哈里森有关"朝鲜强硬派占主导，是由布什政府意识形态驱动的对朝政策造成的"的评论。卡特主张美朝谈判，认为只要双方共同努力，相互确定谈判的基本要点，加上严格的国际监督，美朝达成简明的框架性协议是有可能的。②

卡特认为，拒绝同对手对话的原教旨主义政策还体现在美国的叙利亚政策上。自1983年以来，卡特夫妇曾多次访问叙利亚，有时也是应白宫的请求前往大马士革。卡特原计划于2005年7月前往中东，主要目的是观察巴勒斯坦选举，同时也安排了同叙利亚、约旦和埃及领导人的私人会面，寻求他们对巴以和平的支持，听取他们对巴勒斯坦领导人的建议，同时了解中东局势，为自己撰写中东问题专著汲取素材。但卡特的计划遭到白宫的否决，原因是叙利亚在伊拉克战争问题上没有同美国合作，所以，美国限制同大马士革的接触，希望借此向叙利亚总统巴萨尔·阿萨德施加压力。结果，卡特最终放弃了这次中东之行。③

在卡特看来，基督教原教旨主义对政治的影响主要体现在美国的中东政策上。由于宗教右翼势力施压，美国政府默认了以色列政府在约旦西岸巴勒斯坦被占领土上修建定居点。卡特认为，这种政策违背了德怀特·艾森豪威尔政府（1953—1961年）到乔治·布什政府（1989—1993年）40年间美国政府执行的反对在耶路撒冷和伯利恒之间修建以色列定居点的政

① Jimmy Carter, *Our Endangered Values: America's Moral Crisis*, New York: Simon & Schuster, 2005, p. 63, pp. 102 – 115.

② Jimmy Carter, *Our Endangered Values: America's Moral Crisis*, New York: Simon & Schuster, 2005, pp. 104, 106, 111.

③ Jimmy Carter, *Our Endangered Values: America's Moral Crisis*, New York: Simon & Schuster, 2005, p. 112.

策。卡特指出，这种政策可能导致小布什政府期待推动的“中东和平路线图”计划最终搁浅。这不仅是巴勒斯坦人的悲剧，也是以色列人的悲剧。[①]

关于第三个问题，卡特认为，日益扩大的贫富差距是当今世界面临的最大挑战。他说，在20世纪初，全球最富裕的10个国家同最穷的10个国家之间的收入差距是9倍。到1960年，双方之间的差距扩大到30倍。在21世纪初，世界最富裕的20个国家每年人均收入是27591美元，但最穷的国家的收入仅为211美元，差距是131倍。美国家庭每年的人均收入是5.5万美元，但是世界上有一半以上的人每天的生活费不足2美元，还有12亿人每天的生活费不到1美元。试想，如果每天只有1美元维持自己的衣食住行，那显然不会有任何结余来保证自己的医疗和教育机会，保持自尊和对未来生活的期待。

卡特讲到，卡特中心在应对全球贫困问题做出了不懈的努力。卡特夫妇先后到过120个国家，了解这些国家人民的生活情况。卡特中心在65个国家有扶贫项目，其中35个位于非洲撒哈拉沙漠以南地区。卡特中心同其他机构合作，教授非洲农民生产粮食，治疗麦地那龙线虫病，防治盘尾丝虫病，防治沙眼病等。卡特还积极参与“人仁家园”项目在全球各地的住房修缮项目。这一切活动都是为了帮助世界各地的人们应对贫困问题。

卡特对于美国政府的国际援助项目颇有微词。他批评美国政府在对外援助方面口惠而实不至。他说，在所有工业化国家中，美国对外援助在国民收入总值中所占比例是相当低的。加上民间机构和私人捐款，在美国国民总收入的100美元中，仅有22美分用于对外援助。卡特说，2002年，布什总统宣布设立“千禧年挑战”基金，每年拨款50亿美元作为发展援助经费，但是三年后，仅有40万美元（不到万分之一）到位。

2003年，美国承诺每年向撒哈拉以南非洲提供30亿美元经济援助，但是，实际落实资金仅有1.18亿美元。这些资金除了直接资助非洲各国政府和社区管理项目以外，还要支付美国国内项目管理机构的运营费。这些低收入国家6.5亿人每人平均只能得到18美分。这点钱才真正用于该地区的健康、教育、道路、能源、饮水、卫生及民主体制建设。美国每年用于抗疟疾的外援预算是9000万美元，但是，95%的钱用于咨询，用于购买蚊帐、药品和灭蚊剂的资金不足5%。

---

① Jimmy Carter, *Our Endangered Values: America's Moral Crisis*, New York: Simon & Schuster, 2005, p. 114.

在卡特看来，美国不仅在国际上外援力度不够，在国内对低收入群体的帮助力度也不够，有些政策甚至加剧了贫富分化。卡特说，在当今发达国家中，美国国内贫富差距远高于日本和法国。日本的高收入群体同低收入群体之间的收入差距的比例是4:1，法国是7:1，而美国是11:1。自2000以来，政府推动减税政策后，中产家庭每增加1美元，占人口1%的富裕家庭则增收54美元，百万富翁则能增收191美元。在这项政策实施的前3年，美国贫困人口增加了350万，但400位最富有的美国人的收入在2002年就提高了10%。

另外，美国的最低工资在2005年前的8年中一直保持在每小时5.15美元的水平，这还不包括通货膨胀指数。这个数字要远低于澳大利亚（8.66美元）、法国（8.88美元）、意大利（9.18美元）、英国（9.2美元）和德国（12.74美元）。

卡特表示，他不认同美国政府对富人的补贴政策。他说，富裕的农场主是政府农业政策补贴的最大受益者。这些政策不仅损害了美国小农户的利益，也给发展中国家的农民带来了灾难。例如，在1995—2005年的10年时间里，政府农业补贴高达140亿美元。但是，仅10%的农户就拿去了其中的70%，剩余资金中的一半给了3%的富裕农户，四分之一给了1%的富裕农户。2002年，一位幸运的"农户"就得到了700万美元政府补贴。在佐治亚州，有7位"农民"每年得到的补贴高达100万美元。但是，那些苦苦挣扎的普通农户得到的补贴在政府农业补贴中比例不到25%。

不仅如此，美国政府农业补贴也给发展中国家带来了灾难。例如，在四分之三人口每天生活费不足1美元、90%的人口每天生活费不足2美元的马里，占全国1200万人口25%的人直接依靠棉花生产维持生活。这些家庭还算幸运，平均种5英亩棉花，每年能挣280美元。但是，改善他们生活的主要障碍来自美国的棉花补贴政策。由于美国政府的棉花补贴，世界棉花价格持续走低，低于马里棉花生产的成本。这在一定程度上对马里棉花生产是一个沉重的打击。也正是这些原因，卡特感慨地写道，无论是在政治还是宗教领域，这些政策都危及美国的道德价值观。①

在这本书的结尾，卡特指出，美国要做超级大国，就需要明确坚持真

---

① Jimmy Carter, *Our Endangered Values: America's Moral Crisis*, New York: Simon & Schuster, 2005, pp. 178 - 197.

理、正义、和平、自由、谦恭、乐善好施以及其他的道德价值准则。他强调，美国应该反对战争，坚持以和平方式解决争端；应该加强国际合作，共同消除人类安全威胁、改善环境质量、提供人道主义援助。一句话，美国应该以身作则，做道德价值的表率。他说，如果美国能够像过去那样享有其他国家人民给予的信任、赞赏和友谊，那么，美国人民会更加幸福。他呼吁美国人民团结起来，培育宗教信仰，振兴美国的政治传统与道德价值观。①

二、卡特呼吁消除性别歧视，保障妇女权益

在《她们的世界：来自卡特总的呼吁》中，卡特呼吁社会关注女性遭受的不公正待遇，特别是偏见、歧视、暴力、身心虐待、贫困和疾病。②卡特从他小时候在美国南方目睹的种族歧视谈起，引出了性别歧视这一带有全球性特点的问题。他认为，造成对女性的性别歧视主要有两个原因：一个是一些男性宗教人士曲解《圣经》《古兰经》等宗教经典，声称女性天生比男性低劣，不适合同男性平等地侍奉上帝或真主。尽管也有些男性并不认同这些看法，但为了享受男权社会带来的好处，他们不是选择了抗争，而是选择了沉默，有意无意地成为男权优越主义者的帮凶。这种错误的理念几乎成为世俗和宗教领域歧视女性的依据，一些男性甚至据此对妇女和女孩施行体罚。另一个是人们对于暴力越来越习以为常——不管是动辄动用军事手段解决争端，还是对违法犯罪的人过度施行刑罚。在太多的情况下，人们把暴力列为解决争端的首选，结果，惨不忍睹的暴力变得司空见惯。③

卡特在书中批评了一些宗教人士对《圣经》《古兰经》等宗教经典断章取义式的曲解，列举了大量的数据和实例阐述在美国、乃至世界女性受到的歧视和虐待，呼吁人们关注性别歧视、虐待女童、家庭暴力、性侵犯、强奸、“荣誉”处死（指以维护家族“名誉”为借口杀害失贞女性）、女性割礼、童婚习俗、同工不同酬等亟待解决的社会问题。他讲述了自己如何通过

---

① Jimmy Carter, *Our Endangered Values: America's Moral Crisis*, New York: Simon & Schuster, 2005, p. 200.

② Jimmy Carter, *A Call to Action: Women, Religion, Violence, and Power*, New York: Simon & Schuster, 2014.

③ Jimmy Carter, *A Call to Action: Women, Religion, Violence, and Power*, New York: Simon & Schuster, 2014, pp. 1 – 2.

“卡特中心”具体项目，关注性别歧视问题，特别是如何改善经济发展落后国家和地区（如中东、非洲等）妇女儿童基本生活条件。他也利用参加各种对话、论坛、纪念活动的机会呼吁各国政府、宗教人士、公民社会、专家学者、社会活动家等社会各界关注性别歧视，帮助女性维权，推动男女平等，弘扬《世界人权宣言》《圣经》《古兰经》等国际条约和宗教典籍宣扬的基本道德价值观。在这部作品中，以下三点特别值得关注。

（一）关于曲解宗教典籍的问题

在卡特看来，许多宗教领袖持有男尊女卑的思想，这在一定程度上助长了性虐待行为。例如，2000 年南方浸信会举行的年度大会依据如下经文，教导妻子应该“顺从”丈夫。经文说，“出于对耶稣的忠诚，大家要相互顺从。作为妻子的，应当顺从自己的丈夫，如同顺从我主耶稣。就像耶稣是教会之主，是人间的救世主一样，丈夫也是一家之主。就像教会要顺从耶稣一样，妻子在任何事情上都应该顺从丈夫的安排。”（《圣经·以弗所书》）卡特认为，经文的第一句话实际上已经开宗明义地指出，婚姻需要男女平等地付出；但是，有些“男性优越论”者往往断章取义，做出有利于自己的解读。

一些坚持男尊女卑、男权至上观点的宗教人士常常引用《圣经·创世纪》中关于上帝造人的故事来佐证他们的看法。也就是说，上帝按照自己的形象创造了人类。他先创造了男人，后来觉得男人需要一个伴侣。于是就在男人身上取下了一条肋骨，创造了女人。他把女人领到男人跟前。因此，人要离开自己的父母，和妻子结合，然后成为一体。卡特认为，《圣经·创世纪》中有关“上帝创造人类”的故事都强调男女平等，彼此依存。但是，一些基督教和犹太教原教旨主义者却认为，既然上帝先创造了男性，可见男性社会地位高。卡特认为，这是对《圣经》的误读。①

卡特认为，人们应该审慎地理解早期的教会教义，因为耶稣基督来到世上，就集正义、怜悯、宽恕和爱于一身。圣保罗在《格林多前书》中清楚地阐述了他对父权社会的看法。他说：“男女之间实际上没有本质的差异。女人从男人出，但男人也是女人所生。他们都出自于上帝。”卡特说，争论是不是男尊女卑的问题本身就没有意义。因为按照人的本性，人们都

---

① Jimmy Carter, *A Call to Action: Women, Religion, Violence, and Power*, New York: Simon & Schuster, 2014, pp. 26 – 27.

喜欢选择性地阅读《圣经》，用最有利于自己的方式主观地解读《圣经》。如果男性宗教领袖希望巩固自己的男权地位，他们会按照自己的偏好解读这部宗教经典。[1]

（二）关于性侵犯和强奸罪的问题

卡特认为，遭受性侵犯和强奸会给受害女性的身心健康带来巨大伤害。美国高校和军队是这类危险的高发区。卡特首先回顾了自己担任佐治亚州州长时，临时居住在州长官邸的一位女大学生遭受同班同学强奸的往事。卡特得知此事后，立即指示州检察官启动司法程序，调查此案。结果得到的答复是，当地执法人员不愿意插手此案。卡特听后怒不可遏，要求执法人员见他。执法人员一再表示歉意，但同时也说，在这类案件中，起诉白人男性的成功率非常低。涉案女方可能被迫出庭公开度很高的审判，遭到律师和控方各种无理的盘问。对于这类案件，亚特兰大 24 所大学惯常的做法是求助于咨询服务，而不是通过法律途径解决。卡特说，经女孩同意，他把这件事告诉了女孩父母，他们决定将女孩送到另外一所大学。这件事也就不了了之了。

卡特总统卸任后，一直在埃默里大学担任资深教授。在此期间，他敦促学校严防、严惩类似事件的肇事者，同时对受害者提供专业性的保密咨询。埃默里大学资助的一项研究成果显示，在美国大学校园里，每 5 名女生中就有 1 人遭受性侵犯。这种劣迹在美国军校中也时常发生。卡特还引述 2014 年美国国防部的一份报告指出，在 2013 年一年中，美国空军学院性侵犯官方报道是 45 起，海军学院是 15 起，西点军校是 10 起。卡特坦率地讲到，在他的母校，美国海军学院 2012 年 4 月也发生女学员在参加私宅聚会时先后遭到 3 名男学员（橄榄球队员）群体强奸的事件。在女学员告知了海军相关部门后，相关部门以女孩低龄饮酒为名对她进行了惩罚，但施暴的 3 名男学员却逍遥法外长达一年半之久。在女学员寻求法律援助后，调查于 2013 年 8 月启动，但仍无果而终。

卡特说，不仅是在高校，美国军队也是性骚扰、性侵犯的重灾区。他引述美国国防部发布的数据指出，据估计，2011 年军队性骚扰数量达 1. 9 万起，2012 年增长到 2. 6 万起。2012 年，全国公共广播电台报道，“一项

---

① Jimmy Carter, *A Call to Action*: *Women*, *Religion*, *Violence*, *and Power*, New York: Simon & Schuster, 2014, pp. 26 – 27.

针对美国退役女兵的调查发现，30%的女性表示，她们在部队服役期间遭受过强奸。”卡特认为，这些问题之所以在美国的高校和军队中屡屡发生，主要是因为国家暴力行为合法化，助长了社会暴力，对那些思想尚未成型、可塑性很强的大学生和年轻军人的世界观和行为方式产生了非常负面的影响。卡特感叹道，在美国社会受人推崇和尊敬的两个领域——高校和军队，女性遭受强奸的现象如此严重，令人忧心。这还是发生在一个倡导男女平等、政府宣称捍卫最崇高的正义的国家。可想而知，在女性公然受到侮辱和那些陷入内战的国家，女性面临的情形是多么悲惨。[①]

卡特指出，这些问题在一些发展中国家或欠发达国家也非常严重。他特别谈到了印度、卢旺达、刚果（金）、南非、缅甸等国。这种情况在战乱地区，特别是在难民营也非常猖獗。他特别谈到了1994年卢旺达“种族屠杀”后难民营中妇女惨遭的不幸。[②]卡特还引述联合国人权高级官员的话说，强奸在印度是一个全国性的问题。印度国家犯罪记录局发表的报告显示，2011年记录的强奸案是24206起（平均每22分钟发生一起），还有很多案件根本就没有举报。2012年12月，发生在印度新德里、震惊世界的公共汽车“轮奸案”就是最严重的案件。

在战乱地区，特别是在难民营，强奸和虐待妇女的行为非常猖獗。卡特说，1994年卢旺达胡图族极端分子对图西族人进行可怕的种族大屠杀后，许多人逃离家园，流离失所，在邻国难民营避难。卡特夫妇在1995年前往距离卢旺达边境不远的刚果（金）戈马市难民营了解当地的情况。结果发现，强奸和虐待妇女的行为非常猖獗。卢旺达种族屠杀导致扎伊尔内战爆发。内战结束后，胜利者洛朗—德西雷·卡比拉成立了刚果民主共和国。2012年11月，由美国训练的刚果军队在少有国际关注的东部城市米诺瓦对135名妇女和女孩进行了大规模强奸，刚果也因此成为世界上臭名远扬的“强暴之都”。根据2009年南非医学研究理事会记录和2013年《柳叶刀》杂志的记录，在南部非洲，如坦桑尼亚、南非、刚果等国，强奸的犯罪率奇高。[③]

① Jimmy Carter, *A Call to Action*: *Women*, *Religion*, *Violence*, *and Power*, New York: Simon & Schuster, 2014, pp. 41 - 49.

② Jimmy Carter, *A Call to Action*: *Women*, *Religion*, *Violence*, *and Power*, New York: Simon & Schuster, 2014, pp. 118 - 121.

③ Jimmy Carter, *A Call to Action*: *Women*, *Religion*, *Violence*, *and Power*, New York: Simon & Schuster, 2014, pp. 118 - 121.

（三）家庭暴力、“荣誉”处死、童婚陋习和嫁妆谋杀

家庭暴力、“荣誉”处死、童婚陋习和嫁妆谋杀也是歧视女性非常典型的表现形式。卡特引述2013年世界卫生组织发表的报告指出，超过三分之一的妇女遭受虐待，绝大部分是家庭暴力。由于受当地习俗影响，或者因为无助、甚至默许，家庭暴力在很多地方仍然在延续。在当今世界，有大约三分之一的国家没有制定制裁家庭暴力的相关法律，许多妇女甚至认为在一定情况下，丈夫打妻子是正当的。

例如，联合国儿童基金会在2013—2014年针对15岁到49岁的女性开展的一项调查显示，认同“丈夫殴打妻子是正当的”这一看法的妇女在阿富汗和约旦占90%，在马里占87%，在几内亚和东帝汶占86%，在老挝占81%，在中非共和国占80%。在美国，有四分之一的妇女曾经遭受家庭暴力。联邦调查局发表的报告显示，从2000—2006年，美国发生了10600起家庭凶杀案，其中95%的受害者是妇女。

卡特在书中还专门谈到了“荣誉”处死、女性割礼、童婚陋习等社会问题。卡特指出，“荣誉”处死在中东、东南亚一些国家最为频繁。他引用英国广播公司发布的一份报告指出，全球每年有超过2万妇女沦为“荣誉处死”的受害者。1999年，巴基斯坦发生了一起广为人知的案件。一位智障女孩被强奸，强奸犯被捕。但她的部落成员声称她给部落带来了耻辱，并将她杀害。她只有16岁。这种死刑的执行者通常是女孩的父亲、叔伯或者兄弟。

“荣誉处死”的习俗之所以在一些国家得到广泛接受，根源在于，这些地方的人们认为，在家庭中，女性是男性的财产。卡特指出，约旦国王阿卜杜拉二世曾试图通过推动立法阻止这种陋习，但却遭到很多人士的抵制。

这个问题在伊斯兰世界一些国家仍然存在。例如，2000年，埃及内政部长在一份报告中指出，当年16%的凶杀案是以“消灭耻辱”为目的的家族杀戮。2000—2003年间，埃及妇女法律援助协会发表报告指出，在75%的“荣誉处死”的案例中，暴力的实施者是丈夫、父亲、兄弟、叔伯。[①]

女性割礼也是残害妇女的一种陋习。卡特援引世界卫生组织发表的报

① Jimmy Carter, *A Call to Action: Women, Religion, Violence, and Power*, New York: Simon & Schuster, 2014, pp. 142 – 149.

告指出，全球估计有 1.25 亿妇女和女孩是这种陋习的受害者。2012 年 12 月，联合国大会一致通过一项决议，禁止这种陋习，联合国儿童基金会 2013 年发布的报告显示，随着越来越多的妇女开始接受教育，这种陋习正在逐步减少。

但这种陋习在一些信仰伊斯兰教的非洲国家仍比较普遍，特别是在埃及、索马里、几内亚、吉布提、厄立特里亚、马里、塞拉利昂、苏丹、布基纳法索、乍得、埃塞俄比亚、冈比亚、几内亚比绍、肯尼亚等国，情况仍然比较严重。卡特强调，这个话题比较敏感，特别是当由“外人”来批评这种做法的时候，当地有些人总是怀疑“外人”试图改变当地的文化、宗教、甚至传统。但是，这种陋习对女孩的虐待程度严重，需要引起国际社会的普遍关注。①

童婚是一些女性遭受性别虐待的又一例证。卡特指出，据估计，全球每年有 1400 万女孩在未满 18 岁之前结婚，其中九分之一不到 15 岁。童婚新娘比例在南亚是 48%，在撒哈拉以南非洲地区是 42%，在拉美和加勒比海地区是 29%，在中东和北非是 18%。贫困家庭的女孩在幼年结婚的可能性是较富裕家庭女孩的 2 倍。这种情况一般在一些传统社会发生。在这些地方的人看来，女孩不如男孩，是家里的负担。如果早早出嫁，不仅意味着家里不用再养这些孩子，而且能够收到一份彩礼。

比童婚更为严重的是，新娘家向新郎家提供嫁妆，因为人们认为，如果女儿未婚，会让家人觉得难堪。这种情况在印度、巴基斯坦及其邻国比较严重，这些年以来越来越普遍，支付的嫁妆金额也在增加。由于这种做法给新娘家庭造成了很大负担，一些贫困家庭可能因此倾家荡产。虽然印度政府制定了相关法律取缔了新娘嫁妆，但是这些法律并没有得到很好的落实。2012 年 1 月《印度时报》报道说，贪婪的新郎或者公婆因为没有收到足够的嫁妆而杀害新娘的案件（也就是“嫁妆谋杀”）数量在增加。

事实上，印度在 1986 年就通过了相关法案，禁止因嫁妆问题杀人。这项法律后来又对新郎及家庭成员骚扰、虐待新娘的行为做出了明确定罪。但是，在案件的具体审理过程中，对于施暴者定罪率是比较低的。所以，虐待或者杀害新娘的现象仍然存在。例如，2000 年，因嫁妆不足导致新娘遭到杀害的案件有 6995 起立案。2010 年，虐待或者杀害新娘的案件高达

---

① Jimmy Carter, *A Call to Action*: *Women*, *Religion*, *Violence*, *and Power*, New York: Simon & Schuster, 2014, pp. 154 – 157.

9.4 万宗，但实际定罪率仅有 19%。2012 年，这类案件数量下降到 8233 起，在卡特写书时，还没有看到定罪率的数据。①

卡特也谈到，从世界范围来看，在过去 100 多年间，女性的政治和社会地位在不断提高，薪酬不断增加，产妇保健也不断改善。例如，在政治方面，目前有 14 位女性担任国家元首；在世界 4.65 万议员中，女性占有 21% 的席位。女性在议会中所占的比例，卢旺达最高，是 64%；古巴其次，是 49%。这一比例在 5 个北欧国家平均是 42%，在西半球国家议会中是 25%，在欧洲是 23%，在撒哈拉沙漠以南非洲是 25%（但尼日利亚只有 7%），在亚洲国家是 19%，中美洲是 18%，在阿拉伯国家是 16%。在薪酬方面，在 20 世纪 70 年代末，男女在薪酬方面的差异是 39%，这种状况在 21 世纪初有大幅改善，双方薪酬差距下降到 23%。但是，在全球财富 500 强企业中，仅有 21 位首席执行官是女性；在高级主管层中，妇女所获得的薪酬比男性少 42%。②

为了帮助女性争取权益，卡特夫妇到世界 100 多个国家进行考察，调研各国妇女生活状况，同时开展了一些具体的援助项目，呼吁人们关注妇女权益，特别是保障一些经济文化比较落后地区的女童、妇女的基本生存和生活权益。卡特夫妇希望，能继续通过长者会和卡特中心，尽力消除人们对妇女的歧视和虐待，同时为那些致力于推动妇女权益保障的组织和个人提供力所能及的支持。③

第三节　纵论美国外交

一、哈里·杜鲁门讲述“杜鲁门主义”出台过程

杜鲁门 1947 年 3 月 12 日在国会参众两院联席会上发表演说，提出了向希腊、土耳其提供援助、阻止苏联影响力进一步扩张的主张，也就是“杜鲁门主义”。在演讲中，杜鲁门指出，“美国的政策必须是支持自由的

---

① Jimmy Carter, *A Call to Action: Women, Religion, Violence, and Power*, New York: Simon & Schuster, 2014, pp. 158 – 159.

② Jimmy Carter, *A Call to Action: Women, Religion, Violence, and Power*, New York: Simon & Schuster, 2014, pp. 163 – 170.

③ Jimmy Carter, *A Call to Action: Women, Religion, Violence, and Power*, New York: Simon & Schuster, 2014, p. 196.

民族，抵制武装少数派或者外部压力奴役他们的企图。”① “杜鲁门主义”的提出，标志着美苏在欧洲的争夺进入实质性阶段，也为美国推行旨在帮助西欧恢复经济、巩固西方阵营的“马歇尔计划”奠定了基础。

“杜鲁门主义”起因是土耳其问题。杜鲁门在回忆录中说，苏联早在1946年7月就企图占领土耳其领土达达尼尔海峡。当月，苏联向土耳其政府发出照会，提出希望苏联和土耳其共管这个海峡。杜鲁门认为，如果苏军以共管的名义进入达达尼尔海峡，这支军队不久就会控制土耳其全境。一旦苏军以保护达达尼尔海峡为名在那里建军事基地，那么，随着时间的推移，不仅希腊会处于苏联控制之下，就连整个近东、中东地区也难逃厄运。②

杜鲁门说，当土耳其政府就这个问题征求美国的意见时，美国政府决定对苏联采取强硬立场。杜鲁门在发给苏联政府的一份照会中指出，如果达达尼尔海峡成为苏军“侵略的目标”，那么，由此造成的后果将严重威胁国际安全，对此，联合国安理会一定不会坐视不管。在美、英、法等国的支持下，土耳其拒绝了苏联的要求。因此，在杜鲁门看来，援助土耳其、抵制苏联压力，就成为美国政府必须面对的问题。③

杜鲁门说，如果土耳其的困境是由苏联直接造成的，那么，希腊的问题则是由于二战期间遭受意大利和德国入侵，后被英国占领形成的。二战中，意大利和德国入侵希腊。希腊有两支重要的抵抗力量：一支是由希腊共产党领导的民族解放阵线，一支效忠于流亡海外的国王。1944年10月，德军撤退，英军在希腊登陆，希腊海外流亡政府也随即回到希腊。希腊政府开始组阁。但是，希腊共产党领导的左派和流亡政府代表的右派之间为争夺国家权力相互倾轧，政府内阁更迭频繁，未能找到促进民族和解、改善经济民生的有效方法。

希腊共产党退到北部山区，拒绝交出武器，公开与政府对峙。政府似乎在右翼分子的推动下，推行极不负责任的政策。结果，希腊国内暴力冲突不断，经济基本上没有恢复。杜鲁门说，在这种情况下，希腊的北部邻

---

① Harry Truman, *Memoirs*, *Volume Two*: *Years of Trial and Hope*, New York: A Signet Book, 1956, p. 129.

② Harry Truman, *Memoirs*, *Volume Two*: *Years of Trial and Hope*, New York: A Signet Book, 1956, p. 119.

③ Harry Truman, *Memoirs*, *Volume Two*: *Years of Trial and Hope*, New York: A Signet Book, 1956, p. 120.

国，南斯拉夫、保加利亚、阿尔巴尼亚等社会主义国家，在苏联的指示下，开始为希腊共产党提供训练和支持。驻扎在希腊的四万英军也在帮助希腊政府维护社会治安，改善经济条件。

1946 年 12 月，希腊政府向联合国安理会抱怨，说外部势力正在支持本国的反政府武装。正当联合国安理会派人调查此事之际，英国驻美大使在 1947 年 2 月 24 日拜会美国国务卿乔治·马歇尔时称，由于英国面临各种困难，英国已经无法继续承担海外援助的责任，并打算在 4 月 1 日前撤出希腊。

面对英国突然宣布停止对希腊援助，杜鲁门认为，如果美国不向希腊提供援助，那么，美国就会“失去希腊”，这也将意味着“‘铁幕’在地中海以东地区延伸”。如果美国失去了希腊，那么土耳其将处在“共产主义汪洋大海中难以防御的前沿阵地”。同样，如果土耳其向苏联屈服，那么，希腊的位置也将“十分危急”。在杜鲁门看来，能否守住希腊和土耳其，事关重大。

在二战期间，由于苏联军队占领了波兰、罗马尼亚等一些东欧国家，这些国家在苏联的影响下已经建立了共产主义政权。美国试图说服苏联允许在这些东欧国家推行自由选举，但无果而终。杜鲁门说，美国在希腊、土耳其问题上不能袖手旁观。如果美国不采取必要行动，中东、意大利、德国、法国都有可能成为苏联的势力范围。①

也正是在这个背景下，杜鲁门 1947 年 3 月 12 日在国会参众两院联席会上发表演说，提出了“杜鲁门主义”。杜鲁门在回忆录中指出，这项声明是美国外交政策的转折点。它说明，无论是在什么地方，不管是直接还是间接，只要侵略（行为）威胁到了和平，都涉及美国的安全。②

4 月 5 日，杜鲁门在托马斯·杰斐逊纪念日午宴会上，援引当年退休总统杰斐逊写给时任总统詹姆斯·门罗提的信，指出，“干涉别国内政，残暴地侵犯别国的权利，这种情况是不能容忍的，我提议我们对此提出强烈抗议。”杰斐逊写这封信的目的是支持门罗提出的“不允许欧洲国家继续在美洲开拓殖民地”的主张，也就是“门罗主义”。杜鲁门借此说明，美国反对苏联干涉希腊内部事务。杜鲁门讲这些话主要是针对国会中仍然

---

① Harry Truman, *Memoirs*, *Volume Two*: *Years of Trial and Hope*, New York: A Signet Book, 1956, pp. 122 – 124.

② Harry Truman, *Memoirs*, *Volume Two*: *Years of Trial and Hope*, New York: A Signet Book, 1956, p. 129.

坚持孤立主义外交政策的议员，希望他们能够支持援助希腊的议案。[1]

在杜鲁门政府处理希腊危机的时候，国务卿马歇尔6月5日在哈佛大学发表演说，提出了援助欧洲的一揽子方案，也就是著名的“马歇尔计划”。[2] 12月19日，杜鲁门向国会提交了一份国情咨文，阐述了美国在帮助西欧恢复经济中应该扮演的角色。在随后的四年中，美国向西欧提供了130亿美元的经济援助，帮助西欧国家走上了经济复苏的道路。杜鲁门在评价“马歇尔计划”时说，世人已经意识到，如果没有“马歇尔计划”，西欧将很难摆脱苏联的控制。[3] 从这些评论中可以看出，杜鲁门提出“杜鲁门主义”和“马歇尔计划”的初衷，在一定程度上是出于同苏联在地缘政治和意识形态相互争夺的考虑。当然，杜鲁门政府对希腊、乃至西欧国家的经济和财政援助，也在客观上促进了西欧国家经济的复苏。

二、理查德·尼克松思考美国未来国家战略

《只争朝夕：一个超级大国时代美国面临的挑战》（1992年）（以下简称《只争朝夕》）是尼克松晚年的巅峰之作。在书中，尼克松从20世纪80年代末90年代初国际战略格局发生剧变的背景谈起，分析了苏联、欧洲、环太平洋地区、伊斯兰世界和南半球的政治经济形势，阐述了后冷战时代美国应该扮演的国际角色。尼克松认为，冷战的结束为美国这个世界上唯一的超级大国推行全球目标和价值观念，提供了千载难逢的机会。美国应该抓住时机，消除国内新孤立主义思潮，积极参与世界事务，把21世界塑造成“第二个美国世纪”。这本书出版后，在美国朝野各界引起了较大反响，对美国的内外政策也产生了重要影响。[4]

对于亲身经历冷战结束20多年来国际形势变迁的人来说，阅读尼克松

---

① Harry Truman, *Memoirs*, *Volume Two*: *Years of Trial and Hope*, New York: A Signet Book, 1956, p. 132.

② Harry Truman, *Memoirs*, *Volume Two*: *Years of Trial and Hope*, New York: A Signet Book, 1956, p. 138.

③ Harry Truman, *Memoirs*, *Volume Two*: *Years of Trial and Hope*, New York: A Signet Book, 1956, p. 144.

④ ［美］理查德·尼克松著，刘墉安、李烨、王爱霞译：《透视新世界》，北京：中国言实出版社，2000年版，“译者前言”。这本书的原书名是《只争朝夕：一个超级大国时代美国面临的挑战》，译者将它意译为《透视新世界》。按照尼克松的解释，选择《只争朝夕》作为书名，是受到毛泽东的诗句“多少事，从来急。天地转，光阴迫。一万年太久，只争朝夕”的启发。参见：Richard Nixon, *Seize the Moment*: *Amerca's Challenge in a One－Superpower World*, New York: Simons & Schuster, 1992, p. 14.

的《只争朝夕》，不由得让人感叹，过去20多年来世界发生的巨大变化，竟然同当年尼克松有关后冷战时代美国国际地位和世界格局变迁的论述有着惊人的相似。尼克松对于20年代90年代初美国社会各种思潮的判断分析、对于苏联加盟共和国（特别是俄罗斯）、欧洲（西欧和东欧）、亚太、穆斯林世界、南半球等地区的发展趋势和面临的挑战等问题的分析，至今仍然具有启示作用。最重要的是，尼克松指出，美国要“领导世界”，首先要把自己国内的事情做好，因为这不仅是“领导世界”的先决条件，也为其他国家提供了效仿的榜样。[①] 尼克松这个判断对“金融危机”后的美国的启示显得尤为重要。美国著名战略家、外交关系委员会会长理查德·哈斯（Richard Haass）在2013年也发出了“外交政策始于国内”的警示。[②]

在本书的开篇中，尼克松分析了1989—1991年世界局势的急剧变化，指出，东欧剧变、苏联解体标志着以意识形态对立的冷战时代已经结束，美国作为唯一超级大国的时代已经来临。在这个全新的时代，美国不能推行所谓的“新孤立主义”外交政策；相反，美国要更加积极地介入世界事务，保持美国在世界上的“领导地位”。[③]

下面就尼克松对冷战后国际局势的判断及应对之策作简单梳理。对于如何应对苏联在1991年发生的动荡，尼克松的看法是，帮助苏联各加盟共和国向民主自决过渡。尼克松认为，冷战结束后，美国不应该再把俄罗斯或者前苏联加盟共和国视为永久的对手。在俄罗斯走上民主化道路后，美俄合作可以改变世界。[④]

对于美欧关系，尼克松认为，美国应该致力于建立一个从美国西海岸加利福尼亚到苏联远东勘察加的一个跨大西洋大家庭。[⑤] 尼克松提出的构建跨大西洋大家庭的构想虽然现在仍未成为现实，但是，在冷战后美国对

① Richard Nixon, *Seize the Moment: Amerca's Challenge in a One – Superpower World*, New York: Simons & Schuster, 1992, p. 308.

② Richard Haass, *Foreign Policy Begins at Home: The Case of Putting America's House in Order*, New York: Basic Books, 2013.

③ Richard Nixon, *Seize the Moment: Amerca's Challenge in a One – Superpower World*, New York: Simons & Schuster, 1992, pp. 21 – 26.

④ Richard Nixon, *Seize the Moment: Amerca's Challenge in a One – Superpower World*, New York: Simons & Schuster, 1992, pp. 127 – 146.

⑤ Richard Nixon, *Seize the Moment: Amerca's Challenge in a One – Superpower World*, New York: Simons & Schuster, 1992, pp. 127 – 146.

欧、对俄政策中，也可以星星点点地看到尼克松的一些主张，其中典型的例子就是北约东扩的问题。只不过，北约东扩的目标不是要接纳俄罗斯，而是要借此压缩俄罗斯的战略空间，结果引起了俄罗斯的强烈反弹。“乌克兰危机”正是在这种背景下发生的。

尼克松对于亚太发展趋势的判断，特别是对日本、中国、俄罗斯三国国家目标、实力地位和发展趋势的判断，具有相当的真知灼见。尼克松认为，日本在经济上属于重量级，但在政治和军事上属于轻量级；日本领导人正在艰难地探索，希望能够在世界上扮演一个与它的巨大财富相称的新角色。尼克松强调美日经济合作的重要性，但对日本扩充军备表示担忧。他说，日本计划发展进攻性武器、重振军力会引起历史上曾经遭受日本侵略的（亚太）地区（国家）的极大忧虑。日本扩充军备不仅不会增进地区安全，反而会导致（地区）防务合作变得更加复杂，引发地区（国家）增加军费。① 在奥巴马政府推行“亚太再平衡”战略、强化美日同盟，安倍政府推动日本解禁“集体自卫权”、提高军费开支、在历史问题上开倒车、同邻国关系紧张的背景下，尼克松当年发出的警告仍在耳边回响。

尼克松对于中国的判断也具有前瞻性。他说，作为一个拥有11亿人口的大国，中国不仅在国际上扮演着重要的政治角色，在今后几十年内还可能成为重要的全球经济大国。作为太平洋三角关系之一，中国是世界不能忽视的一个声音，也是不能孤立的力量。在未来20年，中国在确立自己在世界上的地位，并且完全融入世界事务中时，我们必须继续向中国开放。尼克松认为，中国作为全球一支重要力量的出现，是不可避免的。尼克松高度评价中国的改革开放，反对美国国会因中国国内政治因素对中国实行的各项制裁，赞赏时任总统乔治·布什在稳定中美关系方面所做的努力。

尼克松说，中美关系至关重要，美国不能用感情代替外交政策。中国是世界地缘政治五大力量中心之一。美国在处理中美关系时必须着眼长远，必须把中国当作一个平等的伙伴对待，在双方具有共同利益的领域中合作。虽然由于中国国内政治因素的影响，两国一时不能成为朋友，但两国不能做敌人，要做伙伴。当然，尼克松也从美国的立场出发，委婉地指出，中美若想恢复之前的密切关系，需要北京先做出姿态。尼克松也提醒华盛顿，孤立中国无助于促进中国的变革，只有合作才是正确的选择。尼

---

① Richard Nixon, *Seize the Moment: Amerca's Challenge in a One – Superpower World*, New York: Simons & Schuster, 1992, pp. 149, 152.

克松坚信，从长远来看，中国会经历巨大的社会变革，发挥出巨大的潜力。[1] 在当前推动“中美新型大国关系”的背景下，尼克松对于发展中美关系的判断愈发弥足珍贵。

在谈到穆斯林世界时，尼克松首先批驳了一些美国人对穆斯林世界的偏见，客观评价了伊斯兰文明在人类发展史上做出的杰出贡献，分析了穆斯林世界存在的三大思潮，强调有所区分地加强同穆斯林国家的“战略”合作与“战术”合作，呼吁以“土地换和平”的原则解决巴以冲突，帮助穆斯林世界迈向复兴的道路。

对于如何处理同穆斯林世界的关系，尼克松指出，美国在制定对穆斯林世界政策时，首先必须尊重、了解那里的人民。他们觉得西方大国一直在误解、歧视和剥削他们。美国不应该试图将自己的价值观强加给他们。尼克松强调，尽管穆斯林世界政治发展相对滞后，但是，这并不意味着西方文明就优于伊斯兰文明。在历史上，伊斯兰文明曾对西方文艺复兴的兴起做出了卓越的贡献，所以，现在，西方有责任为促进穆斯林世界复兴做出贡献。在这个过程中，西方应该把走现代化道路的温和派穆斯林国家看成是完全平等的伙伴，努力解决困扰中东的安全问题。这样一来，就可以避免西方世界和穆斯林世界两大文明之间的破坏性冲突，开启双方的建设性合作。[2] 尼克松的判断可谓是句句箴言，对我们总结冷战后美国同穆斯林世界关系中的经验和教训，都有深刻的启示。

尼克松分析国际形势，最终落脚点还是谈冷战后美国在世界上应该扮演什么样的角色。在尼克松看来，美国在世界上的角色不可或缺；任何其他国家都无法代替美国。有些国家可能在军事上超过美国，也有些国家可能在经济上超过美国。但是，美国的影响力不仅来自军事、经济和政治实力，也体现在它的价值观念和感召力，在于理想主义同务实的现实主义相结合。[3]

尼克松强调，在发挥美国的领导作用时，美国不应该把自己的政治和文化价值观念强加给其他国家。但尼克松同时也说，美国可以在现实主义

① Richard Nixon, *Seize the Moment: Amerca's Challenge in a One – Superpower World*, New York: Simons & Schuster, 1992, pp. 163 – 183.

② Richard Nixon, *Seize the Moment: Amerca's Challenge in a One – Superpower World*, New York: Simons & Schuster, 1992, pp. 230 – 231.

③ Richard Nixon, *Seize the Moment: Amerca's Challenge in a One – Superpower World*, New York: Simons & Schuster, 1992, pp. 273 – 275.

允许的范围内适当地推广美国的价值观念和理想。美国应该在民主原则有望成功的地方培育这些原则，但是，这些民主原则应该同当地的民族传统、风俗习惯和社会制度相互融合。美国不应该不加选择地在世界各地开展一场意识形态推广计划。① 如果尼克松在世的话，相信他对小布什政府推动的“伊拉克自由行动”、甚至“大中东民主改造计划”也会持保留态度。

第四节 评说中美关系

一、哈里·杜鲁门讲述二战后派遣马歇尔使华的缘由

作为二战期间美国的盟友，中国是杜鲁门回忆录无法绕开的议题。杜鲁门在 1945 年 4 月 12 日就任总统，4 月 18 日就收到国务院转呈的一份来自美国驻华大使赫尔利的电报，谈论英、美、苏三国在中国问题上存在的分歧。赫尔利报告了他分别同英国首相丘吉尔、外交大臣艾登和苏联领导人斯大林、外长莫洛托夫会谈的情况。从电报中可以看出，尽管他们都支持美国提出的战后统一中国境内武装部队的主张，但是，他们在中国未来政治发展前景上存在分歧。斯大林表示，希望同中国发展更为紧密的关系，不希望看到中国发生内战。斯大林嘉许蒋介石，表示苏联支持美国提出的“在中国建立一个自由、统一、民主的政府”的主张。

但是，丘吉尔认为，美国提出的有关“在中国建立自由、统一、民主的政府”的设想只是一个“伟大的幻想”。他不赞成美国为了巩固自己在中国的军事地位而撤出在英属缅甸和英属印度的军用物资。在香港问题上，丘吉尔强硬地表示，英国不会放弃自己在香港的任何利益。对于丘吉尔的意见，杜鲁门当时未作表态。②

随着日本宣布投降和太平洋战争结束，中、英两国在接受香港日军投降事宜上存在的分歧又一次摆在了杜鲁门的面前。中国政府要求根据“（接受日本投降）总命令第一号文件”的精神把香港列为中国战区司令官受降地区。但是，英国称，香港是英国的领土，不接受任何将香港列为

① Richard Nixon, *Seize the Moment: Amerca's Challenge in a One - Superpower World*, New York: Simons & Schuster, 1992, pp. 299 - 300.

② ［美］哈里·杜鲁门著，李石译：《杜鲁门回忆录（上卷）》，北京：东方出版社，2007 年 1 月第 1 版，第 65 页。

“中国境内”受降区的主张。杜鲁门认为，虽然罗斯福在世时曾经暗示过，不妨碍中国人在战后为争取收回香港而同英国人谈判。但是，他并未在香港问题上对中国做出过任何承诺。所以，美国希望坚持既定原则，指示麦克阿瑟做出部署，由英国司令官接受香港日军受降事宜。①

时任中国战区统帅蒋介石在 1945 年 8 月 23 日写给杜鲁门的信中表示，根据“总命令第一号文件”，香港不在英国受降区内。香港明确处于中国战区。尽管如此，中方还是愿意接受美方的协调，同意以中国战区司令官的名义，授权英国司令官接受在香港的日本军队的投降。同时，中国战区司令官指派一位中方官员和一位美方官员参加在香港的受降仪式。蒋介石说，他做出这些让步是非常艰难的，但是，为了表示中方同美方合作的诚意，他还是这么做了。②

杜鲁门觉得蒋介石的做法是合理的，认为，有关香港日军受降一事就可以这样解决了。但是，8 月 27 日，杜鲁门又收到蒋介石写给他的一封长信，信中对英国政府强行要求接受香港日军投降一事表示强烈不满。事后，时任美国驻华大使赫尔利在向杜鲁门汇报他同蒋介石会面时，谈到了蒋介石对英国表现出来的“帝国主义的傲慢态度”非常愤怒。杜鲁门说，他对中、英这两个美国盟友之间的摩擦也感到遗憾，但是，他自己也似乎无法解决。9 月 16 日，英国海军哈克特少将主持了在香港日军的投降仪式，他根本没有提到中国战区司令官；但蒋介石发布的总命令把香港列为中国接受的受降区之一。在这个问题上，美国采取了听之任之的态度。③

杜鲁门第一任期对华政策的高潮在于派遣马歇尔出使中国，协调国共关系。杜鲁门在 1945 年 12 月 15 日发给马歇尔的电文中指出，他请马歇尔前往中国的目的是“尽快通过和平、民主的方式促成中国的统一”。④ 他在给马歇尔的《美国对华政策声明》中指出，“一个强大、统一、民主的中国对于确保联合国成功、维护世界和平意义重大。一个混乱、分裂的中国，不管是由外国入侵（如日本侵略）还是内部冲突造成的，都会在现在

---

① ［美］哈里·杜鲁门著，李石译：《杜鲁门回忆录（上卷）》，北京：东方出版社，2007 年 1 月第 1 版，第 416 页。

② ［美］哈里·杜鲁门著，李石译：《杜鲁门回忆录（上卷）》，北京：东方出版社，2007 年 1 月第 1 版，第 418 页。

③ ［美］哈里·杜鲁门著，李石译：《杜鲁门回忆录（上卷）》，北京：东方出版社，2007 年 1 月第 1 版，第 420 页。

④ ［美］哈里·杜鲁门著，李石译：《杜鲁门回忆录（上卷）》，北京：东方出版社，2007 年 1 月第 1 版，第 83 页。

和将来危害世界的稳定与和平。因此，帮助中国人民立即通过和平谈判的方式尽快调整内部纠纷，是美国、乃至所有联合国家关键利益所在。”[①]

杜鲁门在声明中指出，美国承认国民政府为中国唯一合法政府，希望国民政府与中共及其他中国军队，放下歧见，停止敌对行动，安排召开有各主要政党参加的国民代表大会，为尽早结束内部纷争、建立一个“强大、统一、民主的中国”寻找可行的办法。美国主张各政治派别应该在国民大会中获得公平、有效的代表席位。基于此，国民政府需要修改一贯坚持的一党“训政”制度。美国也认为，随着具有广泛代表性的国民政府的成立，应该取消中共领导的自治军队，建立统一指挥的中国国家军队。美国也提出帮助国民政府进行国家重建，改善农业和工业经济，建立军队。为此，美国准备应中国政府要求，向中国派遣军事顾问团和财经政策顾问，特别是在中国维持一定规模的海军陆战队。[②]

杜鲁门在交给马歇尔的一份备忘录中明确指出，为了帮助国民政府尽快统一中国，可以要求驻华美军帮助国民政府向中国华北、东北运输军队，并对这些军队提供后勤支持。[③] 杜鲁门提出愿意帮助国民政府向华北、东北运兵，是基于他对抗战结束初期中国国内形势的判断和分析。杜鲁门认为，中国国内局势非常复杂，对国民政府极为不利。抗战结束时，国民政府的权力只及于西南一隅。华北、中南铁路沿线控制在中共手中，东北控制在苏联人手中。如果美国要求占领中国华北和华南的日军放下武器，开往沿海，返回日本，那么，整个中国都有可能立刻落入中共手中。所以，为了帮助国民政府统一中国，美国要求占领中国华北和华南的日军原地待命，等待国民政府军队到来接管。[④]

马歇尔到中国后，建议蒋介石改组国民政府，推行政治改革，开展政治协商，成立联合政府。在军事上，马歇尔成立监督停火三人小组，担任中国军队改组委员会顾问。但是，由于国民政府缺乏诚意，政治协商流于形式，国共军事冲突不断，调停无果而终。没有办法，杜鲁门在 1946 年

---

① ［美］哈里·杜鲁门著，李石译：《杜鲁门回忆录（上卷）》，北京：东方出版社，2007 年 1 月第 1 版，第 84 页。

② ［美］哈里·杜鲁门著，李石译：《杜鲁门回忆录（上卷）》，北京：东方出版社，2007 年 1 月第 1 版，第 86 页。

③ ［美］哈里·杜鲁门著，李石译：《杜鲁门回忆录（上卷）》，北京：东方出版社，2007 年 1 月第 1 版，第 88 页。

④ ［美］哈里·杜鲁门著，李石译：《杜鲁门回忆录（上卷）》，北京：东方出版社，2007 年 1 月第 1 版，第 76 页。

1 月31 日召马歇尔回国，同时宣布任命他担任国务卿。[①] 杜鲁门对马歇尔使华给予很高的评价，认为他尽了自己最大的努力。他说，自己派马歇尔到中国的目的是为了设法制止战争，帮助国共签署协定，组建联合政府。但是，由于蒋介石不听这位有史以来最伟大的战略家的意见，所以，他输给了共产党。[②]

杜鲁门对于蒋介石颇有微词。他说，马歇尔的使命之所以未获成功，主要原因是蒋介石领导的国民政府未能得到人民的尊敬和支持。他批评蒋介石的态度和行为同旧军阀别无二致，很难得到人民的拥戴。蒋介石最终的失败也是由于他失去了人民的支持。随着大批配备美式装备的军队临阵倒戈，美国的武器也落入了中共手中。这些装备在中共军队战胜国军方面发挥了很大作用。当美国看到大批美式装备落入中共手中时，就决定终止了对国民政府的军事援助。

杜鲁门指出，要恰当、公正地评价马歇尔出使中国的使命，就必须记住，在他离开美国、前往中国之前，国民政府就已经和中共达成了一项致力于国家统一的正式书面文件。这个协议是在时任美国驻华大使赫尔利帮助下促成的。假如没有这份协议的存在，他就不会派马歇尔前往中国了。杜鲁门说，他派马歇尔到中国去的唯一目的，就是帮助中国落实政治人物愿意接受的方案。他的本意绝不是要把美国的意志强加给中国人民。[③]

二、理查德·尼克松讲述 1972 年访华决策过程和访华行程

理查德·尼克松在《尼克松回忆录》中开辟专题讲述 1972 年访华的决策过程和访华行程。[④] 尼克松在回忆录中写道，在 1971 年 7 月 15 日晚上 7 时 30 分，他在加利福尼亚州伯班克城发表全国电视讲话，宣布了择期访华的消息。在尼克松看来，尽管这个公告只有三分半钟，但它却是 20 世纪最出人意料的外交新闻之一。在讲话中，尼克松说："周恩来总理和尼克松总统的国家安全事务助理基辛格博士，于 1971 年 7 月 9 日至 11 日在北

---

① ［美］哈里·杜鲁门著，李石译：《杜鲁门回忆录（上卷）》，北京：东方出版社，2007 年 1 月第 1 版，第 89—108 页。

② ［美］哈里·杜鲁门著，李石译：《杜鲁门回忆录（上卷）》，北京：东方出版社，2007 年 1 月第 1 版，第 109 页。

③ ［美］哈里·杜鲁门著，李石译：《杜鲁门回忆录（上卷）》，北京：东方出版社，2007 年 1 月第 1 版，第 110—112 页。

④ Richard Nixon, *RN: The Memoirs of Richard Nixon*, New York: GROSSET & DUNLAP, A Filmways Company Publishers, 1978, pp. 544 – 580.

京举行会谈。获悉，尼克松总统曾表示希望访问中华人民共和国，周恩来总理代表中华人民共和国政府邀请尼克松总统于1972年5月前的适当时间访问中国。尼克松总统愉快地接受了这一邀请。中美两国领导人的会晤，是为了谋求两国关系的正常化，并就双方关心的问题交换意见。”①

（一）访华决策过程

1. 尼克松开始释出改善中美关系的信号

尼克松说，在这简短的公告背后，有着两年多复杂、微妙和坚定的外交招呼和谈判。尼克松1967年10月在《外交季刊》上发表《越南（战争）之后的亚洲》一文，提出“美国和共产党中国建立关系的重要性”，这是他第一次释出改善美中关系的信号。在1969年1月20日的就职演说中，尼克松也间接提到了这个问题。他说，“我们寻求一个开放的世界……在这个世界里，国家无论大小，它们的人民都不生活在愤怒的孤立状态中。”2月1日，尼克松给基辛格写了一个备忘录，主张竭力鼓励政府探索同中国改善关系的可能性。不过，尼克松强调，这件事情必须严格保密。② 对于尼克松释出的这些有兴趣缓和中美关系的零散信号，在1969年期间中方并未理会。事实上，美方也是在1970年初才开始采取公开步骤主动对华示好。

1970年2月18日，尼克松向国会提交了政府第一个《外交政策报告》，这也是尼克松政府为改善中美关系做出的“第一个认真的公开步骤”。关于中国问题，报告指出：“中国人民是伟大、富有生命力的人民，他们不应该继续孤立于国际大家庭之外……指导我们同共产党中国关系的基本原则，是同指导我们对苏政策的原则相似的。美国的政策不大可能很快对中国的行为产生多少影响，更不用说对它的思想观点了。但是，我们采取力所能及的步骤改善同北京的实际上的关系，这肯定是对我们有益的，同时也有利于亚洲和世界的和平与稳定。”③

中方注意到了尼克松政府释出的信号。1970年2月20日，中国驻波

---

① ［美］理查德·尼克松著，裘克安译：《尼克松回忆录（中册）》，北京：世界知识出版社，2001年6月第1版，第653页。

② ［美］理查德·尼克松著，裘克安译：《尼克松回忆录（中册）》，北京：世界知识出版社，2001年6月第1版，第654页。

③ ［美］理查德·尼克松著，裘克安译：《尼克松回忆录（中册）》，北京：世界知识出版社，2001年6月第1版，第654页。

兰代办雷阳在同美国驻波兰大使沃尔特·约翰·斯托塞尔会谈时建议将中美大使级会谈从华沙转移到北京。雷阳也暗示，中方将欢迎一位高级官员担任美国代表团团长。同年 3 月，美国国务院宣布放松了前往中国旅游的大部分官方限制。4 月，美方又宣布进一步放宽对华贸易管制。但是，由于美国在 3 月策动柬埔寨右翼集团发动政变，推翻西哈努克政权，特别是美军 4 月底入侵柬埔寨，引起了中方的强烈抗议，中方也因此取消了原定于 5 月在北京进行的大使级会谈。①

2. 中美建立“巴基斯坦”和“罗马尼亚”沟通渠道

尼克松在回忆录中说，1970 年 7 月，中方释放了在中国服刑 12 年的美国天主教主教詹姆斯·爱德华·华理柱（James Edward Walsh）。这是中方为恢复中美大使级会谈释出的一个重要信号。尼克松显然明白这个信号的意义。他在同年 10 月初接受《时代》杂志采访时表示：“如果说我在有生之年有什么事情想做的话，那就是到中国去。如果我去不了，我要我的孩子们去。”10 月 25 日，时任巴基斯坦总统叶海亚·汗访问美国。尼克松借此建立了中美“叶海亚·汗沟通渠道”（也就是“巴基斯坦渠道”）。尼克松在 1969 年 7 月访问巴基斯坦时曾经同叶海亚·汗笼统地讨论过这个问题。在叶海亚·汗访美期间，尼克松告诉他，美方已经决定设法促进中美关系正常化，他希望叶海亚·汗总统能居中联络。叶海亚·汗当即表示支持。②

10 月 26 日，时任罗马尼亚总统尼古拉·齐奥塞斯库对美国进行国事访问。尼克松提到了他在 1969 年访问罗马尼亚时跟齐奥塞斯库谈到改善中美关系的必要性。在接待齐奥塞斯库宴会上，尼克松在祝酒词中使用“中华人民共和国”这个正式名称指中国。尼克松说，这是一位美国总统第一次有意使用“中华人民共和国”来指代“共产主义中国”。他说，即使是在 1970 年 2 月他提交给国会的第一个《外交政策报告》中称中华人民共和国时也用的是“共产主义中国”。尼克松解释说，这是他有意释放出的一个“意味深长的外交信号”。在第二天同齐奥塞斯库会谈时，尼克松希望齐奥塞斯库向中方传话，即使不能达到同中国重新建立完全外交关系的最后理想，他也希望双方可以进行高级私人代表互访。齐奥塞斯库答应把

① ［美］理查德·尼克松著，裘克安译：《尼克松回忆录（中册）》，北京：世界知识出版社，2001 年 6 月第 1 版，第 655 页。

② ［美］理查德·尼克松著，裘克安译：《尼克松回忆录（中册）》，北京：世界知识出版社，2001 年 6 月第 1 版，第 655 页。

这个话传达给北京，这就是“罗马尼亚渠道”的开端。[①]

11月22日，尼克松给基辛格口授了一个备忘录，要求基辛格用两三个月的时间秘密研究美国“在联合国接纳中国大陆问题上”应该采取什么样的方针。尼克松说，“我认为，我们没有足够的票数去阻挡（联合国）接纳（中国）的时刻比我们预料的要来得快。我们确实需要解决的问题是，我们怎么样才能逐步确立一个立场，使我们能够保持对中国台湾地区的义务，而又不致于遭到赞成（联合国）接纳中国大陆的人的攻击。”[②]

事实上，中美关系发展的速度远超出了尼克松的预期。12月9日，周恩来通过巴基斯坦总统叶海亚·汗向尼克松传话说，中方欢迎尼克松总统的代表来北京讨论台湾问题。周恩来强调说明这不仅是他个人的口信，而且也得到了毛泽东主席的批准。周恩来用他特有的精辟口吻说了句俏皮话，他说：“过去我们通过不同的来源收到美国方面的口信。这是第一次从一个首脑通过一个首脑给另一个首脑提出建议。”[③] 美方通过巴基斯坦驻美大使阿加·希拉利做出回复表示，美方希望会谈不应限于讨论台湾议题，美方建议中美代表在巴基斯坦会晤，商谈今后在北京举行高级别会谈的可能性。

尼克松说，12月18日，毛泽东在北京接受美国作家埃德加·斯诺的采访。毛泽东表示，中国外交部正在考虑允许具有不同政治色彩的美国人——不管是左派、右派，还是中间派——访问中国。斯诺问毛泽东这是否包括“垄断资本家”的代表尼克松。毛泽东回答说，他欢迎尼克松来。毕竟，尼克松是总统，要解决中美之间的问题，还是要和总统谈。不管尼克松总统是以旅游者的身份，还是以总统的身份来中国，他都愿意和尼克松谈。尼克松在几天后了解到了斯诺对毛泽东的采访内容。[④] 这是中国国家主席在美国总统表示愿意访华两个月后向美方释放的一个非常重要的外交信号。在1971年初，周恩来在会见罗马尼亚副总理时也通过“罗马尼亚渠道”释放了中方欢迎尼克松访华的信号。

---

① ［美］理查德·尼克松著，裘克安译：《尼克松回忆录（中册）》，北京：世界知识出版社，2001年6月第1版，第655页。

② ［美］理查德·尼克松著，裘克安译：《尼克松回忆录（中册）》，北京：世界知识出版社，2001年6月第1版，第656页。

③ ［美］理查德·尼克松著，裘克安译：《尼克松回忆录（中册）》，北京：世界知识出版社，2001年6月第1版，第656页。

④ ［美］理查德·尼克松著，裘克安译：《尼克松回忆录（中册）》，北京：世界知识出版社，2001年6月第1版，第657页。

3. 尼克松就改善中美关系释放新的信号

1971 年 2 月 25 日，尼克松向国会提交了第二个《外交政策报告》。报告指出，美国政府正在探讨发展中美关系的可能性，评估联合国最终接纳中国的前景。报告说："在今后这一年里，我要仔细研究我们能采取什么进一步步骤，以创造中美人民之间扩大交往的机会，并且怎样消除妨碍这些机会实现的不必要的障碍。我们希望对方也这样做，但如果对方不这样做，我们也不惧怕。……凡是我们能够做到的，我们一定去做。"①

3 月 15 日，国务院宣布取消对使用美国护照去中国大陆旅行的一切限制。4 月 6 日，尼克松从美国驻日使馆获悉，正在日本参加世界锦标赛的美国乒乓球代表团已经接到中方邀请，赴北京参加表演赛。这个消息着实出乎美方意料。尼克松对此又惊又喜。美国政府立刻批准了美国乒乓球队接受中方的邀请，中方也向几个西方记者发放签证，允许他们随团报道美国乒乓球队在中国的活动。4 月 14 日，尼克松宣布终止已经实施了 20 年的美国对华贸易禁运。他还命令放松对华货币和运输管制。在同一天，周恩来在北京会见了美国乒乓球队代表团。

尼克松说，1971 年 4 月 27 日，巴基斯坦驻美大使阿加·希拉利前往白宫拜访他。希拉利向他转交了周恩来通过叶海亚给尼克松捎来的一个口信。在口信中，周恩来表示，尽管中方坚持台湾问题的解决是中美恢复双边关系的前提，但是，为了解决这个问题，中方现在有兴趣同美国进行直接讨论。为此，中国政府重申，愿意公开在北京接待美国总统特使（如基辛格先生），或美国国务卿，甚至美国总统本人，从而开启双方直接会晤和商谈。周恩来给尼克松的口信令尼克松非常兴奋，但同时他也犯了难。第一，中方提到，台湾问题仍然是会谈的中心议题，但这个问题一时很难解决。第二，中方提到公开在北京接待美方特使，但尼克松希望在访华安排最终确定之前，双方的任何接触都能够秘密进行。他担心，一旦泄密，保守的反对派会就可能在国会进行动员，破坏他为改善中美关系所做的全部努力，让他前功尽弃。

4 月 29 日，尼克松在一次记者会上回答记者关于美国对华政策的一般问题之后说，"最后我想说一下——我知道这个问题即使现在不回答，也有人会提出来——我希望，并且事实上我希望在某个时候以某种身份——

---

① ［美］理查德·尼克松著，裘克安译：《尼克松回忆录（中册）》，北京：世界知识出版社，2001 年 6 月第 1 版，第 658 页。

我不知道是什么身份——访问中国大陆。但是这只表明我的一个长远的愿望。我希望能帮助制定一项政策，使我们能同中国大陆发展新的关系。”①尼克松说，这是一个重要的暗示，暗示美国政府当时正在同中国方面接触。但遗憾的是，即使是尼克松讲话的研究专家也未能理解其中的深意。大约在同一时间，美国《生活》杂志刊登了埃德加·斯诺在 1970 年 12 月 18 日对毛泽东的采访。这时，美国公众才了解到，毛泽东欢迎尼克松访问中国。②

4. 中美通过“巴基斯坦渠道”和“罗马尼亚渠道”持续沟通

在回忆录中，尼克松说，中美之间的信号释出和口信传递来来回回持续了两年多的时间。这些口信基本是上通过“巴基斯坦渠道”和“罗马尼亚渠道”谨慎传递的。到 1971 年 5 月，他和基辛格认为，美方应该采取重大步骤，直接向中方提出总统访华的问题。5 月 10 日，基辛格约见巴基斯坦驻美大使阿加·希拉利，请他通过叶海亚总统向周恩来转交一个口信。基辛格在口信中说，由于尼克松总统非常重视中美关系，他准备接受周恩来的访华邀请。尼克松建议，在自己访华前，先由基辛格秘密访问北京，安排访华议程，就双方关心的问题初步交换意见。

尼克松说，此后他开始了漫长的等待。5 月 31 日，他接到了阿加·希拉利大使转交的来自叶海亚总统的一个口信，内容如下：一是（中国方面对贵方）上次来信反应积极，令人鼓舞；二是请转告基辛格博士，会晤将在中国境内举行，（基辛格博士的行程）由我方（即巴基斯坦方面）安排；三是会谈的级别将如你们所建议的那样；四是口信全文将用安全方式传递。③

两天后，巴基斯坦大使阿加·希拉利给基辛格送来了尼克松等待已久的信。信中说：“周恩来总理认真研究了尼克松总统在 1971 年 4 月 27 日、5 月 17 日和 5 月 22 日的口信，并非常愉快地向毛泽东主席报告尼克松总统准备接受他的建议访问北京，同中华人民共和国领导人直接会谈。毛泽东主席表示，他欢迎尼克松总统来访，并且期待同总统阁下进行直接谈

① ［美］理查德·尼克松著，裘克安译：《尼克松回忆录（中册）》，北京：世界知识出版社，2001 年 6 月第 1 版，第 661 页。

② ［美］理查德·尼克松著，裘克安译：《尼克松回忆录（中册）》，北京：世界知识出版社，2001 年 6 月第 1 版，第 661 页。

③ ［美］理查德·尼克松著，裘克安译：《尼克松回忆录（中册）》，北京：世界知识出版社，2001 年 6 月第 1 版，第 661 页。

话，各方可自由地提出自己关心的主要问题。周恩来总理欢迎基辛格博士来华，作为美方代表先同中方高级官员进行初步秘密会谈，为尼克松总统访问北京进行准备并做必要安排。”①

尼克松在读这段话的时候，基辛格站在一旁，满脸堆笑。尼克松读完后，基辛格感慨地说：“这是第二次世界大战结束以来美国总统收到的最重要的信件。”尼克松也难掩内心的兴奋。当时已经接近午夜，他请基辛格稍作停留。他到家庭小厨房里拿出一瓶有人在圣诞节送他的陈年库瓦西埃白兰地。他跟基辛格说：“亨利，我知道，你像我一样，晚饭后从不喝酒，何况现在已经很晚了。但是，我认为这次我们应该破一下例。”在两人举起酒杯时，尼克松对基辛格说：“亨利，我们在此不是庆祝我们个人的成功，也不是庆祝本届政府政策的成功。让我们为今后的世世代代干杯，他们可能由于我们所采取的行动而更有机会过和平的生活。”②

5. 基辛格秘密访问北京

7 月 6 日，尼克松在堪萨斯城召开例行吹风会，向美国中西部新闻机构负责人介绍政府国内政策和外交政策。尼克松在吹风会上谈到了中国问题。他说，由于中国与西方世界隔绝，所以大多数美国观察家看不清中国的潜在力量。但是，中国的潜力巨大，任何明智的外交政策都不应忽视或排除中国。尼克松说：“本届政府必须采取最初的步骤以结束中国大陆孤立于国际大家庭之外的局面。”在谈到美国政府结束对华贸易禁运，允许持美国护照前往中国旅游等政策措施，尼克松表示，“我们所做的只不过是开了一扇门——为旅行开了门，为贸易开了门。现在的问题是，他们会不会在其他方面打开几扇门。……中国大陆置身于国际大家庭之外，完全孑然独处，它的领导人同世界领导人互不沟通，这对全世界都是很危险的。这是我们所不能接受的，也是其他人所不能接受的。因此，现在我们必须采取这个步骤。如果得到了对方的响应，我们还将明确、审慎地采取后续步骤。”尼克松说，他的讲话并未引起在场媒体负责人的密切关注，但却引起了中方的注意。由于此时基辛格正在远东访问，7 月 9 日将秘密前往北京，开展他为期三天的秘密访华，所以，尼克松利用媒体吹风会的机会谈论美国改善对华关系，可以解读为在基辛格秘密访华前向中方释放

① ［美］理查德·尼克松著，裘克安译：《尼克松回忆录（中册）》，北京：世界知识出版社，2001 年 6 月第 1 版，第 662 页。

② ［美］理查德·尼克松著，裘克安译：《尼克松回忆录（中册）》，北京：世界知识出版社，2001 年 6 月第 1 版，第 663 页。

出的积极信号。[①]

在基辛格秘密访华的三天时间里，双方就尼克松访华的安排达成了一致。访华期间，周恩来曾向基辛格提到了尼克松 7 月 6 日在堪萨斯城发表的演讲。基辛格表示，他也只是从媒体报道上看到的。第二天进早餐时，基辛格看到餐桌上放了一份尼克松演讲的讲稿，上面画有一些横道和中文边注，还有一张便条，写着“请阅后退还”，因为那是周恩来唯一的一份。基辛格的秘密访华非常成功。他在写给尼克松的报告中有这样一段精彩的总结：“我们已经为您和毛泽东主席翻过历史的一页奠定了基础。但我们对将来不应抱有幻想。我们和同中国人之间存在深刻的分歧和多年的隔绝。在高级会谈以前和会谈期间，他们在中国台湾和其他问题上将坚持自己的立场。如果我们的关系变坏，他们将成为不可调和的敌人。……我们无论同中国人或者其他人打交道时，都需要可靠性、确切性和策略。如果我们能够掌握这一套处理问题的方法，我们就会创造历史。”[②] 有了基辛格对中国成功进行的三天秘密访问，也就有了尼克松 7 月 15 日发表的接受中方邀请、择机访问中国的电视公告。

6. 基辛格公开访华，安排尼克松访华事宜

10 月 20 日，基辛格对中国进行了为期 6 天的公开访问。此次访问有两个目的：一是安排尼克松访华议程；二是同中方讨论访问结束时发表的联合公报的措辞。美方提交中方的公报草案是标准的外交惯用模式，用模糊、折衷的语言来掩饰双方争论最激烈和最难解决的问题。中方对此表示无法接受。周恩来说，公报措辞如果不反映双方之间的根本分歧，就会产生一种“假象”。周恩来指出，美方提出的公报草案是苏联人愿意签字的那种不说真话、也不打算遵守的陈词滥调的文件，是不可取的。中方提交给基辛格一份对应草案，基辛格大吃一惊，因为美方的草案掩盖了分歧，但中方的草案却突出了分歧。在第一次会谈结束后，基辛格发现中方愿意共同草拟一个折衷的公报，阐明尼克松同中国领导人会晤的基本目标，同时以平和的语言阐明各自的立场。在总结几天长时间、有时艰难的会谈时，基辛格说，中国人在追求自己目标时，虽然也会重视公报的具体措辞，但他们更看重历史的大势。基辛格说：“他们仍将坚持自己的立场，

---

① ［美］理查德·尼克松著，裘克安译：《尼克松回忆录（中册）》，北京：世界知识出版社，2001 年 6 月第 1 版，第 664 页。

② ［美］理查德·尼克松著，裘克安译：《尼克松回忆录（中册）》，北京：世界知识出版社，2001 年 6 月第 1 版，第 665 页。

但是，他们基本上接受了我们的论点，即就是说，我们可以少说多做，谈判的进程必须是逐步进行的，有些问题需要留下来慢慢谈。”基辛格的这次公开访问增进了双方的了解，为尼克松访华奠定了良好的基础。①

（二）尼克松访华：“改变世界的一周”

1972 年 2 月 21 日到 28 日，尼克松对中国进行了为期一周的访问。2 月 21 日上午 11 点 30 分，尼克松乘坐的专机到达北京首都机场，周恩来总理亲自到机场迎接。尼克松在《回忆录》中描述了他走下飞机的旋梯，一边主动伸出手，一边走向周恩来总理的情景。他说，当两人的手握在一起的时候，一个时代结束了，另一个时代开始了。周恩来同尼克松乘坐同一辆轿车进城。在离开机场时，周恩来对尼克松说：“你的手伸过世界上最辽阔的海洋和我握手——25 年没有交往了呵。”② 尼克松在一周的访华行程中，除了参加一些礼节性的活动，如出席国宴，观看演出，游览长城、故宫等名胜以外，最重要的活动有三项：一是同毛泽东进行历史性会晤；二是同周恩来进行密集会谈；三是中美在上海发表联合公报。尼克松在总结这次访华成果时说，这是“改变世界的一周”。③

1. 尼克松同毛泽东会晤

在到达北京的当晚 7 时，周恩来在人民大会堂举行盛大国宴，欢迎尼克松访华。晚宴过后，毛泽东在寓所会见了尼克松，两人见面时握手长达一分钟。当时毛泽东患支气管炎已经一个多月了，说话显然有些困难。但是，他还是同尼克松、基辛格等人谈了近一个小时，远超过原本计划的 10 分钟或 15 分钟。尼克松对毛泽东的印象是“具有一种非凡的幽默感”“尽管说话有些困难，但思维像闪电一样敏捷”“笑声非常爽朗”“思维非常活跃”等。④

在谈到访华的目的时，尼克松坦率地说，多年来，他对于中国的立场是中方无法认同的。但是，中美之所以能够走到一起，是双方认识到世界

① ［美］理查德·尼克松著，裘克安译：《尼克松回忆录（中册）》，北京：世界知识出版社，2001 年 6 月第 1 版，第 667 页。

② ［美］理查德·尼克松著，裘克安译：《尼克松回忆录（中册）》，北京：世界知识出版社，2001 年 6 月第 1 版，第 672 页。

③ ［美］理查德·尼克松著，裘克安译：《尼克松回忆录（中册）》，北京：世界知识出版社，2001 年 6 月第 1 版，第 696 页。

④ ［美］理查德·尼克松著，裘克安译：《尼克松回忆录（中册）》，北京：世界知识出版社，2001 年 6 月第 1 版，第 673—677 页。

出现了新的形势；美国方面认识到，事关紧要的并不是一个国家内部的政治哲学，而是这个国家对世界和对美国的政策。尼克松表示，双方应该审视各自的政策，决定这些政策的发展方向，以便同世界打交道，并应对朝鲜、越南、中国台湾地区等眼前的问题。尼克松还提出了美日防卫关系、日本前途、苏联扩张等问题，希望能同中方进行探讨。在尼克松侃侃而谈的时候，毛泽东听得非常仔细，紧紧抓住谈话中的每一个细微含义。在听到尼克松引用自己的诗句“只争朝夕”来说明双方应该把握时机改善中美关系时，毛泽东谦虚地笑了。在会晤中，毛泽东提到了尼克松的著作《六次危机》，并称赞书写得好。①

2. 尼克松同周恩来会谈

在尼克松访华期间，他同周恩来进行了多次会谈。尼克松说，周恩来非凡的品格给他留下了深刻的印象。他在同周恩来密集的正式会谈和轻松的交谈中，可以深切地感受到周恩来杰出的才华和旺盛的精力。尼克松说，世界上许多领导人和政治家往往关注某一事业或者议题，周恩来却不然。他能广泛地谈论人物和历史，他的知识非常渊博。②

尼克松就美国的亚洲政策、印度支那问题、日本前途、苏联扩张等问题谈了他的看法。尼克松表示，中美之所以能走在一起，并不是因为理念相同，也不是因为友谊——尽管这两者都非常重要，而是因为中美有着共同的利害关系。在谈到印度支那问题时，周恩来表示，在他看来，美国从越南撤出得越晚，对美国越不利。当然，只要美国仍在搞什么战争“越南化”、“老挝化”、“柬埔寨化”，只要这些国家还在同美国交战，中方就别无选择，只能支持他们。③

当然，双方会谈中最重要的问题仍然是台湾问题。尼克松说，尽管中美双方在台湾问题上有分歧，但最后还是决定求同存异，在联合公报中分别阐述各自的立场。尼克松说，在最终的联合公报中，双方的措辞比较缓和，这不仅得益于基辛格的谈判技巧，更有赖于周恩来总理的通情达理。④

---

① ［美］理查德·尼克松著，裘克安译：《尼克松回忆录（中册）》，北京：世界知识出版社，2001 年 6 月第 1 版，第 675—677 页。

② ［美］理查德·尼克松著，裘克安译：《尼克松回忆录（中册）》，北京：世界知识出版社，2001 年 6 月第 1 版，第 693 页。

③ ［美］理查德·尼克松著，裘克安译：《尼克松回忆录（中册）》，北京：世界知识出版社，2001 年 6 月第 1 版，第 681—683 页。

④ ［美］理查德·尼克松著，裘克安译：《尼克松回忆录（中册）》，北京：世界知识出版社，2001 年 6 月第 1 版，第 685—686 页。

3. 中美在上海发表联合公报

中美联合公报无疑是双方会谈中最困难、最敏感的内容。美方在这个问题上的态度是，希望双方在会谈中讨论彼此的分歧，但是在发表联合公报的时候，能够使用含糊其辞的语言掩盖这些分歧。周恩来表示，如果我们这样做，那不仅是在欺骗人民，也是在欺骗自己。① 联合公报最后采纳了中方的建议，按照基辛格 1971 年 10 月 20 日到 26 日访华期间双方商定的办法处理，即就是坦率地列出而不是掩盖彼此的重大分歧。在尼克松看来，这个公报打破了外交上的常规，在外交史上实属罕见。②

为了说明上海公报的开创性和独特性，尼克松在回忆录中引述了公报中双方就台湾问题阐述的各自立场。尼克松写道："中方重申自己的主张：他们是中国的唯一合法政府，台湾是中国的一个省。他们声明，解放台湾是中国的内政，别国无权干涉，并要求全部美国武装力量和军事设施必须从台湾撤走。他们最后说，'中国政府坚决反对任何旨在制造'一中一台'、'一个中国，两个政府'、'两个中国'、'台湾独立'和鼓吹'台湾地位未定'的活动。美方声明关于台湾问题的那一段话措辞回避了意见的冲突，只是简单地声明：'美国认识到，在台湾海峡两边的所有中国人都认为只有一个中国，台湾是中国的一部分。美国政府对这一立场不提出异议。它重申对由中国人自己和平解决台湾问题的关心。'"尼克松也谈到了"随着这个地区紧张局势的缓和，逐步减少美国在中国台湾地区的武装力量和军事设施"的问题。③

在尼克松看来，《中美上海公报》最重要的一段是规定任何一方都不"应该在亚洲太平洋地区谋求霸权，每一方都反对任何其他国家或国家集团建立这种霸权的企图"。尼克松说，因为双方同意了这个条款，中美都给自己施加了约束。但是，更重要的是，特别是从中国的角度来看，这个条款微妙地但明白无误地表明，中美都反对苏联或者任何别的大国支配亚洲的图谋。④

---

① ［美］理查德·尼克松著，裘克安译：《尼克松回忆录（中册）》，北京：世界知识出版社，2001 年 6 月第 1 版，第 677 页。

② ［美］理查德·尼克松著，裘克安译：《尼克松回忆录（中册）》，北京：世界知识出版社，2001 年 6 月第 1 版，第 693 页。

③ ［美］理查德·尼克松著，裘克安译：《尼克松回忆录（中册）》，北京：世界知识出版社，2001 年 6 月第 1 版，第 692 页。

④ ［美］理查德·尼克松著，裘克安译：《尼克松回忆录（中册）》，北京：世界知识出版社，2001 年 6 月第 1 版，第 692 页。

在结束访华行程前的宴会上，尼克松在发表祝酒词时说："我们今天发表的联合公报概括了我们会谈的成果。这个公报明天会成为全世界的重大新闻。我们在公报里所说的话固然重要，但更重要的是，在今后几年里，我们将付诸努力，架设起一座跨越一万六千英里、结束分隔我们长达22年敌对状态的桥梁。"① 尼克松访华打开了封闭20多年的中美关系的大门，为中美关系的发展做出了重要贡献。

三、吉米·卡特讲述中美建交过程中美方的决策过程

作为中美建交的推动者和历史见证人，中国议题自然是吉米·卡特在回忆录中必不可少的话题。他在回忆录中开辟中国专题，从他同中国的不解之缘讲起，重点谈论了中美建交过程中美方的决策过程和邓小平访美的经过。② 卡特说，他同中国的不解之缘始于20世纪30年代。卡特所属的教派是基督教浸信会教派，当时浸信会教派在中国有很多传教士。少年时代的卡特曾经从这些传教士那儿了解到了很多有关中国的事情。那时，卡特的叔叔汤姆·戈迪也在美国海军当报务员，他所隶属的军舰曾经到过中国上海、青岛等地。戈迪经常会给卡特寄一些自己在上海和青岛码头一些街道、店铺和酒馆的照片，讲述自己在中国的故事。因此，卡特对中国的兴趣油然而生。

1949年初，时任海军潜艇军官的卡特到过中国。卡特说，在青岛逗留期间，当他看到国民党兵用刺刀逼着儿童和老人去补充兵员时就意识到，国民党垮台的日子已经临近了。卡特说，4月，他随所属潜艇离开中国，返回珍珠港。不到半年，蒋介石及其追随者就被迫撤离大陆，把他们的政府迁往中国台湾地区。但美国仍承认它是中国"唯一的政府"。在朝鲜战争期间，美国在中国台湾地区有驻军，并在1954年12月同国民党当局签署了共同防御条约。卡特说，尽管美国是支持蒋介石军队的，但是，随着岁月的流逝，连台湾当局在美国的朋友们也越来越明显地感觉到，蒋介石"反攻大陆"的希望越来越渺茫。中国大陆有十亿人口，几乎占到世界人口的四分之一。况且，中国在国际事务中的战略重要性越来越明显。美国

---

① ［美］理查德·尼克松著，裘克安译：《尼克松回忆录（中册）》，北京：世界知识出版社，2001年6月第1版，第696页。

② Jimmy Carter, *Keeping Faith: Memoirs of A President*, New York: Bantam Books, 1983, pp. 186－211. ［美］吉米·卡特著，裘克安等译：《保持信心：吉米·卡特总统回忆录》，北京：世界知识出版社，1983年10月第1版，第171—196页。

不可能永远无视这样一个现实。①

（一）卡特对中美关系的初步认识

在 1972 年 2 月，时任总统理查德·尼克松对中国进行了历史性访问，中美在上海发表联合公报，美方承认世界上只有一个中国。卡特说，美国此举无异于暗示：它一旦同中国大陆建立了全面关系，就不能继续同台湾地区保持外交关系。上海公报还表示，随着紧张局势的缓和，美国在台湾地区的兵力就要减少，并最终将全部军队撤离台湾地区。

在卡特看来，尼克松访华是外交上的一大成就，它有助于将西太平洋地区的稳定与和平提升到一个新的水平。也就是在那时，卡特就希望美国能同中国大陆建立初步关系，以最终实现两国建交的目标。1973 年中美在华盛顿和北京互设联络处，为实现关系正常化迈出了重要的一步，但此后却停滞不前。在卡特看来，出现这种情况主要有两个原因：一是行政部门缺乏强有力的领导，卡特指的是尼克松在"水门事件"发生期间自顾不暇，不久便黯然辞职，福特在继任后外交政策的优先方向是美苏缓和，两人在促进中美关系正常化方面未能展现必要的决心和意志；二是在美国，特别是在国会，支持台湾当局的势力很大。在缺少强有力的行政部门领导的情况下，台湾当局在美国国会院外活动集团似乎可以左右美国对华政策的走向。②

卡特说，他在 1976 年民主党初选时赢得几场初选后发现，来自台湾当局的邀请函像雪片一样飞向自己的亲戚和朋友，免费邀请他们赴台湾地区访问。那些接受台湾方面邀请的人士受到台湾地区领导人的接见，得到了丰厚的礼物。台湾方面希望这些人能够给卡特施加影响。卡特设法阻止了他自己最亲近的家人前往台湾地区，但他未能阻止自己家乡的一些朋友前往。事实上，由于他反对这些人前往台湾地区，他同这些人的关系搞得很僵。

卡特在 1976 年 11 月大选获胜后不久就邀请时任国务卿亨利·基辛格到自己在佐治亚州普兰斯的家中就外交事务给自己做简报。他说自己非常渴望了解中国的情况。基辛格告诉他，中国人既精明又难打交道。他们很

---

① ［美］吉米·卡特著，裘克安等译：《保持信心：吉米·卡特总统回忆录》，北京：世界知识出版社，1983 年 10 月第 1 版，第 172—173 页。

② ［美］吉米·卡特著，裘克安等译：《保持信心：吉米·卡特总统回忆录》，北京：世界知识出版社，1983 年 10 月第 1 版，第 173 页。

有耐心，他们知道，当时美国国内政治形势仍然在妨碍着中美实现关系正常化。基辛格还说他本人非常乐于同中国领导人打交道。当卡特问道“中国人是否信得过”时，基辛格回答说，“信得过。他们会一丝不苟地贯彻协议的字面内容和精神实质。”卡特在1977年1月20日入主白宫后，仔细阅读了基辛格、尼克松同中国领导人的会谈记录和福特私下对中国领导人的评价。卡特也了解了尼克松访华5年来中美关系的进展情况。他认识到，妨碍中美关系正常化的主要障碍是台湾问题这个极其敏感的议题。①

（二）中美就建交问题进行初步接触（1977年2月至8月）

1977年2月初，卡特在白宫会见了中国驻华盛顿联络处主任黄镇。在会见中黄镇强调，对于中美关系正常化的问题，中方有耐心，可以等待。黄镇说，只要美方准备好了“执行几年前（双方达成的）协议”，也就是《上海联合公报》中规定的内容，那么，中方愿意促进两国关系正常化。卡特说，由于美方多位领导人都已经访问过中国（卡特指1972年2月时任总统理查德·尼克松访华，1975年12月时任总统杰拉尔德·福特访华），美国也有许多官员多次访问北京，美方希望邀请中国领导人访美。对此，黄镇表示，只要台湾当局的“大使”仍在华盛顿，中国领导人就不可能去访美。卡特说，这是他第一次领教了中国人强调的“原则问题”。当然，双方会谈释放出的信息非常明确，那就是，美中将很快朝着关系正常化的方向努力。②

卡特说，尽管在执政初期的几个月中他应该优先处理很多事情，但他一直把中国问题放在心上。1977年5月22日，卡特在印第安纳州圣母大学就美国外交政策发表演讲。他在演讲中强调，继续推动中美关系正常化对美国来说极其重要。卡特表示，他任命刚刚退休的美国汽车工人工会主席伦纳德·伍德科克担任美国驻北京联络处主任。选择德高望重的伍德科克担任这样一个非常重要的职务就是要向中方释放这样一个信息：美国希望发展紧密的美中关系。卡特在7月7日的日记中记述了他同伍德科克、国务卿赛伊·万斯等人一起讨论中美关系正常化事宜。卡特说，他认为促进美中正常化是可取的，他也愿意为此承担政治责任，但唯一的障碍就是

① ［美］吉米·卡特著，裘克安等译：《保持信心：吉米·卡特总统回忆录》，北京：世界知识出版社，1983年10月第1版，第174页。

② ［美］吉米·卡特著，裘克安等译：《保持信心：吉米·卡特总统回忆录》，北京：世界知识出版社，1983年10月第1版，第175页。

台湾问题。①

8月17日，卡特在戴维营同国务卿万斯和国家安全事务助理兹比格涅夫·布热津斯基“字斟句酌”地讨论中美关系正常化的协议草案。伍德科克已经于7月中旬离开华盛顿赴北京上任，万斯也将在不久访华。卡特希望万斯带着协议草案前往北京同中方领导人交换意见。卡特说，从尼克松政府和福特政府同中方的会谈记录以及他本人同中国驻美联络处主任黄镇的讨论中，他已经清楚，中方有三个“原则问题”是没有商量余地的，那就是：废除美台防御条约；同中华人民共和国建交，同台湾当局断绝所谓的“外交关系”；美国军事力量撤离台湾地区。按照中方的说法，就是废约、断交、撤军。卡特说，只要能够体面、有条不紊地进行，他愿意接受这些原则。卡特的意思是说，能继续向台湾当局出售一些防御性武器；维持非官方的贸易和其他方面关系；共同防御条约的终止应如条约规定在终止一年前通知对方；并且能公开宣布和平解决台湾问题。

卡特说，美国希望与台湾当局保持非官方关系，并对其和平生存表示关切。但困难在于，中方是否能接受美方的态度。卡特认为，中方可能会对美国与台湾方面维持贸易关系一事保持缄默，也许会对和平解决两岸争端另做解释，也许会在美国对台出售防御性武器一事上承认双方仍有分歧。但是，他认为，中方不会让其中任何一个难题妨碍两国外交关系正常化。他决定逐步向中方提出美方的建议，在解决了一个问题后再解决另一个问题，这样做的目的是避免因双方分歧过多或过于集中而使谈判陷入僵局。8月2日，美国国务卿万斯访华。卡特说，由于美方某个下级官员透漏了“中方在谈判中表现出意外的灵活性”这一错误消息，邓小平在万斯访华结束时对新闻界发表的谈话措施非常严厉。事实上，万斯访华并不顺利，主要原因还是中美在台湾问题上存在很大分歧。②

（三）中美就建交问题进行深入接触（1977年9月至1978年5月）

万斯访华后，卡特决定把中美建交谈判暂时放一段时间。卡特政府外

① ［美］吉米·卡特著，裘克安等译：《保持信心：吉米·卡特总统回忆录》，北京：世界知识出版社，1983年10月第1版，第175页。

② ［美］吉米·卡特著，裘克安等译：《保持信心：吉米·卡特总统回忆录》，北京：世界知识出版社，1983年10月第1版，第176页。

交政策的优先议题是同巴拿马政府谈判签署《巴拿马运河条约》事宜，双方在1977年9月14日正式签署条约。但是，随着1978年国会会期开始，条约能否得到参议院的批准仍是未知数。当时参议院“台湾游说团”成员巴里·戈德华特（Barry Goldwater）等参议员在条约问题上仍然举棋不定。卡特担心任何疏远台湾当局的举动都会使他们在条约问题上投反对票。为了确保条约得到参议院批准，卡特需要争取最后关键性的几张票。同时，卡特政府正在就第二阶段限制战略武器条约同苏联进行谈判，也在拟定实现中东和平的全面倡议，还在推动能源法案等多个国内项目。卡特认为，当时没有足够的时间考虑美中关系正常化问题。况且，要处理像美中建交这样一个在当时美国国内非常有争议的议题，时机确实不成熟。

1978年4月18日，美国参议院以68票对32票批准了《巴拿马运河条约》。这时，卡特关注的重心又回到了美中关系正常化议题上。5月，卡特一方面派国务卿万斯前往莫斯科同苏联就第二阶段限制战略武器条约进行谈判，另一方面派国家安全事务助理布热津斯基前往北京同中方讨论美中建交议题。卡特在6月16日的日记中写道，他当天同国家安全事务助理布热津斯基、国防部长哈罗德·布朗、国务卿万斯、副总统沃尔特·蒙代尔等人开会讨论布热津斯基的中国之行。与会各位一致认为，如果中方准备好了，美国愿意在1978年11月中期选举结束后实现两国关系正常化；改善同中国的关系有助于美国推动同苏联就第二阶段限制战略武器条约的谈判。在布热津斯基前往中国之前，卡特又花了很长时间同他讨论美中关系改善将给东北亚地区和平带来的积极影响。

布热津斯基5月北京之行非常成功。邓小平会见了布热津斯基，同他进行了富有战略性和哲理性的会谈。邓小平请布热津斯基转告卡特，中方准备更好地利用双方的贸易关系，并且准备朝着向外交上承认的方向迈进。应美方的请求，中方也采取了一些旨在改善双边谈判氛围、改善美国公众对华态度的措施，例如不再连续公开批评美国的政策，在官方报纸上全文刊登并正面评价卡特在安纳波利斯海军学院就美苏关系发表的演讲，宣布中国将同美国石油公司合资勘探，并且赞誉布热津斯基的访问是“积极的”和“有益的”。①

---

① ［美］吉米·卡特著，裘克安等译：《保持信心：吉米·卡特总统回忆录》，北京：世界知识出版社，1983年10月第1版，第180—182页。

（四）中美建交正式谈判（1978 年 5 月至 12 月）

布热津斯基的成功访华坚定了卡特同中国正式开展建交谈判的决心。卡特表示，美国准备好了同中国就建交最后协议事宜开始实质性谈判，这些谈判必须遵循两个原则：一是保密，目的是避免激起台湾在美支持者的联合反对；二是避免彼此对谈判抱有过高的期待。为了确保谈判保密进行，卡特请国务卿万斯在白宫办公，要求美国驻华联络处主任伍德科克只接受来自白宫的指示。卡特逐行审阅建交公报的几个文本，然后发给伍德科克，再由伍德科克负责同中方谈判。

经过几个月艰苦的谈判，在 1978 年 11 月下旬，卡特给伍德科克发去了美方草案中的最后几部分内容，其中包括在卡特看来中方很难接受的三项条款的措辞：一是美中建交后美台共同防御协定还将继续维持一年；二是中方不反对美方关于以和平方式耐心地解决台湾问题的声明；三是美台防御协定期满后，美国将继续向台湾当局销售一些武器。卡特还提出把中美关系正常化日期暂定在 1979 年 1 月 1 日。

卡特说，当伍德科克收到他的指示时，邓小平正在外地考察，一个多星期后才回北京。在此期间，布热津斯基和白宫中国问题专家迈克尔·奥克森伯格曾向卡特报告说，邓小平对一位外国记者说过一些饶有兴趣的话。他说，中国用"一秒钟"就同日本缔结了《和平友好条约》，同美国恢复外交关系正常化"只需两秒钟"。邓小平还说，他期待在有生之年能够访问美国。邓小平回到北京后，中共中央委员会召开特别会议，就未来中美关系等议题展开讨论。

与此同时，卡特接到伍德科克的报告，说邓小平将亲自出席原定于 12 月 13 日举行的中美建交下一次谈判。由于伍德科克在此前从未见过邓小平，此次谈判邓小平亲自出席，可见中方对此非常重视。卡特立刻觉察到这次谈判的重要性。他同万斯和布热津斯基商量，决定借此机会加快建交谈判进程。卡特派布热津斯基会见中国驻华盛顿联络处主任柴泽民，向柴泽民一一介绍卡特发给伍德科克的建交谈判草案。卡特想让中国领导人知道，发给伍德科克的建交草案是由他直接提出的，他想让邓小平提前看到他的建议，以便他在会见伍德科克之前有所准备。他还指示布热津斯基明确转告柴泽民，一旦美中建交协议达成，他就会亲自邀请邓小平访美。在这个关键时刻，卡特还打了一张"苏联牌"。他让布热津斯基转告柴泽民，美苏已经解决了第二阶段限制战略武器条约谈判中几乎所有的主要的问题，美苏两国领导人会面的日期很快就能确定下来。

伍德科克在拜会邓小平后很快给卡特发了一份简短的信息：中方同意美方谈判草案中的表述，邓小平接受卡特总统访美的邀请。卡特在收到伍德科克的汇报后异常兴奋。他说，在邓小平 12 月 13 日同伍德科克会谈时，双方之间已经有了相当程度的互信。由于双方谈判事宜已经完毕，卡特说他决定给邓小平一个惊喜：他建议双方在两天后，也就是 12 月 15 日美国东部时间晚上 9 点，北京时间上午 9 点同时发布两国建交公报。中方回应表示同意。同时，邓小平也提出在中美 1979 年 1 月 1 日建交后一个月内访美。美方接受了中方的提议。卡特在 12 月 14 日晚的日记中难以掩饰自己兴奋的心情。他说：“不管能不能保密，同中国关系正常化这一点都是令人振奋的。我们已决定翌日凌晨通知苏联、中国台湾当局、日本和我们的欧洲主要盟友。至此，我们政府中将会有 100 多人获悉此事。”①

对于谈判过程和协议内容的保密工作，卡特显然是非常满意的。在 12 月 15 日当天，卡特按照事先拟好的顺序逐步通知了尽可能多的相关人士，万斯和布热津斯基向新闻界通报，卡特则给日本首相大平正芳、前总尼克松、福特和一些重量级国会议员打电话。在给尼克松的电话中，卡特对尼克松 1972 年访华给予很高的评价，感谢尼克松给自己的建议。他还派奥克森伯格前往尼克松住所，向尼克松详细介绍建交公报的细节。卡特在 12 月 16 日的日记中记录了他在给尼克松打电话时开的一个玩笑，这也印证了前总统尼克松对中美关系的关心。卡特说，“我给布热津斯基打电话，告诉他我同尼克松谈话的内容。我问他是不是听说中国人已经取消协议（卡特指的是建交公报）的风声。听到这话，他几乎要晕倒了，我赶紧跟他说，我在开玩笑。”②

在总结这段经历时，卡特说：“中国问题是我们对外政策中少数几项比我任职初期所想象的解决得更好、更满意的任务之一。那时我认为，我们进行的计划可能失败，因为中国在我们对台湾方面的一项或几项重要原则问题上采取不妥协的态度；亚洲其他地区有意想不到的瓜葛；我们同中国的一些对抗可能产生巨大的影响或引起我国人民和国会内部难以遏制的政治上的反对。然而，一切都很顺利。中国人在关系正常化的前前后后，

① ［美］吉米·卡特著，裘克安等译：《保持信心：吉米·卡特总统回忆录》，北京：世界知识出版社，1983 年 10 月第 1 版，第 183—185 页。

② ［美］吉米·卡特著，裘克安等译：《保持信心：吉米·卡特总统回忆录》，北京：世界知识出版社，1983 年 10 月第 1 版，第 186 页。

对于我的其他任务以及我们的国内政治现实都表示理解。他们对于第二阶段限制战略武器会谈、台湾问题的解决、我们在西太平洋新的外交纽带发挥的稳定作用以及美日需要加强合作等方面的声明对我们都是有利的。他们的声明都没有使我们的新关系带上反苏色彩。在这一过程中，我明白了为什么有些人说中国人是世界上最文明的人。”①

做出中美建交的战略决策，凝聚着中美领导人的智慧、勇气和决断。中美建交近40年的经验表明，中美建交对中国乃至世界的和平、稳定、发展和繁荣具有重要的意义。

四、乔治·布什讲述如何在20世纪80年代末90年代初间稳定中美关系

《变化了的世界》一书是由乔治·赫伯特·沃克·布什和国家安全事务助理布伦特·斯考克罗夫特合作完成。作品采用第一、第三人称的叙事方法，运用总统日记、往来信件、谈话记录等大量一手资料，回顾了乔治·布什任期目睹和经历的世界重大事件，通过讲故事的方式，揭示了美国政府在应对这些事件时的决策过程，以及布什的个人理念和处事风格。

布什执政时期正值国际风云突变。德国统一、东欧剧变、苏联解体标志着持续近半个世纪的美苏冷战对峙成为历史。在这一时期，在海湾地区发生了伊拉克入侵科威特这样挑战国际秩序和地区和平的严重事件，在中国也发生了政治风波。在海湾战争期间，美国政府在联合国授权下，在多国部队的配合和支持下，发动了有限战争，成功将伊拉克逐出科威特，实现了战争目标。

在此期间，布什政府基于美国的价值观念，在国会和社会舆论的压力下，同时中止了中美高层政治交往、军事交流，对中国实行多项制裁，结果导致中美关系出现严重困难。客观地说，即使在中美关系非常困难的情况下，布什也试图利用各种途径，保持同中国领导人之间的联系，争取将这个事件对中美关系的负面影响降到最低。布什总统在处理中美关系时展现的建设性态度也得到中国领导人的高度重视和善意回应，这在相当程度上也维护了中美关系的大局。

布什在书中讲述了上任之初访华、在此前后给中国领导人写信、派遣

---

①［美］吉米·卡特著，裘克安等译：《保持信心：吉米·卡特总统回忆录》，北京：世界知识出版社，1983年10月第1版，第196页。

特使访华等事件。

他说，他决定采取“慎重的”反应。他并不想中断中美贸易关系，更不愿断绝1972年尼克松访华以来两国努力建立起来的双边关系。他选择了中止美国对华武器出口、中止双方军方交流、延长中国留学生留美时间等。因为在他看来，中美贸易联系有助于推动中国的社会改革。况且，如果美国要对中国保持一定的影响力，赢得中国方面的合作，就只能保持同中国政府的联系。布什说，“愤怒的言辞也许暂时会让一些（敌视中国的人）感到满意，但是，它却会伤害我们长期以来的努力。”

布什说，他的反应是谨慎的，也是恰当的。这主要源于他个人同中国深厚的渊源和对中国深入的了解。他说，自己同中国的渊源可以追溯到自己在尼克松政府时期担任美国驻联合国大使期间。当时，他就努力同中国驻联合国代表黄华发展友好的私人关系，他也曾同时任外交部长乔冠华见过面。但他真正了解中国，是在1974—1975年担任美国驻华联络处主任期间。在此期间，他尽可能多地了解中国。他和夫人芭芭拉·布什骑着自行车，深入地了解中国北京和基层。他也邀请中国人参加美国驻华联络处举办的活动，他自己也参加了中国的国庆庆典活动。在时任国务卿基辛格、总统福特来中国时，布什陪他们拜访了毛泽东主席。在拜访毛泽东主席期间，他第一次见到时任国务院副总理邓小平。布什说，在自己离开北京回华盛顿就任中情局局长前，邓小平设宴款待他和夫人芭芭拉·布什，他们谈话非常愉快。卡特当选总统后，布什离开了政府。1979年邓小平访美期间，在休斯敦停留。当布什拜访邓小平时，邓小平像接待朋友一样亲切地接待他。①

布什说，在1980年大选期间，在他获得共和党副总统候选人提名后，里根请他前往中国转告邓小平，尽管自己在一次竞选活动中发表了有关“两个中国”的讲话，但是，他本人并不认同“两个中国”；他将坚持美方在《上海联合公报》中做出的承诺，也就是说，世界上只有一个中国。布什说，在他向邓小平解释里根的演讲被断章取义时，邓小平听得非常认真。正当他向邓小平解释里根的演讲时，会议室门开了，有人递过一张纸条。纸条传到邓小平手里，他看了看纸条，表现出疑惑的神情，生气地说：“他又这么干了！罗纳德·里根又在演讲中又谈到“两个中国”了！”

① George Bush and Brent Scowcroft, *A World Transformed*, New York, Alfred A. Knopf, 1998, pp. 90 – 93.

布什说，面对这个尴尬的场面，他很快地说了一句话，就立刻离开了。后来他了解到，里根当时是想说明，尽管他对台湾很有感情，但他不会破坏《上海联合公报》。布什当总统后，在同邓小平会面时谈到这件令人尴尬的小事时，大家都笑了。布什说："当邓小平称我是'中国的老朋友'时，我觉得这不是一句简单的恭维；这是邓小平认识到，我理解发展中美关系的重要性，理解需要让中美关系走上正轨。我一直尊敬这位曾多次经历过人生沉浮的强势领导人带给中国的变化。"①

布什在书中用了大量的篇幅讲述他就职一个月后访华时同中国领导人的会谈，特别是同邓小平的会谈内容。在会谈中，邓小平回顾了布什在中国的情景，赞赏他对中国的兴趣，认为布什来访对中美关系发展开了一个好头。邓小平说，中美双方并不是在每个问题上都能达成一致，但是，他希望中美发展新型关系。他承认，这种关系不是战略联盟；但他认为，这可以是一种基于相互信任、将双方矛盾分歧减少至最低限度的关系。② 可以这样说，邓小平当年对中美关系的发展方向的论述在中美应当构建"新型大国关系"的今天，仍具有重要的指导意义。

在讲述他同邓小平的会谈时，布什说，邓小平主要跟他谈了中苏关系。他认为邓小平在谈到中苏关系时展现出来的敏锐的洞察力是罕见的。他自己也很高兴邓小平愿意如此坦诚地跟他分享自己对中苏关系的看法。他认为，这是邓小平想让美国深入了解中国的意图。布什说，在会谈时，邓小平主要讲了三点。第一，中国改善中苏关系不针对任何第三方，不会牺牲中美关系，也不意味着恢复中苏结盟。事实上，在布什同时任国家主席杨尚昆、国务院总理李鹏、副总理吴学谦、外交部长钱其琛等人会谈时，中国领导人已经表达了这个观点。在布什同邓小平会谈时，邓小平的表态算是重申中方的立场。

第二，如果戈尔巴乔夫访华取得成功，中苏关系实现正常化，中苏关系中的问题能够解决多少呢？这个问题也不得而知。邓小平强调，中苏之间存在很多亟待解决的问题，这些问题都有深刻的历史根源。

第三，中国致力于发展中美关系，是战略选择，不是权宜之计。邓小平指出，正是由于苏联对中国的战略包围长期以来威胁中国国家安全，所

---

① George Bush and Brent Scowcroft, *A World Transformed*, New York, Alfred A. Knopf, 1998, pp. 93 - 94.

② George Bush and Brent Scowcroft, *A World Transformed*, New York, Alfred A. Knopf, 1998, p. 94.

以，在毛泽东主席和周恩来总理时代，中国就注意发展同美国、西欧和日本的关系。邓小平对布什说，“我给你讲这一切，就是想说明，中国是从自身的利益考虑，作出了发展中美关系的战略决策。这不是‘打什么牌’的问题，也不是权宜之计。”关于布什关心的戈尔巴乔夫即将访华一事，邓小平说，中方改善中苏关系不会损害美方的利益，不针对任何第三方，中苏关系也绝不可能回到20世纪50年代的同盟关系。中方希望借助中苏关系正常化，为中国经济发展创造和平的国际战略环境。

邓小平在同布什会谈时强调，他之所花了大量篇幅谈论中苏关系，以及中国曾经遭受侵略的历史，就是希望阐明中国外交政策和经济发展的出发点，表明中国政府和人民对于任何外国势力干涉中国内政的企图都非常敏感。邓小平在同布什会谈时，称布什是他的朋友，也像对待朋友那样坦诚地同布什沟通自己的想法，这一点显然给布什留下了深刻的印象。布什认为，他了解中国的战略目标和战略意图，了解中国领导人的想法。也正因为这样，在中国国内政治风波发生后，尽管布什承受了来自国内左派、右派的巨大压力，他还是决定采取审慎的反应。他在6月5日的日记中这样写道：

> 我在上午8点钟同尼克松交谈，（讨论中国国内政治风波以及美国应该做出的反应）。尼克松说：“不要破坏（中美）关系。（你）应该把眼光看得远一些。”我告诉他，我不会召回（驻华大使）李洁明。他认为我做得对。他认为，我们不应停止两国贸易。他说，我可以象征性地（谴责一下中国）。但是，从长远来看，我们（美中）必须保持良好的关系。来自中国的报道听起来像疯了一样，谣言四起。所有这一切都告诉我，一定要谨慎，要冷静。

在书中，布伦特·斯考克罗夫特的讲述也证实了布什对中国国内政治风波的审慎反应。他说，布什总统在6月5日下午在向国会跨党派议员通报刚刚结束的欧洲之行时，利用这个场合向议员们介绍了他在这个事件后采取的措施。国会两党领导人，甚至包括极端保守的共和党议员杰西·赫尔姆斯（Jesse Helms），也支持布什总统做出谨慎的反应。

斯考克罗夫特说，布什总统并不愿意对这个事件作出完全负面的反应。他想同中国领导人沟通，希望不要在这样一个关键的时刻中断彼此之间的接触。斯考克罗夫特表示，他完全支持布什总统的看法。他认为，中国发生的一切与美国利益攸关，美国不可能轻易抛开中国。经过讨论，布什总统决定给中国领导人邓小平打电话。直接给中国领导人打电话，这在以前是从来没有过的。遗憾的是，电话无法接通。但是，布什并没有放弃同中国领导人沟通的希望，他决定写信，谈论他对当时中美关系的看法，探讨派遣密使访问中国的可能性。6 月 20 日，布什给邓小平写信。在信中，布什写到：

> 我怀着沉重的心情给您写信，我希望我们能找到某种办法亲自讨论这件事。首先，我本着真诚友好的精神给您写信。我确信，您知道，写这封信的人坚信，美中友好符合两国的根本利益。第二，我想您知道，我对您个人为中国人民和中国的发展所做的一切充满敬意。我想起上一次我们见面的时候，您跟我说，您已经基本上不再参与国家具体事务的管理。我给您写信，并不是要避开其他任何中国领导人。我只是作为一个朋友，一个真正的"老朋友"给您写信。本着这样的精神，我给您写信，请您帮助维护我们双方都认为非常重要的双边关系。我已经尽最大努力不卷入中国内部事务，也已经尽最大努力不以任何方式表现出我在告诉中国应如何处理自己的内部事务。我尊重我们两个社会和政治制度之间的差异。
>
> 我尊重中国的历史、文化和传统。中国对世界文明的发展做出了巨大的贡献。
>
> ……
>
> 我想请您接受我派遣密使前往北京，代表我坦诚地就最近发生的事情同您面谈。如果您认为派遣密使会有帮助，那就请告诉我，我们将一起合作，确保这次任务绝对保密。我已经要求美国政府所有部门发表的声明、采取的行动都严格执行白宫的要求。但是，在像我们这样一个公开透明的体制中，有时很难控制消息的泄露。但是，就我给您写的这封信而言，除了我个人存档以外，没有其它的复印件。
>
> 我怀着敬意和担忧的心情给您写这封信。我们一定不能让美中这个重要的双边关系再受到干扰了。请您帮助我维护保持我们双边关系的稳定。我们不能再让最近发生的事件损害过去十七年来我们耐心构建的至关重要的双边关系。我当然也欢迎您亲自给我写信。这个事情

太重要了，把它交给我们的下属部门去办理，我不放心。[1]

布什在信中也谈到中美在价值观念方面的认知差异和中美当时面临的一些非常棘手的问题。他说，但从整体来看，尽管中美之间有分歧，但是，布什在应对中美关系中出现的严重困难时表现出了审慎务实的基本态度和政治智慧。布什在当天的日记中这样写道："我向中国发出了维护中美关系稳定的信号，但是，面临当前的困难，实现中美关系稳定又是非常艰难的一件事。我们不得不作出反应。"第二天，布什派斯考克罗夫特前往中国驻美使馆拜访韩叙大使。他把布什写的信交给韩叙，并告诉他布什总统想同邓小平直接沟通。6 月 21 日，也就是邓小平收到布什来信的 24 小时内，布什收到了来自邓小平的亲笔回信。在回信中，邓小平表示，愿意接受布什派遣密使访华。

布什在 6 月 24 日的日记中记录了派谁担任密使的问题。他说，时任国务卿詹姆斯·贝克去北京不合适，如果这次秘密任务泄露，对处理外交事务的贝克不利。如果派基辛格和尼克松，他们的目标太大，容易造成泄密。约翰·胡尔德里奇曾在 1974—1975 年任驻华联络处副主任，但他的级别不够。驻华大使李洁明因为"方励之事件"同北京闹得不愉快，他去不合适。布什挑来选去，最终决定派国家安全事务助理布伦特·斯考克罗夫特前往北京。布什说，斯卡克罗夫特长期同中国打交道，1971 年 12 月访问北京，为尼克松 1972 年访华打前站。他也认识邓小平，同中国驻美大使韩叙也很熟。于是，布什最终决定派斯考克罗夫特和伊戈尔伯格作为总统密使访华，两人于 7 月 1 日下午到达北京，下榻钓鱼台国宾馆。

在书中，斯考克罗夫特讲述了自己的访华情形及同邓小平的会谈。他说，7 月 2 日，邓小平在人民大会堂会见了他和伊戈尔伯格一行。在会谈中，邓小平讲了三点。第一，他之所以选择布什总统作朋友，是因为他觉得从一开始同布什接触时，就发现布什说的话值得信任。因此，在 1988 年大选前，他就表达了希望布什当选总统的愿望。但不幸的是，在布什当选总统后不久，中国就发生了动乱。这是一件震惊世界的事件。不幸的是，美国在这个事件中卷入太深。在中方看来，在事件发生的两个月前，美国政府的一些外交政策实际上已经将中国逼到了墙角。在谈到中国国内形势

① George Bush and Brent Scowcroft, *A World Transformed*, New York, Alfred A. Knopf, 1998, pp. 100 – 102.

时，邓小平说，反革命暴乱的目标就是要推翻中华人民共和国和社会主义制度。假如他们得手的话，现在的形势可能就完全不同了。坦率地说，中国甚至会陷入内战。

第二，外界关于中国国内政治风波的许多说法都是谣言。他警告说，如果一个国家的外交政策建立在这些谣言之上，那么，这个国家的政府会吃亏的。美国国会反对中国的行动就是建立在这些谣言的基础之上的。他说："中美关系确实处在一种微妙的状态，甚至可以说是危险的时刻。（国会的）这些行为可能会导致中美关系中断。"他说，布什总统的反应是睿智、冷静的。他补充说："看起来我们有希望保持原来良好的关系。我相信这正是布什总统希望看到的。这也是我希望看到的。但是，像这样的问题，很难通过两个人从朋友的角度解决。"

第三，中美之间产生分歧，并不是因为中国冒犯了美国，或者损害了美国的利益，而是因为美国极大地损害了中国的利益，伤害了中国人民的尊严。邓小平说，"至于怎么样解决这个问题，中国有句谚语，'解铃还须系铃人'。我们希望，随着将来事态的发展，美国能够想办法解开这个结。"邓小平告诫美国不能火上浇油了。无论会产生什么样的后果，中国也绝不会允许外部势力干涉中国内政。邓小平语重心长地对斯考克罗夫特说："刚才我已经告诉了你我在这个问题上的看法，我希望你能把我的想法转告布什总统。请转告布什总统：无论我们两国政府在这个问题上讨论的结果如何，假如他愿意继续把我当成他的朋友，我也非常愿意把他当成我的朋友。"

在听完斯考克罗夫特阐述了美方的看法后，邓小平强调，"美国政府和人民需要明白，中国是一个独立的国家，这就意味着我们反对任何外部势力干涉。在中国，没有任何力量可以代替中国共产党领导的中华人民共和国。这是经过多年历史考验和经验证明的事实。"邓小平最后说，"对于如何结束两国之间这个不愉快的插曲，我们得看美国将采取什么样的行动。"①

随后，邓小平离开了讨论现场，由时任国务院副总理李鹏继续同斯考克罗夫特会谈。在会谈接近尾声时，斯考克罗夫特说，他意识到，中美之间的文化差异是导致中美出现分歧的主要因素。中国人普遍不满外国的

---

① George Bush and Brent Scowcroft, *A World Transformed*, New York, Alfred A. Knopf, 1998, pp. 106 – 109.

“干涉”。中国人关注安全和稳定，美国人感兴趣的是自由和人权。事实上，他们此次秘密访问的目的不是来谈判的——当时仍没有什么可以谈判的。他们此行的目的是保持中美沟通渠道的畅通。双方都非常坦率，彼此表达了各自不同的看法，也倾听了对方的意见。但是，双方要弥合彼此的分歧，仍然需要不懈的努力。双方都决心不让中国国内政治风波破坏中美关系。

斯考克罗夫特一行人于7月2日回到美国，7月3日向布什总统汇报了访问经过。布什称赞这次访问非常成功，因为它确保了中美高层沟通渠道的畅通。多年后，在回顾这次北京之行时，斯考克罗夫特说，这次秘密访问表明，私人关系在增进彼此互信、了解对方意图方面发挥着独特的作用。即使中美两国对于如何推动双边关系发展存在分歧，但是，正如布什总统所希望的，至少双方之间对话的大门是敞开的。[①]

---

① George Bush and Brent Scowcroft, *A World Transformed*, New York, Alfred A. Knopf, 1998, p. 111.

第九章

总统图书馆

美国总统图书馆依据《1955 年总统图书馆法》等相关法律设立，遵循私人筹建、政府管理的运营模式，秉持记录历史、服务社会的理念，帮助学者和公众了解总统执政期间的历史事件和重大决策。它们不是普通意义上的公共图书馆。它们既是档案馆，也是博物馆，主要存放总统任期的各类文件资料和纪念品，是研究美国历史文化不可或缺的珍贵资源。

第一节　总统图书馆的缘起、理念与功能

2015 年 5 月 12 日，奥巴马基金会宣布，将投资 6 亿美元在芝加哥大学兴建奥巴马总统图书馆，图书馆预计在 2020 年完工。[①] 奥巴马图书馆馆舍的确定，再次引起了人们对于美国总统图书馆的关注。

一、早期总统文件的保存

在现代总统图书馆体系确立前，美国总统文件主要通过三种形式保存，一是交由国会图书馆保存，二是由个人保存，三是自建图书馆。当然，也有些总统文件因管理不善丢失或损毁。

第一，交由国会图书馆保存。美国第 1 任总统乔治·华盛顿曾经表示，总统文件“是重要的公共财产，郑重地放在我的手里”。华盛顿本来希望修建一个房子来存放这些文件，但还未来得及付诸实施就去世了。他的总统文件后来交由国会图书馆收藏。第 3 任总统托马斯·杰斐逊、第 4 任总

---

① Jeremy Diamond, “Chicago’s South Side to Host Obama’s Presidential Library,” May 12, 2015, CNN, http: // www. cnn. com /2015/05/12/ politics/ obama – presidential – library – chicago – announcement/.

统詹姆斯·麦迪逊、第5任总统詹姆斯·门罗遵循华盛顿的先例，把他们的总统文件交给了国会图书馆保存。在这些文件中，华盛顿的总统文件最多，是65000份，杰斐逊只有25000份，麦迪逊有12500份，门罗不足4000份。[①]

第16任总统亚伯拉罕·林肯遇刺身亡后，他的儿子罗伯特·托德·林肯将一些他认为不重要的文件丢弃后，把其余的文件交给了国会。直到1947年，也就是托德·林肯去世21年后，这些文件才对公众开放。第27任总统威廉·塔夫脱也曾考虑建立图书馆，存放自己任期的总统文件。但是，这个想法并未付诸实施。他遵循开国元勋们的先例，把自己任期的70万份总统文件交由国会图书馆收藏。目前，有23位卸任总统的文件确实通过各种途径最终收集到了国会图书馆，但是，这些材料并不完整。[②]

第二，由个人保存。例如，第2任总统约翰·亚当斯和第6任总统约翰·昆西·亚当斯的总统文件，在他们的家族保存了一个多世纪以后，才在1950年在马萨诸塞州历史学会的要求下捐赠了出来。第19任总统拉瑟福德·海斯具有远见，在卸任后曾一度把自己的文件存放在一家私人图书馆里，精心保存。1916年，海斯的后人建立了海斯私人图书馆，接管了海斯任期的总统文件。[③]

第三，自建图书馆。第32任总统富兰克林·罗斯福本人非常重视历史资料保存。他在担任总统的第二年，也就是1934年，就签署法案，设立美国国家档案馆，保存珍贵的历史文献。他在1938年12月宣布在自己的私人宅地、纽约州“海德庄园”拿出一块地修建总统图书馆。罗斯福说，总统文件是国家珍贵的历史遗产，公众有权了解和使用它们。他要把自己重要的个人资料和总统文件捐赠给联邦政府，由美国国家档案馆代管这些文件和其他历史资料，管理他的总统图书馆。[④]

第四，总统文件遭到损毁。例如，第7任总统安德鲁·杰克逊和第10任总统约翰·泰勒执政时期的大部分总统文件都毁于火灾。第8任总统马

---

① Leonard Benard and Jennifer Weiss, *Citizen – in – Chief*: *The Second Lives of the American Presidents*, New York & London: Harper Collins, 2009, p. 76.

② Leonard Benard and Jennifer Weiss, *Citizen – in – Chief*: *The Second Lives of the American Presidents*, New York & London: Harper Collins, 2009, p. 77.

③ Burton I. Kaufman, *The Post-Presidency from Washington to Clinton*, Lawrence, Kansas: University Press of Kansas, 2012, p. 167.

④ Presidential Libraries and Museums, A Brief History, https://www.archives.gov/presidential – libraries/about/history.html.

丁·范布伦在执政时期就把许多文件销毁了。第 21 任总统切斯特·艾伦·亚瑟在临终前，一把大火，把所有私人材料都付之一炬。第 29 任总统沃伦·哈丁的遗孀，弗洛伦丝·哈丁因不满丈夫的婚外情，在丈夫去世后，一把火烧掉了哈丁几乎一半的总统文件。①

总统文件的无序管理给政府珍贵历史档案的保存造成了难以估量的损失。因此，美国国会在 1955 年通过《总统图书馆法》，确立了现代总统图书馆管理体系，开始规范总统文件的管理。

二、现代总统图书馆体系的确立

美国国会在 1955 年通过第一部《总统图书馆法》，规定总统本人募集资金，规划建设图书馆馆舍，将总统文件交给联邦政府，政府承诺负责图书馆的管理和馆舍的维修。② 这部法律的生效，标志着现代总统图书馆体系开始确立。杜鲁门图书馆是这项法律通过后建立的第一座总统图书馆。但是，随着图书馆规模的不断扩大，国会在 1986 年修订了上述法律，通过了第二部《总统图书馆法》，对总统图书馆的规模做出了明确限制。时至今日，在联邦政府管理下的总统图书馆一共有 13 家，涵盖了赫伯特·胡佛以来所有去世或健在的卸任总统。③

从操作层面来讲，现代图书馆体系的确立，主要围绕总统文件的归属、解密和图书馆的规模以及建设和维护费用等议题逐步展开的。

第一，总统文件的归属问题。《1955 年总统图书馆馆法》是总统图书馆体系建设的里程碑，为总统文件的妥善保存和严格管理提供了法律依据。该法对总统文件的所有权也做出明确界定：总统文件由政府管理，但所有权归总统。该法也激励了卸任总统将自己任内的总统文件捐赠给联邦政府，以便于公众查阅。④

但是，在 1974 年 8 月，由于尼克松在辞职时要求带走部分非常有争议

---

① Burton I. Kaufman, *The Post-Presidency from Washington to Clinton*, Lawrence, Kansas: University Press of Kansas, 2012, p. 167.

② Iwan Morgan, "After the White House: The Modern US Post-Presidency," in Kevin Theakston and Jouke de Vries (eds.), *Former Leaders in Modern Democracies*, New York: Palgrave Macmillan, 2012, p. 16.

③ Presidential Libraries and Museums, https://www.archives.gov/presidential-libraries/about/office.html.

④ Presidential Libraries Act of 1955, https://www.archives.gov/presidential-libraries/laws/1955-act.html.

的录音带和文件资料，结果引起了国会对总统文件可能会遭到销毁的担忧。正是基于这个原因，国会通过了《1974 年总统录音和档案材料保存法》，专门针对尼克松总统文件所有权做出了明确的界定。该法规定，凡是涉及到“被认为与滥用政府权力及同‘水门事件’相关的文件材料都应该交由国家档案馆保管，并由其整理，供公众查阅”。[①] 国会依据这项法律没收了尼克松的总统文件和录音资料。尼克松不服，提出上诉。1977 年美国最高法院做出裁决，认为国会没收尼克松的总统文件和录音资料的做法符合宪法精神。[②]

1978 年 11 月 6 日，时任总统吉米·卡特签署了《1978 年总统文件法》，对总统文件的所权做出了变更。该法规定，在 1981 年 1 月 20 日以后，凡是涉及记录总统履行宪法、法规和参加各种活动的文件资料，所有权应该归美国政府。在总统卸任后，这些文件由国家档案馆负责保管。这就意味着总统和副总统文件的所有权由私人拥有变为公共财产。[③]

第二，总统文件的解密问题。关于总统文件的解密问题，《1978 年总统文件法》对此做出了明确规定，核心内容有两条。一是按照《1966 年信息自由法》的规定，公众可以在总统任期结束 5 年后查阅相关总统文件，但是，在特殊情况下，总统本人可以要求对文件中六到十二项具体材料的保密期延长至 12 年；二是在特殊情况下，如果国会、最高法院和行政部门需要获取公众无法获得的相关总统文件，它们需要提前 30 天通知前总统和现任总统。[④] 1995 年 4 月 17 日，时任总统比尔·克林顿签署《第 12958 号行政命令》，授权对超过 25 年的机密文件进行处理。该行政命令规定，“自本行政命令颁布之日起五年内，所有超过 25 年的机密文件，无论是否经过审查，都自动解密。”[⑤]

但是，在“9·11”事件后，美国政府对总统文件的管理加强了，对

① Presidential Recordings and Materials Preservation Act (PRMPA) of 1974, http://www.archives.gov/presidential-libraries/laws/1974-act.html.

② Leonard Benard and Jennifer Weiss, *Citizen-in-Chief: The Second Lives of the American Presidents*, New York & London: Harper Collins, 2009, p. 79.

③ Presidential Records Act of 1978, https://www.archives.gov/presidential-libraries/laws/1978-act.html.

④ Presidential Records Act of 1978, https://www.archives.gov/presidential-libraries/laws/1978-act.html.

⑤ Executive Order 12958 of April 17, 1995, http://www.gpo.gov/fdsys/pkg/FR-1995-04-20/pdf/95-9941.pdf.

于文件解密的条件限制更加严格了。“9·11”事件后，在美国司法部长阿尔伯托·冈萨雷斯（Alberto Gonzales）的建议下，时任总统乔治·沃克·布什在2001年11月1日签署《第13233号行政命令》，延长对于机密文件的12年等待期。这项行政命令规定，现任总统和所有卸任总统，都有权在12年等待期满之后，继续保留敏感资料。最具争议的是，去世总统可以在生前指定一位代理人，对一些敏感文件做出相同的处理。[①]

第三，图书馆的规模问题。对于总统图书馆的规模，国会在制定《1955年总统图书馆法》时并未做出明确规定。即使到1964年，国会成立总统图书馆办公室，管理未来总统图书馆的建设时，由于当时总统图书馆规模小，数量少，所以总统图书馆办公室并未对未来图书馆的建设规模做出严格限制。

但是，到了20世纪80年代，由于总统图书馆的规模越来越大，管理和维护的费用不断攀升，每年维护费用高达1500万美元。在佛罗里达州的联邦参议员罗顿·切尔斯的推动下，国会通过了《1986年总统图书馆法》，要求未来总统图书馆占地面积不能超过7万平方英尺。[②]

第四，图书馆的建设和维护费用问题。哈里·杜鲁门是1955年《总统图书馆法》通过后的第一位受益者。杜鲁门图书馆建设耗资200万美元。当时，联邦政府规定，联邦政府每年拨给总统图书馆的维护费用是6万多美元，仅能满足资料开放和安保费用。随着图书馆规模越来越大，建馆费用也大幅上升。

例如，尼克松图书馆耗资达到2100万美元，卡特图书馆耗资2600万美元，里根图书馆耗资6000万美元，乔治·布什图书馆建设费用是4000万美元，比尔·克林顿图书馆和博物馆加起来耗资2亿美元，乔治·沃克·布什图书馆建设费是5000万美元，巴拉克·奥巴马图书馆规划建设费用高达6亿美元。[③] 目前，总统图书馆每年的维护费用需要6千万美元，其中包括大量总统文件的保存费。随着科技的不断进步，美国国家档案馆要求总统图书馆保存所有电子信件，这在一定程度上增加了图书馆的维护

① Executive Order 13233 on November 1, 2001, http://www.fas.org/sgp/news/2001/11/eo-pra.html.

② Presidential Libraries Act of 1986, https://www.archives.gov/presidential-libraries/laws/1986-act.html.

③ Maya Rhodan, "President Obama's $600 million Gift to Chicago: A Presidential Library," May 12, 2015. http://time.com/3854751/president-obama-library-chicago/.

费用。[1]

三、总统图书馆的理念和功能

总统图书馆遵循私人筹建、政府管理的运营模式，秉持记录历史、服务社会的理念，帮助学者和公众了解总统执政期间的历史事件和重大决策。总统图书馆是美国公共图书馆的一部分，馆藏的总统文件、历史资料、甚至纪念品都是公共财产。但是，由于总统文件的解密有一定的时间要求，所以，总统图书馆又有别于普通的公共图书馆。总统图书馆具有五大功能：一是保存珍贵的历史档案，促进学术研究；二是存放具有纪念意义和历史意义的纪念品和艺术藏品；三是开展教育文化和学术交流活动；四是依托总统图书馆建立智库，从事政策研究；五是促进当地旅游。

第一，保存历史档案，促进学术研究是总统图书馆的首要功能。在建国后相当长的一段时间，美国总统文件的管理基本上处于无序的状态。在20世纪初，国会图书馆开始收集总统文件，到30年代，已经成功收集到了23位总统的总统文件。但遗憾的是，这些文件并不完整。1934年，时任总统富兰克林·罗斯福签署法案，设立国家档案馆，保存珍贵的历史文献。罗斯福认为，建设总统图书馆有两个目的：一是保存总统文件，二是供公众查阅。他坚持政务公开的原则，认为美国人民有权利更好地了解他们的政府，包括行政部门这个级别。[2]

总统图书馆保存着大量的总统文件。例如，富兰克林·罗斯福总统图书馆存放着1700万页文件，德怀特·艾森豪威尔总统图书馆里存放着2600万页历史记录和文件，33.5万张照片，76.8万英尺长的影视资料。[3]林登·约翰逊总统图书馆存放着3100万页资料，杰拉尔德·福特总统图书馆存放文件着2500万页份资料。[4] 理查德·尼克松总统图书馆存放着4000万页文件，3700小时的录音带。吉米·卡特总统图书馆图陈列着卡特执政

① Leonard Benard and Jennifer Weiss, *Citizen – in – Chief: The Second Lives of the American Presidents*, New York & London: Harper Collins, 2009, p. 81.

② History of the FDR Presidential Libarary & Museum, http://www.fdrlibrary.marist.edu/library/onedefinitelocality.html.

③ Dwight D. Eisenhower Presidential Library, Museum and Boyhood Home, http://www.eisenhower.archives.gov/about_us.html.

④ Gerald R. Ford Presidential Library & Museum, https://www.fordlibrarymuseum.gov/library/aboutlib.asp.

时期 2700 万页文件和资料。[①] 罗纳德·里根总统图书馆保存着 5500 万页文件和几百万份音像资料。[②] 威廉·克林顿总统图书馆保存着大约 7800 万页官方文件，2000 万份电子邮件，200 万张照片，1.25 万个录像带。[③] 乔治·沃克·布什图书馆保存着大约 7000 万页文本材料，1200 立方英尺的音像资料，包括 4.6 万个录音带和录像带，37.5 万张照片，另外，还有近 400 万张电子照片。[④]

第二，存放具有纪念意义和历史意义的物品也是总统图书馆，特别是博物馆部分的重要功能。这些物品不仅记录了总统本人在不同历史阶段的人生经历，也是为后人了解总统公共生活和私人生活提供了有力、有趣的物证。例如，富兰克林·罗斯福博物馆“海军厅”展出的军舰模型就是为了纪念罗斯福担任海军部长助理（1913—1920 年）、扩大美国海军的经历。德怀特·艾森豪威尔博物馆就展出了 7 万多件纪念品，肯尼迪博物馆展出了大约 2 万件艺术品。乔治·布什博物馆展出了他曾开过的 1947 年款“斯图贝克”汽车，1 架修复过的“复仇者”鱼雷轰炸机，图书馆前面广场上海雕刻着 4 匹马。一位记者开玩笑说，乔治·布什总统图书馆可以称作“乔治·布什战争、汽车与马匹纪念馆”。[⑤] 威廉·克林顿总统图书馆展出了克林顿不同历史时期经历的重大事件的照片。乔治·沃克·布什博物馆中 1.4 万平方英尺的画廊中展出了小布什在促进教育改革、发动全球反恐战争、应对金融危机、在非洲抗击艾滋病等领域的图片。博物馆还展出了小布什夫妇在白宫期间收到的大约 4.3 万份礼物。[⑥]

第三，开展教育文化和学术交流活动。总统图书馆开展教育和文化活动主要体现在以下几个方面：一是从事正规教育，特别是研究生层次的教育；二是提供各类奖学金，特别是同特定总统执政期间内政外交主题密切

---

① Jimmy Carter Library Presidential Library & Museum，http：//www.jimmycarterlibrary.gov/library/libhist.phtml.

② Burton I. Kaufman，*The Post-Presidency from Washington to Clinton*，Lawrence，Kansas：University Press of Kansas，2012，p. 478.

③ William J. Clinton Presidential Library and Museum，http：//www.clintonlibrary.gov/about.html.

④ George W. Bush Presidential Library and Museum Presidential Records，http：//www.georgewbushlibrary.smu.edu/Research/Presidential%20Records.aspx.

⑤ Dan Nielsen，*Presiential Leadership*：*Learning from United States Presidential Libraries & Museums*，Dan Nielsen Company，2013，pp. 199 – 206.

⑥ George W. Bush Presidential Library and Museum，Museum Exhibit，http：//www.georgewbushlibrary.smu.edu/en/Visit/Exhibits.aspx.

的研究资助；三是为所在大学教师科研和学生学习提供便利；四是定期组织各类大中小学生参观学习活动；五是定期举办各种学术交流活动，如“读书节”“读书会”等。例如，位于得克萨斯大学的林登·约翰逊公共事务学院、位于得克萨斯农工大学的乔治·布什政府和公共事务学院、位于阿肯色州小石城的威廉·克林顿公共服务学院都从事授予学位的研究生层次教育。哈里·杜鲁门图书馆、约翰·肯尼迪图书馆、乔治·布什图书馆等多个总统图书馆都提供各种各样的奖学金。①

第四，依托总统图书馆建立智库，从事政策研究。在这方面，非常典型的例子是卡特中心和乔治·沃克·布什政策研究所。事实上，吉米·卡特图书馆是卡特中心的一部分。自从20世纪80年代初建立以来，卡特就依托卡特中心，关注社区发展，从事国际慈善，参与转型国家选举监督，开展国际冲突斡旋。卡特也因此在2002年获得诺贝尔和平奖的殊荣。1998年卡特中心中国项目设立以来，一直关注中国的村级自治选举。2012年以来，卡特中心和中国对外友协几乎每年都会举办“中美关系论坛”，为中美学界沟通和民间交流提供了一个高层次的平台。②

乔治·沃克·布什研究所聚焦教育改革、全球健康、经济发展等领域。研究所的“女性倡议”项目和“军人家庭”项目特别引人关注，前者致力于帮助中东地区（特别是阿富汗）的妇女改善教育条件和提高社会地位，后者致力于帮助美国的军人家庭。③ 在2015年9月22日布什研究所举办的“全球妇女网络论坛”上，现任第一夫人米歇尔·奥巴马通过视频发表致辞。她称赞布什研究所在推动全球妇女教育、提高妇女社会地位方面做出的贡献。④

第五，促进当地旅游。作为当地地标性建筑和旅游景点，总统图书馆每年也吸引了大量的游客前来参观。例如，坐落于加州洛杉矶郊外西米谷市的罗纳德·里根总统图书馆，建筑气势宏伟，临近好莱坞西部影片拍摄基地，每年就吸引了成千上万的游客慕名前来参观。事实上，里根图书馆是吸引游客最多的总统图书馆。威廉·克林顿图书馆紧随其后。例如，在

---

① Benjamin Hufbauer, *Presidential Temples: How Memorials and Libraries Shape Public Memory*, Lawrence, Kansas: University Press of Kansas, 2005, pp. 188 – 192.

② The Carter Center China Program, http://www.cartercenter.org/peace/china_elections/index.html.

③ The George W. Bush Presidential Center, http://www.smu.edu/bushcenter.

④ The White House, "Remarks by First Lady Michelle Obama at The Bush Institute's Global Women's Network Summit," September 22, 2015,

2006年，克林顿图书馆接待游客数量超过了30万人。在2015年5月12日，奥巴马基金会宣布总统图书馆落户选择在芝加哥大学，其中重要的一个政策宣誓就是希望能够促进芝加哥当地旅游业的发展。

第二节 知名总统图书馆

目前，在联邦政府直接管理下的总统图书馆有13家，分别是赫伯特·胡佛图书馆、富兰克林·罗斯福图书馆、哈里·杜鲁门图书馆、德怀特·艾森豪威尔图书馆、约翰·肯尼迪图书馆、林登·约翰逊图书馆、理查德·尼克松图书馆、杰拉尔德·福特图书馆、吉米·卡特图书馆、罗纳德·里根图书馆、乔治·布什图书馆、威廉·克林顿图书馆和乔治·沃克·布什图书馆。随着奥巴马图书馆在2020年竣工，届时，由联邦政府管理的总统图书馆将达到14家。

在目前国家档案馆下属的13家总统图书馆中，罗斯福图书馆是建立最早的总统图书馆。杜鲁门图书馆是《1955年总统图书馆法》生效后建设的第一座总统图书馆。尼克松图书馆是唯一一个建馆时未获得联邦政府承认、建馆17年后才被国家档案馆接纳的总统图书馆。福特图书馆是唯一一座图书馆和博物馆分建在两个不同地方的总统图书馆。约翰逊、老布什和克林顿在总统图书馆设立研究生院，从事研究生教育。卡特和小布什在总统图书馆设立“卡特中心”和“政策研究所”，从事政策研究。以下就知名总统图书馆举例说明。

一、赫伯特·胡佛总统图书馆

赫伯特·胡佛总统图书馆坐落在他的出生地艾奥瓦州锡达县的西布兰奇市（West Branch）。胡佛开始怎么也没有预料到，他的总统文件会存放在自己的出生地西布兰奇。事实上，他希望这些文件能够永远存放在自己在斯坦福大学设立的智库胡佛研究所里。胡佛1895年从斯坦福大学毕业，25年后，他向斯坦福大学捐赠了5万美元作为启动资金，设立胡佛战争收藏馆（后来更名为胡佛战争、革命与和平研究所），目的是研究战争和革命的根源。在胡佛本人政治倾向的影响下，胡佛研究所在学术研究和政策分析方面一直保持着保守的立场，特别是强烈的反共思想。[①]

20 世纪 50 年代，在国会通过《总统图书馆法》时，胡佛本人同胡佛研究所一些研究人员的理念逐渐产生了分歧。令胡佛感到担心的是，一些研究人员开始偏离反共的路线。另外，斯坦福大学历史系教授开始讲授卡尔·马克思的著作。胡佛试图影响大学学术自由的做法引起了许多教授的不满。他们认为，任何机构无权在未对历史议题进行详细了解之前就妄下结论。况且，秉持客观立场应该是大学的唯一标准。[②]

胡佛认为斯坦福大学干预了胡佛研究所的研究立场，他同斯坦福大学关系日益紧张。在这种情况下，他决定另找地方，存放他执政时期的总统文件。这些文件在斯坦福大学胡佛研究所存放了几乎 30 年后，胡佛最后请联邦政府出面，把这些文件转移到他儿时成长的地方，艾奥瓦州西布兰奇市，也就是刚刚成立的赫伯特·胡佛出生地基金会所在地。

胡佛图书馆于 1962 年 8 月 10 日正式开馆。杜鲁门出席了图书馆开幕式，并发表了热情洋溢的讲话。在讲话中，杜鲁门称赞胡佛在第一次世界大战期间和第二次世界大战后在欧洲开展粮食援助方面做出的贡献。[③] 已经 88 岁高龄的胡佛顶着烈日，同现场 4.5 万人一起，见证了这一重要的历史时刻。随着岁月的流逝，胡佛对斯坦福大学的怨气也逐渐消散，他甚至接受了为斯坦福大学筹措一亿美元项目的名誉主席。

无论胡佛图书馆及其收藏品本身有多大历史价值，当今美国公众仍然把他同 20 世纪 30 年代大萧条紧密联系在一起。2008 年以来，胡佛的家乡艾奥瓦州在共和党总统候选人初选中的角色越来越重要，但是，到目前为止，没有哪一位共和党总统候选人愿意同这位昔日共和党总统扯上任何关系。在 2008 年大选期间，一些共和党参选人宁愿待在胡佛图书馆对面的疗养院或者从胡佛图书馆门口经过，也不愿进入胡佛图书馆参观。[④]

---

① Leonard Benard and Jennifer Weiss, *Citizen – in – Chief*: *The Second Lives of the American Presidents*, New York & London: Harper Collins, 2009, p. 89.

② Leonard Benard and Jennifer Weiss, *Citizen – in – Chief*: *The Second Lives of the American Presidents*, New York & London: Harper Collins, 2009, p. 90.

③ Timothy Walch (author), Dwight M. Miller (ed.), *Herbert Hoover and Harry Truman*: *A Documentary History*, Worland, WY: High Plains Publication Co., 1992, p. 235.

④ Leonard Benard and Jennifer Weiss, *Citizen – in – Chief*: *The Second Lives of the American Presidents*, New York & London: Harper Collins, 2009, p. 90.

二、富兰克林·罗斯福总统图书馆

富兰克林·罗斯福总统图书馆坐落于纽约州纳苏县奥伊斯特贝镇私人宅地“海德庄园”。图书馆收藏了罗斯福从政一生中大量的文件、照片、书信、录音、影像等资料，是研究罗斯福政治生涯和20世纪三四十年代美国内政外交不可或缺的珍贵资料。①

罗斯福本人非常重视历史资料保存。在担任总统的第二年，也就是1934年，罗斯福就签署法案，设立了美国国家档案馆，保存珍贵的历史文献。罗斯福在1938年12月10日举行的一次记者会上表示，希望在自己的“海德庄园”建造一座私人图书馆，存放自己所有的文件资料。

罗斯福在讲话中表示，他希望这个图书馆不仅能存放他自己的所有文件，也能存放他的下属及同时代知名人士捐赠的文献资料。这样一来，未来人们只需要“在一个地方”，就不仅可以研究富兰克林·罗斯福政府政策，也可以研究特定时期美国和世界的历史。罗斯福在讲话中还谈到了图书馆建设资金的问题。他的想法是，建设图书馆的资金应由总统个人筹措。在图书馆建成后，总统把图书馆的设施和所有收藏文件及物品交给美国政府。国家档案馆负责管理图书馆，保护馆内政府文件、历史资料、博物馆藏品、照片及影像资料等，负责以博物馆和资料中心的名义对公众开放。②

富兰克林·罗斯福图书馆于1941年6月30日开馆。开馆之初，博物馆只展出了少许藏品。罗斯福本来希望在卸任后能够在自己的图书馆中整理各类文献资料和艺术藏品，然后向公众开放。不幸的是，他在1945年4月12日在任期间去世。罗斯福去世后，图书馆文献资料的整理工作主要交由3个人负责：哈里·霍普金斯、萨缪尔·罗斯曼和格蕾丝·杜丽。霍普金斯在1944年去世。于是，罗斯曼、杜丽和图书馆馆长弗莱德·西普曼在图书馆管理员的帮助下，开始整理罗斯福文件。

截至1950年，“罗斯福文件工作委员会”已经完成了85%的文件整理工作。1950年3月17日，这些文件对公众开放。在接下来的20年间，罗斯福图书馆收到了哈里·霍普金斯、弗朗西斯·铂金斯、路易斯·豪尔、

---

① Dan Nielsen, *Presiential Leadership: Learning from United States Presidential Libraries & Museums*, Dan Nielsen Company, 2013, p. 21.

② Franklin D. Roosevelt Presidential Library and Museum, http://www.fdrlibrary.marist.edu/library/onedefinitelocality.html.

萨缪尔·罗斯曼、亨利·摩根索等曾在罗斯福政府任职的前政府官员及家属捐助的文件。这样一来，罗斯福生前的愿望基本实现了，即就是，罗斯福图书馆俨然成为研究罗斯福“新政”和二战期间美国政府政策的研究中心。①

1962 年，富兰克林·罗斯福的遗孀埃莉诺·罗斯福去世。根据她的遗愿，她把自己所有文件、录音、影像资料和收藏物品，共计 200 万件，全部捐赠给罗斯福图书馆。1970 年，罗斯福图书馆开始建设“埃莉诺·罗斯福（文件收藏）馆”，藏馆于 1972 年竣工并对外开放。1976 年，罗斯福图书馆馆藏的 99.5% 的文件都对外开放。这些文件中也包含了埃莉诺·罗斯福文件、亨利·摩根索日记、富兰克林·罗斯福同英国首相温斯顿·丘吉尔在二战期间的书信以及罗斯福政府中许多其他政府官员捐助的文件。2009 年 3 月 11 日，联邦政府给罗斯福图书馆划拨 1750 万美元，对图书馆进行整修。2013 年 6 月 30 日，整修后的罗斯福图书馆新馆对外开放。②

三、哈里·杜鲁门总统图书馆

哈里·杜鲁门总统图书馆坐落于密苏里州独立市。图书馆在 1957 年建成，是《1955 年总统图书馆法》通过后建立的第一座总统图书馆。图书馆耗资 200 万美元，主要捐款来自美国钢铁工人协会、美国服装工人联合会、工会大亨约翰·刘易斯（John L. Lewis）本人等。图书馆由著名建筑设计师弗兰克·罗伊德·赖特设计。在 1957 年 7 月 6 日举行的图书馆开馆仪式上，前总统赫伯特·胡佛、富兰克林·罗斯福总统的遗孀埃莉诺·罗斯福、时任最高法院首席大法官厄尔·沃伦、时任参议院民主党领袖林登·约翰逊、时任纽约州州长阿弗拉尔·哈里曼、杜鲁门政府第二任期国务卿迪安·艾奇逊等人出席。时任总统德怀特·艾森豪威尔同杜鲁门关系不睦。他并未出席杜鲁门图书馆开馆仪式，只是发来了一封不冷不热的祝贺信。

在开馆当天，前总统胡佛顶着烈日，参加杜鲁门图书馆落成典礼。在典礼上，胡佛讲话不长，也很少提杜鲁门的名字。在时任总统德怀特·艾森豪威尔有意缺席的情况下，共和党人、前总统赫伯特·胡佛出席图书馆

---

① Franklin D. Roosevelt Presidential Library and Museum, http://www.fdrlibrary.marist.edu/library/onedefinitelocality.html.

② Franklin D. Roosevelt Presidential Library and Museum, http://www.fdrlibrary.marist.edu/library/onedefinitelocality.html.

开馆典礼，本身就有重要的象征意义。当然，胡佛的到来也令杜鲁门深受感动。胡佛在讲话中说："杜鲁门先生在特定的历史阶段给美国人民做出了杰出、重要的贡献。我们有理由认为，记录这些重要历史阶段的文献不应该集中在华盛顿。……杜鲁门先生已经给我们伟大国家这座大厦做出了真正的贡献。"①

7 月 12 日，杜鲁门在写给胡佛的信中，感谢他前来参加自己的总统图书馆开幕式。他希望胡佛返回旧金山一路旅途愉快，也希望自己能在不久的将来去参观坐落于斯坦福大学的胡佛研究所。在信中，杜鲁门说，"您不知道我多么感激您在（7 月）6 日来到独立市参加我的总统图书馆开馆仪式。您能来我家，我和我太太非常高兴。我希望您前往旧金山旅途愉快。假如将来有一天情况允许的话，我也想去（加州）帕拉阿图市（斯坦福大学）去参观您的总统图书馆。"

事实上，在这一段时期，胡佛把自己的总统文件放在了斯坦福大学胡佛研究所。后来由于胡佛不满胡佛研究所的"左派"倾向，他在自己的出生地艾奥瓦州锡达县的西布兰奇市建了自己的总统图书馆，并把自己所有的文件从胡佛研究所转移到新成立的胡佛总统图书馆。胡佛图书馆在 1962 年 8 月 10 日落成，杜鲁门也顶着烈日出席了胡佛图书馆的开馆仪式，这是后话。7 月 17 日（1957 年），胡佛给在旧金山给杜鲁门写信，感谢他 7 月 12 日来信，并提到说自己的图书馆名称有变化。它给自己图书馆取名为"胡佛战争、革命与和平研究所"。他说，如果杜鲁门什么时候希望来参观，他随时都欢迎。②

杜鲁门在世时，几乎每天都要去图书馆。他亲自回答游客和学生提出的各种问题。他在图书馆的办公室里写文章，著书立传。他的作品《公民先生》就是在这里完成的。在这本书中，他详细记录了自己的卸任生活。2007 年，杜鲁门图书馆宣布，计划投资 160 万美元，整修杜鲁门图书馆，同时修建了一个环形凉亭。一是更好地保存图书馆中的文件和物品，二是帮助游客更方便地参观图书馆，整修工作在 2009 年完成。

---

① Leonard Benard and Jennifer Weiss, *Citizen - in - Chief: The Second Lives of the American Presidents*, New York & London: Harper Collins, 2009, pp. 88 - 89.

② Timothy Walch (author), Dwight M. Miller (ed.), *Herbert Hoover and Harry Truman: A Documentary History*, Worland, WY: High Plains Publication Co., 1992, pp. 218 - 220.

四、德怀特·艾森豪威尔总统图书馆

德怀特·艾森豪威尔总统图书馆全称是“德怀特·艾森豪威尔总统图书馆、博物馆和儿时的家”。图书馆建在艾森豪威尔儿时成长的地方，堪萨斯州阿比林城。图书馆里存放着2600万页历史记录和文件，33.5万张照片，76.8万英尺长的影视资料，7万多件纪念品。[①] 艾森豪威尔总统卸任后大部分时间居住在位于宾夕法尼亚州葛底斯堡市的庄园里。但是，他去世后安葬在图书馆旁边一个教堂的墓地。

艾森豪威尔图书馆于1959年10月13日破土动工。在动工仪式上，艾森豪威尔发表讲话指出，“我希望，有朝一日，当图书馆里摆满文件、学者们来此研究本世纪前半期的历史事件时，他们能把关注点集中在那些指导一个自由、富裕、和平的未来的理想、原则和趋势方面。我希望他们能够理解，在这样一个未来世界中，所有的民族都能够赢得最大程度的福祉。”[②]

艾森豪威尔总统图书馆于1962年5月落成。这时正值美国社会反传统文化运动起始阶段。在开馆典礼上，艾森豪威尔发表讲话，对于美国社会的“道德滑坡”表示担忧。他说，“我想，当我们的祖先回来时看到我们在跳（现在流行的）扭扭舞而不是（传统的）小步舞时，他们会怎么想?”他对现代艺术也表现出不屑的神情，说：“现在，艺术看起来就像福特老爷车在油漆淋淋的帆布车上碾过一样。”前总统赫伯特·胡佛、哈里·杜鲁门和时任总统约翰·肯尼迪都因故未参加。[③]

五、约翰·肯尼迪总统图书馆

约翰·肯尼迪总统图书馆坐落于马萨诸塞州波士顿市哥伦比亚公园，是为纪念第35任总统约翰·肯尼迪修建的。图书馆展出了肯尼迪担任参议员和总统期间大量的政府文件和私人信件，是研究肯尼迪政府政治、经济、外交等重大事件不可或缺的珍贵历史资料。博物馆中收藏了大约2万

---

① Dwight D. Eisenhower Presidential Library, Museum and Boyhood Home, http://www.eisenhower.archives.gov/about_us.html.

② Dwight D. Eisenhower Presidential Library, Museum and Boyhood Home, http://www.eisenhower.archives.gov/index.html.

③ Leonard Benardo & Jennifer Weiss, *Citizen－in－Chief: The Second Lives of the American Presidents*, New York: Harper, 2009, p. 89.

件艺术品，许多艺术品具有极高的历史价值。在这些艺术品中，有当年世界一些国家领袖、甚至普通民众赠送给赠送给肯尼夫妇的珍贵礼物。①

在约翰·肯尼迪遇刺身亡一个月后，他的弟弟，时任美国司法部长罗伯特·肯尼迪得到马萨诸塞州议会授权，成立“约翰·肯尼迪图书馆基金会”，为肯尼迪图书馆建设募集资金。在罗伯特·肯尼迪的主持下，基金会募集了2000万美元，开始为图书馆选址、设计和建设。图书馆于1979年10月20日落成，时任总统吉米·卡特参加了图书馆开馆典礼。②

1984年，“约翰·肯尼迪图书馆基金会”改名为“约翰·肯尼迪基金会”，基金会目前有26位全职工作人员。他们同隶属于联邦政府的图书馆管理人员一起，共同管理肯尼迪总统图书馆运作事宜。基金会利用募集资金开展教育文化活动，例如各种形式的“约翰·肯尼迪人物奖”，包括“勇气奖”“新边疆奖”“中学生作文竞赛奖”等。前总统杰拉尔德·福特就曾在2001年获得“约翰·肯尼迪人物勇气奖”，表彰他在1974年不计个人荣辱得失，赦免了因“水门事件”黯然辞职的尼克松，在当时避免了政治纷争和社会分裂。③

约翰·肯尼迪基金会还提供各类研究奖学金，如“马乔里·柯夫勒（Marjorie Kovler）研究奖学金”“小阿瑟·施莱辛格（Arthur M. Schlesinger, Jr.）研究奖学金”“阿巴·施瓦茨（Abba P. Schwartz）研究奖学金”“西奥多·索伦森（Theodore C. Sorensen）研究奖学金”“欧内斯特·海明威（Ernest Hemingway）奖学金”等。④

六、林登·约翰逊总统图书馆

在约翰逊执政期间，就开始考虑总统图书馆选址问题。约翰逊的家乡——田纳西州东北部城市约翰逊城和位于得克萨斯州圣马科斯的西南得克萨斯学院、也就是约翰逊的母校都是很好的选择。但是，这两个地方都需要约翰逊自己筹措资金，平整地基。相反，得克萨斯大学，也就是约翰

---

① John F. Kennedy Presidential Library, Highlights from the Museum Artifact Collection,

② John F. Kennedy Presidential Library, http://www.jfklibrary.org/About-Us/About-the-JFK-Library.aspx.

③ Mark K. Updegrove, *Second Acts: Presidential Lives and Legacies After the White House*, Guilford, Connecticut: The Lyons Press, 2006, p. 143.

④ John F. Kennedy Presidential Library, Research Fellowships and Grants, http://www.jfklibrary.org/About-Us/Job-Volunteer-Internships/Research-Grants-and-Fellowships.aspx.

逊夫人和女儿的母校，愿意提供建设图书馆所需资金。约翰逊毅然选择了得克萨斯大学。到 1965 年，双方已经就此达成一致。[①]

约翰逊总统图书馆和林登·约翰逊公共事务学院占地面积 30 英亩，1968 年初破土动工。几个月后，约翰逊宣布不参加竞选连任。这时，总统图书馆的建设进度加快了。约翰逊总统图书馆 1971 年开馆。图书馆规模宏大，里面放置着 3100 万页资料，包括约翰逊担任参议员、副总统、总统各个阶段的档案资料，其规模超过以往任何总统图书馆博物馆。[②]

在图书馆开馆时，越南战争仍在继续。出于礼貌，约翰逊邀请时任总统理查德·尼克松做主旨发言。在开馆典礼上，约翰逊称赞总统博物馆客观地反映了自己的政治生涯。但是，记者茉莉·埃文斯（Molly Ivins）注意到，博物馆没有任何批评越南战争的只言片语。

1972 年 12 月，身患重病的约翰逊参加了在总统图书馆举行的一次民权问题研讨会，这也是他在总统图书馆出席的最后一次主要公开活动。尽管身体渐渐虚弱，但是，约翰逊在谈到民权问题时仍然慷慨激昂。[③]

七、理查德·尼克松总统图书馆

理查德·尼克松图书馆坐落于尼克松的出生地、加利福尼亚州奥伦奇县约巴林达市。与其他总统图书馆不同的是，起初，尼克松总统全称是“尼克松图书馆和出生地”。建馆之初，它是私人图书馆，不是联邦政府的财产。图书馆由尼克松家人管理，存放着尼克松辞职前和辞职后的重要文件。到 2006 年秋，尼克松图书馆才成为美国档案馆的一部分，正式更名为“尼克松总统图书馆”。

回顾起来，尼克松图书馆的建设，可谓是“一波三折”，原因有三：一是在尼克松因“水门事件”辞职后，国会没收了尼克松的总统文件。没有总统文件，尼克松图书馆的建设招标就缺乏吸引力。二是尼克松图书馆建设基金会在运作过程中存在腐败丑闻。基金会董事会成员也因涉嫌这样那样的丑闻要么入狱，要么辞职，图书馆建设资金筹措受挫。三是由于

① Leonard Benard and Jennifer Weiss, *Citizen – in – Chief: The Second Lives of the American Presidents*, New York & London: Harper Collins, 2009, pp. 91 – 94.

② Leonard Benard and Jennifer Weiss, *Citizen – in – Chief: The Second Lives of the American Presidents*, New York & London: Harper Collins, 2009, p. 78.

③ Leonard Benard and Jennifer Weiss, *Citizen – in – Chief: The Second Lives of the American Presidents*, New York & London: Harper Collins, 2009, pp. 91 – 94.

“水门事件”的负面影响，一些原本希望接纳尼克松图书馆的大学后来都退避三舍。

第一，尼克松总统文件遭到国会扣留、甚至没收。尼克松因“水门事件”辞职后，美国国会指示国家档案馆扣押了尼克松的总统文件、记录、录音和个人资料。[①] 同时，国会通过《1974 年总统录音和档案材料保存法》，规定将尼克松的总统文件等资料存放在美国国家档案馆和联邦档案馆中，目的是“为了确保这位前总统（尼克松）无法（进一步）销毁任何公共文件”。这样一来，尼克松政府3700 小时的录音资料和大约4000 万页文件，就由联邦政府保存，但所有权仍归尼克松所有。

自总统文件资料遭国会扣押后，尼克松不服，提出上诉。1977 年，美国最高法院做出裁决，认定国会没收尼克松的总统文件和录音资料是符合宪法的。第二年，国会通过了《1978 年总统档案法》，规定：“总统档案归国家所有，国家将占有并控制这些资料。”这样一来，尼克松总统档案就成了公共财产。但是，对于尼克松来说，争取自己任内总统文件这个马拉松式的诉讼才刚刚开始。直到尼克松 1994 年去世，这个愿望仍未实现。[②]

第二，尼克松图书馆落户加州惠蒂尔学院计划受挫。尼克松在 1968 年 11 月大选获胜几个月后，就成立了总统图书馆基金会，规划图书馆筹建事宜。基金会主席、工业大亨列纳德·费尔斯通开始为尼克松图书馆寻找合适的地点。在 1970 年夏，加利福尼亚州惠蒂尔市提出申请，承诺提供 120 英亩的城市空地，希望尼克松总统图书馆能落户惠蒂尔市。但是，过了三年，双方仍未签署正式的协议。

在“水门事件”调查期间，尽管有惠蒂尔学院学生的支持，但尼克松总统图书馆馆舍仍未动工建设。基金会董事会成员，“水门事件”的三驾马车，约翰·埃尔利希曼、海德曼、约翰·米切尔都离开了尼克松政府，不久就锒铛入狱。基金会另一位董事赫伯特·卡尔巴赫在“水门事件”前因收受非法竞选资金入狱。尼克松胞弟爱德华·尼克松收受基金会 2.1 万美元的报酬却没有交税记录。由于这一系列事件的干扰，尼克松图书馆基金会于 1975 年 4 月正式解散。此后，南加州大学也曾宣布计划在中心校区

① David Cross, *Chasing History: One Man's Road Trip Trhough the Presidential Libraies*, Piladelphia, PA: Stone and Patrick, 2014, p. 189.

② Leonard Benard and Jennifer Weiss, *Citizen - in - Chief: The Second Lives of the American Presidents*, New York & London: Harper Collins, 2009, pp. 78 - 80.

承建尼克松总统图书馆。但是，由于尼克松总统文件已经被国会没收，南加州大学的提议也很难付诸实施。

第三，尼克松图书馆同杜克大学失之交臂。继惠蒂尔学院、南加州大学之后，杜克大学也提出建设尼克松图书馆的倡议。杜克大学校长泰瑞·桑福德同杜克大学董事会商议，同意捐出大学附近的一块地皮，为将来建设尼克松总统图书馆使用。桑福德认为，保存尼克松总统文件有利于提升杜克大学在国际上的知名度。另外，尼克松曾在1937年在杜克大学获得法律博士。

但是，杜克大学在筹办尼克松总统图书馆过程中，也遇到了一些实际问题，一是资金问题。在尼克松总统文件所有权尚未明朗、文件仍遭美国国家档案馆扣押之际，要过私人募捐筹措图书馆建设所需要的2500万美元，确实存在困难。

二是"水门事件"的负面影响。尼克松在"水门事件"后已经名声扫地，杜克大学校委会相当多的人认为，尼克松不是母校的资产，而是母校的负担。结果，杜克大学学校委员会以35∶34的微弱优势，否决了在杜克大学承建尼克松图书馆的建议。到1981年底，杜克大学彻底放弃了承建尼克松图书馆的设想。

在杜克大学筹建总统图书馆的努力失败后，尼克松也曾尝试在加州南部奥伦奇县下属圣克利门蒂市筹建自己的总统图书馆，但最终未果。经过几番周折，尼克松决定把自己的总统图书馆设在自己的出生地、加州奥伦奇县约巴林达市。

图书馆于1990年7月落成，耗资2100万美元。开馆典礼当天，前总统福特、里根和时任总统乔治·布什前来祝贺。前总统卡特谢绝了尼克松的邀请，未出席。1986年卡特总统图书馆揭幕时，尼克松也未出席。尼克松总统图书馆揭幕，卡特缺席，似乎预示着两人关系仍然冷淡。在开幕典礼当天，有3000多人出席，尼克松发表了坦率的讲话。他承认，自己有"很多记忆，有些是好的记忆，也有些记忆不那么好"。

2000年，美国司法部向"尼克松图书馆和出生地"下拨1800万美元，用以补偿在25年前"剥夺"了尼克松的财产。经过多年诉讼，2006年秋，理查德·尼克松总统图书馆博物馆最终成为美国国家档案管理馆的一部分。尼克松的女儿，特里西娅·尼克松·考克斯和朱莉·尼克松·艾森豪威尔将尼克松私人图书馆融入联邦政府档案馆，并把尼克松在任期间的总统文件转移到约巴林达。知名冷战史专家蒂莫西·纳夫塔利（Timothy Naftali）

担任首任馆长。①

八、杰拉尔德·福特总统图书馆

杰拉尔德·福特是目前唯一一位总统图书馆和博物馆分建两地的前总统，福特图书馆也是目前图书馆建设选址过程中最顺利的图书馆。福特图书馆 1981 年 4 月在密歇根大学安阿伯分校落成；9 月，福特博物馆在密歇根州大瀑布城建成。尽管图书馆和博物馆分设两地，但统一由一家机构和一个主任管理。

在 1973 年 10 月 10 日，时任副总统斯皮罗·阿格纽（Spiro Agnew）因丑闻下台。当天，总统理查德·尼克松任命众议院少数党领袖杰拉尔德·福特为副总统。在福特成为副总统后不久，密歇根大学就请求福特，允许由密歇根大学保存福特担任国会议员期间的所有文件。在 1976 年大选失利后，福特最后宣布，将他所有国会文件、副总统文件、总统文件都交由密歇根大学保管。同时，他将福特博物馆建在自己的家乡大瀑布城。根据福特图书馆一位档案管理员介绍，将总统图书馆同博物馆分开建设，就可以避免有人攻击规模日益扩大的总统图书馆。尽管福特担任总统的时间仅仅是富兰克林·罗斯福的六分之一，但是，福特图书馆的规模却超过了罗斯福总统图书馆的一半多。

在图书馆开幕式上，福特的前任理查德·尼克松和继任者吉米·卡特都没有出席。福特说："我想把所有的关注都放在我的总统任期上。我觉得，让他们任何一个人或者两个人一起来，都将会转移公众的注意力。"尽管如此，在落成典礼上，福特在讲话中还是谈到了尼克松，尽管他没有提尼克松的名字。福特非常谨慎，他不希望在这样一个纪念自己政治遗产的场合，受到尼克松的影响。

假如福特能够晚一些举行博物馆开馆仪式，他几乎肯定会邀请卡特。福特博物馆开幕式 3 周之后，在时任总统里根的委托下，福特、卡特、尼克松三位卸任总统前往埃及，参加遭到暗杀的埃及前总统安瓦尔·萨达特（Anwar Sadat）的葬礼。通过这次共同场合的接触，福特和卡特这两位前政敌之间的关系开始缓和。到 1986 年卡特总统图书馆开馆典礼举办之际，

---

① Leonard Benard and Jennifer Weiss, *Citizen - in - Chief*: *The Second Lives of the American Presidents*, New York & London: Harper Collins, 2009, pp. 94 - 100.

福特和卡特的友谊进一步加深了。[1]

九、吉米·卡特总统图书馆

吉米·卡特总统图书馆坐落在佐治亚州亚特兰大市郊两英里的地方。图书馆是卡特中心的一部分。中心是一组四座相互连接的暗黄色楼群，图书馆就设在其中一栋楼里。图书馆大楼的隔壁是一座日式花园，前面是一座人工湖。图书馆 1984 年 10 月破土动工，两年后建成。图书馆耗资 2600 万美元，其中四分之一来自海外捐款，一半来自佐治亚州居民捐赠。

卡特在总统就任后不久就曾表示，希望在自己的家乡佐治亚州某个地方建立自己的总统图书馆。在 1980 年 12 月，卡特图书馆建设团队选中了佐治亚州亚特兰大城区附近的一块地。图书馆于 1984 年 10 月 2 日破土动工，两年后建成。图书馆面积大约 7 万平方英尺，同时建成的还有面积 6 万平方英尺的埃默里大学卡特中心。图书馆里陈列着卡特执政时期 2700 万页文件和资料，供研究人员查阅。[2] 2009 年 10 月 1 日，在卡特 85 岁生日的时候，卡特总统图书馆和博物馆经过装修后重新对外开放。[3]

1986 年 10 月 1 日，卡特图书馆举行开馆典礼。时任总统罗纳德·里根总统夫妇亲自出席。尼克松和福特因有急事未出席，承诺日后抽时间拜访。当天，里根总统发表了热情洋溢的讲话。他说："我想不出，在世界上任何国家，会有两位政治分歧如此大的人，能够相互尊重，坐在一起。就我个人而言，我无法用比这个更确切的语言来表达对您的尊敬：您把自己奉献给了您的国家，您的激情、智慧、奉献精神让白宫熠熠生辉。"在回应里根的赞美之词时，卡特幽默地说："我想我比以前任何时候都更加清楚地明白，为什么在 1980 年 11 月大选中您赢了，我输了。"[4]

尽管里根在卡特中心成立典礼上讲话非常彬彬有礼，但是，在大部分时间里，里根不仅没有支持卡特中心的活动，反而限制卡特的私人外交活动。民主党也并未慷慨地接纳卡特。卡特执政时期的副总统沃尔特·蒙代

---

① Leonard Benard and Jennifer Weiss, *Citizen - in - Chief*: *The Second Lives of the American Presidents*, New York & London: Harper Collins, 2009, pp. 100 - 102.

② History of the Jimmy Carter Library, http: //www. jimmycarterlibrary. gov/library/libhist. phtml.

③ Jimmy Carter Presidential Library Reopening, October 1, 2009, http: //www. cartercenter. org/resources/pdfs/reopening - ceremony - program. pdf.

④ Mark K. Updegrove, *Second Acts*: *Presidential Lives and Legacies After the White House*, Guilford, Connecticut: The Lyons Press, 2006, p. 158.

尔在 1984 年参选总统，挑战里根。在整个初选过程中，蒙代尔有意同卡特保持一定的距离。他知道，卡特可能会成为影响大选的负面因素。蒙代尔在幕后利用卡特的支持，但在公开场合下，同卡特保持一定的距离。1989 年，乔治·布什（也就是老布什）入主白宫。卡特回忆说："那好像是给我新打开了一扇门。"不仅如此，老布什还邀请卡特参与政治。几乎每次，当卡特从海外开展敏感的海外"私人外交"回国之后，老布什都会把他请到白宫，请他给总统和顾问们做个简报。这其中也包括国务卿詹姆斯·贝克。贝克和卡特建立了良好的协作关系。有一次，老布什总统请卡特参与尼加拉瓜的民主化建设，尼加拉瓜当时正在进行内战。这项任务无论对于卡特本人，还是卡特中心，都是一项重要的公关活动。[①]

十、罗纳德·里根总统图书馆

罗纳德·里根图书馆坐落于洛杉矶郊外的制造业中心西米谷市（Simi Valley）。图书馆在 1988 年动工，1991 年落成，花费 6000 万美元，占地面积 15.3 万平方英尺，是当时为止面积最大、花费最昂贵的总统图书馆。在图书馆落成典礼举行当天，四位卸任总统和一位现任总统悉数到齐，有理查德·尼克松、杰拉尔德·福特、吉米·卡特、罗纳德·里根和时任总统乔治·布什。

第一，里根图书馆落户斯坦福大学计划受挫。起初，里根希望把自己的总统图书馆放在斯坦福大学。不仅如此，他还希望能在总统图书馆中建立一个智库，以便突出自己政治遗产中意识形态的重要性。作为保守派政治人物，里根在外交上推行咄咄逼人的冷战政策，在国内政治上主张实行小政府，放松政府对企业的规范等。里根的保守思想来源于斯坦福大学胡佛战争、革命与和平研究所。他称胡佛研究所是"智库星际中最明亮的一颗星"。胡佛研究所对里根也充满了仰慕之情。胡佛研究所 1981 年发表的年度报告毫不掩饰兴奋的情绪，说："过去一年中最令人兴奋的时刻就是罗纳德·里根当选为美国总统。"

在里根当选总统之前，胡佛研究所就存放着里根担任加利福尼亚州长和总统竞选期间的各种文件，里根也于 1975 年成为胡佛研究所研究员。里根政府第一任期一些重要幕僚，如马丁·安德森（Martin Anderson）、迈克

---

① Mark K. Updegrove, *Second Acts: Presidential Lives and Legacies After the White House*, Guilford, Connecticut: The Lyons Press, 2006, p. 160.

尔·笛弗（Michael Deaver）、理查德·艾伦（Richard Allen）等人都同胡佛研究所有密切的联系。在里根就任总统后，胡佛研究所所长格林·坎贝尔（Glenn Campbell）就给里根写信，询问能否把里根总统图书馆放在胡佛研究所。里根团队很快就同意了这个建议。坎贝尔在20世纪60年代就同时任加利福尼亚州州长的里根关系密切。当时，里根任命坎贝尔为加利福尼亚大学校董事会董事。里根当总统后，坎贝尔同里根的关系更加密切了。况且，作为胡佛研究所所长，坎贝尔对于胡佛研究所未能成功争取到存放胡佛总统文件感到遗憾。因此，争取另外一位保守派总统里根的总统文件花落胡佛研究所，就成了坎贝尔不懈争取的目标。

事实上，里根政府同胡佛研究所关系非常密切。里根执政团队中有29位官员同胡佛研究所有渊源。胡佛研究所所长坎贝尔也是里根政府外交情报咨询委员会委员，他后来也成为里根总统图书馆基金会主席。在一次接见胡佛研究所董事会成员的会面中，里根感谢坎贝尔向“我的竞选团队输出了比其他任何机构都多的人才”。作为胡佛研究所所长，坎贝尔正式邀请里根将总统文件和心目中希望设立的政策研究中心设立在胡佛研究所。对此，里根也很期待。

但是，从一开始，里根政府同斯坦福大学在建设总统统图书馆的问题上就存在严重分歧。1983年底，胡佛研究所成为众矢之的，各种批评的声音接踵而至。反对里根总统图书馆入住斯坦福大学胡佛研究所的人士成立了“斯坦福大学反对里根（图书馆）事务委员会”，他们担心，政党政治（特别是里根政府的保守主义倾向）会影响到大学的学术自由。支持里根总统图书馆入住斯坦福大学胡佛研究所的人士中有7位国会参议员，其中3位是斯坦福大学毕业的。《华尔街日报》甚至给反对里根图书馆入住斯坦福的学生贴上了“学术恐怖主义”的标签，称“一小撮搬弄是非的捣乱分子已经攫取了权力，试图反对一个令人尊敬的智库”。当然，也有人说，如今里根执政团队同胡佛研究所之间的紧密关系，与当年肯尼迪政府同哈佛同仁之间的紧密联系，实际上没有多少区别。

尽管有一些教工和学生反对，但是，斯坦福大学校长唐纳德·肯尼迪支持里根总统图书馆落户斯坦福大学。坎贝尔向里根转达了校长的书面意见。胡佛研究所是一个半自治的机构，但是，从技术角度来看，它还是要对斯坦福大学校董事会负责。唐纳德·肯尼迪很快成立了一个教工委员会，探讨在胡佛研究所设立里根图书馆和政策研究中心对斯坦福大学是否有利。经过近一年的调研和咨询，委员会提交报告称，里根图书馆在一定程度上对斯坦福大学有益，但是政策研究中心必须“遵守正常的学术规范”。换言之，如果里根基金会想要在胡佛研究所建立一个智库，智库人事必须由大学学术委员会任命，也必须走通行的任命程序。

对此，格林·坎贝尔和里根政府负责图书馆事宜谈判的幕僚爱德·米斯（Ed Meese）都不是很满意。米斯抱怨道：“如果不是因为胡佛研究所的话，我们根本不会考虑将里根总统文件存放在斯坦福大学。”坎贝尔和米斯极不情愿地放弃在胡佛研究所建立政策研究所的想法，他们建议在斯坦福大学校园内成立一个独立于在胡佛研究所和斯坦福大学的政策研究所。结果，这个建议遭到了斯坦福大学董事会的强烈反对。他们同意在胡佛研究设立总统图书馆和博物馆，但是反对将政策研究所设在斯坦福大学校园。里根团队勉强接受了这个条件。

接下来，斯坦福大学校长唐纳德·肯尼迪另外设立了一个特别委员会，负责处理里根总统图书馆建设的细节规划，包括图书馆位置、占地面积以及同斯坦福大学整体校园布局的协调问题等。校方提供了三块地点供选择，里根基金会选择在了山脚附近的一块地方，这样一来，里根图书馆就可以俯视斯坦福大学校园。里根基金会邀请知名建筑设计师休·斯托宾斯（Hugh Stubbins）负责图书馆设计。斯托宾斯希望将图书馆设计成斯坦福第二高建筑（最高建筑是胡佛纪念塔）。然而，这幅具有西班牙建筑风格的宏伟建筑设计图遭到了特别委员会的强烈反对。委员会认为，里根图书馆的建筑设计不能过分突出图书馆建筑，而是要将图书馆隐没在校园建筑中。按照这样要求，就根本无法额外修建一座供总统休息的两层楼。

正当此时，斯坦福大学教工委员会投票强烈反对在山脚附近建设里根总统图书馆。历史学家戴维·亚伯尼瑟（David Abernethy）解释说，在里根图书馆的建设工程中，象征意义也是一个因素：斯坦福大学最高的建筑是胡佛纪念塔，现在要让里根图书馆成为校园第二高建筑。胡佛和里根都是共和党人，也都是保守派，这对信奉思想自由的斯坦福大学来讲是无法接受的。面对斯坦福大学各界的反对，里根最终失去了耐心。1987 年 5 月，距离里根政府第二任期结束只剩下不到两年的时间，里根图书馆的建设问题仍未取得实质进展。于是，里根基金会决定放弃斯坦福大学，这个决定也得到了里根策略性支持。

第二，里根图书馆落户西米谷市。在放弃在斯坦福大学建设里根图书馆这个计划后，里根图书馆基金会把目光转向洛杉矶郊外的制造业中心西米谷市。当地一位房地产开发商捐出 100 英亩的空地，这块地位于起伏不定的山峦边上。尽管有些地方需要修整，但是，里根图书馆基金会再也不想重复斯坦福大学的失败经历了。到 1988 年，图书馆破土动工。到 1991 年，总统图书馆终于落成。这座图书馆也是西米谷市当时规模最大、耗资最多的建筑。休·斯托宾斯设计的、具有西班牙教会风格的建筑图纸原封不动地从斯坦福大学搬到了西米谷市。

米西谷市是里根总统图书馆的理想场所。正如里根总统图书馆第一任馆长拉尔夫·布莱索（Ralph C. Bledsoe）所说的那样：这个城市大部分人的观念比较保守，这同里根的理念基本一致。这个地方也是无数好莱坞西部影片拍摄基地，经常有很多游客光顾，他们在参观影视基地的同时，也会来参观气势宏伟的里根图书馆。事实上，里根图书馆人气一直很高。这个地方距离里根居住地也不远，里根可以经常来到图书馆参加各种活动。这个地方也非常宽敞，有足够的空间建造非常受人们欢迎的、价值 3 千万美元的空军一号停机阁，这么大的空间是斯坦福大学根本无法提供的。停机阁已于 2005 年开始对外开放。最后，里根夫妇决定，希望去世后能够安葬在里根图书馆旁。相对于斯坦福大学自由的学术氛围，在保守的西米谷宁静的小山上，思想保守的里根无疑会找到他灵魂的归宿。[①]

十一、乔治·赫伯特·沃克·布什总统图书馆

乔治·布什（以下简称“老布什”）总统图书馆坐落于得克萨斯农工大学。它是一座三幢大楼的建筑，包括图书馆本身和以老布什名字命名的政府和公共事务学院。图书馆本身花费 4000 万美元，学院花费 4300 万美元，共计 8300 万美元。

起初，老布什希望把总统图书馆设立在自己的母校耶鲁大学。但是，这个想法从未落实。老布什的新闻秘书马林·菲茨沃特（Marlin Fitzwater）回忆说，耶鲁大学对布什总统或者布什基金会的这个建议从未感兴趣。他说：“在老布什执政期间，耶鲁大学怠慢他，喝倒彩，从一开始就从未欢迎过他。他们从来都不愿意同共和党人搅在一起。”

到 1991 年春，老布什图书馆的选址工作开始加快。在赖斯大学和休斯敦大学联合投标失败之后，他很快同得克萨斯州农工大学达成协议。得州农工大学是得克萨斯州首屈一指的公立大学，得州农工大学卡城分校

① Leonard Benard and Jennifer Weiss, *Citizen - in - Chief: The Second Lives of the American Presidents*, New York & London: Harper Collins, 2009, pp. 102 - 107.

（College Station）有很多优点。第一，农工大学土地多，大学愿意把原来养猪研究中心的96英亩土地拿出来作为图书馆建设用地。第二，愿意为图书馆筹款，得州农工大学校友中有许多石油大亨。第三，农工大学的哲学理念同老布什本人的哲学理念一致，得州农工大学学生团体认同共和党理念，是全美最大的校园共和党组织之一。第四，得州农工大学校长是老布什总统的好友。在美国石油产业，活跃着许多得州农工大学的校友；农工大学卡城分校距离老布什在休斯敦的家，只有90英里的路程。正是因为这些原因，得州农工大学成为老布什设立总统图书馆的理想选择。

1997年11月6日，老布什总统图书馆举办落成典礼。前总统福特夫妇、卡特夫妇、里根总统夫人南希·里根、现任总统克林顿夫妇等2万人参加了图书馆开馆典礼。总统博物馆展出了老布什曾经开过的1947年款"斯图贝克"汽车，1架修复过的"复仇者"鱼雷轰炸机，以及图书馆前面广场上雕刻的4匹马。一位新闻记者开玩笑说，老布什图书馆可以称作"乔治·布什战争、汽车与马匹纪念馆"。时任总统比尔·克林顿，尽管当时同前总统老布什的关系不是那么热络，但仍在致开幕词时对布什大加赞赏。他说，在老布什身上，"美国看到了一位好人，他把所有的真诚和情感都奉献给了我们的国家，这也正是这个图书馆将会向后人讲述的一切。"①

十二、威廉·杰斐逊·克林顿总统图书馆

威廉·杰斐逊·克林顿总统图书馆坐落于阿肯色州首府小石城的阿肯色河河沿市场，是小石城有史以来最大的开发项目。克林顿图书馆包括三部分，图书馆本身、博物馆和克林顿公共服务学院。② 图书馆项目在克林顿第二任期之初开始筹划，建筑用地由小石城市政府捐赠，费用由威廉·杰斐逊·克林顿基金会筹措。到2004年图书馆落成，基金会筹集的图书馆建设资金达到1.65亿美元。图书馆耗资大约2亿美元，占地面积15万平方英尺，是一栋悬臂钢筋和玻璃建筑，屋顶有一个2000平方英尺的公寓，供克林顿本人使用。

克林顿第二任期结束时，颁布了150多项赦免令，其中一些赦免令在

---

① Leonard Benard and Jennifer Weiss, *Citizen - in - Chief*: *The Second Lives of the American Presidents*, New York & London: Harper Collins, 2009, pp. 108 - 109.

② William G. Clotworthy, *Homes and Libraries of the Presidents*, Granville, Ohio: The McDonald & Woodward Publishing Company, 2010, p. 320.

一定程度上给他的筹款带来了负面影响。例如，在这些赦免人士中，就包括美国司法部通缉的十大要犯之一马克·里奇（Marc Rich）。马克·里奇因为逃税、欺诈，外逃瑞士长达17年。在里奇获得赦免后不久，就有消息传出，里奇的前妻，丹妮丝·里奇（Denise Rich）曾在几个月前向克林顿图书馆项目捐赠了45万美元。这一消息很难让人们不把里奇前妻的捐款和里奇获得赦免联系起来。

在克林顿赦免里奇的事情曝光后，众议院政府改革委员会主席丹·博尔顿（Dan Burton）开始调查里奇赦免案。博尔顿委员会于2001年3月发表了长篇调查报告：《未竟的正义：克林顿政府的赦免决定》。虽然报告没有发现马克·里奇本人有违法行为（法律规定，逃犯进行政治捐款是非法行为），但却显示，丹妮丝·里奇在游说赦免她的前夫这件事上发挥了关键作用。

马克·里奇事件严重影响了克林顿图书馆项目的筹款进度。克林顿总统图书馆原计划于2004年秋正式开馆。随着开馆日期临近，筹款的压力也大增，特别是大额捐款迟迟未到。在这种情况下，外国政府的捐款起到了带头作用。例如，阿联酋迪拜酋长两笔汇款就高达3000万美元，墨西哥电信巨头卡洛斯·斯利姆（Carlos Slim）捐资100万。在美国国内，美国娱乐大亨凯西·威兹曼（Casey Waserman）通过旗下洛杉矶基金会向克林顿基金会捐赠600万—700万美元，爱特尔（Alltel）电信公司小石城分部首席执行官乔·福特（Joe Ford）捐资125万美元。①

2004年11月18日，克林顿图书馆举行落成典礼。前总统吉米·卡特、乔治·布什（老布什）和时任总统乔治·沃克·布什（小布什）到场。当天，有大约4万人参加开馆典礼的庆祝活动。② 前总统杰拉尔德·福特因病无法亲自出席，请爱尔兰音乐组合U2代其出席。两周之前在激烈的大选中失利的民主党总统候选人约翰·克里也出席了开幕式。③ 在庆典上，克林顿、卡特、老布什、小布什等人发言。克林顿在简短的发言中祝贺小布什争取连任获得成功，祝愿中东地区更加和平。他称赞小布什是

① Leonard Benard and Jennifer Weiss, *Citizen - in - Chief*: *The Second Lives of the American Presidents*, New York & London: Harper Collins, 2009, pp. 110 - 114.

② Burton I. Kaufman, *The Post-Presidency from Washington to Clinton*, Lawrence, Kansas: University Press of Kansas, 2012, p. 518.

③ Leonard Benard and Jennifer Weiss, *Citizen - in - Chief*: *The Second Lives of the American Presidents*, New York & London: Harper Collins, 2009, p. 110.

一位“优秀的政治家”。[1]

卡特在发言中谈到了1980年发生的“马列尔事件”对时任阿肯色州州长克林顿争取连任带来的负面影响表示遗憾。“马列尔事件”始于1979年美国和古巴关系逐步改善时期。当时古巴正发生严重经济衰退，在美籍古巴人的帮助下，许多古巴难民从古巴马列尔海港出发，移民到美国佛罗里达州迈阿密。卡特政府对于古巴移民持开放态度。结果，大量古巴难民涌入迈阿密，给迈阿密劳动力市场带来了不利影响。[2]

由于佛罗里达州南部无法消化这么多难民，于是卡特政府决定，在佛罗里达州迈阿密、宾夕法尼亚州印第安城、威斯康辛州迈克库伊、波多黎各岛圣地亚哥和阿肯色州柴扉等地建立难民营，集中管理。由于阿肯色州柴扉难民营发生骚乱，一些难民擅自逃跑，在当时成为一个棘手的问题，这给时任阿肯色州州长克林顿争取连任造成了一定的负面影响。克林顿也因此在争取连任中失利。对此，卡特也许是想在克林顿总统图书馆开馆之际，向克林顿表达真诚的歉意。[3]

老布什在发言中称赞克林顿是“国家政治中的零售业大亨萨姆·沃尔顿”。萨姆·沃尔顿是全球零售业巨头沃尔玛的创始人。沃尔顿从起初经营小杂货店，到后来建立全球零售业帝国的历程，也是克林顿人生奋斗历程的写照。老布什谈到1992年在弗吉尼亚州首府里士满举行的总统候选人电视辩论时发生的事，以及克林顿如何击败自己。在1992年大选中，有3组总统候选人，共和党总统候选人时任总统老布什、民主党总统候选人阿肯色州州长比尔·克林顿和独立候选人亿万富翁罗斯·佩洛特。

在电视辩论中，克林顿精力充沛，侃侃而谈，魅力四射；老布什则显得有些疲惫，语无伦次，注意力不集中。更重要的是，在独立候选人罗斯·佩洛特发言时，电视镜头突然转向老布什，发现他正在看自己的手表，似乎对佩洛特的发言不感兴趣。当然，这一个镜头足以破坏老布什在民众中的形象。距离1992年大选已经过去了将近12年，克林顿总统卸任也已经4年，在克林顿图书馆的开馆典礼上，老布什说：“坦率地说，我

---

① Transcript: “Former President Clinton Speaks at Library Dedication,” *The Washington Post*, Nov. 18, 2004, http://www.washingtonpost.com/wp-dyn/articles/A60393-2004Nov18.html.

② Transcript: “President Carter Comments at Clinton Library Dedcation,” *The Washington Post*, Nov. 18, 2004, http://www.washingtonpost.com/wp-dyn/articles/A60350-2004Nov18.html.

③ Transcript: “President Carter Comments at Clinton Library Dedcation,” *The Washington Post*, Nov. 18, 2004, http://www.washingtonpost.com/wp-dyn/articles/A60350-2004Nov18_3.html.

并不喜欢辩论。在里士满举行的那次辩论会上，我在低头看自己的手表，这是真的。当时我在想，罗斯·佩洛特什么时候能讲完？我怎么才能离开这儿？但是，很明显，克林顿总统 …… 那天晚上表现得非常出色。”①

时任总统小布什在发言中谈到克林顿高超的政治技巧时，惹得克林顿大笑。小布什说：“萨兰县的一个人在被问到，他为什么喜欢克林顿州长时，他说，‘孩子，克林顿州长会看着你的眼睛，握着你的手，抱着你的小孩，拍着你的狗，所有这一切都在同时发生。’”小布什在讲话中盛赞克林顿“不仅是一个优秀的政治家”，也是“一位锐意的改革者，一位非常富有爱心的人”。他称赞克林顿在任期间取得的巨大成就，特别是在推动社会福利、自由贸易、中东和平、促进巴尔干稳定等方面做出的贡献。他说，美国人从克林顿的决策和行动中感受到了他对穷人和弱者的关怀。②

克林顿总统图书馆建成给小石城发展带来了重要的机遇。到 2005 年底，在克林顿图书馆开放一年后，小石城得到了 10 亿美元的投资。随着小石城城市环境的改善，克林顿图书馆也迎来了大量的游客。单就 2006 年，就有超过 30 万游客参观了克林顿图书馆。从当年各个总统图书馆接待游客数量来看，克林顿图书馆接待量仅次于罗纳德·里根图书馆，位列第二。③

十三、乔治·沃克·布什总统图书馆

乔治·沃克·布什图书馆坐落于得克萨斯州达拉斯市南方卫理公会大学校内，占地面积 20.7 万平方英尺，相当于 1.92 万平方米。图书馆于 2013 年 4 月 25 日落成。图书馆是乔治·沃克·布什总统中心的一部分，中心还包括博物馆、布什政策研究所、布什基金会办公室等设施。④

南方卫理公会大学是第一个向布什团队提出建设总统图书馆的机构。在 2000 年 11 月大选中，布什当选为第 43 任美国总统。12 月，南方卫理公会大学校董事会就向布什竞选团队提议，希望将来能把小布什图书馆放

---

① Transcript: "Former President George H. W. Bush Comments at Clinton Library," *The Washington Post*, Nov. 18. 2004, http://www. washingtonpost. com/wp – dyn/articles/A60354 – 2004Nov18. html.

② Transcript: "President Bush Speaks at Clinton Library Dedication," *The Washington Post*, Nov. 18. 2004, http://www. washingtonpost. com/wp – dyn/articles/A60352 – 2004Nov18. html.

③ Leonard Benard and Jennifer Weiss, *Citizen – in – Chief: The Second Lives of the American Presidents*, New York & London: Harper Collins, 2009, p. 113.

④ Dan Nielsen, *Presiential Leadership: Learning from United States Presidential Libraries & Museums*, Dan Nielsen Company, 2013, p. 241.

在南方卫理公会大学。在小布什就任总统后，南方卫理公会大学就正式提出申请。

在2001年1月20日布什正式就职以前，位于得克萨斯韦科市的浸信会贝勒大学校方官员也开始考虑参与竞标。他们认为，由于贝勒大学同布什的克劳福德牧场距离很近，距离得克萨斯首府奥斯丁、工商业城市达拉斯也都不到100英里（160公里）。况且，贝勒大学所处的布莱恩大学城都会区环境优雅，是建设总统图书馆的理想场所。

从2001年1月布什就任总统到2005年底，一共有6所大学参与布什总统图书馆竞标，贝勒大学、南方卫理公会大学、得克萨斯大学（奥斯丁分校）、得克萨斯理工大学、达拉斯大学和米兰德学院。得克萨斯阿灵顿市政府也提出希望能够接纳布什总统图书馆。

上述7处选址都有自己的优势，也有自己的不足。贝勒大学位于韦科市布拉索斯河沿岸，可以提供大量的图书馆建设用地。但是，它的不足之处在于，韦科不是一个大都市，每年无法吸引大批游客参观小布什总统图书馆。阿灵顿市的优点也是可以提供图书馆建设的足够用地，但是，这个地方学校少，在图书馆建成后无法吸引大量的学生参与图书馆开展的各项活动。

得克萨斯大学是一个理想的场所。但是，许多教师和学生反对把小布什图书馆放在得克萨斯大学。得克萨斯大学有影响力的学生报纸《得克萨斯人日报》和大学旗舰校奥斯丁分校都发表评论，反对这个计划。得克萨斯大学校方排除各种干扰提出申请，指出，林登·约翰逊图书馆就坐落在得克萨斯大学奥斯丁分校。所以，得克萨斯大学在建设总统图书馆方面具有丰富的经验。但是，它的申请中又提出把总统图书馆和博物馆分建在几个不同的校区，创造“虚拟图书馆”环境，让更多的人能够从图书馆中获益。得克萨斯大学申请委员会把这一点作为赢得学校教师和学生支持的一个“卖点”。但是，这同布什图书馆基金会的初衷相悖。

得克萨斯理工大学和米兰德学院组成了一个“西得克萨斯联盟”，联合申请建设布什总统图书馆。该联盟做了一个8分钟的录像片，由得克萨斯的“牛仔诗人”雷德·斯蒂格尔（Red Steagall）解说。为了提高竞争优势，它们提议，除了在得克萨斯理工大学主校区所在地卢伯克市建设总统图书馆博物馆外，另外在米兰德学院建设一个“劳拉·布什阅读中心”。由于得克萨斯理工大学不是宗教学院，所以，在竞争中处于劣势。到2005年底，有3所大学入选，包括达拉斯大学浸信会分校、天主教贝勒大学、南方卫理公会大学。从2005年底到2008年初，经过激烈角逐，南方卫理公会大学最后胜出。[①]

事实上，小布什夫妇和布什政府都同南方卫理公会大学有着深厚的渊源。首先，南方卫理公会大学距离小布什夫妇的住所很近；这所大学也是小布什夫人劳拉·布什的母校。劳拉·布什于1968年从该校图书馆学专业硕士毕业。在小布什当选总统前，劳拉就是母校南方卫理公会大学校董事会董事。小布什在当选总统前曾经给该校捐献了25万美元修建一条林荫道，也就是现在的"劳拉·布什大道"。

南方卫理公会大学校友、小布什的好友雷伊·亨特（Ray Hunt）在布什图书馆签约南方卫理公会大学这件事的谈判中发挥了重要作用。亨特达拉斯石油巨头，亿万富翁，也是南方卫理公会大学校董事会董事。随着南方卫理公会大学校董事迪克·切尼（Dick Cheney）、卫理公会毕业生卡伦·休斯（Karen Hughes）、哈里特·迈耶斯（Harriet Miers）在小布什政府中担任重要职务，小布什总统图书馆落户南方卫理公会大学就水到渠成了。[②]

乔治·沃克·布什图书馆选址南方卫理公会大学，中间还有一段曲折的故事。学校教工欢迎小布什图书馆落户南方卫理公会大学，但是，他们反对在图书馆设立布什政策研究所。如果不能够阻止研究所的设立，那么研究所必须接受校方的管理。南卫理公大学教工本杰明·约翰逊甚至发起了全校教工公决。有170位教工签署了要求校方管理布什政策研究所的倡议，但是，这个倡议遭到校理事会否决。

经过布什图书馆团队同校方的谈判和协商，双方商定：一是校方不干涉布什政策研究所的日常管理，但是研究所在实际运作过程中，不能使用南方卫理公会大学的招牌；二是尽管布什研究所坐落在南方卫理公会大学，但是财务上实行独立核算，名称上和法律上都实行独立管理。也就是说，研究所的名称是"布什研究所"，不是"南方卫理公会大学布什研究所"。这样一来，小布什总统图书馆最终落户南方卫理公会大学，图书馆

① Timeline of Bush Presidential Center Site Selection Process, http://www.smu.edu/BushCenter/SelectionTimeline.

② Leonard Benard and Jennifer Weiss, *Citizen - in - Chief: The Second Lives of the American Presidents*, New York & London: Harper Collins, 2009, p. 116.

由联邦政府管理，布什研究所是一个独立的机构，不受大学节制。①

在图书馆落成典礼当天，有1万多人参加了开馆仪式，包括英国前首先托尼·布莱尔、意大利前总理西尔维奥·贝卢斯科尼、韩国前总统李明博等前政要出席。南方卫理公会大学社区有500多人在麦克法林礼堂或户外电视显示屏上观看了开馆仪式。

作为总统俱乐部成员，所有健在的卸任总统全数出席，包括卡特、老布什、克林顿和小布什本人。在现场，没有一个人提伊拉克战争的事情。②现任总统巴拉克·奥巴马在讲话中赞扬小布什为国家做出的贡献，对国家的热爱，也感谢他对自己的支持。他特别提到小布什离开白宫时给他留下的一封信，表明布什的爱心和大度。奥巴马盛赞小布什"在全球艾滋病防治、疟疾防治、学校改革、移民制度改革等方面做出的贡献"。③

前总统老布什、比尔·克林顿、吉米·卡特都在大会上做了发言。老布什因患帕金森病，行动不便，坐在轮椅上发表了简短的致辞。他欢迎大家出席他的长子（小布什）总统图书馆开馆典礼。在夫人芭芭拉·布什和儿子小布什的搀扶下，老布什站起身来，向全场致意，赢得了全场喝彩。克林顿在讲话时称，小布什总统图书馆是"前总统们永远不懈奋斗的最新、最壮观的明证"。他谈到了同布什家族之间的关系。他开玩笑说，自己是布什家族里的"害群之马"。接着，他和卡特一起，感谢小布什在帮助非洲艾滋病患者方面做出的贡献。④ 可以看得出，不论他们在政策上有多大分歧，在总统图书馆开馆典礼这个庄重的时刻，现任总统同卸任总统、甚至卸任总统之间都保持了应有的温馨与和谐。

作为存放总统文件的档案馆和记录总统政治生涯的博物馆，总统图书馆在记录历史、服务社会方面的积极作用不言而喻。但是，由于图书馆遵循私人筹建、政府管理的运营模式，所以，卸任总统会不遗余力地筹措资

---

① Leonard Benard and Jennifer Weiss, *Citizen – in – Chief: The Second Lives of the American Presidents*, New York & London: Harper Collins, 2009, p. 118.

② Frank James, "Obama's Bush Library Speech Leaves Iraq And More Unspoken," April 25, 2013, http://www.npr.org/sections/itsallpolitics/2013/04/25/179069587/obamas – bush – library – speech – leaves – iraq – and – more – unspoken.

③ President Obama's Speech at the dedication of George W. Bush Presidential library, April 25, 2013, https://www.whitehouse.gov/the – press – office/2013/04/25/remarks – president – obama – dedication – george – w – bush – presidential – library.

④ Matt Wilstein, "Presidents Obama, Clinton And Bush 41 Pay Tribute To George W. Bush At Library Dedication Ceremony," April 25, 2013, http://www.mediaite.com/tv/presidents – obama – clinton – and – bush – 41 – pay – tribute – to – george – w – bush – at – library – dedication – ceremony/.

金建设馆舍，最大限度地发挥它们的正面作用，借此来突出自己的政绩和理念，塑造公众对自己的认知，捍卫和提升自己的历史地位。正因为这样，有些学者担心，这种有意提升总统形象的片面作法可能会损害总统图书馆的声誉。例如，艾森豪威尔图书馆将艾森豪威尔描述为一个支持民权运动的领导人，但是他并没有积极支持民权运动，肯尼迪图书馆并未谈及他的生活作风和健康问题，约翰逊图书馆也未谈及他窃听政治对手和反战人士的事宜，乔治·沃克·布什图书馆也未展现反思伊拉克战争等[1]。尽管会存在这样那样的争议，但是，瑕不掩瑜，作为研究美国历史和美国社会的珍贵资源和开展教育文化交流的重要场所，总统图书馆的正面作用远远大于它们在管理过程中存在的不足。

① Benjamin Hufbauer, *Presidential Temples: How Memorials and Libraries Shape Public Memory*, Lawrence, Kansas: University Press of Kansas, 2005, p. 134.

附录 1

美国知名总统图书馆概览

总统图书馆名称	图书馆位置	开馆时间
胡佛图书馆	胡佛出生地艾奥瓦州锡达县的西布兰奇市	1962 年 8 月 10 日
罗斯福图书馆	罗斯福私人宅地纽约州“海德庄园”	1941 年 6 月 30 日
杜鲁门图书馆	杜鲁门家乡密苏里州独立市	1957 年 7 月 6 日
艾森豪威尔图书馆	堪萨斯州阿比林城	1962 年 5 月
肯尼迪图书馆	马萨诸塞州波士顿市哥伦比亚公园	1979 年 10 月 20 日
约翰逊图书馆	得克萨斯大学奥斯丁分校	1971 年 5 月 22 日
尼克松图书馆	尼克松出生地加州奥伦奇县约巴林达市	1990 年 7 月
福特图书馆	图书馆位于密歇根大学安阿伯分校； 博物馆位于密歇根州大瀑布城	图书馆（1981 年 4 月） 博物馆（1981 年 9 月）
卡特图书馆	佐治亚州亚特兰大市郊外	1986 年 10 月 1 日
里根图书馆	洛杉矶郊外西米谷市	1991 年
乔治·布什图书馆	得克萨斯农工大学	1997 年 11 月 6 日
克林顿图书馆	阿肯色州小石城	2004 年 11 月 18 日
乔治·沃克·布什图书馆	得克萨斯州达拉斯市南方卫理公会大学	2013 年 4 月 25 日
巴拉克·奥巴马图书馆	伊利诺伊州芝加哥市芝加哥大学	预计 2020 年建成

资料来源：美国国家档案馆总统图书馆办公室网站。①

① The National Achive, Presidential Libraries and Museums, https://www.archives.gov/presidential-libraries/.

附录 2

美国总统生平和任期简介

美国总统	生　平	总统任期
第 1 任：乔治·华盛顿	1732. 2. 22 — 1799. 12. 14	1789. 4. 30 — 1797. 3. 4
第 2 任：约翰·亚当斯	1735. 10. 30 — 1826. 7. 4	1797. 3. 4 — 1801. 3. 4
第 3 任：托马斯·杰斐逊	1743. 4. 13— 1826. 7. 4	1801. 3. 4 — 1809. 3. 4
第 4 任：詹姆斯·麦迪逊	1751. 3. 16— 1836. 6. 28	1809. 3. 4 — 1817. 3. 4
第 5 任：詹姆斯·门罗	1758. 4. 28— 1831. 7. 4	1817. 3. 4— 1825. 3. 4
第 6 任：约翰·昆西·亚当斯	1767. 7. 11— 1848. 2. 23	1825. 3. 4— 1829. 3. 4
第 7 任：安德鲁·杰克逊	1767. 3. 15— 1845. 6. 8	1829. 3. 4— 1837. 3. 4
第 8 任：马丁·范布伦	1782. 12. 5— 1862. 7. 24	1837. 3. 4— 1841. 3. 4
第 9 任：威廉·亨利·哈里森	1773. 2. 9— 1841. 4. 4	1841. 3. 4— 1841. 4. 4
第 10 任：约翰·泰勒	1790. 3. 29— 1862. 1. 18	1841. 4. 4— 1845. 3. 4
第 11 任：詹姆斯·波尔克	1795. 11. 2— 1849. 6. 15	1845. 3. 4— 1849. 3. 4
第 12 任：扎卡里·泰勒	1784. 11. 24— 1850. 7. 9	1849. 3. 4 — 1850. 7. 9
第 13 任：米勒德·菲尔莫尔	1800. 1. 7— 1874. 3. 8	1850. 7. 9— 1853. 3. 4
第 14 任：富兰克林·皮尔斯	1804. 11. 23— 1869. 10. 8	1853. 3. 4— 1857. 3. 4
第 15 任：詹姆斯·布坎南	1791. 4. 23— 1868. 6. 1	1857. 3. 4— 1861. 3. 4
第 16 任：亚伯拉罕·林肯	1809. 2. 12— 1865. 4. 15	1861. 3. 4— 1865. 4. 15
第 17 任：安德鲁·约翰逊	1808. 12. 29— 1875. 7. 31	1865. 4. 15— 1869. 3. 4
第 18 任：尤利西斯·格兰特	1822. 4. 27— 1885. 7. 23	1869. 3. 4— 1877. 3. 4
第 19 任：拉瑟福德·海斯	1822. 10. 4— 1893. 1. 17	1877. 3. 4— 1881. 3. 4
第 20 任：詹姆斯·加菲尔德	1831. 11. 19— 1881. 9. 19	1881. 3. 4— 1881. 9. 19

续表

美国总统	生　平	总统任期
第21任：切斯特·艾伦·亚瑟	1830.10.5—1886.11.18	1881.9.19—1885.3.4
第22任：格罗弗·克利夫兰	1837.3.18—1908.6.24	1885.3.4—1889.3.4
第23任：本杰明·哈里森	1833.8.20—1901.3.13	1889.3.4—1893.3.4
第24任：格罗弗·克利夫兰	1837.3.18—1908.6.24	1893.3.4—1897.3.4
第25任：威廉·麦金利	1843.1.29—1901.9.14	1897.3.4—1901.9.14
第26任：西奥多·罗斯福	1858.10.27—1919.1.6	1901.9.14—1909.3.4
第27任：威廉·霍华德·塔夫脱	1857.9.15—1930.3.8	1909.3.4—1913.3.4
第28任：伍德罗·威尔逊	1856.12.28—1924.10.17	1913.3.4—1921.3.4
第29任：沃伦·哈丁	1856.11.2—1923.8.2	1921.3.4—1923.8.2
第30任：卡尔文·柯立芝	1872.7.4—1933.1.5	1923.8.2—1929.3.4
第31任：赫伯特·胡佛	1874.8.10—1964.10.20	1929.3.4—1933.3.4
第32任：富兰克林·罗斯福	1882.1.30—1945.4.12	1933.3.4—1945.4.12
第33任：哈里·杜鲁门	1884.5.8—1972.12.26	1945.4.12—1953.1.20
第34任：德怀特·艾森豪威尔	1890.10.14—1969.3.28	1953.1.20—1961.1.20
第35任：约翰·肯尼迪	1917.5.29—1963.11.22	1961.1.20—1963.11.22
第36任：林登·约翰逊	1908.8.27—1973.1.22	1963.11.22—1969.1.20
第37任：理查德·尼克松	1913.1.9—1994.4.22	1969.1.20—1974.8.9
第38任：杰拉尔德·福特	1913.7.14—2006.12.26	1974.8.9—1977.1.20
第39任：吉米·卡特	1924.10.1—	1977.1.20—1981.1.20
第40任：罗纳德·里根	1911.2.6—2004.6.5	1981.1.20—1989.1.20
第41任：乔治·布什	1924.6.12—	1989.1.20—1993.1.20
第32任：比尔·克林顿	1946.8.19—	1993.1.20—2001.1.20
第43任：乔治·沃克·布什	1946.7.6—	2001.1.20—2009.1.20
第44任：巴拉克·奥巴马	1961.8.4—	2009.1.20—

资料来源：美国历史。①

① Matthew T. Downey, James R. Giese, and Fay D. Metcalf, *United States History: In the Course of Human Events*, New York: West Publishing Company, 1997, pp. 1128 – 1133.

参考文献

英文文献

Ambrose, Stephen E. *Nixon, Vol. 3: Ruin and Recovery, 1973 – 1990.* New York: Simon & Schuster, 1991.

Ambrose, Stephen E. *Eisenhower, Volume One: Soldier, General of the Army, President – Elect, 1890 – 1952.* New York: Simon and Schuster, 1983.

Ambrose, Stephen E. *Eisenhower, Volume Two: The President.* New York: Simon and Schuster, 1984.

Anderson, Lisa, "The Ex – Presidents," *Journal of Democracy*, Volume 2, Number 2, April 2010, pp. 64 – 78.

Bailey, Thomas. *Presidential Greatness: The Image and the Man from George Washington to the Present.* New York: Appleton – Century – Crofts, 1966.

Benardo, Leonard, and Jennifer Weiss. *Citizen – in – Chief: The Second Lives of the American Presidents.* New York & London: HarperCollins, 2009.

Best, Gary Dean. *The Life of Herbert Hoover: Keeper of the Torch, 1936 – 1964.* New York: Palgrave Macmillan, 2013.

Brinkley, Douglas. *The Unfinished Presidency: Jimmy Carter's Journey Beyond the White House.* New York: Viking, 1998.

Bush, George H. W. *All the Best, George Bush: My Life in Letters and Other Writings.* Revised Edition, New York: Scribner, 2013.

Bush, George H. W. and Brent Scowcroft. *A World Transformed.* New York: Alfred Knopf, 1998.

Bush, George W. *Decision Points.* New York: Crown Publishers, 2010.

Bush, George W. *Bush, 41: A Portrait of My Father.* New York: Crown Publishers, 2014.

Bourne, Peter G. *Jimmy Carter, A Comprehensive Biography from Plains to Postpresidency*. New York: Scribner, 1997.

Carter, Jimmy. *A Call to Action: Women, Religion, Violence and Power*. New York: Simon & Schuster, 2014.

Carter, Jimmy. *America on My Mind*. Montana: Falcon Press, 1991.

Carter, Jimmy. *Beyond the White House: Waging Peace, Fighting Disease, Building Hope*. New York: Simon & Schuster, 2007.

Carter, Jimmy. *Keeping Faith: Memoirs of A President*. London: Collins, 1982.

Carter, Jimmy. *Turning Point: A Candidate, A State and A Nation Come of Age*. New York: Times Books, 1992.

Chambers, JohnWhiteclay, "Jimmy Carter's Public Policy: Ex - Presidency," *Political Science Quarterly*, Volume 113, Number 3, 1998.

Clements, Kendrick A. *The Life of Herbert Hoover: Imperfect Visionary, 1918 - 1928*. New York: Palgrave Macmillan, 2010.

Clinton, Bill. *Back to Work: Why We Need Smart Government for a Strong Economy*. New York: Alfred A. Knopf, 2011.

Cooper, John Milton, Jr. *Woodrow Wilson: A Biography*. New York: Alfred A. Knopf, 2009.

Crowley, Monica. *Nixon Off the Record*. New York: Random House, 1996.

Crowley, Monica. *Nixon in Winter*. New York: Random House, 1996.

Cunliffe, Marcus. *American Presidents and the Presidency*. New York: McGraw - Hill Book Company, 1972.

Cunningham, Homer F. *President's Lost Years: George Washington to Lyndon Johnson*. McFarland & Co., 1989.

Dillon, John, "The Record - Setting Ex - Presidency of Jimmy Carter," *The Atlantic*, September 2012.

Engel, Jeffrey A. (ed.) *The China Diary of George H. W. Bush: The Making of a Global President*. Princeton & Oxford: Princeton University Press, 2008.

Evans, Rowland, and Robert Novak. *Lyndon Johnson: The Exercise of Power*. New York: The New American Library, 1966.

Felsenthal, Carol. *Clinton in Exile: A President Out of the White House.* New York & London: Harper, 2009.

Ferrell, Robert H. *Harry Truman: A Life.* Columbia and London: University of Missouri Press, 1994.

Ferrell, Robert H. (ed.) *Off the Record: The Private Papers of Harry S. Truman.* New York: Harper & Row, Publishers, 1980.

Ferrell, Robert H. (ed.) *The Eisenhower Diaries.* New York: W · W · Norton & Company, 1981.

Flexner, James Thomas, *George Washington: Anguish and Farewell (1793 – 1799)*. Boston: Little, Brown and Company, 1972.

Foster, Cody James, "A Forgotten Catalyst: Herbert Hoover and the Creation of the Modern American Post – Presidency," *The Journal of the Historical Society* XIII: 1, March 2013, pp. 69 – 94.

Gibbs, Nancy, and Michael Duffy. *The Presidents Club: Inside the World's Most Exclusive Fraternity.* New York: Simon & Schuster, 2013.

Greenstein, Fred I. *The Presidential Difference: Leadership Style from FDR to Barack Obama.* Princeton and Oxford: Princeton University Press, 2009.

Han, Lori Cox, and Matthew J. Krov, "Out of Office and in the News: Early, Projections of the Clinton Legacy," *Presidential Studies Quarterly* 33, no. 4 (December 2003), pp. 925 – 933.

Hybel, Alex Roberto. *US Foreign Policy Decision – Making from Truman to Kennedy: Responses to International Challenges.* New York: Palgrave Macmillan, 2014.

Hybel, Alex Roberto. *US Foreign Policy Decision – Making from Kennedy to Obam: Responses to International Challenges.* New York: Palgrave Macmillan, 2014.

Jeansonne, Glen. *The Life of Herbert Hoover: Fighting Quaker, 1928 – 1933.* New York: Palgrave Macmillan, 2012.

Kaufman, Burton I. *The Post – Presidency: from Washington to Clinton.* Lawrence, Kansas: The University Press of Kansas, 2012.

Lonnstrom, Douglas A., and Thomas O. Kelly, II, "The Contemporary Presidency: Rating the Presidents: A Tracking Study," *Presidential Studies Quarterly*, Vol. 33, No. 3 (September 2003), pp. 625 – 634.

Loyn, Peter. *Eisenhower: Portrait of the Hero.* Boston: Little, Brown and Company, 1974.

Lyons, Eugene. *Herbert Hoover: A Biography.* New York: Doubleday & Company, Inc., 1964.

May, Ernest R. *The Making of the Monroe Doctrine.* Cambridge, Mass.: Harvard University Press, 1975.

McCoy, Donald R. *The Presidency of Harry S. Truman.* Lawrence, Kansas: University Press of Kansas, 1986.

Milkis, Sidney M., and Michael Nelson. *The American Presidency: Origins and Development, 1776 – 2014.* Los Angeles: Sage, 2016.

Morgan, Iwan, "After the White House: The Modern US Post – Presidency," in Kevin Theakston and Jouke de Vries (eds.). *Former Leaders in Modern Democracies: Political Sunset.* London & New York: Palgrave Macmillan, 2012.

Morris, Kenneth E. *Jimmy Carter: American Moralist*, Athens, Ga., and London: University of Georgia Press, 1996.

Neal, Steve. *The Eisenhowers: Reluctant Dynasty.* New York: Doubleday & Company, 1978.

Nixon, Richard. *RN: The Memoirs of Richard Nixon.* New York: Simon & Schuster, 1990.

Nixon, Richard. *Six Crises.* Touchstone, 1990.

Nixon, Richard. *Seize the Moment: America's Challenge in a One – Superpower World.* New York: Simon & Schuster, 1992.

Nowlan, Robert A. *The American Presidents, Washington to Tyler.* Jefferson, North Carolina: McFarland & Company, Inc., Publishers, 2012.

Panagopoulos, Costas, "Ex – Presidents Approval: Retrospective Evaluations of Presidential Performance," *Presidential Studies Quarterly* 42, no. 4 (December 2012), pp. 719 – 729.

Pemberton, William E. *Harry S. Truman: Fair Dealer and Cold Warrior.* Boston, Mass.: Twayne Publishers, 1989.

Pika, Joseph, and John Anthony Maltese. *The Politics of the Presidency.* Los Angeles: SAGE, 2013.

Reagan, Ronald. *An American Life.* New York: Simon & Schuster, 1990.

Rubenzer, Steven J. , and Thomas F. Faschingbauer. *Personality, Character, and Leadership in the White House.* Washington D. C. : Brassey's Inc. , 2004.

Schaller, Thomas F. , and Thomas W. Williams, "The Contemporary Presidency: Post – presidential Influence in the Postmodern Era," *Presidential Studies Quarterly* 33, no. 1 (March 2003), pp. 188 – 2000.

Schweizer, Peter, and Rochelle Schweizer. *The Bushes: Portrait of a Dynasty.* New York: Doubleday, 2004.

Skidmore, Max J. *After the White House: Former Presidents as Private Citizens.* New York & London: Palgrave Macmillan, 2004.

Skowronek, Stephen. *The Politics Presidents Make: Leadership from John Adams to Bill Clinton.* Cambridge, Mass. : Harvard University Press, 1997.

Smith, Richard Norton. *Farewell to the Chief: Former Presidents in American Public Life.* Worland, Wyoming: High Plains Publishing Co. , 1990.

TimothyWalch (ed.) . *Herbert Hoover and Dwight D. Eisenhower*, New York: Palgrave Macmillan, 2013.

Trefousse, Hans L. *Andrew Johnson: A Biography.* New York: W · W · Norton and Company, 1989.

Troester, *Rod. Jimmy Carter as Peacekeeper: A Post – Presidential Biography.* Westport, Connecticut, Praeger, 1996.

Truman, Harry S. *Mr. Citizen.* New York: Bernard Geis Associates, 1960.

Truman, Harry S. *Memoirs of Harry S. Truman: Volume One, Years of Decision.* New York: Doubleday & Company, 1955.

Truman, Harry S. *Memoirs of Harry S. Truman: Volume Two, Years of Trial and Hope.* New York: A Signet Book, 1956.

Tyrrell, R. Emmett Jr. *The Clinton Crack – Up: The Boy President's Life After the White House.* Nashville, Tennessee: Thomas Nelson, 2007.

Updegrove, Mark K. *Second Acts: Presidential Lives and Legacies After the White House.* Guilford, Connecticut: Lyons Press, 2006.

关于总统研究的英文网站

The Carter Center at Emory University in Atlanta, Georgia

The Clinton Foundation: the offices in New York and Little Rock, Arkansas

Center for Congressional and Presidential Studies, School of Public Affairs (SPA) at American University, Washington D. C.

Center for the Study of the Presidency and Congress in Washington D. C.

Presidential Studies at the Miller Center of Public Affairs inthe University of Virginia

Hauentein Center for Presidential Studies at Grand Valley State University in Allendale, Michigan

Peter S. Kalikow Center for the Study of American Presidency at Hofstra University in Hempstead, New York

中文文献

陈永祥主编：《布什与中国》，南京：南京大学出版社，2002 年 2 月第 1 版。

褚大军编著：《卡特·传》，北京：当代世界出版社，2008 年 11 月第 1 版。

高新涛编著：《里根·传》，北京：当代世界出版社，2008 年 11 月第 1 版。

何慧著：《尼克松与中国》，郑州：河南人民出版社，2005 年 8 月第 1 版。

理查德·尼克松著，裘克安译：《尼克松回忆录（中册）》，北京：世界知识出版社，2001 年 6 月第 1 版。

吉米·卡特著，裘克安译：《保持信心：吉米·卡特总统回忆录》，北京：世界知识出版社，1983 年 10 月第 1 版。

吉米·卡特著、赵正祥译：《永活的信心：美国前总统吉米·卡特的信仰之路》，北京：世界知识出版社，2008 年 7 月第 1 版。

克林顿著，蒋宗强、程亚克译：《重返工作：为什么强劲的经济增长需要一个开明的政府》，北京：中信出版社，2012 年 5 月第 1 版。

李维编著：《飞扬与落寞：克林顿的真实生活》，北京：东方出版社，2004 年 9 月第 1 版。

王堃著：《布什与中国》，北京：华夏出版社，2007 年 9 月第 1 版。

武晔岚著：《尼克松·传》，北京：中国华侨出版社，2007 年 7 月第 1 版。

张俊杰编著：《经历历史：克林顿，权力与生活》，北京：当代世界出版社，2004 年 7 月第 1 版。

张俊杰编著：《克林顿·传》，北京：当代世界出版社，2008 年 11 月第 1 版。

后　记

本书是我在北京大学国际关系学院做博士后期间出站报告的最终成果。在论文写作过程中，我有幸得到许多教授的指点和许多朋友的帮助。值此付梓之际，我要特别感谢导师的悉心指导，朋友的热情帮助和家人的关心和支持。

首先我想诚挚地感谢导师王缉思教授。出站报告从选题到成稿，都得益于王老师独特视角和深刻思想的启发。在站期间，我也有幸在王老师的指导下参与“中国国际战略环境评估”“中美新型大国关系”“美国全球战略中的中美关系”等课题研究。这些学术经历也成为我人生宝贵的精神财富。我不会忘记，无论是国际关系学院一层办公室，还是在战略研究院二层办公室，一次次聆听王老师对于美国外交、中美关系的深刻分析，聆听王老师对我的出站报告的意见和建议，都让我受益匪浅。阅读王老师的著作《国际政治的理性思考》《释疑：走出中美困局》《大国关系：中美分道扬镳，还是殊途同归?》《大国战略：国际战略探究与思考》等，每一本书都视角独特，闪烁着思想的火花，给我深刻的启迪。王老师经常强调，在研究外交政策时，要注意研究对象国国内政治、社会文化等因素的影响；在关注具体问题的同时，要重视战略问题研究，把具体问题放在宏观战略的框架下思考；在关注国家之间关系的同时要注重世界政治发展趋势的研究；在做课题时要注重思想和方法的创新，特别是从不同于常人的视角看待问题；在分析问题时要秉持客观、理性和稳健的风格。王老师平易近人，思想敏锐，谈笑风生，聆听王老师的教导如沐浴春风，感谢王老师！

第二，我想感谢北大国际关系学院的王逸舟教授、朱峰教授、王栋副教授、潘荣英教授、刘春梅老师、徐贝老师和北大国关的博士后同事们，感谢您们在学术研究和学习生活中给予我的热情帮助。北大国关浓厚的学术氛围、老师对我们的谆谆教诲、博士后同事之间的相互帮助都令我难忘。

第三，我想感谢中国社会科学院美国研究所研究员陶文钊教授和北京外国语大学英语学院梅仁毅教授。陶老师是我在社科院研究生院读博士时的导师，他在百忙之间抽出宝贵的时间通读我的博士后出站报告初稿，提出了许多宝贵意见，让我非常感动。梅老师是我在北外读硕士时的论文指导老师，在撰写博士后出站报告过程中，我也多次同梅老师讨论，梅老师也给我提出了许多宝贵意见，让我受益匪浅。我还要诚挚地感谢中国社会科学院美国研究所的赵梅教授和魏红霞教授在我撰写论文过程中给予我耐心的指导和热情的帮助。

第四，我想感谢时事出版社编辑高冉老师、方苹老师和她们的同事。为了出站报告的出版，她们不辞辛苦，阅读全部书稿，并提出了宝贵的修改意见，使得本书日臻完善。我还想感谢北京外国语大学科研处李蕾老师和北外科研处提供的出版资助，也感谢两位匿名评审专家在出版资助评审过程中给予书稿提出的宝贵意见。

最后，我特别要感谢我的爱人杨爱虹女士。从我读硕士到博士再到博士后，我爱人担起了家庭的大部分责任。没有她多年默默无闻的辛勤付出，我也不会有现在的成绩。千言万语的感谢，尽在不言中。我也要感谢可爱的女儿仵慧颖。我在做博士后期间，正值孩子初中阶段。孩子爱好广泛，思想独立，积极乐观，总会给家里带来欢乐的笑声。我爱人和孩子的鼓励和支持是我不断努力的力量源泉。

限于时间和能力，书中出现的疏漏在所难免，恳请各位专家、学者和广大读者不吝赐教。

仵胜奇

2016 年 7 月于北京

图书在版编目（CIP）数据

美国卸任总统的政治和社会角色研究/仵胜奇著．—北京：时事出版社，2016．10
ISBN 978-7-80232-995-9

Ⅰ．①美…　Ⅱ．①仵…　Ⅲ．①总统—人物研究—美国
Ⅳ．①K837．127

中国版本图书馆 CIP 数据核字（2016）第 184695 号

出版发行：时事出版社
地　　址：北京市海淀区万寿寺甲 2 号
邮　　编：100081
发行热线：（010）88547590　88547591
读者服务部：（010）88547595
传　　真：（010）88547592
电子邮箱：shishichubanshe@ sina. com
网　　址：www. shishishe. com
印　　刷：北京市昌平百善印刷厂

开本：787×1092　1/16　印张：25　字数：425 千字
2016 年 10 月第 1 版　2016 年 10 月第 1 次印刷
定价：96．00 元
（如有印装质量问题，请与本社发行部联系调换）